本成果受到中国人民大学2018年
"中央高校建设世界一流大学（学科）和特色发展引导专项资金"支持

新世界史

〔第三辑〕

执行主编 孟广林 赵秀荣

社会科学文献出版社
SOCIAL SCIENCES ACADEMIC PRESS (CHINA)

《新世界史》编辑委员会

（按音序排列）

杜宣莹　郭小凌　何黎萍
侯　深　侯树栋　黄春高　金永丽
刘北成　孟广林　钱乘旦　宋云伟
〔美〕唐纳德·沃斯特（Donald Worster）
王大庆　王皖强　王文婧　徐　浩
徐晓旭　许海云　晏绍祥　赵秀荣
周施廷　朱孝远

本辑执行主编
　　孟广林　赵秀荣

责　任　编　辑
　　赵秀荣　周金波　温灏雷

编者的话

经过一段时间的组稿、编辑与校订，《新世界史》第三辑终于杀青付梓。本辑的《新世界史》集中展示了近年来我国英国史研究的学术成果。

由中国英国史研究会主办、中国人民大学历史学院承办的"中国英国史研究会2017年学术年会"成功举办，百余位参会者围绕"新视野下的英国文明史研究"这一主题，对自古至今各个时期英国文明史诸重大问题展开多层次、多角度的热烈研讨。会后，我们遴选会议论文，编订了《新世界史》第三辑。

本辑论文的作者，既有我国史学界的学术名家，也有成就突出的中年学者，更有一批崭露头角的青年学人，显示了我国的英国史研究血脉绵延、薪火相传的可喜局面。同时，本辑收录的论文不仅包纳政治史、经济史、宗教史、思想文化史等传统史学领域，也涵盖了环境史、社会史、语言史、情感史等新史学领域。此外，不少论文或提出值得关注的新问题，或阐发很有见解的新观点，折射出我国的英国史研究不断升华、"百花齐放"的景象。

在我国世界史学科中，英国史一直是学科建构完备、学术队伍整齐、研究成果丰厚、国际化程度较高的重要分支学科。这是因为在西方近现代的政治体制与政治思想的建构中，在西方乃至整个世界现代化进程中，英国曾经是长期引领潮流的先行者与开拓者，其丰富的历史经验与教训，为中国的现代化建设提供了一个颇有价值的"历史样本"。正因为如此，我国史学界十分注重对英国史的研究，并在改革开放后取得长足进步，而中国英国史研究会也成为我国世界史学界最有学术感召力与影响力的研究团体之一。我们相信，我国的英国史研究将在以往的基础上继续开拓创新，不断提升学术水平，为我国世界史研究的发展做出更大的学术贡献。

《新世界史》的出版，既得到中国人民大学历史学院领导以及世界史学科诸同仁的竭诚支持，也得到参会专家学者的热烈响应，社会科学文献出版社的领导和编辑也为本集刊的出版付出大量辛劳。对此，我们谨在此一并致以深切谢忱！当然，本辑所出现的不足及问题，理应由我们负责，恳祈史学界以及广大读者批评指正！

编　者

2019年6月于中国人民大学

目录 CONTENTS

· 专题研究 ·

评布莱尔执政 ………………………………………………… 钱乘旦 / 3
1215 年《大宪章》第 33 条的存废与泰晤士河三文鱼的消失…… 高 岱 / 19
保守主义在英国政治运作中的制衡作用 ………………… 朱孝远 / 28
悲情与愿景的双重变奏
　　——从政治"文学"看中世纪英国贵族的权益诉求与话语表达
　　……………………………………………………………… 孟广林 / 44
从关注"一条鱼"谈环境史的创新 ……………………… 梅雪芹 / 66
一种乡村自然的愿景？
　　——近代英美的城市公园 ………………………………… 张卫良 / 79
皮科克与瓦拉：比较视野下近代英国历史文献学的发端…… 张乃和 / 91
伊丽莎白一世的财政状况 ………………………………… 施 诚 / 101
从英国脱欧看当前英国"反智现象" ………………… 许海云 / 111
保留政策与印度农村基层女性参政 …………………… 金永丽 / 125
19 世纪后期澳洲社会中的"离心"与"向心"现象
　　——兼议 1887 年英国维多利亚女王登基 50 周年庆典与 1888 年
　　澳洲百年庆典
　　……………………………………………………………… 王宇博 / 138

神话的源起、传承与破灭：亨利七世遗产的历史考察 …… 张殿清 / 157
保持神秘，抑或公开宣传？
　　——17世纪30年代英王查理一世君主形象策略及其成败研究
　　…………………………………………………………… 刘淑青 / 167
黑死病与欧洲社会转型研究的重新审视 ………………… 赵文君 / 179
英语作为全球通用语的优势与危机 ……………………… 苏前辉 / 197
论工业革命前后英国消费社会的兴起与现代社会转型 … 曹瑞臣 / 213
撒切尔时期社区费政策的形成过程及其问题 …………… 黄小东 / 226
近代英国海外布道会研究综述
　　——以伦敦布道会为中心 ……………………………… 傅　政 / 240
想象天主教徒：英格兰伊丽莎白时期新教民族认同的构建
　　…………………………………………………………… 孙　超 / 251
浅析17世纪末英国皇家非洲公司在西非沿海的活动
　　——以1683年塞康第商栈公务信件为视角 ………… 张　歌 / 262
安茹时期英格兰国王特权城市的民主及其限度问题 …… 陶　芳 / 285

·文献和论著选译·

近代早期英国社会对健康与环境关系的认知
　　……………〔英〕安德鲁·韦尔（Andrew Wear）　赵秀荣译 / 297

·学术动态·

评《英国人：国家的形成，1707—1837年》 ……………… 陈晓律 / 319
中国学者对英国史的研究 ……………………… 刘景华　范英军 / 329
时代语境的嬗变与话语权的凸显
　　——钱乘旦教授主编的《英国通史》评介 …………… 邹　博 / 349
中国英国史研究会2017年年会学术综述 ……… 赵秀荣　周金波 / 358

《新世界史》征稿启事 ………………………………………………… / 368

专题研究
Monographic Study

New World
   History

评布莱尔执政

钱乘旦

(北京大学历史学系)

1997年5月1日,在时隔5年之后,英国举行大选。英国工党在选举中大获全胜,取得419席的绝对优势,几乎占议席总数的2/3。这是工党自建党以来取得的最大胜利;即将步入44岁的托尼·布莱尔（Tony Blair）出任首相,成为自1812年利物浦勋爵（Lord Liverpool）执政以来最年轻的一位英国首相。[①] 此时,保守党已经历了辉煌的"撒切尔时代",加上梅杰（John Major）的7年执政,工党已经有18年不在台上;如果工党再不执政,它的政治生命岌岌可危。这一年的大选终于扭转了工党的颓势,"布莱尔时代"开始了。在布莱尔执政的十年中,英国走了什么路、执行了什么政策？如何评价布莱尔执政？这是本文试图解答的问题。

一　时代背景

1979年,玛格丽特·撒切尔（Margaret Hilda Thatcher）出任首相,开始了延续18年的保守党执政。撒切尔一反二战以后英国两党的"共识政治",背离凯恩斯主义和高福利、国有化的政策,下"猛药"治理"英国病",取得了令人瞩目的成就。英国经济开始复苏,"滞胀"怪圈渐渐消退,通货膨胀率从1980年的18%下降到1983—1987年的平均每年5%以下,以后尽管又有回升,但创造了60年代末以后最好的纪录。1979—1989年,英国的人均生产增长率超过美国和德国,在七国集团（G7）中位列第三;全

---

① Mick Temple, *Blair*, London: Haus Publishing, 2006, p.44.

员生产率超过经济合作与发展组织成员国的平均水平，仅次于日本和法国。英国与欧洲主要竞争对手德国之间的距离大大缩小了，1977年，德国制造业的生产率比英国高49%，到1989年只比英国高15%。1988—1989年，英国经济年增长率达到创纪录的5%，在发达国家中名列前茅。尽管失业人口从1979年的100万人增加到1986年的300万人，但就业人口则从1979年的2250万人增加到1989年的2690万人。更多的英国人比10年前更富裕了，其十年增长率在英国历史上首屈一指。①

但代价也是巨大的。撒切尔的政策是"劫贫济富"。按照"新自由主义"的理念指导，贫富差距扩大了，社会更加不公正，1979年，收入为全国平均水平一半的阶层承担国家税收的13.9%，1987年这一比例上升到16.1%；而5倍于平均水平的阶层承担的纳税比例则从51.5%下降到43.1%，1992年更是下降到35%。② 国民福利事业受到影响，撒切尔政府力图减少社会福利开支，对养老金、家庭补贴、产假补助、失业救助等做出严格的限制，并对医疗保险制度进行改革，看病就医不再由政府全包，教育经费减少了，科研费用被削减，工会受到沉重打击。1989年，经济再次出现负增长，"撒切尔主义"似乎失效。这时，工党本有机会重新执政的，但保守党却继续稳坐权力宝座，梅杰，这位被认为是英国历史上最没有作为的首相之一，居然可以在撒切尔辞职后安安稳稳地执政7年，并且在1992年大选中，领导保守党以336席对271席的绝对优势再次获胜，以致工党领导层哀叹说：保守党"猎走了我们的狐狸"。③

工党连续四次大选失败，原因是提不出明确的政治路线，以凯恩斯主义和福利国家为两大基础的"共识政治"明显被撒切尔破坏了，工党应该怎么办？为此，工党内部陷入严重的路线分歧，而分歧的焦点是：工党应该维持"工人党"的面貌、坚持"社会主义"路线，还是做一个"全民党"、像保守党那样争取有产者的支持？工党在建党初期是一个"工人党"，党员

---

① Leslie Hannah, "Crisis and Turnaround? 1973–1993", in Paul Johnson, ed., *Twentieth-Century Britain*, London and New York: Longman, 1994, pp. 343–346.

② K. Hoggwood, *Trends of Public Policy in Britain*, London: Open University Press, 1993, pp. 97, 105.

③ Kenneth O. Morgan, *The People's Peace, British History 1945—1990*, Oxford: Oxford University Press, 1992, p. 506.

中除极少数具有社会主义倾向的知识分子（如费边社）之外，全都是工会会员；党的领导阶层几乎全是工人出身，党对自己的工人身份感到自豪。1918年，在费边社的帮助下工党制定出一部党纲，其中第四条提出"生产、分配和交换手段公有制"的纲领，从而明确了自己是一个"社会主义党"。但"社会主义党"和"工人党"的身份使它在1924年和1929—1931年两次早期执政时的处境十分尴尬，因为作为一个在议会体制下的执政党，它既不能为工人阶级单独掌权，又不能不为工人阶级掌权，结果就只好无所事事、一无所为，并最终导致麦克唐纳（Ramsay MacDonald）的"叛党"事件。① 第二次世界大战改变了这种尴尬局面，在战后英国国民要求改变现状的强大民意支撑下，第三次执政的工党艾德礼政府实行"国有化"，并建立福利制度，工党的"社会主义"与全民拥戴的福利国家似乎能调和起来，于是"工人党"和"全民党"居然能有效地融为一体，工党的支持率达到了顶峰。在这种情况下形成了第一次"共识政治"，保守党向工党靠拢，接受了工党的基本路线，此后一直到70年代末，两党都执行大致相同的政治和经济政策。

但是，工党却逐渐失去社会基础，这是很可怕的。在"福利国家"框架下，"有产"和"无产"之间的对立似乎在消失，许多体力劳动者上升为"白领"，而脑力劳动和管理者阶层也受雇于人，像工人那样拿工资，尽管他们的收入远远高于普通工人。社会下层的经济和社会地位都在提高，高等教育普及到劳工，为其子女进入"中等阶级"提供了可能性。一个多层次、多元性的社会正在形成，在这个社会中，"工人阶级"的定义开始变得模糊，真正从事社会低下工作的有许多是外籍移民、边缘人群或者妇女，但这些人的特殊身份也许更适合用"种族"或"性别"来界定，他们不是传统的"工人阶级"。人们属于哪一个阶级，似乎越来越与经济因素无关，而与他们的自我认同相关。据历史学家史蒂文森（John Stevenson）提供的数字，在20世纪初，工人阶级占人口的75%，上层和中层合在一起占

---

① 1931年因无法应对严重的经济危机，工党首相麦克唐纳辞职，但随即又与保守党等反对派组建"国民政府"，继续担任首相。麦氏此举并未征得工党其他领导人的同意，因此被斥为"叛党"并被开除党籍。

25%；①另一位历史学家阿瑟·马威克（Arthur Marwick）提供的数字则显示：到80年代，大约58%的人属于工人阶级，39%的人属于中等阶级，3%的人属于上等阶级。② 因此，第二次世界大战以后的总体趋势是：工人阶级不断萎缩，中等阶级日趋壮大，最富裕的上流社会也在增长。这对工党是致命的威胁：工党如果继续做"工人党"，并且指望通过竞选来获取政权，它就会找不到自己的社会基础；进而，在选举中，并不是所有的工人都会投工党的票，而保守党却可以因为它"全民党"的外貌在社会各阶层中找到自己的投票人。对工党来说，这就是它在一次又一次大选中接连失败的根本原因。

这样，工党就面临着艰难的选择：是继续做"工人党"，还是转变成"全民党"？工党内部的路线斗争主要就集中在这个问题上。

早在20世纪50年代末，党内右翼就提出要修改党章。1959年，时任工党领袖的盖茨克尔（Hugh Gaitskell）对党章第四条（即"社会主义"条款）发起攻击，并要求对社会主义、国有化等问题进行重新认识。盖茨克尔的提议被党内左派和工会代表多数否决，但党的性质第一次遭遇挑战。事实上，此时的工党至少从领导集团看已经很难说是"工人党"了，其阶级成分和受教育程度都越来越接近保守党。根据1959年的民意测验，有38%的人认为工党和保守党没有区别，而在1950年这个数字只有20%。同时，工党的"社会主义"也名存实亡，"国有化"到50年代末就基本停止了；"福利国家"建立后英国向哪里走？工党也说不出所以然。保守党则继承工党的路线，形成了两党的"共识政治"，因此从政治纲领看，工党也不占优势。

面对这些问题，工党左右两派一直在争斗。威尔逊（Harold Wilson）组阁期间（1964—1970，1974—1976），慑于党内左派力量强大，停止了关于党的性质的辩论。他站在中派立场上执行温和政策，维持"共识政治"，不再推进"国有化"，同时也不触动福利制度。但此时"福利国家"的负面影响却在扩大，"英国病"愈演愈烈，面对日益严重的滞胀现象，威尔逊和继

---

① John Stevenson, *British Society 1914–1945*, London: Penguin Books, 1990, p. 37.
② Arthur Marwick, *British Society since 1945*, London: Penguin Books, 1990, pp. 329, 36–37.

任的卡拉汉（James Callaghan）都无法解决，保守党的希思（Edward Heath）政府也以失败告终。这种情况最终导致"撒切尔革命"，用"猛药"来治理"英国病"，并取得显著成功。

撒切尔的成功反而刺激了工党左派。1981年工党选举新领袖时左派富特（Michael Foot）出线，他随即改变了由议会党团选举工党领袖的做法，改由工会、地方选区组织和议会党团共同选举领袖，而且给工会最大的权重（40%），这就意味着他加强了工党的"工人党"色彩，削弱了党领袖的影响力。事态发展促使右派脱离工党，另组社会民主党。① 左派高潮在1983年议会大选时工党的竞选纲领《英国的新希望》中表现得淋漓尽致，其中不仅强调工党的"社会主义"色彩，而且提出大幅度扩大公共开支（因此也意味着大幅度提高税收），加快国有化步伐，以及退出欧共体、实行单方面裁军等。这次大选正值撒切尔主义风头正盛、撒切尔的"猛药"正在见效，因此这个纲领大大地帮了工党的倒忙，许多人说它是"历史上最长的自杀备忘录"。② 保守党在大选中大获全胜，在总共650个议席中拿下397席，工党只得到209席，只有保守党的一半多。③

大选惨败使工党领导层大为震动，这以后，一个所谓的"工党现代化"运动在党内展开了。新任党领袖金诺克（Neil Kinnock）虽然出自左派，却认识到变革的迫切性，他在理论上开始承认市场的积极意义，主张在国家指导下发挥市场作用；在实践上他悄悄取消了党章第四条，印发了一批不包含第四条内容的党证。但此举遭左派强烈谴责，他只好收回了这批党证。1992年约翰·史密斯（John Smith）继任党领袖，开始加快"现代化"进程。他明确表示，工党只有在放弃公有制纲领后才有可能重新执政，他认为工党应抛弃"非此即彼"即不是"国有"便是"私有"的两极化思维模式，寻找一个中间的解决办法。史密斯路线显然为后来的布莱尔开拓了方向，他的"中间解决办法"，其实是布莱尔"第三条道路"的前身。

---

① 社会民主党后来和自由党合并，形成现在的自由民主党。
② Hilary Wainwright, *Labour: A Tale of Two Parties*, London: Hogarth, 1987, p.61.
③ David and Gareth Butter, *Twentyth Century British Political Facts 1900–2000*, London: Macmillan Press, eighth edition, 2000, p.238.

二 "第三条道路"和"新工党"

1994年上半年史密斯因心脏病突发猝然去世，作为工党"现代派"主将之一的布莱尔被推上领袖地位。当时布莱尔只有41岁，是工党历史上最年轻的领袖。他继任后，立即打出"新工党、新英国"的旗帜，着手对工党进行根本的改造。他认为工党面临的任务是完全抛弃"阶级党"的定位，把工党转变成"全民党"。为此，他认为必须尽快放弃"公有制"纲领，把"第四条"从党纲中彻底清除。他说："我们衰落的原因很简单，那就是不接地气，社会变了，我们却没有变；我们的结构已经过时。"[1] 于是，上任不久他就在10月召开的工党年会上提出废除"第四条"，虽说这次动议没有成功，但半年后党的特别代表大会同意修改党章，把原本"第四条"中"在生产、分配和交换手段公有制的基础上，保障体力劳动和脑力劳动者辛勤劳动的充分成果，以及这些成果尽可能地平等分配"，修改成"（工党致力于）一个充满活力的经济体，为公众利益服务，其中市场进取精神和竞争活力与伙伴和合作力量相结合，生产国家所需要的财富……"[2]

尽管新党章仍然称工党是"民主社会主义的政党"（a democratic socialist party），但公有制没有了，"社会主义"变成了"合作"。由此，工党被抽掉了党的性质的灵魂，一个"新工党"出现了，它与保守党还有区别吗？为了回答这个问题，布莱尔捡起了"第三条道路"，为"新工党"提供意识形态基础。

什么是"第三条道路"？在它刚刚问世的时候曾引起全世界广泛的好奇：它意味着社会主义和资本主义之间的道路吗？或者是公有制和私有制之间的"第三条道路"？对此，"第三条道路"的理论创始人吉登斯（Anthony Giddens）曾说："第一条道路是建立在凯恩斯主义经济学基础上的传统社会主义思想，凯恩斯本人不是社会主义者，但他的思想在西方却被应用于社会主义的实践""第二条道路建立在市场哲学的基础上，以英国为例，在撒切尔夫人看来，竞争性市场是经济繁荣的动力……"而第三条道路

---

[1] Malcolm Pearce and Geoffrey Stewart, *British Political History, 1867–2001*, third edition, London and New York: Routledge, 2002, p.568.

[2] Malcolm Pearce and Geoffrey Stewart, *British Political History, 1867–2001*, p.569.

"不同于传统的以国家为基础的社会民主主义思想,也不同于撒切尔夫人等人的以市场为基础的新自由主义思想……第三条道路是要在公共机构与市场之间寻求平衡,而不是再回到传统对国家的崇拜、对传统社会主义的信仰中去。第三条道路认为既需要有竞争力的市场,又需要政府扮演积极的角色,同时还需要有活跃积极的公民社会或者第三部门"。① 这种说法听起来很新鲜,也很有逻辑,但它的意思是"既不是 A,也不是 B";它究竟是什么? 却没有说出来,因此当时就让人感到在云里雾里。吉登斯曾经在英国研究院(British Academy)为常务书记们做辅导报告,在场听众对其空洞的言辞不感兴趣,而只关心它有什么用。布莱尔说这是"进步",因为它张扬了个人的价值,让人们有"选择,挣钱和花钱的自由";② 行政官员则视其为糟糕的学说,认为他简直是一派胡言。作家彼得·里德尔(Peter Riddell)写道:第三条道路"说过了头,自夸其创新与条理",然而在很大程度上,它"只是一些漂亮而含糊的理论",无法兑现。③

其实,在布莱尔那里,"第三条道路"的真正意思是:既非撒切尔,也非艾德礼。这是一句政治口号,在英国面临深层的社会经济问题时,他要让选民相信他找到了解决问题的新方法。布莱尔曾把 20 世纪分解成三段:第一段是 20 世纪初到二战结束,那是"集体主义"成长的时期,福利国家是其结果;第二段是撒切尔主义盛行的时期,个人的作用被张扬,社会的不公正也被扩大。这两个阶段都给英国带来问题,而第三阶段就要靠布莱尔来完成了,按布莱尔的说法:"我这一代人站在新与旧的交接点上。"④ 不过,布莱尔的所作所为却表明,他"这一代人"其实只是把工党从"社会民主主义"拉向了撒切尔的新自由主义,把"新工党"变成又一个保守党。执政之后,布莱尔就对"第三条道路"失去了兴趣,因此他的传记作者塞尔登(Anthony Seldon)说:"第三条道路只是他拾起来、在一段时间里热情鼓吹,然后又扔掉的许多思想中的又一个。"⑤

---

① 〔美〕安东尼·吉登斯:《全球时代的民族国家》,郭忠华译,南京:凤凰出版传媒集团、江苏人民出版社,2010 年,第 22 – 23 页。
② Tony Blair, *A Journey*, London: Hutchinson, 2010, p. 90.
③ Anthony Seldon, *Blair*, London: Free Press, 2005, p. 380.
④ Malcolm Pearce and Geoffrey Stewart, *British Political History, 1867 – 2001*, p. 570.
⑤ Anthony Seldon, *Blair*, p. 381.

出于布莱尔的鼓吹,"第三条道路"一时间走红世界,吉登斯也成了创造新理论、提供新学说的大思想家。不过当 1998 年底布莱尔在纽约就"第三条道路"发表演说后,一位资深英国外交家立刻评论道:"这是在纽约能听到的最空洞的表述,坦白说,多数人感觉那只是油渣。"①

为了完成向"全民党"的转变,布莱尔决心与工会拉开距离。工会一直是工党的支柱,自从工党成立起,工会就为工党提供经费、输送干部,并且影响工党的决策。但几乎从担任党的领袖开始,布莱尔就宣布"工会将不再在工党内部占据特别的位置或有特权",今后工党与工会的关系是"公平而不是偏爱"。②他认为工党与工会之间的特殊关系应该结束了,今后双方应互相尊重;他说工会应该做工人的发言人,而不是工党的发言人;工会可以就工党的政策提出意见,但不能支配工党。在他出任工党领袖之前,史密斯已经改变了工党领袖选举的办法,将工会的权重从 2/5 压低到 1/3,并且将投票权分散到每一个工会会员手里("一人一票"),而不是像以前那样,每个工会只投一票,事实上是由工会领导干部选举党领袖。史密斯的改革把工会的整体力量打碎了,当选举权分散到成百上千万工会会员手里时,工会对工党事务的影响力已经没有了。

布莱尔是按这种方法选举出来的第一位工党领袖,因此他对工会可以不领情。在未担任工党领袖之前他就说:"要使工党变成一个开放的党,一个成员包括私营主和无产业者、小商人和他们的顾客、经营者和工人、有房产者和住公房者、熟练的工程师以及高明的医生和教师的党。"在另一个场合他说:"工党是一个工商党……那种认为保守党是工商党,而工党是工会党的看法完全过时了。"③ 这就是一个"新工党"。换言之,为了把"新工党"塑造成"全民党",抹除工党的社会主义性质是布莱尔的思想措施,而切断它与工会的特殊关系则是他的组织手段。

"新工党"的思路从哪里来?按照传记作者塞尔登的说法,是从美国总统克林顿(Bill Clinton)那里来的。在布莱尔看来,克林顿之前的美国民主党很像他自己之前的英国工党,而克林顿的"新民主党"就是他的

---

① Anthony Seldon, *Blair*, p.381.
② Malcolm Pearce and Geoffrey Stewart, *British Political History, 1867–2001*, p.570.
③ 转引自王凤鸣《英国工党的新思维》,《当代世界社会主义问题》1997 年第 2 期,第 16 页。

"新工党"。① 克林顿因"新民主党"而赢得大选,这给布莱尔很大的启示。因此,在布莱尔尚未成为首相之时,1996年4月,他就专程去美国向克林顿取经,并且得到超规格的接待;这对一位美国总统而言是不寻常的,因为布莱尔当时只是英国反对党领袖,不应该受到如此礼遇。布莱尔当选之后,把克林顿视为"老大哥",自己则是小兄弟。1998年布莱尔以首相身份再度造访白宫,在欢迎国宴上致答谢词时,他借用了二战期间罗斯福总统的特使霍普金斯对丘吉尔的一席话:"你去何处我也去何处,你住哪里我也住哪里,你的人就是我的人,你的上帝就是我的上帝。"②

以"新工党"为口号,以"第三条道路"为纲领,工党投入到1997年大选中,并且打败了已执政18年而气势消沉的保守党。至此,布莱尔春风得意,气指青天,启始了他那两个半任期总共10年的执政时代。不过,那一年的投票率只有71.5%,是1935年以来最低的,工党得到其中43.2%选票,因此事实上只得到英国有投票资格选民大约30%的人的支持。③相比之下,1979年撒切尔夫人上台时,还得到33.3%的支持率。

三 十年执政

布莱尔执政,标志着英国进入第二次"共识政治"时代。工党在竞选中曾做出5项承诺:教育方面,增加教师和教育经费,缩小小学低年级的班级规模;治安方面,加快对青少年惯犯的司法处理,改善治安环境;医疗方面,缩短预约就医的等候时间,提供更好的医疗服务;就业方面,为25万名25岁以下的青年提供工作机会,不再领取救济金;税收方面,不增加所得税,降低通胀与利税。④ 由此可见,"新工党"没有为英国国民提供振奋人心的新纲领,所有这些问题都是保守党18年执政后留下的后遗症,因而是当时英国人特别关心的具体问题。布莱尔就是从这些问题起步开始他的10年执政的。

但解决这些问题并非轻而易举。第二次世界大战后英国政府的一个特

---

① Anthony Seldon, *Blair*, p. 366.
② Anthony Seldon, *Blair*, pp. 369, 373.
③ David and Gareth Butter, *Twentyth Century British Political Facts 1900 – 2000*, p. 239.
④ Adam Boulton, *Tony's Ten Years*, *Memories of the Blair Administration*, London: Simon and Schuster, 2008, p. 76.

大难题是庞大的福利开支。布莱尔执政前，这笔开支已达到900亿英镑，是英国政府最沉重的负担。巨大的福利开支迫使政府实行重税政策，而这样做就必然阻碍经济活力，造成通货膨胀，从而形成"滞胀"。为解决滞胀问题，撒切尔曾实行激烈的货币主义政策，将政府的关注点从刺激消费转向刺激生产。她采取减税、削减福利项目、压缩文化教育经费等措施，试图减少公共开支。这些措施曾缓解了"英国病"，但同时又造成严重的两极分化，贫富差距拉大了，社会对抗加剧，为日后动荡埋下了祸根。

面对如此局面，布莱尔政府一方面接受撒切尔的基本政策，对福利开支进行控制；另一方面又试图寻找新出路，力图既保留福利的框架，又能清除它的弊病。布莱尔对福利原则进行重新解释，他认为政府与其把钱花在无数的福利项目上、让人无所事事，还不如用在人力、智力和基础设施的投资上，从生产的角度提供"福利"。这就是工党新党纲中所谓的"私人进取精神和伙伴力量相结合"；不难看出，它其实是撒切尔主义的另一个版本。出于此种思路，布莱尔政府鼓励公私企业共同向基础部门投资，扶持中小企业，用创造就业来代替救济。它加大对教育的投资，通过发展人力资源来提高劳动生产率，保障经济发展。政府还向英格兰银行下放权力，让它独立于政府，自行决定汇率。在医保方面，它一面承诺大幅度增加政府拨款，一面又在具体规定上精打细算，节省每一笔开支。在劳工政策方面，它一面批准欧盟《马斯特里赫特条约》所规定的"社会宪章"（Social Charter），限制劳动时间，提高最低工资标准，保障职工参加工会的权利；一面又有意识地疏远工会，将工会的作用边缘化。

布莱尔第一届政府还做了以下两件事：第一，1998年提出上院改革法案，取消世袭贵族在上院的表决权。改革上院是工党在竞选时做出的承诺，人们曾普遍认为工党将彻底改变上院的性质，将它从一个世袭的机构转变成民选的"第二院"。不过最终却是雷声大雨点小，改革的结果是：保留92位世袭贵族的表决权，其中2人为职守上议员，由政府指定，其他由各党派推举；非世袭的"终身贵族"① 则保留其原有的权利。② 1999年11月，《贵

---

① "终身贵族"是历届政府依据党派利益的需要让国王册封的，哪一个党在台上，就会让自己的人进入上院，以增强本党在上院的力量。

② David and Gareth Butter, *Twentyth Century British Political Facts 1900–2000*, p.231.

族院法》(House of Lords Act)正式获得通过,工党的上院改革承诺到此为止。

第二,1997年履行了另一项竞选承诺:在苏格兰和威尔士进行分权公投,两项公投都得以通过;根据公投结果,1999年两地都建立了分权议会,并进行第一次选举。从理论上说,分权议会把苏格兰和威尔士的地方事务交给两地自我管理,从而强化了这两个地方的"自治"权,尊重了这两个地区的"特殊认同",因而属于"政治正确"。但工党这样做又带有明显的党派利益考虑:当时,工党在两地都具有选举优势,分权后可以在两地议会中稳占多数,这样就加强了工党在全国议会中的分量,达到长期掌控全国政权的目的。但事实证明如此盘算十分短视:苏格兰民族党很快就在苏格兰的分权议会中掌握控制权,不久又在全国大选中拿下了几乎所有的苏格兰席位。它乘胜追击,提出了苏格兰独立的主张,并迫使后来的卡梅伦政府同意举行独立公投。分权可能导致国家解体,布莱尔是否曾意识到这一点?

总体而言,首届布莱尔政府在平衡经济发展与福利开支方面还算做得不错。1999年,政府自称它在竞选时做出的177项承诺中的多数已经兑现或正在兑现。英国经济平稳发展,实现了低通胀、低利率、低失业。布莱尔顶住了参加欧元区的要求,兑现了"反对建立欧洲联邦"的承诺;在2000年欧盟尼斯峰会上,他继续采取英国那种若即若离的立场,为实行欧洲统一的税收与社会保险政策保留了否决权——所有这些,都是当年撒切尔的做法。2001年,在十分有利的政治环境中,布莱尔政府提前解散议会,举行新的大选。工党在大选中再次获胜,拿下413个席位,只比上次减少了6席。保守党再次落败,比上次多出1个席位,获166席。布莱尔继续执政。

这次大选后,工党的锐气就开始消退,"第三条道路"也日渐式微,人们不大谈论它了。这条"道路"的理论始作俑者吉登斯在大选之前就注意到了这一点;而费边社领导人马丁·雅各布斯(Martin Jacobs)则说道:"新工党已悄然离世,却不意味着要回归旧工党……回头路不是选择。……假如第二届(工党)政府想要兑现它的历史承诺,工党就必须找一个适合于新时代的故事出来。"[①]可见,"第三条道路"只是"讲故事",而新的故

[①] Malcolm Pearce and Geoffrey Stewart, *British Political History, 1867–2001*, p.584.

事却讲不出来。今天，在布莱尔离开政治舞台10年之后我们回过头去看，"第三条道路"在当时只是选举策略、一个动员票仓的口号。每一次大选都需要口号，哪一个口号更响亮、更动听，哪一个党的胜算就更大。第二届布莱尔政府建立之后，"第三条道路"慢慢偃旗息鼓了，雷声大雨点小，一场闹哄哄的理论展览会也匆匆收场。在第二届布莱尔政府期间英国卷入美国主导的伊拉克战争，这是布莱尔个人声望开始下滑的转折点。

2005年英国再次举行大选，工党以66席多数获胜。比起前两次大选，工党的领先势头已大大削弱，选民对"新工党"的兴趣已经不大；但布莱尔第三次出任首相，这在工党历史上尚未有过。此时的布莱尔是一个世界级风云人物，他紧跟美国的小布什，看起来好像是西方世界的第二号首脑。但他在国内的人望却急剧下跌：除伊拉克战争引起普遍不满外，一个又一个的政治丑闻更败坏了工党的形象。传记作者塞尔登说，布莱尔在第三次执政时成绩最斐然，在教育、医疗、福利、财政、司法公正、核能政策等方面制定了许多法律，做了不少事。从细节上说大概如此，但撇开细节，工党的锐气却消磨殆尽，它拿不出更多的创造性思想。有一个特点被塞尔登捕捉到了：布莱尔"没有抛弃撒切尔的任何政策：私有化被保留而且加强了，工会改革没有出现任何有意义的立场，私人融资计划（Private Finance Initiative）扩大……"总之，"布莱尔把撒切尔的方案继续推进，一直推到政治上允许的程度"。[①] 布莱尔执政的实质是第二次共识政治——一个撒切尔主义的共识政治，这应该是没有问题的。

这时，困扰英国官场已久的结构性腐败大爆发，把布莱尔推到了风口浪尖上。英国议会一向存在"金钱换提问"（cash for questions）的潜规则，即议员收受代理人的好处费，在议会就某些议题发表言论，用提问的方式引导辩论结果，从而为某些利益集团谋取私利。梅杰执政时就发生过严重的腐败案，当时身为反对党领袖的布莱尔充分利用了这些案件，指责保守党是腐败党。[②] 但布莱尔执政时的工党有过之无不及，不仅是"金钱换提问"，而且是"金钱换门路"（cash for access）、"金钱换爵位"（cash for

---

① Anthony Seldon, ed., *Blair's Britain, 1997 – 2007*, Cambridge: Cambridge University Press, 2007, p. 647.

② Malcolm Pearce and Geoffrey Stewart, *British Political History, 1867 – 2001*, pp. 602 – 603.

honour），使得工党的形象断崖式跳水。早在布莱尔开始执政时，就爆出 F1 汽车大赛①老板向工党捐赠 100 万英镑，换取政府在颁布烟草广告禁令时给他豁免权，这件事把布莱尔也卷进去了。② 不久，人们发现与梅杰时期相比，不仅工党议员收受金钱影响议会，大臣身边的人也收受别人的金钱为其穿针引线，让他们与政府阁僚见面，以谋取私利——这就是"金钱换门路"。2001 年，工党政府要员曼德尔森（Peter Mandelson）因涉嫌为两名印度亿万富翁非法办理英国护照而被迫辞职，这是"金钱换门路"的典型案例。曼德尔森此前已因为不正当获取政府贷款购买房屋而被揭发、辞过一次职了，但布莱尔将其再次任用，因为他是"新工党"的重要奠基人。③

曼德尔森之后，更大的风暴席卷而来，"金钱换爵位"差一点葬送了工党政府，也断送了布莱尔的政治生涯。用金钱换取爵位是英国政坛中又一个潜规则，由来已久，政党经常用晋爵封贵族来奖励向本党捐赠巨款的人，尤其是在大选时慷慨解囊的人。布莱尔任职期间册封了大量贵族，其速度之快，前所未有。④ 受封者多是向工党提供捐赠的各种有钱人，其中包括歌剧演员迈克尔·利维（Michael Levy），他在 1997 年工党胜选上立下大功，为工党拉到大笔竞选费，为此他受封男爵。作为潜规则，"金钱换爵位"不算违法，但工党上台后要表现它与保守党的区别，就加强了在这方面的立法，并一再宣示要严加监管。然而，工党过去靠工会提供财政支援，"新工党"与工会划清界限了，就不得不另找门路，用"爵位换金钱"即其一途。但工党又要掩饰其劣迹，就示意捐款人用借贷的形式转账，从而掩人耳目。

2006 年初终于东窗事发，经人举报，伦敦警察厅介入调查。工党当时的财务总管德罗米（Jack Dromey）居然在一个公开场合说他不知道这笔钱，这就让公众疑心重重，怀疑其中有私吞公款行为。调查持续了一年多，直到布莱尔下台才算了结。其间，布莱尔在一个月内被传唤三次，在英国历

---

① Formula One，中文译名是"世界一级方程式锦标赛"。
② Mick Temple, *Blair*, London: Haus Publishing, 2006, pp. 53 – 54.
③ Anthony Seldon, *Blair*, pp. 169 – 175.
④ 撒切尔在 11 年中册封了 193 名终身贵族、4 名世袭贵族；梅杰在 7 年中册封了 161 名终身贵族，没有世袭贵族；布莱尔在 1997—1999 年两年之间就册封了 149 名终身贵族和 1 名世袭贵族，创下年平均册封数的最高纪录。David and Gareth Butter, *Twentyth Century British Political Facts 1900 – 2000*, p. 225.

史上，他是唯一被警察传唤的在职首相。利维等一干人被拘捕，多名高官被传讯，一百多人接受质询，内阁几乎所有成员都接受了调查。由于布莱尔下台，事件最终不了了之，但在英国公众心里投下厚厚的阴影，英国政治的廉洁性也大受质疑。①

所以，到布莱尔离职时，已经是阴云密布了，而工党内部的权力之争迫使他最终离开政治舞台。"新工党"有两位领袖，一是布莱尔，二是布朗（Gordon Brown），他们曾经是同志加战友，都属于"苏格兰帮"（Scottish Mafia），② 在史密斯领导时期同为改革派干将，共同憧憬"新工党"。史密斯去世时布莱尔在布朗支持下出任党领袖，以后又登上首相宝座。坊间一直有一种传闻，说两人之间有君子协定，讲好了要先后出任首相，彼此永不互斗，永不对抗。不过这种传闻从来没有被证实，在真实的政治生活中，人们看到布莱尔一直让布朗执掌财政部，事实上是政府的第二号人物。但布莱尔三次连选连任，丝毫没有让位的意思，他和布朗之间的关系就变得很微妙。两人经常说一些摸不着头脑的话，人们甚至盛传：在"金钱换爵位"危机中，布朗是真正的幕后推手。然而，就在丑闻风波闹得沸沸扬扬时，2007年5月1日，即布莱尔执政十周年纪念日，他在苏格兰公开宣布说："几周后我就不再是本国首相，最有可能的是：一个苏格兰人将成为联合王国的首相……那个人建立了世界上一个强大的经济体，如我所说，他会是一位伟大的首相。"③ 那个人是布朗。6月27日布莱尔辞职，布朗接任英国首相，"布莱尔时代"戛然而止。布莱尔意识到：英国老百姓厌烦他了。④

尾　声

布莱尔作为跨世纪的英国首相，曾经是一个国际风云人物。布莱尔执政初期，曾经在英国人心中燃起希望，他的"新工党"和"第三条道路"不仅在英国名噪一时，而且在世界引起广泛的注意，人们期盼在英国出现

---

① Adam Boulton, *Tony's Ten Years*, *Memories of the Blair Administration*, pp. 307 – 315.
② 布莱尔是英格兰人，在爱丁堡出生和长大；布朗是苏格兰本地人。
③ Adam Boulton, *Tony's Ten Years*, *Memories of the Blair Administration*, p. 3.
④ Tony Blair, *A Journey*, pp. 657 – 658.

一种新理论、新实践，把这个老牌的资本主义国家引向新征程。在"新自由主义"风靡全球而苏联社会主义又一去不复返时，"第三条道路"似乎是一道新火光。

但10年的执政表明，"第三条道路"不过是另一个竞选策略，"新工党"把工党改造成另一个保守党，布莱尔开启了另一个"共识政治"，只不过第一个共识政治是保守党向工党靠拢，这一个"共识政治"是工党向保守党靠拢。布莱尔接下撒切尔的衣钵，只抹去其中最激烈的部分；"新工党"也接下英国政界挥之不去的"潜规则"，使工党与保守党更加相像。自20世纪50年代以后，工党尤其是其领导层，越来越呈现出与保守党相像的社会属性，因此以"中产阶级"代表自诩的布莱尔改造工党并不是稀奇事。问题是：如果工党只是另一个保守党，那么为什么还需要工党？换句话说，工党还有什么存在的理由呢？

于是问题就回到了原点：当工党失去社会基础、找不到它存在的根基时，布莱尔将工党改造成"新工党"，为它重塑了存在的理由；但是，当人们发现"新工党"几乎就是保守党而重复着保守党的面目时，为什么还需要工党存在？这真是一个奇怪的圈！事实正是如此：2010年议会选举中，工党大败，保守党重新执政。此后一直到现在，工党似乎找不到方向，始终在迷茫中徘徊。现任工党领袖科尔宾（Jeremy Corbyn）是"史上最左的工党领袖"，他自称笃信马克思，是个老牌的社会主义者。他在党内领袖选举中两次击败右翼候选人，获得基层党员的广泛支持。看来，工党又在向左转了。这在整个世界都两极分化、社会冲突日趋尖锐的时刻，并不是一个反常现象："99%"的这群人渴望得到公正，不希望那"1%"的人吞噬社会财富。新自由主义留下的创伤太深重了，人们期待一个左翼政党重新出现。但是，新的意识形态在哪里呢？工党迄今无能为力。党内右翼依然强大，要清除他们的影响并不容易。因此，尽管保守党政府现在面临着"脱欧"带来的严重危机，工党却完全无法利用：工党本身仍处在分化中。

布莱尔本想青史留名，但他留给历史的负面遗产也许要多于正面遗产。他的"第三条道路"显然是烟消云散了，英国仍然在迷茫中摸索。他的地方分治法案把大不列颠和北爱尔兰联合王国置于瓦解的危险中，苏格兰正在努力"脱英"。他紧跟美国攻打伊拉克，在世人眼中扮演了不光彩的"小兄弟"角色，最终让他不得不下台。他执政期间，英国经济发展得不错，但社会分裂未能愈合。更致命的是，被他"重建"的工党现在面临着"再重建"，这项任务能不能完成呢？我们拭目以待吧。

1215年《大宪章》第33条的存废与泰晤士河三文鱼的消失

高 岱

(北京大学历史系)

1215年6月15日,在温莎附近的兰尼米德草坪上,英格兰安茹王朝的约翰王与贵族们签署了一个具有重要影响的文件——《大宪章》(*Magna Carta*)。这个书写在羊皮纸上的文件最初共有63条,它在英国历史上第一次限制了封建君主的权力,确定了"王在法下"的原则,并成为17世纪英国立宪君主制的法律基础。然而,颇有意味的是,在这些旨在维护英国贵族政治与经济利益的规定中,有些条款却并未体现签署者的本意,而是在其他方面引发了意想不到的效果,甚至对英格兰的生态环境都产生了影响。

1215年《大宪章》的第33条规定,就是这样一个具有代表性的例证。

一

1215年《大宪章》第33条内容很简单,它规定:"自此以后,除海岸线以外,其他在泰晤士河、美得威河及全英格兰各地一切河流上所设之堰坝与鱼梁概须拆除。"[①]

从当时的情况看,1215年《大宪章》之所以制定了这样一条规定,并没有生态环境方面的考虑,主要是为了消除封建采邑之间的壁垒,保证河

---

① 参见法律史学术网,http://flwh.znufe.edu.cn/article_show.asp?id=874;《自由大宪章》全文,http://www.whblg.org/Book/Index/11033。

道的畅通,从而促进英格兰经济的发展。"这一条款最初并非为保护渔业发展而制定的。在那个时期里,航运是英格兰主要的或唯一的客货运输交通干道,而堰坝与鱼梁的存在,则构成了水上运输的重大障碍。因此保持水上运输的畅通无阻,才是那时最为重要的事情。至于渔业保护,却并未给予相应的关注。堰坝与鱼梁对三文渔业所造成的严重后果,那还是在很长时间之后才被人们意识到。……(当时人们最为担忧的还是)'航行在英格兰主要河流上的大小船只,常因河面与岸边所出现的鱼梁、水坝、木桩和磨坊所造成的阻隔,航程变得更为艰险。人们的利益受到很大的损害,抱怨之声也不绝于耳'。"[1]

因此,这一条款虽在1215年《大宪章》中没有重要的地位与影响,但在大宪章此后的多次修改中,第33条却一直被保留了下来,直到20世纪60年代才正式宣布将它废止。例如,大西洋三文鱼信托基金会(Atlantic Salmon Trust)的研究主任、美国亚利桑那州的作家理查德·谢尔顿(Richard Shelton, 1933 –)认为,1215年《大宪章》第33条虽然不那么著名,但直到19世纪末,这一条款仍然有效。[2]

事实上,《大宪章》第33条规定从它签署之日起,就没有得到充分的实施。特别是从17世纪到19世纪中期,《大宪章》的这个规定一再遭到无视与破坏。从民间到政府、从个人到群体都在沿着泰晤士河设立鱼梁,修堤筑坝,《大宪章》第33条有关保证英格兰河道畅通的规定被视若无物,根本就未能体现出它应有的法律效用。这不但造成了河道阻隔,还在一定程度上破坏了泰晤士河的生态环境,使得英国从王室到民间都十分推崇的珍馐美味——泰晤士河三文鱼最终消失。这既对泰晤士河的生态环境造成了很大的消极影响,也构成了《大宪章》第33条规定一直未被落实的生态证据。

二

泰晤士河三文鱼即大西洋三文鱼(Salmon Solar)。它属于洄游鱼类,既

---

[1] 参见 Charles E. Fryer, *The Salmon Fisheries*, London: William Clowes and Son Limited, 1883, p. 29, 下载自档案网, http://www.archive.org。
[2] 参见 Richard Shelton, *To Sea and Back: The Heroic Life of the Atlantic Salmon*, London: Atlantic Books, 2009; 有关这一说法,还可参见 Charles E. Fryer, *The Salmon Fisheries*, London: William Clowes and Son Limited, 1883, pp. 28 – 29。

要迁徙繁衍，又要经历非同寻常的生长过程。三文鱼须在咸水里生长为成鱼，然后再回到淡水溪流中去产卵。在淡水中三文鱼产下鱼卵，鱼卵孵化成鱼苗。鱼苗在淡水中逐渐发育起来之后，又得游回到咸水中长成大鱼。① 如果三文鱼的洄游线路被阻隔中断，三文鱼的繁殖与生长就会遭受灭顶之灾。

三文鱼对产卵环境要求之严格，从美国生物学家丹尼尔·波特金（Daniel B. Botkin）的一段描述中可以窥见一斑：

> 三文鱼会将卵产在浅水溪流的砾石河床上，它对产卵环境的要求可以说达到了十分苛严的程度。雌鱼会仔细地选择产卵的场所，她常常倒立于溪水之中，通过用力地摆动尾巴保持平衡，来检查砾石河床是否适合于它产卵。只有那种疏而不密的砾石河床，才是三文鱼的理想产卵场所，因为这种场所既有空间来保持水流通畅，以便将氧气带给鱼卵，又不致过于松散，以免砾石在洪水季节或涨水期间被轻易冲走。河床上最为理想的砾石空间，一般是三文鱼自身长度的三倍。三文鱼只有在确认找到了最为合适的砾石河床，它才会产卵。②

正是由于泰晤士河为三文鱼的繁衍生息提供了天然的优良场所，所以泰晤士河所出产的三文鱼一直在英格兰享有盛誉，成为英国人所钟爱的美味佳肴。特别是从13世纪初到18世纪末，泰晤士河沿岸地区三文渔业十分红火。据记载，在1766年7月的某一天，送到比林斯盖特鱼市（Billingsgate market）上出售的泰晤士河三文鱼就多达130条；而捕获到一条重达16磅的三文鱼，则更为人们津津乐道。甚至还有人声称，他清楚地记得1789年在拉勒安姆村（Laleham）③ 见到一条重达70磅的泰晤士河三文鱼被人

---

① 关于三文鱼的生命轨迹，参见 Charles E. Fryer, *The Salmon Fisheries*, chapter 2, pp. 11–23。
② Daniel B. Botkin, *Our Natural History: The Lessons of Lewis and Clark*, New York: Oxford University Press, 2004, p.199.
③ 英格兰东南部萨里郡的一个村庄。

捕获。①

及至19世纪初，泰晤士河的三文渔业依然繁荣。1861年，一位渔民在皇家三文渔业委员会（Royal Commission on Salmon Fisheries）作证时说道：大约到1820年，他在位于拉勒安姆村的泰晤士河边，捕获过"几百条"三文鱼；他还提及，在1820年之前的某一年里，拉勒安姆村里有个小男孩，他拿着钓竿，坐在小船上，穿行于河流之上，因曾在一天之内捕获六七十条三文鱼，而为当地人所津津乐道。②

同一位证人还证实，他还看到过"20条三文鱼"在"沿着那段不到200码长的河岸边"产卵之后，就全都漂浮在水面之上了。

另一位证人则通过提交的证据表明，从1794年到1814年间，在泰晤士河靠近特普罗（Taplow）③的波尔特船闸（Boulter's Lock）附近，每年差不多有15条到60多条三文鱼被捕获。④

1860年，还有人公布了一个有关三文鱼捕获量的清单。该清单表明：从1794年到1821年，在波尔特船闸到伦敦桥下这一段泰晤士河中，共捕获过483条三文鱼，总重量达7346.25磅，每条鱼平均重达15磅以上。

不过，这一清单也显示，到1821年前后，泰晤士河三文鱼的捕获量在迅速下降，每年仅有28条。而在1766年比林斯盖特鱼市上，一天就曾售出130条三文鱼。两相比较，显然已不可同日而语，以致1821年乔治四世在举行加冕典礼时，都没有能够弄到足够多的三文鱼来供王室与嘉宾享用。⑤于是，从19世纪初开始，在一些文学与相关专业著作中，就有不少关于泰晤士河"最后一条"三文鱼的记述。

1857年，维多利亚时代的博物学家弗兰克·巴克兰（Frank Buckland, 1826-1880）在《自然史猎奇》（Curiosities of Natural History）一书中提到，有一位名叫芬摩尔（Finmore）的船夫，常年在因伊顿学子而闻名的索雷堡

---

① R. B. Marston, "The Thames as a Salmon River," *The Nineteenth Century: A Monthly Review*, Vol. 45, No. 266 (April 1899), p. 580.
② Charles E. Fryer, *The Salmon Fisheries*, p. 3.
③ 英格兰白金汉郡的一个村庄。
④ Charles E. Fryer, *The Salmon Fisheries*, p. 4.
⑤ R. B. Marston, "The Thames as a Salmon River," *The Nineteenth Century: A Monthly Review*, Vol. 45, No. 266 (April 1899), p. 580.

(Surley Hall)附近摆渡。正是这位凡夫俗子,他捕获到了泰晤士河中的最后一条三文鱼。

巴克兰接着写道:"在索雷堡附近的河流中,这条可怜的三文鱼躲在一处比较隐蔽的鱼窝子里。不过,最终还是被人们发现了,未能逃脱被捕获的命运。"①

巴克兰还根据他所了解到的情况,栩栩如生地描绘了这"最后一条"三文鱼落网的情景:

……于是在某一天,那个鱼窝子的四周被撒下的渔网围了起来,人们对捕获这条三文鱼信心十足。但是没有想到的是,当这条三文鱼发现人们要捕获它的意图后,变得更加灵活与机敏。只见它挺身一跃,成功地躲过撒在水中的渔网,跳进河里摇头摆尾地游走了。对于人们的这点招数,它是再清楚不过的。接下来的时间里,它又平安无事了。

几天之后,这条鱼儿又游回到它早先的隐匿之所,渔网再次向它撒了过来。只是这次人们吸取了上次的经验,不仅在水中撒下网,而且在水面上也悬起了一张网,以防止它像上次那样逃脱,这回这条三文鱼在劫难逃了。当它发现危险时,又像上次那样凭空跃起,虽轻易地摆脱了水中的那张渔网,但却落入悬在空中的那张网中,它最终还是被捕获了。这条三文鱼进行了最后的挣扎,结果无济于事,仍然成为盘中之餐。只是作为泰晤士河里最后一条三文鱼,它享受到了与众不同的高贵待遇。这条三文鱼被烹饪成"精美的菜肴,端到一位国王的面前"……②

巴克兰的这段话,可以看成是对泰晤士河"最后一条"三文鱼的生动与经典的叙述。其笔下的这三文条鱼虽然"灵活与机敏",但终究还是敌不过人类的智慧,结果不免成为平民的猎物和国王的美味。由于巴克兰的这部著作首次出版于1857年,按照他的说法,"从泰晤士河里最后一条三文

---

① Frank Buckland, *Curiosities of Natural History*, London: Richard Bentley, New Burlington Street, 1862, p.246. 下载自档案网,http://www.archive.org。

② Frank Buckland, *Curiosities of Natural History*, pp.246-247.

鱼成为人类贪婪的牺牲品以来，40年已经过去了"。① 因此，泰晤士河里最后一条三文鱼被捕获的时间应为1817年。

当然，关于这一点，也存在一些其他的看法。1883年，伦敦举办了一次"国际三文渔业大展"（the great international salmon exhibition），查尔斯·弗莱尔（Charles E. Fryer）专门为这次大会写了一本会展手册——《三文渔业》。他在这本书中就明确指出：泰晤士河里"最后一条"三文鱼是在1824年被捕获的。此外，也有人提到，他所看到的泰晤士河里最后一条三文鱼是在1833年6月被捕获的；② 还有人认为，这条河里的最后一条三文鱼大约是在1860年才被捕获的。③

但不论怎样，到乔治·莱斯勒（George Dunlop Leslie, 1835 – 1921）写那本著名的《我们的泰晤士河》一书时，就再也不提三文鱼了。莱斯勒1835年生于伦敦，从小就在泰晤士河边长大，是那个时期英国的一位著名画家，以画英国的风景与风俗见长，他所写的《我们的泰晤士河》也是以记载泰晤士河畔的风景与风俗为主要内容的，并且都是他自己的亲身经历和所见所闻。这本书于1881年首次出版发行，在书中他谈到了许多和家人及朋友在泰晤士河边的见闻，如他13岁时第一次在泰晤士河上泛舟的情景，对河边轮船码头的印象，对泰晤士河边那些老市场的回忆，特别是他对市场里各种商品的回忆，让人们对那个时期泰晤士河两岸的风土民情有了更深刻的了解。他在书中谈道，在那讨人喜欢的老市场里，有各种各样的瓜果与泰晤士河里的水产品，④ 可以说是种类繁多。

但值得注意的是，尽管莱斯勒在书中谈到了许多泰晤士河里的水产品，但就是没有提到有三文鱼在出售。特别是在第八章中，他较为详尽地记录多年来泰晤士河的变迁，其中着重提到泰晤士河中及两岸的各种鱼类、鸟

---

① Frank Buckland, *Curiosities of Natural History*, London: Richard Bentley, New Burlington Street, 1862, p. 246.
② R. B. Marston, "The Thames as a Salmon River", *The Nineteenth Century: A Monthly Review*, Vol. 45, No. 266 (April 1899), p. 580.
③ Anthony Netboy, *The Atlantic Salmon, A Vanishing Species?* Boston, Houghton Mifflin Co., 1968, p. 180.
④ George Dunlop Leslie, *Our River*, London: Bradbury, Agnew, & Co., Bouverie Street, 1881, p. 3. 下载自档案网，http://www.archive.org。

类和其他许多物种，但同样也没有提到三文鱼。① 很显然，虽然英国人对泰晤士里最后一条三文鱼到底是在哪一年消失的尚存争议，但到19世纪80年代，泰晤士河里再也没有三文鱼，却成为一个不争的事实。

三

19世纪中期以后泰晤士河三文鱼的消失，尽管存在不少主客观因素，如人为的滥捕、18世纪后期开始出现的河流污染等，都对泰晤士河里三文鱼的消失有着直接的影响，但更为重要的原因是，泰晤士河沿岸已存与后建的堰坝和水闸，阻隔了三文鱼的洄游行程，使三文鱼繁衍生息的生态条件发生改变。由于这些堰坝和水闸使三文鱼既不能从海里游到河里去产卵，又不能从河里游到海里去成长，结果必然导致泰晤士河三文鱼种群的减少直到最终消失。

在1215年《大宪章》签署之前，人们已经意识到泰晤士河上的堰坝和鱼梁对三文鱼繁衍生息的危害，因为"沿河的那些居民——从磨坊主到渔民——都把维护和增设鱼梁作为最有利可图的手段"。② 而在1215年大宪章第33条颁布后的好几个世纪里，这个问题更加引起了人们的关注。譬如，在1653年，英国作家艾萨卡·沃尔顿（Izaak Walton，1594–1683）出版了一本书，名为《垂钓高手》。就在这本书中，沃尔顿一再谈到，在泰晤士河沿岸，一些贪婪的渔民为更方便地捕获三文鱼，违法设置了一些鱼梁和堰坝，阻碍了三文鱼的洄游，致使成千上万的三文鱼苗无法游回到大海里去，结果全都葬送在泰晤士河了。③

沃尔顿是一位作家，他的抱怨可看成是鱼梁和堰坝妨碍了三文鱼洄游通道的重要证据。不过，更为引人关注的是，后来还有一些专业人员表达了与沃尔顿相同的看法，他们就是泰晤士河上的渔政检查员。这些人通过对泰晤士河以及诺森伯兰郡的科克河（the Coquet）里三文鱼消失的原因所

---

① George Dunlop Leslie, *Our River*, London: Bradbury, Agnew, & Co., Bouverie Street, 1881, pp. 134–156.
② F. S. Thacker, *The Thames Highway*, *Gereral History*, London: Dyer's Building, Holborn, 1914, p. 3.
③ Izaak Walton, *The Compleat Angler*, *or The Contemplative Man's Recreation*, with Introduction by Andrew Lang, Mineola, N. Y.: Dover Publications, Inc., 2003, p. 38.

进行的认真调查,最后得出这样的结论:泰晤士河上已有的鱼梁和堰坝,与新建起来的磨坊水坝(mill-dam)以及水闸和船闸,切断了三文鱼的产卵通道,阻隔了三文鱼苗洄游到大海里发育生长的路径,最终直接导致了泰晤士河里三文鱼种群的消失。①

值得注意的是,这些在工业革命之后建立起来的磨坊水坝以及水闸和船闸,并不仅仅是一些个人行为,还与英国政府有很大的联系。在18世纪后半期与19世纪初,作为进一步改善英国主要河流水运条件的措施,英国议会先后颁布了一些有关在泰晤士河上发展水运的法案(the Thames Navigation Acts),其中不乏在泰晤士河上兴建一些大型船闸和水闸的规定。这不仅使泰晤士河上已有的堰坝与鱼梁依然存在,又出现了一些新的大型水利工程。它们的存在,毫无疑问是导致泰晤士河三文鱼最终消失的主要原因。②

对此,一位名叫 W. 怀特的先生在 1857 年就曾说道:

> 我年轻的时候,常在夏日的傍晚沿着泰晤士河边散步。在从桑伯里(Sunbury)③到温莎(Windsor)沿岸,河边杨柳依依,河中小岛葱翠。特别有趣的是常常能够看到在河中嬉戏的三文鱼,它们不时地跃出水面,激起水花,使泰晤士河傍晚的景色显得更为生动。但时至今日,令人沮丧的是,泰晤士河上毫无必要地建起了许多磨坊水坝和大型船闸,它们完全阻隔了三文鱼的洄游通道。即使有些三文鱼侥幸穿过鱼梁,躲过渔网,当它们游到这些讨厌的人工建筑物面前时,却是咫尺难移,根本无法逾越这道人为的庞然大物。④

---

① David Milne-Home, F. R. S. E, *Salmon and Salmon Fisheries*, London: William Clowes and Sons, Ltd., 1883, p. 9. 下载自档案网, http://www.archive.org。
② R. B. Marston, "The Thames as a Salmon River", *The Nineteenth Century: A Monthly Review*, Vol. 45, No. 266 (April 1899), p. 581.
③ 泰晤士河边的一个小镇,历史上属于米德尔塞克斯郡(Middlesex),现在属于萨里郡(Surrey),位于伦敦市中心西南 21 公里处。
④ 转引自 R. B. Marston, "The Thames as a Salmon River", *The Nineteenth Century: A Monthly Review*, Vol. 45, No. 266 (April 1899), p. 581.

很显然，正是泰晤士河上的这些水坝和水闸，最终导致了三文鱼的消失。

通过以上的论述，我们可以清楚地看到这样两个问题。其一，就1215年《大宪章》而言，虽然它的第33条做出了"除海岸线以外，其他在泰晤士河、美得威河及全英格兰各地一切河流上所设之堰坝与鱼梁概须拆除"的规定，但从签署之日起，从未充分发挥出它应有的法律效应和约束力，不论对个人还是对政府都是如此。虽然从国家层面上讲，1215年《大宪章》中的这一法律条款直到1969年才被正式废止。[①] 但实际上，早在两百年前的工业革命初期阶段，它就已经名存实亡了。

其二，正是由于1215年《大宪章》第33条之规定从一开始就形同虚设，导致了旧有的堰坝与鱼梁未被完全拆除，后期水坝和水闸又不断建立，结果彻底地阻隔了三文鱼的洄游通道，使自古以来就以泰晤士河为家园的三文鱼作为一个种群最终在这里消失，英国泰晤士河的生态环境也因此发生了具有历史影响的变化。

---

① "Clause 33 of Magna Carta in 1215 was repealed by Statute Law (Repeals) Act 1969," https://en.wikipedia.org/wiki/Magna_Carta#Clauses_in_detail.

保守主义在英国政治运作中的制衡作用

朱孝远

(北京大学历史学系)

在英国史研究领域,没有什么问题要比看待保守主义更加意见分歧的了。有的学者认为,保守主义集智慧、道德、传统、天性于一体,"是人类天性"的体现和英国发展的制胜法宝;在另外一些学者那里,保守主义意味着倒退、反动,它逆历史潮流而动,是"资产阶级妥协性"的表现。这就产生了问题:小问题是保守主义何以能够延续至今、未曾消亡;大问题是保守主义在英国政治发展中究竟起何作用,有无意义。

英国史中有许多问题,言人人殊,保守主义也就是这样的一个问题。其中,有的是由于史料互相矛盾或对史料有不同看法引起的,有的是由于调查的范围不够开阔或调查针对的问题不够集中引起的。关于英国保守主义的意见分歧,多半是由于后者而不是前者。笔者企图探索保守主义在英国政治运作中的作用,并把它和英国革命、英国保守运动联系起来,加以考察。

破旧立新的英国革命

英国重保守主义,但英国人也重革命。有人说,主导英国历史的是一种保守的、渐进的、延续性的发展,这不符合实际。同样,脱离剧烈的革命运动去谈保守,也无法弄清这两者之间的联系。常被人认为是保守思想家的洛克(John Locke, 1632 - 1704)在《政府论》下篇中说:"人们普遍地遭受压迫和得不到公正待遇时,一有机会就会摆脱紧压在他们头上的沉重负担。"① 这说的其实就是革命。英国能够从一个欧洲小国发展成为今天的世界强国，与历史上发生的四场革命息息相关。

第一场革命是制度革命，发生在中世纪晚期。英国从蛮族王国中脱颖而出，最早具备了国家（state）的雏形：领土相对稳定、制度具有公权力性质、政府机构完善、拥有最后裁决权、得到民众认可。12—13世纪英国政府行政化加强；1450—1600年又出现了政府由专业人士掌握的制度。这些，使英国有别于蛮族的王国（kingdom）和纯粹以疆域、领土来界定的country。state一词具有鲜明的政治含义，除指国家、政府外，还指政府体制和政府机构。在中世纪，涌现出的是一个个体制落后的日耳曼小王国，奉行个人忠诚，政治上分散割据，削弱了国家体制。当然，从另外一个角度来看，在中古欧洲的薄弱基础上建立的国家却是最为"典型"的，中古的欧洲把一切疆域、制度、政治形式的边界都抹掉了，要想在这种基础上建立体制完备的国家，需要殚精竭虑。蛮族的王国为什么会走向衰败？而英国、法国为什么却能够胜出？答案就存在于国家体制的优劣。与蛮族王国相比，后来居上的英国更加国家化、制度化、行政化、官僚化，致使它能够"优入圣域"，成为取代众多蛮族国家的新兴国家。这场革命使英国具备了国家的特征：主权、领土完整、政治统一、官僚制度、国家司法、国家税收制度等。这些也成为衡量欧洲早期国家的主要标准。

第二场是宗教革命，发生在英王亨利八世统治时期。它摆正了政府与教会的关系，使英国的主权获得了完整。宗教改革运动源于德国，但亨利以国君之尊，在全国创导宗教革命，这在当时还是独一无二的。改革后的英国的教会称英国圣公会，又称安立甘宗，简称为英国国教。国教的教义、组织形式和祈祷形式是通过国会颁布的法规规定的。1534年，英国国会通过《至尊法案》，宣布教皇无权支配英国国教，只有英国国王才是教会的最高首领。《至尊法案》还规定英国有决定自己教会教义、崇拜仪式，宣判异端和任命主教等神职的权力。1539年，国会又颁布《取缔分歧意见的六条信仰法案》，拒绝路德、加尔文教的教会形式，主张维护原有的圣礼和组织

---

① 〔英〕约翰·洛克：《政府论》下篇，叶启芳、瞿菊农译，北京：商务印书馆，1997年，第136页。

制度不变。同时，亨利八世又下令镇压亲罗马分子和宗教异议分子，并封闭了500多所天主教会的修道院，没收其财产。宗教革命摆正了政府与教会的关系，维护了国家的主权，积累了向近代过渡的资本，不失为英国历史上的一个转折点。

第三场是资产阶级革命，发生在17世纪中期。它把查理一世送上了断头台，资产阶级从此登堂入室，成为英国的执政者。

第四场是英国的工业革命，它增强了英国国力，建立了最早的工厂，解决了能源问题，发明了蒸汽机，修建了铁路，使英国经济得到飞速发展。从1780年到1800年，英国工业品产量翻了一番。从1801年到1851年，英国的国民生产总值扣除物价因素后增长了3.5倍。英国的社会财富和国民收入大为增加。与此同时，国内人口也从1780年的900万人迅速增加到1851年的2100万人。[①]其后来居上，跻身于欧洲大国之列。正如历史学家们评论的那样："工业革命始于英国，它是人类历史上的新事物，没有先例可依循，没有蓝图去实现。英国在这场革命中不仅要做工业技术的领路人，而且要成为新的社会关系和城市生活的先锋。1793年到1815年之间，英国与法国战事连绵，更加剧了这项任务的艰巨性。如果说法国为政治变革开辟了道路，那么，英国则是为经济发展铺路架桥，为此我们应该对它给予特别的关注。"[②]

对这四场革命的内容，假如没有做过研究，就无法把握英国历史发展的基本脉络，也根本无从谈英国的保守主义。

首先，在英国历史演进中，革命和改革是主要的推动力。英国是诸多革命的发源地，这使英国占尽先机。研究英国历史，需要对这些革命进行肯定。如果认为英国的发展一直是靠延续、改良，这与上述事实相去甚远。在英国发生的上述革命影响深远，它们破旧立新，往往成为欧洲其他国家革命之原型。

其次，把革命运动引入对保守主义分析的另一个原因，在于保守主义

---

① 〔美〕约翰·巴克勒、贝内特·希尔、约翰·麦凯：《西方社会史》第二卷，霍文利等译，桂林：广西师范大学出版社，2005年，第524页。
② 〔美〕约翰·巴克勒、贝内特·希尔、约翰·麦凯：《西方社会史》第二卷，霍文利等译，桂林：广西师范大学出版社，2005年，第513页。

往往出现在革命之后。这当然也不是一种偶然的现象。原因如下，革命引起了巨大变化，会触动社会各阶层的利益，同时也会带来一些亟须解决的新问题。例如，英国的资产阶级革命中出现了克伦威尔的军事独裁；英国宗教革命又带来了对非国教徒的迫害；产业革命带来了环境污染。这些问题不解决，将危及社会稳定，从而滋生保守和改良的情绪。

新旧相继的保守运动

要把英国的保守主义分析到位，还应当去探讨英国的保守运动。洛克《政府论》中文版1982年5月"编者的话"云："洛克的《政府论两篇》是在1689年和1690年相继写成和出版的。其基本精神在于对1688年刚刚结束的英国所谓'光荣革命'进行辩护和理论总结。"①这是切中要害的，也是阐明保守思想与保守运动联系的。在英国，宗教革命后有"宗教宽容"，资产阶级革命后有"光荣革命"，两者前后相继，形影不离，是不争的历史事实。因此，有必要把与革命和保守思潮均有联系的保守运动，纳入我们的分析范围。

发生在1688年的"光荣革命"因其不够妥切的名称而闻名于世。1685年，主张宗教宽容的查理二世去世，由其兄弟詹姆斯二世（1685—1688）继承王位。詹姆斯二世公开表示奉行天主教，加上实行独断专制统治，很快就在英国人心尽失。1688年，英国国会采取行动，从尼德兰把詹姆斯二世信奉新教的女儿玛丽及其丈夫奥兰治的威廉接到英国，承继王位，詹姆斯二世不得不逃离，于是革命因不流血而获得成功。新国王与国会合作，承认限制君权的《权利法案》，保护英国特权阶层的"公民自由"不受侵犯。这场运动旨在维护英国特权阶层的利益，在英国并不被看好，② 尤其在于国会正式承认了君主制度，称之为保守运动并不为过。

"光荣革命"有两点要引起我们重视：一是它产生的背景，其时英国的共和政体早已瓦解；二是它取得了一些效果，如赶走了专制君主詹姆斯二

---

① "编者的话"，〔英〕约翰·洛克：《政府论》上篇，叶启芳、瞿菊农译，北京：商务印书馆，1997年，第1页。

② Perry Rogers, *Instructor's Manual*, Donald Kagan, Steven Ozment, Frank M. Turner, *The Western Heritage*, New York: Macmillan Publishing Company, 1979, p. 95.

世，建立了君主立宪制度。

英国废除君主制度是在1649年，至1660年查理二世复辟，实行共和政体达11年。不过，共和政府并不稳固，实际上是被克伦威尔统治着，实行的是军事独裁统治。克伦威尔对外不断用兵，血洗爱尔兰，对内严厉统治，并且忽视工商业的发展。对于民众，克伦威尔政府也毫不让步，实施了对温斯坦莱领导的"掘地派"运动的镇压，走向孤立。温斯坦莱主张给贫民土地，遭到镇压。早在1649年，共和政府就决定消灭掘地派。他们的房屋被焚毁，土地被夷平。温斯坦莱曾向克伦威尔指出："革命以后，英国社会并没有任何变化。自上而下的统治依然如故，无政府状态也依然如故。"① 1660年，在克伦威尔死后，查理二世复辟了君主制。在查理二世统治时期（1660—1685），与民众脱离的资产阶级臣服于王权统治，已经没有力量来推翻君主制度。通过保守运动建立亦新亦旧的君主立宪制度，尽管有点不伦不类，但也是当时各种政治力量之间比拼的结果。对于英国资产阶级来说，似乎可以接受，并且颇具意义。

另一场保守运动是发生在伊丽莎白一世统治时期的宗教宽容运动。英国原来是一个天主教国家，亨利八世同罗马教廷的冲突，导致英国脱离了罗马的控制，成立了自己独立的英国国教。但是，英国宗教改革也引起了社会分裂。

爱德华六世时期，出现了一批要求进一步进行宗教改革的新教徒。例如，摄政大臣萨默塞特公爵倾向于新教。他高兴地发现：在亨利逝世的1547年，枢密院中只有一个成员坚持天主教立场，其余人士都倾向于新教。所以，进一步倒向新教实际上并没有什么阻力。这样，英国各地的教堂出现了捣毁圣像的举动，人们冲进教堂，把许多圣像彻底捣毁，一批在亨利八世时期因躲避迫害而流亡到瑞士的宗教激进派人士纷纷回国，他们是路德派信徒和茨温利派信徒。他们盼望在英国实行真正而不是名义上的宗教改革，特别是要求废除天主教的礼拜仪式。在他们的影响下，国会取消了《六条信仰法案》，1549年，又通过《统一法案》，规定英国教会使用统一

---

① 〔奥地利〕弗里德里希·希尔：《欧洲思想史》，赵复三译，桂林：广西师范大学出版社，2007年，第390页。

的官方颁布的《公祷书》。《公祷书》详细规定教士举行宗教仪式时的步骤和祈祷文，尤其是对圣餐中的葡萄酒和面饼的含义做出了解释。1552年，另一个重臣沃里克伯爵（Warwick, the earl of）主持修订《公祷书》，使其更具新教色彩。在萨默塞特公爵和沃里克伯爵的主持下，英国议会下令焚烧旧的祈祷书和捣毁圣像，以便把教会的权力交给国王。历史学家里克勒（Joseph Lecler, S. J.）指出：沃里克伯爵推行无情的、不宽容的宗教政策，目的不是出于宗教虔诚，而是为自己牟取利益。①

上述情况引起了天主教徒的强烈不满。1549年的《公祷书》颁布后，在英国西部即爆发了叛乱。叛乱者拒绝承认新的宗教崇拜仪式，要求恢复亨利八世时期的《六条信仰法案》中规定的仪式，反对捣毁圣像。这次反叛在英国历史上被称为《公祷书》叛乱。除西部地区之外，英国的大部分区域还是勉强接受了《公祷书》，英国国教会的新教倾向更明显了。

1553年，爱德华六世去世，信奉天主教的玛丽即位（Mary I, 1553—1558年在位），恢复天主教的活动。玛丽以残酷镇压英国新教徒著名，被称为"血腥的玛丽"。玛丽女王统治时期，宗教改革传统被颠覆，天主教势力和罗马教皇重新在英国确立起权威，而玛丽的政府却被置于神圣罗马帝国、西班牙和罗马教皇的保护之下。一大批享有盛名的宗教领袖被处以火刑，致使英国人人自危，玛丽也落得一个血腥之名。玛丽时代许多新教徒逃到国外。在一份逃往外国的472人的名单中，有166名乡绅，67名教士，40名商人，119名学生，32名工匠，13名仆侍。② 逃亡者中一些人信誓旦旦，发出"要在英国重建耶路撒冷之墙"的呼声，令英国所有虔诚的信徒深感共鸣。

1558年玛丽女王死后，伊丽莎白一世（Elizabeth I, 1558—1603年在位）继承王位。伊丽莎白女王是一个政治家，她从政治角度出发试图调和天主教徒和新教徒的矛盾。不久，她宣布恢复爱德华时代的宗教仪式。她颁布了第二本《公祷书》，规定了宗教圣礼。她反对罗马教会的行为更为坚

---

① S. J. Joseph Lecler, *Toleration and the Reformation*, Vol. II, New York: Association Press, 1960, p. 246.
② 〔英〕阿萨·勃里格斯：《英国社会史》，陈叔平等译，北京：中国人民大学出版社，1989年，第141页。

决,把《四十二条信纲》修订为《三十九条信纲》,在英国推行新教。1571年,罗马教会把伊丽莎白女王开除出教会。英国成为一个新教国家的原则完全确立。

伊丽莎白对罗马教皇并无好感:罗马教廷视她为非法所生,不具备任何继承权,并且在她继位之时,对她做出了种种非难。伊丽莎白无法忘记1535年教皇保罗三世对她父亲亨利八世所下的绝罚诏书。这个诏书永远剥夺了亨利八世与安妮·博林所生子女的合法身份和继承权。教皇在文件中写道:

> 务使亨利王的儿子及其同谋、支持者之流同样受这一处罚。我命令并宣布,对亨利王与上述安妮(博林)所生的一切儿子,以及上述诸人的儿子,不论已经出生或将要出生的,并所有属于这一惩罚范围之内的其余诸后裔(不管人数、性别、得志与否,一概无例外地)剥夺他们原有的一切地位和享受的一切荣誉,剥夺他们所占有的或供他们使用的一切东西,剥夺他们的一切特权、豁免、特恩、大赦、免税、赦罪和恩典,并他们所有的一切主权、领地、城堡、土地、国祚、城池和其他一切财产,无分动产与不动产,剥夺一切原属于他们的权利与活动……我更命令和宣布,即使在今后他们也不能得到这一切。
>
> 我命令将亨利王及其一伙,并他们的上述后代,从现在起剥夺公民权利(使其声名狼藉)不允许他们替别人作证人……不允许他们有裁判权或制裁权,不允许他们充当公证人或从事任何法律行为(由此他们的诉讼行为或其他行为均失掉力量或归于无效)。①

但是,伊丽莎白保持了一个政治家的相当冷静客观的态度。作为世俗的统治者,她感到最为重要的就是管理好自己的国家,而不是使自己的国家因为宗教的冲突而分裂,或者在风云变幻的国际斗争中触礁。伊丽莎白明白,如果宗教问题不妥善解决,英国很可能会陷入分裂。于是,她要告

---

① 《教皇保罗三世绝罚英王亨利八世诏书摘译(1535)》,沈毓元译,中国世界中世纪史研究会理事会编《世界中世纪史研究通讯》,1984年,第73—74页。

诉人们一个十分简单的道理：宗教应当给人们带来和平而不是带来分裂与战争。因此，她为自己塑造了一个中立的形象：既不是一个新教徒，也不是一个天主教徒。她这样做，并非因为对新教有特殊的感情，而是作为君主，她自有一种独立的地位，能够像她的父亲亨利八世一样，用权力来化解宗教上的矛盾。她坚信：不能让任何外国的力量来控制英国。她也不赞同玛丽女王对新教徒的迫害，那些视死如归的新教徒在走向火刑场时的英雄气概，对于她来说，留下非常深刻的不良印象。

女王明智的做法就是既坚持英国教会独立，又不能让新教走向极端。她允许英国国教与天主教的仪式比较接近，以此达到消除宗教对立的目的。她谨慎地把天主教与新教的尖锐冲突说成是英格兰教会与外国教会的区别。在女王的授意下，修订《公祷书》的委员会成立了。委员们对爱德华六世统治时期颁布的两版《公祷书》进行修正，删除了一些明显反对教皇的祷文，表示跪领圣餐不含有赞美颂扬意思的那段被删除，同时把《公祷书》中授予饼酒的仪式合并，对基督的身体是否实际临在圣餐之中这一问题不置可否。这些修改的目的是使新教礼仪比较符合天主教徒的口味。[①] 新教经过这样调整以后，就颁布了一个规定，在1559年6月24日以后一切礼拜必须按新礼仪来进行。伊丽莎白女王颁布了她的宗教政策。她认为里通外国的天主教会和极端激进的新教都是不可取的，而天主教也不值得过分打击。她期望恢复亨利八世所建立的英国国教会，期望这能够成为合适的纽带，把英国的基督徒联合起来。她致力于保障他们的安全，但也希望他们不要节外生枝，制造麻烦。

伊丽莎白开创了宗教宽容这一政策，以图结束教派执政导致的英国分裂。宗教改革运动以后，基督教分裂为天主教、路德宗教会、加尔文宗教会、英国国教会、苏格兰长老会等各种宗派。此外，还有更为激进的再浸礼派教会。这些教会彼此之间互相争论、互相残杀和互相战争。这些冲突虽然起于宗教问题，实际上同各国君主、贵族、城市、民众的实际利益是联系在一起的。世俗统治者终于明白了"宗教宽容"。政治统一和宗教统一

---

① 〔英〕威利斯顿·沃尔克：《基督教会史》，孙善玲、段琦、朱代强译，北京：中国社会科学出版社，1991年，第466页。

相分离，一个国家内的人民可以信奉不同的宗教，参加不同的教会。宗教宽容成为需要奉行的重要原则。

在论述了上述历史发展后，需要强调一下这两场运动表现出来的一些特点。

首先，与革命运动不同，保守运动不在于破旧立新，而在于维护秩序。凡是对建立秩序有作用的，一律加以吸收。保守运动既要维护革命之后建立的新秩序，又要维护传统的旧秩序，避免新旧之间因为对抗而分裂。但是，保守运动与守旧运动又不是一回事，它具有自己的底线和原则，并不是一味地、无选择地打击革命的成果。在"光荣革命"中，保守运动尽管不主张推翻王权，但却维持两点：一是通过《权利法案》限制了王权，二是阻止了信奉并推行天主教的人成为国君。在宗教宽容运动中，它不过分迫害天主教徒或极端的清教徒，但不允许宗教信仰问题危及英国的国家利益，更不允许把没收了的天主教会的财产再发回教会。从这些情况看，保守运动的立场是介乎新旧之间，主要是通过这种办法来防止社会的动荡。

其次，保守运动介于新旧之间，具有两面性。其特点，主要是在制度层面上来维护秩序，如通过《权利法案》维护君主立宪制度；通过宗教宽容政策，来缓和天主教徒、英国国教徒、新教徒和激进的清教徒之间的对抗。其采用的手段主要是政治的、法律的手段，而不是战争的手段。保守运动广泛吸收各主要派别能够接受的方式来稳定社会，并利用政府的权力，来遏制和避免社会的过激反应。从宗教革命到宗教宽容，从资产阶级革命到"光荣革命"，都表现出革命在先、保守运动在后的顺序。之所以会出现这种情况，很大程度上是要让革命的一些基本的成果转变为能够为各种社会力量都愿意接受的制度。换言之，英国历史不是像一条直线那样顺序演进的。当革命获得一定成果后，会出现反复，还需要以某种方式来调和矛盾，并对革命的基本成果加以巩固。从表面看，当"秩序"占据上风时，革命似乎在衰落，从锐进积极转向保守、中庸；但也不能否认，"秩序"其实也巩固了革命的一些成果，通过法律，它让这些成果在制度层面上获得绝大多数人的认可。

政治运作中的制衡机制

学术界对保守主义有两种主要的看法：要么把它当作一种谨慎的哲学思潮，要么把它当作英国一贯奉行的一种战略。其实，如果从历史作用看，保守主义是英国政治运作中的一种制衡机制。

与主张破旧立新的革命运动不同，保守主义旨在维护秩序，避免社会分裂。从英国历史看，它具有四个方面的独特性：第一，保守主义运动或思潮往往出现在社会剧烈变动之后，对变革引起的问题进行处理，并在制度层面上建立秩序。第二，它具有很强的整合能力，善于通过让各个阶层、各个利益集团都能够接受的方案，把社会在制度层面上整合起来。第三，它对一些负面因素（如教派分裂、环境污染、民众生活窘迫）进行批判和改良，以维持社会的正常运转。第四，它以制衡为目的，但避免超越界限；它维护一些基本的原则，但避免采用激进的手段，从而与革命运动产生明显差异，但又不与其构成水火不容的对抗。保守主义也面临诸多的挑战，主要表现在以下几个方面。

国家利益与不同利益集团之间如何均衡。保守主义一方面需要与旧体制决裂，但面临的是拥有不同利益、不同诉求的各个阶层和利益集团。如何协调各种利益，避免因利益差异而导致社会分裂，是一个巨大的挑战。保守主义的通常做法是以"国家"和"人类"的名义，以超越派别的姿态来协调矛盾。尽管这样，保守主义并不总是成功，因为它只能缓和却无力承担起使各种社会力量的利益诉求都得到满足的职责。结果，保守主义的局限性就显现出来：它起到一种制衡的作用，却不能消除矛盾，尤其是各种矛盾已经发展到了尖锐的程度。

自由与秩序之间如何均衡的挑战。保守主义面临的一个难处，是既要抵制激进运动，又要在制度层面上捍卫社会变革的一些成果。这种两面性在洛克《政府论》中表现得很充分。《政府论》是在英国"光荣革命"时期写成的，其上篇，充分抨击君权神授，强烈抨击专制君主制度。其下篇，专门论述议会制度和议会立法，要求君主服从民意。把两个部分合在一起，凸显的就是君主立宪制度。上文提到的宗教宽容政策也是如此，尽管伊丽莎白女王本人信奉新教，但在执行政策时，却在守住宗教改革成果底线的基础上提倡宗教宽容（如英国的主权不容分割，已被没收的修道院财产绝不归还等）。但是，如何把握好这个度却是一个难题。在复杂的局势下，保守主义长袖善舞，姿态善变，努力寻求中庸之道：过头了，就站到了反动派的一面，这对社会不利；同时，如果维护秩序的力度不足，也起不到制衡的作用。上述状况使保守主义经常处于困境之中，但也使其在自由和秩序之间，表现出一定的弹性。

尽管这样，却不得不承认保守主义作为英国政治运作中的一种制衡机制，在维护秩序和缓和社会矛盾方面，起到了重要的作用。保守主义认为，如果一个国家要长治久安，一个政府要坚强稳固，那就需要通过政府的干预，缓和以下矛盾。

民众与政府之间的矛盾。例如休谟主张通过建立体制，由法律、表决、会谈和妥协调停等方式来缓和民众与政府的矛盾。在《关于新教徒的继承问题》一文中，企图调解民权和君权的争执。休谟（David Hume，1711 - 1776）指出："在本岛历史中，近两个世纪以来，人民的权利一直在持续增长；这是由于分割教会土地、削减贵族庄园和商业发达的结果，特别是由于我们所处的幸福地位给与我们以足够的安全，使我们无需保持什么常备军和军事设施。与此相反，几乎每个别的欧洲国家，在同一时期中，公众自由均处于极度衰弱的境况。人民在古旧的封建兵役制所带来的苦难不满，他们宁愿选择信托国王招雇佣军的办法，而国王则甚易利用雇佣军反对人民。"① 休谟对英国的政治进行比较，在斯图亚特王朝专制统治的八十年间，"由于民权和君权之间的冲突和争斗，政府始终处于动荡不宁状态：即使已不动用武器，争吵喧嚷之声仍然不停"；而在"最近六十年中，议会体制建立以来，不论那一党派在民众中或在公众会议中占据优势，我们体制的整体力量总是倒向一边，并在我们的君主和议会之间始终保持着和谐"。②

休谟认为：社会的安宁和政府的稳定其实不在于是君主制还是最自由、最民主的共和制，而是要看政府是否能够为大多数人提供利益和帮助。他指出："政府是完全建基在公众信念之上的。"如果"公众意识到可以普遍

---

① 〔英〕大卫·休谟：《休谟政治论文选》，张若衡译，北京：商务印书馆，1993年，第149 - 150页。
② 〔英〕大卫·休谟：《休谟政治论文选》，张若衡译，北京：商务印书馆，1993年，第150页。

从政府获得好处,并相信现在建立的这个政府和其他任何易于稳定的政府一样优越,有利于众。如果这种看法在国内大多数人中或在那些有力人物中占优势的话,就大有助于该政府的稳固"。① 自然,社会的公正是通过法律来实现的。休谟认为,法律应当起一种维护公平的作用,一方面,维护新兴力量,但限制其走向极端;另一方面,要制止君主体制带来的专横和对民众的不公。

政治权力与社会权利之间的矛盾。约翰·洛克认为:"政治权力是每个人交给社会的他在自然状态中所有的权力,由社会交给它设置在自身上面的统治者,附以明确的或默许的委托,即规定这种权力应用来为他们谋福利和保护他们的财产。"政治权力"为官吏所有的时候,除了保护社会成员的生命、权利和财产以外,就不能再有别的目的或尺度;所以它不能是一种支配他们的生命和财产的绝对的、专断的权力,因为生命和财产是应该尽可能受到保护的。它只对他们制定法律的权力,并附有这样一些刑罚,以除去某些部分来保护全体,而所除去的只是那些腐败到足以威胁全体的生命和安全的部分;否则任何严峻的刑罚都不是合法的。而且这个权力仅起源于契约和协议,以及构成社会的人们的相互同意"。②他还指出:"滥用职权并违反对他的委托而施强力于人民,这是与人民为敌……在一切情况和条件下,对于滥用职权的强力的真正纠正办法,就是用强力对付强力。越权使用强力的人处于战争状态而成为侵略者,因而必须把他当作侵略者来对待。"③

新建制度与传统智慧之间的矛盾。社会进步了,新制度建立了,那么,如何对待新建制度与传统智慧的关系呢?应该背弃传统,还是应当更倾向于汲取传统中的优秀成分,使其拥有更大的活力?在这方面,保守学者都是非常重视传统文化中优秀因素的人。休谟指出:"野蛮民族则将妇女当作最卑下的奴仆,从而充分显示男性的优越。他们禁锢、鞭打、买卖甚至杀

---

① 〔英〕大卫·休谟:《休谟政治论文选》,张若衡译,北京:商务印书馆,1993年,第19页。
② 〔英〕约翰·洛克:《政府论》下篇,叶启芳、瞿菊农译,北京:商务印书馆,1996年,第105页。
③ 〔英〕约翰·洛克:《政府论》下篇,叶启芳、瞿菊农译,北京:商务印书馆,1996年,第95页。

害妇女。而文明民族的男性则以更为慷慨的但也甚为明显的方法显示自己的权威。他们对妇女彬彬有礼，十分尊重，尽量满足她们，一句话，对她们非常殷勤敬重。在美好的宴会场合，你不用问主人是谁？那坐在最下首总是殷勤招待客人的人，肯定就是主人。"① 在谈及文学时，休谟也建议新兴的文学与古典文学并不相悖，它们之间可以互相交流，相得益彰。"确实，古人在每种写作艺术上都给我们留下了值得高度赞美的典范。可是除了它们也是用文字写作、仅为少数学人所识这一点以外，我说，将当代才人与古代作家比较，并不正确或周全，因为他们生活在遥远的时代。假如沃勒（英国诗人，Edmund Waller, 1607 – 1687）生于古罗马台比留皇帝治理时期，他的初始作品与贺拉斯优美的颂诗比较，必定会受到轻视。但在我们这个岛上，那位罗马诗人的优势却不会削弱英国诗人的名声。"②

个人、派别利益与公共利益之间的矛盾。休谟指出："当有人提出任何政府设计方案，不论是真实的还是虚构的方案，供我们审查，而其中权利分由几个机构和几个等级的人们所掌握，我们就应当经常考虑各个机构、各个等级的利益。如果我们发现通过巧妙的分权，在执行时这种利益必然和公共利益协调一致，那么就可以宣布这种政府组织是明智的可喜的。如果情况与此相反，各机构各等级的各自利益不受制约，不是朝着为公的方向，对于这种政府我们所能期望的只有分裂、混乱和暴虐。"③

政治利益与经济利益之间的矛盾。英国或者任何一个国家的政府，应当更加注重政治利益，还是更倾向于经济利益？这两者之间的关系应当如何处理？这是休谟等人非常关注的问题。从中世纪的历史看，欧洲的政府基本上是一个政治实体，主要作用在于维护国家安全和惩恶扬善，对于经济管理出力甚微。市民阶级登上历史舞台后，要求政府做出改变，把管理经济当成政府最为重要的事情来做。休谟指出："上个世纪以前，商业从未被认为是国家事务，古代政论家几乎从未有人提到过它，甚至意大利人对它也保持深沉的缄默，尽管它现在已同时吸引了国家大臣和理论家们的重要关注。两个海上强国（指当时的西班牙和英国）的富裕、豪华和军事上

---

① 〔英〕大卫·休谟：《休谟政治论文选》，张若衡译，北京：商务印书馆，1993年，第80 – 81页。
② 〔英〕大卫·休谟：《休谟政治论文选》，张若衡译，北京：商务印书馆，1993年，第84页。
③ 〔英〕大卫·休谟：《休谟政治论文选》，张若衡译，北京：商务印书馆，1993年，第28页。

的伟大成就看来已初次向人类指明了扩展商业的极大重要性。"① 这在英国可以说得通，英国所有的革命都与经济有关：导致资产阶级革命的一个重要原因是制止君主对市民阶级肆意收税；宗教革命没收教会的资产，充为国用，使其转变成为经济发展急需的资本；工业革命鼓励科学发展，提高生产力，规模性生产，发展国际贸易。可见，市民阶级需要的是一个能够管理和指导经济的政府，而不是单纯管理政治的政府。这里有两点需要重视：一是任何政治运作都需要重视经济成本和经济效益，无论是战争还是其他事项，以确保私人财产和国家财产的安全；二是如果政府管理经济不善，那就要让经济自行发展。亚当·斯密的《国富论》，正是在这样的背景和观念下产生的。

工业发展与生态环境之间的矛盾。英国自产业革命之后，生态环境遭到严重破坏，伦敦成为暗无天日的"雾都"，被小说家描绘为"黑暗的心"。这种状态，是人们不能容忍的。必须寻找发展与生态环境之间的均衡，来改变这种状态。在英国城市中人口快速增加，19世纪20年代和30年代，英国许多城市的人口以40%—70%的速度增长。曼彻斯特的人口在1811年到1821年间增长了40%，在1821年到1841年间又增长了47%。② 城市迅速处在极不卫生的状况之下，污秽之物之多，飘浮在空气中的排泄物的气味之难闻，都是令人难以置信的。强调"自然状态"和"天赋人权"的学者对这一点更为敏感，力图加以改变。突破性的进展是哲学家杰里米·边沁（Jeremy Bentham, 1748 - 1832）的信徒埃德温·查德威克（Edwin Chadwick）的努力。边沁追随休谟，认为道德行为的特征就是产生幸福的倾向；但是人类作为社会动物，是从别人的幸福中自己感到快乐的，所以，他们应当不仅以自己的快乐而且以别人的快乐作为他们的行为的目的。③ 受边沁影响，查德威克从各地推行《济贫法》的官员那里搜集关于劳动人口卫生状况的报告，并且把这些报告和自己强有力的评论于1842年向大众公布，

---

① 〔英〕大卫·休谟：《休谟政治论文选》，张若衡译，北京：商务印书馆，1993年，第54页。
② 〔美〕约翰·巴克勒、贝内特·希尔、约翰·麦凯：《西方社会史》第三卷，霍文利等译，桂林：广西师范大学出版社，2005年，第54页。
③ "编者导言"，〔英〕边沁：《政府片论》，沈叔平等译，北京：商务印书馆，1995年，第8页。

证明了基本上与污秽的环境有关，提出用充分供应的清洁的管装水来提高个人卫生、清洁街道、灭火等措施。这成为英国第一部卫生法的基础，该法导致了英国卫生部的创建，并在构建现代卫生系统方面赋予了城市广泛的权力。①

政治权力与法律制约之间的矛盾。洛克曾经指出："［人民的福利是最高的法律］，的确是公正的和根本的准则，谁真诚地加以遵守谁就不会犯严重的错误。"② 这句名言，直到今天还是掷地有声。洛克、休谟、边沁等人都主张把权力限制在法律的框架下，其后受休谟影响的边沁更是一个集大成者。他们想说明的要点有二：一是要对政府的"公权力"和家国不分的"私权力"进行严格区分，认为"以权谋私"是一种真正的腐败；二是要建立法律监督机制，使政府权力永不背离"人民的福利"这一最高的原则。以法律来限制、制约政府和官员的权力，洛克如此，休谟和边沁当然也是如此。

基于上述分析，我可以明白无误地说，保守主义并不仅仅是一种"哲学思潮"或"一种审慎的政治哲学"。事实上，它是一种实践性很强的、政治运作中的制衡机制。它之所以能够延续至今、尚未消亡，就在于它具有现实功能，体现出了英国"治国之道"的另一面。这才是唯一合乎逻辑的结论。

简短的结语

根据以上分析，我们可以把英国保守主义的内容、功能、与激进改革的关系，以及其在英国政治运作中的地位，概括为以下几点。

从历史的角度看，保守主义是英国政治运作中的一个制衡机制。一方面，保守主义致力于社会秩序的维护，并把变革产生的一些积极内容在制度层面上予以巩固；另一方面，保守主义避免因剧烈的变革导致社会的无序和分裂，企图寻求合适的方式，避免社会运动走向极端。

---

① 〔美〕约翰·巴克勒、贝内特·希尔、约翰·麦凯：《西方社会史》第三卷，霍文利等译，桂林：广西师范大学出版社，2005年，第57页。
② 〔英〕约翰·洛克：《政府论》下篇，叶启芳、瞿菊农译，北京：商务印书馆，1996年，第97页。

从保守主义的功能和作用看，最突出表现在政治运作中的制衡机制上，即通过批判、改良，缓和尖锐的社会矛盾，实现社会的均衡发展。保守主义力图在自由与秩序、国家利益与不同社会阶层利益、政治权力与社会权益、工业发展与生态环境、国家财富与民众富裕、民权与君权、政治和经济、新兴体制与传统文化之间建立协调关系。

保守主义看似和激进改革截然相反，却能够在英国长期立足，并且一直发展至今，有其一定的作用。英国既是诸多革命的发源地，又是保守主义的故乡。本文对这一"反常"现象进行跟踪分析，凸显了英国政治结构的双重内核。作为英国政治运作中的一种制衡机制，"自由"和"秩序"构成一对范畴，一张一弛，宽猛相济，形成了英国独特的治国之道。

值得注意的是，一贯被标以"保守主义代表人物"的休谟、洛克等人，其实也是著名的启蒙主义思想家，"保守主义"标签对他们未必完全适合。值得注意的是，在字里行间中，他们已经隐约感到了政治体制发展的基本脉络和基本方向：中世纪的国家是一个政治实体；近代的市民国家是一个经济实体，其功能大为扩展，要照管到社会的各个方面；未来的国家（现代国家）将是和谐的国家：通过政府努力，将实现国家与社会、国内与国际、中央与地方、国家（state）与民族（nation）、工业发展与生态环境、新建制度与传统智慧之间的高度和谐。这一预见，显然具有十分重要的政治价值。

悲情与愿景的双重变奏

——从政治"文学"看中世纪英国贵族的权益诉求与话语表达

孟广林

(中国人民大学历史学院)

贵族对王权的抗争与反叛,构成了中世纪英国政治史的一个重要部分。对贵族权益诉求的解读,西方史学界经历了从传统"辉格解释模式"到后来理路更新的转变,但至今仍众说纷纭。本文拟结合"抗议文学"(protest-literature)、"劝诫文学"(advice-literature)等政治"文学"的几份典型历史文本做一初步剖析。

一

13 世纪中期到 14 世纪是英国"抗议文学"或"劝诫文学"作品最为集中产生的时代,其中有几份典型的历史样本尤其值得关注,此即《刘易斯之战颂》(Carmen de Bello Lewensi)、《论国王的高贵、智慧和节俭》(De nobilitatibus, sapientiis, et prudentiis regum)和《爱德华三世镜鉴》(Speculum Regis Edwardi Ⅲ)[①]。这一时期,为什么会浮现这一政治观念史上的奇特现象,值得深思!究其缘由就不难看出,这一现象乃是世俗贵族和王权剧烈

---

① 中世纪的"镜鉴"(Speculum, Specula)基本上是一种文学体裁,一种向个人或群体宣示一套价值观念和行为导向的规劝作品。几乎面向所有社会人群,如君主、朝臣、寡妇、妻子、教士、俗人、律师、商人等,一直持续到近代早期。这种政治文体发轫于加洛林时代,到 12 世纪中期固定下来,最近的研究表明,"宝鉴"作品被认为是包含着一种丰富复杂的关于政治事务的论述,12 世纪英国著名神学家索尔兹伯里的约翰的《论政府原理》也是此宝鉴的一个典型。

冲突与本土"法治"传统交相激荡的产物。

中世纪英国流行的"法治"传统,源于盎格鲁-撒克逊人的原始军事民主制观念残余,并在"诺曼征服"后随着封君封臣制的建构与基督教神权政治思想的勃发而日益积淀,与封建"契约"和"王在神下"观念交织在一起。这一传统的思想内核,乃是强调"法律"是由国王与其臣民依据以往的习惯、定制而共同拟定的,它的规定、条例先于国王存在,没有"法律"就没有国王,是"法律"造就了国王。同时,"法律"也是神意的结晶,体现了上帝"公正""公平"的意愿。因此,"法律"高于国王,国王必须服从"法律",此即所谓的"王在法下""法大于王"。在诺曼征服后一个多世纪中,封建的世俗贵族以及高级教士阶层,每当与王权产生剧烈的权益冲突时,就会举起这一"法治"旗帜来与王权抗争,为自己既享的封建权益辩护。他们常常援引所谓的"祖宗之法"来厘清传统的封建权益边界,抨击王权对贵族的"跨界"敲剥及其对教会特权的扼制;搬出"先王旧制""祖宗之法"来伸张自己作为国王"天然顾问"的"同意"权与"建议"权,期盼通过有效的议政参政来革除国王的暴政。在诸多悲情宣泄的同时,他们也深怀炽热的政治愿景:由恪守"法律"的"仁君""贤君"治理王国,确保"正常"的封建统治秩序恒久持续。正是这样的政治心态与情结,促使贵族在13世纪初与约翰王激烈对抗,著名的政治文件《大宪章》由此酝酿问世。《大宪章》将以往零散记忆与朦胧观念中的所谓"法治"传统沉淀下来并晶化为文本,可被视为英王与整个封建贵族阶层签订的第一份文本化的"封建契约"。作为"法治"传统的彰显,《大宪章》不仅强调"王国的习惯和法律"的权威,而且将臣民的"同意"(consensus)和"代表"(representation)这两条政治原则贯穿其中,其中一些条款要求国王为政、征税与对贵族的审判需征求臣民意见,并组成贵族委员会,代表王国"共同体"监督相关条款实施,同时必要时使用武力迫使国王改正错误。有史家认为,作为"宪政基石"的"同意"原则,"是臣民权利和议会权威依赖的原理"。① 不过,无论从时代语境还是从具体主张来看,《大宪章》都是一份封建性的文件,它的主旨并非要否定王权,而是要伸张贵

---

① M. V. Clarke, *Medieval Representation and Consent*, London, Longmans, 1936, p.247.

族的"同意"权、"建议"权甚至"抵抗"权来限制王权,将王权纳入"正常"的封建性的运作轨道。① 稍后的法学家布克莱顿,更为《大宪章》做了法理上的理论注脚。他指出:"国王不应该在任何人之下,但在上帝和法律之下,是法律造就了国王。"② 王权的合法性首先在于"王权神授",国王是上帝在人间的"大臣和代理人",拥有上帝授予的统治俗界的"物质之剑"③,而秉承上帝意志实行公正统治,乃是君主必须履行的神圣天职。同时,王权的合法性还在于国王严格遵守法律。这是因为法律先于国王存在并造就了国王,"如果国王不按照法律来统治,就必须将法律赋予他的权力归还法律。没有法律的地方就没有国王"。④

然而,政治文件的承诺或协议乃至法律理论的原则,既不能消除国王与贵族之间的权益纷争,也不能有效地限制王权。《大宪章》之后,贵族与王权的冲突此起彼伏。亨利三世时期,贵族援引《大宪章》掀起政治改革运动,迫使国王签署限制王权的"牛津条例",甚至与国王进行内战,并在1264年的刘易斯之战中击败王军,将国王与王子俘获。爱德华一世在位期间总结经验教训,立法强化统治,并创建完备议会,与贵族等实行协商与合作,但大贵族仍不时援引《大宪章》抵制王权对其特权的侵夺。⑤ 爱德华二世上台后,因统治失序,贵族再掀改革运动,且以议会为平台而抗争,并不惜兴兵反叛。"后党"则利用部分贵族的支持,借助议会名义发动宫廷政变废黜国王,直至爱德华三世亲政后,国内动荡政局才开始走向稳定。

这一时期"法治"传统的流播及文本化与政治秩序之解构、重构的大变动,深刻影响了贵族阶层的政治心态与观念。剧烈的社会动荡,既使贵族遭到前所未有的强力冲击,也使这个阶层得以不断进行操控王国政府的

---

① 参见 W. S. Mckechnie, *Magna Carta: A Commentary on the Great Charter of King John*, Glasgow, 1914。
② G. E. Woodbine, ed., *Bracton on the Laws and Customs of England*, Cambridge: Harvard University Press, 1968, Vol. 2, p. 33.
③ G. E. Woodbine, ed., *Bracton on the Laws and Customs of England*, Vol. 2, p. 166.
④ G. E. Woodbine, ed., *Bracton on the Laws and Customs of England*, Vol. 2, p. 33.
⑤ 有关《大宪章》对中世纪英国政治史的影响,可参见 R. V. Turner, *Magna Carta: Through the Ages*, Stroud, 2009。

政治实验。在这样的态势下，贵族阶层萌生了强烈的群体意识——"同侪"（peerage）意识，以"王国共同体"的代表自居。而在议会产生后，参政议政的贵族更强化了其政治身份和地位的认同，使"同侪"构成了一个权力显赫的"议会贵族"（peerage）层级。这些都使得他们不仅在政治活动而且在抗议活动中，频频以维护"同侪"的权益为借口进行表达。值得注意的是，为了给自身的权益诉求贴上合法性、神圣性的标签，贵族不再像以往那样倾吐个人、家族乃至本阶层的不满，而是将"王国所有臣民"视为"王国共同体"（类似于中国古代的"社稷""天下"），并为之罩上"公平""正义"的神圣光环，声称自己是这一共同体利益的天然代表者与捍卫者，从而形成了富有感染力与鼓动性的控诉国王的政治悲情。正因为如此，贵族领袖西门·德·孟福尔和兰开斯特伯爵托马斯在战死后，一度被人们看作反抗暴政、为"公平""正义"献身的"烈士"，甚至被视为信仰纯正、垂范后世的"圣人"，其安葬地一度成为不少香客的朝圣地。另外，随着议会的形成，贵族得以制度化地参政议政，并在议会政治活动的实践中，开始萌发出新的国家权威的政治意识，把国王的王位与国家的权力、国王的私人权益与"政治共同体"的公共权益区分开来。1308年，贵族提出新的正当性的"能力原则"（doctrine of capacities），将国王个人与他的职位（office）区分开来，并将之与封建"契约"整合起来，声称他们只效忠于君权（crown）而不是国王个人。① 在他们看来，只有将国王个人权力与王国"政治共同体"权力整合为一体的君权（crown），才具有真正的统治王国的最高政治权威。"君权"意识的萌发，为贵族的政治诉求提供了新的"合法性"的阐发空间。

正是在上述这一"法治"传统与政治现实的交相激荡中，贵族阶层政治观念、意识的演进，促使政治性的"抗议文学"（protest-literature）与"劝诫文学"（advice-literature）文本在13世纪中期至14世纪前期先后酝酿，为后人管窥这一时期英国贵族的政治观念史、心态史提供了丰富的历史素材。

---

① Clare Valente, *The Theory and Practice of Revolt in Medieval England*, Hampshire, 2003, p. 30.

二

在诸多中世纪英国"抗议文学"作品中,《刘易斯之战颂》堪称一份典型的历史样本。这部借助于颂扬 1264 年贵族军队击败王师而倾吐贵族政治悲情与愿景的诗①,创作于刘易斯之战和伊夫夏姆之战期间,被认为是"为庆祝 1264 年反叛者战胜国王亨利三世而作"②。这首诗的作者不详,据称系反叛贵族首领孟福尔的追随者所撰,或为当时的一名修道士所创作。1764 年出版的佩尔西主教的《古代诗歌拾遗》(Reliques of Ancient English Poetry)一书中,首次收录了这首政治诗。全诗拉丁文原文共 968 行,内容叙述了该战役发生的时间、地点、双方实力对比与战争结果。同时,这部作品以流行的"法治"传统为旗帜,大力伸张贵族阶层的权益诉求。

在谴责国王暴政的呐喊声中极度宣泄政治悲情,颂扬贵族对王权发动战争的合法性与正当性,并将贵族武装的胜利归结为上帝神佑的结果,这构成了《刘易斯之战颂》的基调。在该诗作者看来,亨利三世宠信外来奸佞之臣,违背上帝的意志,践踏"法律",独断专横,排斥忠良,推行苛政暴政,最终引发臣民的武装反抗。在叙述这次战争的根源时,该诗首先将矛头指向国王身边的法国宠臣,抨击他们怂恿与蛊惑国王,导致国王昏庸武断,朝政混乱,致使臣民遭殃,王国濒危:

> 这些朝臣献媚国王,
> 甜言蜜语欺骗国王,
> 巧舌如簧地将国王引入歧途。

---

① 1258 年《牛津条例》签订后,以西门·德·孟福尔为首的贵族集团据此推行寡头政治,亨利三世拒绝接受《牛津条例》,并在罗马教廷、法王以及部分贵族的支持下进行反制,双方剑拔弩张。1264 年 5 月 14 日,在刘易斯镇圣潘克拉斯修道院(St. Pancras Priory)附近,双方军队激烈厮杀,王军惨败,国王及爱德华王子等被俘,被迫签订《刘易斯协定》(Mise of Lewes)。尽管该协定的文件未保存下来,但很明显,国王被迫同意遵守《牛津条例》,将爱德华王子留在贵族手中做人质。刘易斯之战后,孟福尔的个人威望达到巅峰,成为英国的"无冕之王",实行贵族寡头集团统治。然而,形势很快急转直下。次年 8 月,脱离了贵族监视的爱德华王子率军在伊夫夏姆一役中彻底击败贵族军队,恢复了国王的统治权威,持续近十年的政治大动荡宣告结束。

② C. Valente, *The Theory and Practice of Revolt in Medieval England*, p.19.

> 这些政敌比那些刚愎自用者更恶劣,
> 正是他们伪装为善者,
> 实则却是利益的骗取者和图谋者。
> ……
> 若这类恶棍骗子围绕在国王身边,
> 他们就会肆意图谋不轨和弄虚行骗,
> 在嫉妒欲火的刺激下力图干那极端恶劣的勾当,
> 以此让王国权益成为其虚荣的牺牲品。
> 他们会编造各种充分理由在大众中混淆视听,
> 祸害与榨取广大臣民,
> ……

该诗进而指出,这类奸佞权贵,远不止以卑劣手段蛊惑国王,谋取私利,其最终目的乃是要摧毁现存社会秩序。他们极度媚外,"漠视王国的大小贵族","让卑鄙之人凌驾在贵族之上","打倒并羞辱大人物",由此"将正义变为邪恶","颠倒了万物秩序","改变王国的境况"。这种远甚于借用外敌发动战争的邪恶行径,不仅让臣民受害,而且是在"毁灭王国"。① 因此,必须奋起抗争,清除这类奸佞之臣。

值得注意的是,该诗并未止于呼吁"清君侧",而是将讨伐的笔端进一步指向国王。在作者看来,正是这些宠臣的诱导,导致国王"将他的权力置于法律之上,竭力满足自己的意愿",将自己的心腹独自提拔为伯爵、城堡督守,或任命其为朝臣,如中书令、国库长等,"王国的大贵族无权决定"君主的指令由此具有法律效力,任意压制每一个人。② 作者愤怒地指出,国王的这些专断行径,是对贵族理应享有的"合法"封建权益的践踏,是违背"祖宗之法"的苛政暴政。对此,英国的"法律"和习惯绝不允许。"因为每个伯爵也是他自己的主人",可以自主地将城堡、土地、收入给予自己中意的人。"虽然他是臣属",国王则是允许此举的。而眼下君主却为所

---

① T. Wright, ed. and trans., *Political Songs of England: From the Reign of King John to that of Edward II*, Cambridge: Cambridge University Press, 1966, p. 101.

② T. Wright, ed. and trans., *Political Songs of England*, pp. 6 – 97.

欲为，不让贵族享有"建议"与"同意"以及辅佐君主的传统特权，重用外来的奸佞之臣。因此，为了维护公平与正义，维护臣民的权益，就必须武力反抗，"让国王成为奴仆，自愿贬抑他的权力，放弃他的君主尊严"。①

在充满政治悲情的控诉中，作者不仅反复言说贵族武装反叛昏暴君主的正当性，而且援引《圣经》里的一些"历史事例"来加以印证："国王扫罗因违背法律而被废黜，大卫（国王）一旦违背法律就遭到惩罚。"② 这样的结局也是来自上帝的意志，上帝不愿让暴君压迫人民。作者进而叙述道，正因为如此，屡受国王贬抑而又信仰虔诚、诚实忠耿的孟福尔伯爵率领臣民举旗反抗，为公平、正义和民众的福祉而战。也正因为如此，尽管王军兵源充沛，"整合了英格兰地区的精良部队"，训练有素，善于作战，贵族武装人员较少，缺乏作战经验，但孟福尔伯爵仍旧"选择真理，选择艰辛之路"，③ 义无反顾地率众走向战场。作为"上帝复仇"借以实现的正义之师，这支军队在上帝的眷顾与支持下，终能以少胜多，以弱胜强。由此作者饱含激情地写道：

  复仇的吾主上帝被永久赞颂，
  他支助那些力量羸弱者，
  支助少数对抗多数，
  用忠诚的勇敢征服愚蠢者。
  他端坐在天国的王位上，
  用他的力量踩压傲慢者的脖子，
  使强权者屈服在弱势者的脚下。④

在渲染"上帝复仇"的同时，诗篇作者欢呼贵族军队的胜利，声称"刘易斯之战将英格兰人从毁灭中拯救出来"。⑤ 通过这次战役，"英格兰沉

---

① T. Wright, ed. and trans., *Political Songs of England*, p. 98.
② T. Wright, ed. and trans., *Political Songs of England*, p. 94.
③ T. Wright, ed. and trans., *Political Songs of England*, p. 76.
④ T. Wright, ed. and trans., *Political Songs of England*, pp. 90 – 91.
⑤ T. Wright, ed. and trans., *Political Songs of England*, p. 92.

浸在权益的希望之中,上帝的恩典会给英格兰带来繁荣;曾被藐视为狗的英格兰人,而今在征服其敌人之后,昂扬起他们的头颅";① "秉持坚定信念"的孟福尔伯爵,"成为英格兰和平的捍卫者"。② 不过,诗篇在言说这次战争的政治目的时却显得瞻前顾后,颇显矛盾。作者指出,由于国王为所欲为,宠信奸臣,"贵族的目标乃是要让国王成为奴仆,由此而贬抑他的权力",同时剥夺爱德华王子的尊严,将之置于监护之下,借此来"征服王家权力,剥夺他的王位继承权",让其难以像以往的君主那样专断。③ 不过,受本土"法治"传统制约,作者在犹疑之后还是为贵族的动机留下足够的余地,而将其政治目的落实到限制王权上:贵族"并未打算对抗国王之荣耀",相反,则是要通过改革"重塑和扩大国王的这种境况"。当王国处于崩溃边缘而国王陷于危险之时,作为国王的臣子,贵族乃是要"尽其所能地支撑国王的荣耀"。④

既然贵族的武力反抗乃是对国王暴政的抗议,既然这样的反抗并不以废黜国王为鹄的,《刘易斯之战颂》的悲情宣泄自然演化为"王在法下"的政治愿景,在作者看来,王权的合法性在于国王对法律的敬重与恪守。而这种"法律"首先应是体现了公平、正义与博爱的上帝的"神法",而这也是国王治理王国的法宝,因此

> 让每个国王谨记他乃上帝之臣仆,
> 热爱唯有上帝所爱之一切,
> 让他在俗世统治中寻求上帝的荣耀,
> 而非在鄙弃同侪时彰显个人的傲慢。
> 若国王希望他治下的王国屈从于己,
> 那就让他在其他事务中思考其对上帝的真正职责,
> 让他知道,
> 他这个拒绝为上帝提供必需服务的人得不到服从;

---

① T. Wright, ed. and trans., *Political Songs of England*, p. 72.
② T. Wright, ed. and trans., *Political Songs of England*, p. 85.
③ T. Wright, ed. and trans., *Political Songs of England*, p. 98.
④ T. Wright, ed. and trans., *Political Songs of England*, p. 99.

> 而且还要让他知道
> 民众不属于他而属于上帝,

既然如此,国王就必须摒弃苛政暴政,遵循上帝意志善待臣民。要像基督那样,怜悯苍生,实施"仁政",赢得民心:

> 若国王怜爱臣民,
> 他必定获得爱的回报;
> 若他公正统治,
> 必定会获得荣耀。
> 若国王有失王道而拒绝改正,
> 就应被因其不公之拒谏而产生悲痛的人罢免。
> 若他愿意改正过失,
> 就应被这些人拥戴和辅佐。①

另一方面,该诗作者所向往的"法律",正是日耳曼习惯和封建"契约"合为一体的"法律",这一"法律"凝聚了整个"王国共同体"的权益,体现了臣民的"建议"、"同意"与公平正义。由此,作者期望国王恪守这种"法律",虚心纳谏,实施仁政。因为经过世代相传,本土人士要比外来者更了解王国习惯和风俗,"他们被法律统治,最熟悉那些法律"。因此,他们"应该被钦定为国王的顾问与助手",让他们进谏与辅佐国王,让国王恪守法律,确保王国的稳定与和平。②

为了规劝国王遵守法律,该诗作者对法律至高无上的权威和扶正祛邪的强大功能予以充满激情向往的、想象丰富的寓意式阐发:

> 法律凌驾于国王尊严之上。
> 我们相信法律就是光明,

---

① T. Wright, ed. and trans., *Political Songs of England*, pp. 107–109.
② T. Wright, ed. and trans., *Political Songs of England*, pp. 110–113.

> 我们可以断定,
> 没有法律
> 国王的统治将偏离正轨。
> 统治世界和世俗王国的法律就是火焰,
> 包含着深层含义的神秘,
> 它发光、燃烧与散发热能。
> 它的光芒阻止漫游者偏离正道,
> 它的燃烧抵御严寒。

在作者看来,既然法律有如此的权威与功效,国王就必须对之敬畏,恪守践行,由此才能实施仁政,主持公平:

> 法律的存在产生公正统治的权力,
> 它的缺失则会导致王国被颠覆。
> 这一法律如此宣称:
> "国王依我而治,
> 通过我向制定法律的人彰显正义。"
> 国王不能改变固有的法律,
> 但通过法律他会在善变之际使自己笃定。
> 若他遵守法律便会意志坚定,
> 若他违背法律便会犹豫与迟疑不决。①

作者进而要求国王将对法律的恪守落实到王国政务上,遵循上帝的意志,"永不将自己的私人利益置于共同体利益之上",按照封建习惯"靠自己过活",维护臣民的权益;杜绝一意孤行,"钟爱王国的大贵族",延揽他们参政议政。② 不过作者在呼唤"明君"时,也感到王与法在现实政治中的相互矛盾与冲突,仅凭规劝很难让国王改弦更张,依法行事,还需要有超

---

① T. Wright, ed. and trans., *Political Songs of England*, pp. 115 – 117.
② T. Wright, ed. and trans., *Political Songs of England*, pp. 117 – 121.

法律的强制才行。由此他感叹道:"通常说,'当国王乐意时,法律也就趋之'。但真理却是,因国王屈服,法律才挺立起来。"①

作为延绵不断的英国本土"法治"传统的结晶,《刘易斯之战颂》以"法律"为价值尺度对暴君的谴责与对明君的呼唤,倾吐出贵族阶层"王在法下"的政治憧憬,有史家就认为,在承袭有关法律至尊权威和大贵族职责的"贵族政治理论上","《刘易斯之战颂》肯定是布莱克顿学说的体现"。② 值得注意的是,在贵族武力战胜王权之形势的熏陶下,这部诗篇作者的主张,在布莱克顿学说的基础上大大迈进一步。作者在诗中反复谴责"君主所喜好者即具有法律效力"的现实,竭力排除罗马法"君权之上"法理原则的干扰。同时,作者更将前辈哲人"上帝复仇"的政治臆断具体落实到体现上帝意志的贵族武力反抗上。在这个意义上,这部诗篇与《大宪章》一脉相承。

如果说,此后不久问世的《年轻的爱德华》一诗通过对爱德华一世勇武、智慧、包容之品格的颂扬,再次折射出对"明君""仁君"之呼唤的话,那么到了爱德华二世统治时,因王权与贵族矛盾的激化,两部作者不详的"抗议文学"作品再度出现。《彼得·德·加维斯通死亡之赞》(Song on the Death of Peter De Gaveston),欢呼爱德华二世之宠臣被贵族"改革"派处死,而《兰开斯特的圣托马斯之位》(The Office of St. Thomas of Lancaster),则颂扬贵族首领托马斯伯爵是为"大众的目的"反抗暴政而献身的"烈士"。

不过,随着罢黜"暴君"爱德华二世的时刻日益迫近,"镜鉴"类的"规劝文学"开始产生,瓦尔特·德·米勒默特(Walter de Milemete)《论国王的高贵、智慧和节俭》一书即为一典型样本。这部作品撰写于爱德华二世末期,大约成文在1326年,系为王后伊莎贝拉之子爱德华而作,旨在让其登基后以其父王的暴政为鉴而实施"仁政"。作者瓦尔特的生平不甚清楚,似是王家小吏,但学识渊博,对基督教神学和古典文化中的政治谛理十分谙熟。其时,爱德华二世与以"后党"为首的贵族集团激烈冲突,王

---

① T. Wright, ed. and trans., *Political Songs of England*, p. 116.
② C. Valente, *The Theory and Practice of Revolt in Medieval England*, p. 27.

权面临严重统治危机，这部作品的主旨在于总结现时王权暴政的弊端，为"后党"篡权、太子登基建立新的统治秩序提供教训与经验。

在《论国王的高贵、智慧和节俭》一著中，瓦尔特针对当时的政治现实，将圣经学、教父学、《格兰西教令集》和古典文化中亚里士多德、西塞罗的政治与伦理学说熔于一炉，阐发了君主的为君之道、为政之道。

强调国王敬畏和服从上帝，按照上帝的神意公正地治理王国、善待臣民，是瓦尔特在该著中的一大论点。在他看来，既然国王权威的合法性来自基督教的"王权神授"，既然神的恩典和指导是国王统治稳固的根本前提，国王就应当秉承神意来实行"仁政"。唯有如此，国王才能够获得上帝的庇护与关照而长治久安。由此，瓦尔特强调，"神助"乃是国王统治大业成功的有力保证，国王必须以其智慧和行动"取悦于上帝"。这是因为上帝是"一切事物完善"的价值源头，上帝总是支持那些正当的事业，总是惩罚国王的敌人，"那些因其过错和罪行而被上帝希望毁灭的人，不能够得到世界上任何人的帮助并逃脱毁灭"。① 瓦尔特还列举了古代马其顿国王亚历山大等诸多"明君""仁君"的善政，要求国王以此为鉴来获得"神助"。他宣称，唯有如此，才能够"用所有仁善的举措来取悦上帝"，惩恶扬善，规避风险，开疆拓土，"谨慎地平息贵族的不满……将之归于和谐，恢复和平"，获得事业的成功与王家的荣耀。由此，瓦尔特认为君主应该维护教会的特权，支持并投身于教会的各种宗教与慈善活动，强化对上帝的虔诚信仰。②

同时，瓦尔特也认为，争取"民助"即获得臣民的拥戴，是国王稳固统治的又一法宝。他指出，除"神助"外，"还有一种相应的对国王的支助，即来自国王的臣民特别是大贵族以及王国普通大众的普遍的对国王的热爱、畏惧和服从，当他们看到国王正当、聪慧、有德行和敬畏上帝时，就会出现这种支助"。由此，国王应该不断地运用权力去惩罚邪恶、奖励良善，实现普遍的公正，仁慈地善待大众，保护臣民的权益。"这样，他同时就让臣民在心中勃发对他的热爱和敬畏。"③

---

① C. J. Nederman, ed., *Political Thought in Early Fourteenth-Century England*, MRTS, 2002, p. 33.
② C. J. Nederman, ed., *Political Thought in Early Fourteenth-Century England*, p. 31.
③ C. J. Nederman, ed., *Political Thought in Early Fourteenth-Century England*, p. 33.

结合"神助"与"民助",瓦尔特列举了国王必须恪守与践行的诸多为政举措。首先是努力学习古典哲学与伦理学知识来为政。瓦氏以亚历山大国王为例,说他正是因为受亚氏哲学的熏陶,才能够在和平和战争年代规范自己,幸福地统治国家,通过这一教诲,他压倒敌人,赢得战争,封锁了城堡与城市,获得了对诸多地区和民众的统治,征服了一个大帝国并将其置于其权威的统治之下,在每一次冲突中取得胜利,在所有的王家行动中都精力充沛地投入。①

而在驾驭臣民之道上,瓦尔特则煞费苦心地予以劝诫。他指出,国王应该树立自身的权威形象,在臣民面前显示聪慧、精力充沛和德行高上,并且在所有事务中精明强干,才能让臣民真心服从。同时,国王要对国内的政局勤奋思考,准确认识事物的因果关系,并对将来的政治事态发展做好准备。在这方面,瓦尔特尤其强调国王为政的公正性。他指出:

> 的确,公正在最大程度上为国王所固有。通过它争吵得到解决,动荡得以平息,犯罪受到抑制,合理的判决在王家法庭中得以实施。而且也通过它,作孽者受到惩处,反叛者遭到镇压,被压迫的贫苦哲人得到支助。②

既然如此,国王公正善待臣民乃是为政之根本。此外,国王还要以此美德指导大贵族善待其封臣,遏制他们滥用领主权去残害、掠夺封臣。"因为不管他们是谁的封臣,他们都是国王的臣民,有着为王家服役的义务。"为了实施公正,国王必须惩罚犯罪与邪恶,"杀一儆百",弘扬正义。唯有如此,臣民才能安宁生活,享有富裕,国王的统治也就更为有效,"因为富裕臣民拥有的财富越多,他们就能在所有的王家事务中更好地服务"。③

在驭臣之道上,瓦尔特还规劝国王要头脑清醒,谨慎从事。他指出,对于显赫的政治要人尤其要妥善对待。这是因为王国的和平安宁取决于"大人物而不是其下阶层人们的和谐,因为后者被前者规制和统治"。因此,

---

① C. J. Nederman, ed., *Political Thought in Early Fourteenth-Century England*, p. 29.
② C. J. Nederman, ed., *Political Thought in Early Fourteenth-Century England*, p. 51.
③ C. J. Nederman, ed., *Political Thought in Early Fourteenth-Century England*, pp. 51-52.

应该注重在战争与和平年代对"大人物"的驾驭。不要支持一方反对一方，凡事须公正对待，重要事务交由议会讨论议决。此外，更须"恩威并重"，"宽猛相济"。一方面，以恩典、仁义换取臣民的绝对效忠，对被征服地区的民众采取怀柔政策以使其真心归顺。另一方面，对那些贪欲无限、嫉妒贤能、阳奉阴违之徒绝不宽容，要将其削职夺爵，逐出宫廷。① 瓦尔特尤其规劝君主要严格保密。对那些表面效忠实则奸邪的顾问保持警惕，在军国大政中防止泄密，以免为其所害。此外，"泄密也会在民众中激起敌意"，引发愤怒和社会动荡。

对君主的美德，瓦尔特还做了一系列规范。除了"公正""谨慎"外，国王还须有"节制"的美德，切忌穷奢极欲，追求超越生理需要的物质享受；须有"勇气"美德，不畏威胁，严惩敌人；须有"开明"美德，慷慨施舍与奖励臣民；须有"慈悲"的美德，善于宽恕臣民，"通过实施宽恕，国王展示出对臣民利益的王家权力，也显示他对他们的生命、死亡和肢体拥有处置权威"。② 瓦尔特声称，拥有这些美德是由君主之地位决定的，"因为君主的荣耀和王家的尊严超越了世界上所有其他权势显赫的人，国王就应该追求完美的道德"③。为了养成这些美德，君主自青少年时就应养成好的学习习惯，不仅学习古典文化知识，而且应该练习打猎、比武、骑射等，还应欣赏美妙的音乐，阅读好书，品鉴乐器，使自己更加温厚、刚毅和睿智。此外，神学更是必须学习的内容，君主应该像接受他所处的国家的法律知识指导那样，去接受神法、天主教信仰的教诲。由此，他将更乐意维护教会的特权和权力不受危害，并且也更乐意确保王国和公众不受危害，由此，他将促进他的臣民的利益，他的权威将提升，他的王国将繁荣昌盛。④

《论国王的高贵、智慧和节俭》一著的基调，虽然隐含着对爱德华二世"暴政"的诋诽，但整个作品已经褪去了《刘易斯之战颂》所彰显的贵族抗议的政治悲情，它更多的是以爱德华二世的"暴政"和国内大贵族之间的

---

① C. J. Nederman, ed., *Political Thought in Early Fourteenth-Century England*, p. 48.
② C. J. Nederman, ed., *Political Thought in Early Fourteenth-Century England*, pp. 54-55.
③ C. J. Nederman, ed., *Political Thought in Early Fourteenth-Century England*, p. 51.
④ C. J. Nederman, ed., *Political Thought in Early Fourteenth-Century England*, p. 31.

派别之争为参照,从总结经验教训的角度告诫国王为君之道与治国之术,期冀即将上台的新王能够避免蹈其父权威崩塌的覆辙,建构一个崇尚"法律"和美德、维护臣民权益与王国安宁的荣耀的王权。此外,它在某种程度上超越了《刘易斯之战颂》中将国王与贵族截然两分的局限,关注到了国王对"大人物"的制约与中小贵族阶层的权益问题,亦即更宽泛地涉及"王国共同体"的涵盖面,由此而将王权的公共权威凸显出来。诚如有史家指出,这部作品"显示了中世纪后期思想的一种日益明显的趋向,即将国王视为一个公共的总管或为政者来考量,认定国王有责任保持王国的繁荣,促进物质财富的积累"。①

稍后的《爱德华三世镜鉴》,则是"规劝文学"又一典型样本。这部作品出自教会学者之手,但却将贵族的权益诉求与政治理想在"法治"传统的框架下更为具体表达出来。作者帕古拉的威廉(William of Pagula)是出生在伯克郡的一位学识渊博的教会法学家。基于爱德华二世"暴政"和爱德华三世即位与亲政之间的政局变动,威廉对国王权威的合法性及其合理运作进行了认真反思,征引《圣经》和圣奥古斯丁、圣格里高利、圣伊西多尔等人的神学著作与亚里士多德、塞涅卡等人的古典作品,撰写了这部著述。该著分为A、B两个版本,前者在爱德华三世即位时撰写完毕,后者则在稍后不久著成。

立足于上帝的"公正"与臣民的"公共权益"抨击国王"暴政",始终构成这部作品的主旋律。对此,威廉予以着力阐发,说上帝是王国安宁的庇护者和王国民众福祉的赐予者,并将民众托付给国王进行统治。既然如此,国王就应该秉承上帝的旨意善待民众,维护他们的权益与安全,必须"公正地对待每一个人"。

何为国王应该恪守的"公正"呢?威廉指出:

> 国王的公正是民众的和平,是对祖先留下之国度的捍卫,是众多臣民的特权,是对种族生存的捍卫,是对病者的关怀,是所有人的喜悦,是对穷人的安慰,是子孙的继承权,是一个人在未来所拥有的幸

---

① C. J. Nederman, ed., *Political Thought in Early Fourteenth-Century England*, p. 21.

福的希望，是对罪恶的战争。①

从这个彰显上帝意志的宽泛的"公正"范畴出发，威廉对国王危害王国之"公共权益"的暴政予以激烈抨击，并将视野聚焦在"王室采买权"（purveyance）② 上。威廉指出，来自国王内府中的采买官吏，"不是上帝的代表，而是魔鬼的代表"，他们"违背物品所有者的意志"，强夺民众的羊、牛和肥猪，以及"他们能够发现的物品"，而不支付一文。由此，所有到市场上交易的人都深受骚扰和侵害。他根据自己的观察举例说，这些人从温莎的森林和周围地区的人手中，无偿地夺走马车和马匹、木材燃料、粮食、面包、家禽、啤酒，甚至连寡妇、孤儿和贫苦女人都不放过。③ 甚至还有一些来自王室内府的人员，瞒着国王拿着虚假的令状假借"采买"，用恐吓和暴力去强夺教区和村庄的财产。很多民众对此敢怒不敢言，但在温莎引起了民众的强烈抗议。

从"王室采买权"入手，威廉将矛头指向实施"暴虐"的国王。他强调，这一王室的败政必须废除：

> 如果这被说成是王家的一个特权，那我要对你说，国王，他将摧毁你的王国，这是一个大错误，因为它违背了上帝的意愿，即便是法律允许这样做。④

---

① C. J. Nederman, ed., *Political Thought in Early Fourteenth-Century England*, p. 73.
② "王室采买权"是一种间接税的方法，即国王及王族在巡游时以一种固定的、非协商的价格来征调或购买地方货物的举措。但直到1300年左右，才开始经常被援引，爱德华一世率先，爱德华二世、爱德华三世广泛采用，因为这一时期战争多，财政吃紧。仅仅在1316年就有30份以上的采买任务令颁布给王室内府的官员和边地侯，爱德华二世更是大肆采用此法。这类令状一般都下令可以任意在任何地方采买任何数量的物品。1331年底，议会本身也承认王家拥有单方面购买物品供王室内府消费的权利。这一举措时常引发民间的抱怨。爱德华二世时，上议院就提出要改革，无数对此抱怨的陈情就出现在议会档案之中。大约在1316年成书的编年史《爱德华二世传》中，匿名的教士作者就哀叹道："当我们的国王穿越国土时，他夺走了人们的物品，却不支付一文，或者支付极少或支付极不公平。"有的人为了获得及时支付，被迫答应某种低价。人们希望国王离得越远越好，"在他离开时，他们祈祷他永远不要再来"。
③ C. J. Nederman, ed., *Political Thought in Early Fourteenth-Century England*, pp. 86-87.
④ C. J. Nederman, ed., *Political Thought in Early Fourteenth-Century England*, p. 74.

而且，这一劫掠民众、危害"公共权益"的暴政也是对"先王之法""祖宗旧制"的公然蔑视，"因为根据普通法，没有人可以在没有正当理由的情况下夺走另外一个人的物品，如果拥有者不愿意的话"。① 这一暴政也违背了国王加冕时所做的公共承诺，更"违背了《大宪章》所包含的条款"。② 对此，国王应该改弦更张，摒弃这一暴政，用绞刑惩罚那些抢夺民众财物的人，并归还财物给民众。③

值得注意的是，威廉进而以此败政称国王是一个"强盗头子"，呼吁民众起来制止国王的"非法抢劫"。他声称，民众"不必服从国王，相反，应该抵抗他"。同时，威廉也宣称，国王及其内府官员的掠夺，比魔鬼、猛兽更为凶残，"这一罪过摧毁了人性中公平与良善的基础"，上帝将会"复仇"，对此进行严惩，教会也将对之处以绝罚。④ 正是国王的宠臣皮埃尔·加维斯通和德·斯宾塞引导国王去强买，因遭到了神的惩罚而被抓住杀死，而大贵族罗吉尔·莫尔提麦（王后伊莎贝拉的情夫）也是因为强买而遭到如此下场。他警告国王说，"你在采买上要遵守普通法"，不要强买，⑤ 否则"上帝将对你发动战争"。⑥

在鞭挞国王暴政时，威廉援引"法治"传统倾吐"王在法下"的政治心声。在这方面，威廉将"法律"视为上帝的旨意，视为王权合法性的体现。他强调：

> 国王权威服从法律是对的，因为法律构成了这一权威本身。这一服从不是表面的，而需要事实来证明。而国王敬畏上帝则是服从法律的一大体现，这也是他获得民众拥戴的前提，当人们看到国王敬畏和尊重上帝，他们也就习惯于尊重和敬畏他。⑦

---

① C. J. Nederman, ed., *Political Thought in Early Fourteenth-Century England*, p. 84.
② C. J. Nederman, ed., *Political Thought in Early Fourteenth-Century England*, pp. 78–79.
③ C. J. Nederman, ed., *Political Thought in Early Fourteenth-Century England*, p. 93.
④ C. J. Nederman, ed., *Political Thought in Early Fourteenth-Century England*, pp. 78–79.
⑤ C. J. Nederman, ed., *Political Thought in Early Fourteenth-Century England*, p. 103.
⑥ C. J. Nederman, ed., *Political Thought in Early Fourteenth-Century England*, p. 110.
⑦ C. J. Nederman, ed., *Political Thought in Early Fourteenth-Century England*, p. 137.

同时，威廉也将法律看作以往神圣的封建旧制与习惯，而"国王靠自己过活"正是这一法律的基本要求，任何国王都必须恪守这一法律。他指出，甚至皇帝也必须如此，因为"皇帝使他自己被法律约束，因为他的权威也来自法律的权威，在某些地方据说尽管皇帝不屈从于法律，但根据法律他靠自己过活是合适的"①。在威廉的眼中，只要国王恪守法律，就能够着眼于"公共权益"，获得民众尊重并稳固统治。

与此前的《论国王的高贵、智慧和节俭》不同，《爱德华三世镜鉴》通过对"王室采买权"的谴责，再度宣泄了贵族对王权暴政的政治悲情。威廉参照的政治现实，既有爱德华二世的"暴政"，也有爱德华三世在臣民支持下粉碎"后党"后对王权的操控。他将国王权威的合法性寓于上帝旨意与"法律"之中，寓于臣民的"公共权益"之中，由此而倡导臣民对"暴君"的抵抗权。这样的悲情宣泄，乃是要告诫国王，如果臣民的合法权益得不到保障，那必然会出现君权失落的结局。不过，期盼一个恪守"法律"的"贤君""明君"的问世，确保王国正常的社会统治秩序的长治久安，始终构成威廉的政治憧憬。

三

对于中世纪英国贵族权益诉求的研判，直接影响到对这一时期"政治"文学之内涵的历史解读。19 世纪后期形成的"牛津学派"的"辉格解释模式"，惯于从"宪政主义"的史学观将贵族视为"日耳曼传统"的承载者与捍卫者。斯塔布斯曾大力为所谓贵族捍卫"自由""法治"的献身精神辩护，认为将《大宪章》视为"少数自私的贵族之私人野心"的产物、旨在"纠正某些封建权力滥用"的见解是错误的。《大宪章》既普遍照顾到臣民的权益，也未损害国王的特权，显示了"一种宽阔的胸怀和爱国精神，完全不同于那种时常被随意地转嫁给那些古代贵族的自私心"。②在他看来，大贵族孟福尔之反叛王权的主旨，乃是要国王放弃独裁，尊重臣民的政治权利与王国的福祉，"代议制政府的理想"正是"在他的手中成熟"。③随着学

---

① C. J. Nederman, ed., *Political Thought in Early Fourteenth-Century England*, p. 96.
② William Stubbs, *Lectures on Early English History*, London, 1906, pp. 345–346.
③ Stubbs, *Constitutional History of England*, Vol. 2, Oxford, 1896, p. 503.

术研究的不断拓展,这一解释模式不断受到质疑与修正。例如,有史家在论及孟福尔在反对国王暴政、创制"议会"机制的贡献时就指出了孟福尔的政治动机充满个人及家族的私家利欲,"他的利己主义同样极其强烈,而且从未有效地加以克制",贪婪于世俗的一切权益,"致力于追求个人野心的实现"。①尽管如此,"辉格解释模式"的"流风余韵"仍在史坛回荡。

受上述学术理路变动的影响,当代史家对这一时期"政治文学"的文本诠释多有分歧。不少人强调这类文本中贵族权益诉求的合理性与正当性,认定贵族在其中所表达的"同意"权、"建议"权与"抵抗"权,旨在树立"法律"的权威,维护"王国共同体"的公共福祉。瓦伦特就指出,《刘易斯之战颂》"可能是我们研究贵族政治理论的最好的史料资源",在强调法律权威和大贵族对王国公共事务的职责上,"《刘易斯之战颂》肯定是布莱克顿学说的体现",其主旨是想要维护"法律的至高无上权威和建议的权利",②彰显了贵族"王在法下"的政治信仰。

一方面,一些史家则以新的学术视野来加以解释。汉森的"双重权威说"(Double Majesty)堪称典型。在他看来,在中世纪的英国,国王和大贵族都拥有一种独立的权威。尽管一个特定的人需要经过大贵族的选举才能成为国王,但这并不意味着王权本身来源于这种选举。另一方面,对贵族来说,特定的头衔和财产依赖于国王的恩典,但"不管对这些特定的贵族成员有何说法,中世纪的人并不这样看"。③汉森指出,"双重权威"的概念当然是"模棱两可"的,包含在其中的"平衡"也常常是困难的,的确会产生双方对立的可能性,由此"国王与贵族之间的冲突当然就是最常见的中世纪政治现象"。尽管如此,"在中世纪政治中,它既不是不断发生的也不是最重要的面貌"。如果真是这样,"中世纪的政治秩序将陷于无政府主义状态"。正因为如此,国王和贵族基于"作为合作事业之政府理想"而相

---

① J. R. Maddicott, *Simon De Montfort*, Cambridge, 1994, pp. 369 – 369.
② 瓦氏在发掘《刘易斯之战颂》的思想取向时指出,对于当时的贵族抗争与反叛,"政治史家常常聚焦在个人的悲愤和家族的联系上去解释贵族参与反叛。虽然这些因素有助于解释个人选择支持哪一派,但它们不能解释反叛本身。幸运的是,英国反叛者关于王权和抵抗的观念在他们的政治舞台和他们倾向的文学中明显出现"。参见 Clare Valente, p. 26。
③ D. W. Hanson, *From Kingdom to Commonwealth: The Development of Civic Consciousness in English*, Cambridge, 1970, p. 48.

互合作。"双重权威"反映在根据国王和他的大贵族之间的合伙关系统治的实际行为之中。①由此,贵族总是以"王国共同体"、"人民"权益的代表自居,既要求与国王一道统治国家,希望国王尊重他们的"同意"权和"建议"权,又不断提出以"法律"来规范和限制王权。而贵族对王权的暴力反叛,"并未包含着什么动机的尊严与非尊严",而是"在一种完全纷乱的环境中勃发的特别的(个人安全)的需要"。②另一新解释的典型则是史家尼德曼的"共治"(Co-Ruleship)论。他以"公共权益"和议会制度为参照,断定这类文本中折射出的是贵族阶层"共治"的政治理想。他指出,在中世纪英国流行的"政治抗议文学"传统中,"内在的政治诉求并不是对抗与分离,而是参与与合作"。当时贵族对王权的不满与冲突,"反映了英国贵族的这一信仰,即他们是国王统治的天然的和合适的伙伴,由此在王国的统治中具有深厚的政治利益"。事实上,王权也依赖贵族这一"王家意志的执行者"来为政。因此,王国的日常统治"植根于国王和王国贵族之间的规范化的'合作'"。这一现实在观念上的反映也是如此,"正如从《刘易斯之战颂》到福特斯鸠所强调的英国思想所显示的那样,国王和他的封建领主之间合作统治的制度所产生的高度协调的统一意识,绝不是要弱化君权的权力与尊严"。③无论是"君主宝鉴"还是其他作品,虽然都批评国王,但没有否定国王在议会中和行政上的最高统治权威,因为贵族的权利、财富和地位都来自国王的赐予。当时这类作品的作者崇奉的是"共治"的理想,"根据这一理想,君权的臣民在王国的统治中负有积极支持国王的责任"。④同样,国王也应该让臣民参与王国政府的政务,形成"互惠"(reciprocity)和"平衡"的格局,⑤建构"国王控制下的自治政府"(self-government at

---

① D. W. Hanson, *From Kingdom to Commonwealth: The Development of Civic Consciousness in English*, p. 43.
② D. W. Hanson, *From Kingdom to Commonwealth: The Development of Civic Consciousness in English*, p. 54.
③ C. J. Nederman, ed., *Political Thought in Early Fourteenth-Century England*, General Introduction, pp. 6 – 8.
④ C. J. Nederman, ed., *Political Thought in Early Fourteenth-Century England*, General Introduction, pp. 10 – 11.
⑤ C. J. Nederman, ed., *Political Thought in Early Fourteenth-Century England*, General Introduction, p. 9.

king's command)。一旦这种理想落空，必将引发贵族强烈的不满情绪。

如果将唯物史观的视野结合当时的政治史背景去做一观照，则可以比较清楚地看到，片面地强调这些"政治文学"作品维护"法律"权威及其"公共权益"，无疑是很难成立的。同样，"双重权威"说与"共治"说虽然看到贵族与王权合作的必然性，但仍有值得推敲之处，因为前者忽略了王权在王国政治的公共性与权威性，后者对于贵族的政治信仰有拔高之嫌。在这一时期的英国，王权仍旧是王国统治秩序的主导者与贵族阶层的依附者。两者之间的冲突，仍旧是封建统治阶级内部权益纷争激化的产物。享有封建特权的贵族阶层，其个人及家族本身就具有天然的私家利欲与野心，他们对王权"暴政"的抗议与反叛，无论是在维护"王国共同体"权益的旗帜下发动，还是借助"法律"权威的标杆进行，其实都是要求国王的为政举措不要超越封建"习惯"的传统边界，损害他们既享的封建权益。这些构成了其政治悲情宣泄的强烈动机。然而，也正由于贵族阶层的经济利益与政治地位仍旧需要仰仗王权而获取与享有，他们控诉"暴君"的政治悲情也必然转化为期盼"明君"的政治愿景，希望有一位恪守"祖宗之法"、主持"公平正义"的君主问世，确保他们参政议政进而维护甚至拓展个人及家族的封建权益。一旦这一政治愿景落空，一旦"王在法下"的理想被"王在法上"粉碎，他们的抗议呐喊与愿景呼唤就会再起波澜。这一政治悲情与愿景的双重变奏，构成了这类"政治文学"文本的基调与旋律。当然，这一时期"政治文学"文本的涌现，也表明原来贵族的那种封建阶层的本能的情绪冲动与个体的、自发的权益伸张，开始向群体性、自觉性的权益诉求演进，但这些政治意识的进步，始终没有也不可能突破时代与阶级的局限。也正因为如此，在话语表达上，这几部作品虽然也重申"祖宗之法"，有的甚至从古典政治学中汲取政治伦理的营养，却始终聚焦在上帝"公正"、"博爱"以及"上帝复仇"之话语的阐扬上，甚至由教会人士充当他们的权益代言人，由此而难以拓展政治思维的空间。

爱德华三世亲政后不久，于1330年发动诺丁汉政变，成功地铲除了"后党"阴谋集团，扭转了王权遭到贬抑的颓势，进而吸取数十年君主政治的经验教训，通过议会与贵族及地方等级广泛合作，推动了英国王权的复兴与崛起,"树立起其不可挑战的至尊权威"。① 在从1330年至1380年整整两代人的时间里,英国从未出现任何贵族的或民众的武装反叛王权的行动,被史家称为中世纪的"成功王权"②。在这样的政治态势下,持续了半个多世纪的"抗议文学""劝诫文学"的黄金时代不复存在,而贵族阶层悲情与愿景双重变奏的乐章也就戛然而止。这一耐人寻味的现象,对我们理解贵族阶层之权益诉求提供了一个颇具意蕴的现实参照。

---

① A. Tuck, *Crown and Nobility 1272 – 1461: Political Conflict in Late Medieval England*, London, p. 105.
② W. M. Ormrod, *Edward Ⅲ*, Yale, 2011, p. 595。爱德华三世于1377年去世,但此后三年的政治稳定仍得益于他在位时期的稳固统治,故而史家做此时段限定。

从关注"一条鱼"谈环境史的创新*

梅雪芹

(清华大学历史系)

这里提及的"一条鱼",是指英国泰晤士河里的"最后一条"鲑鱼(Atlantic Salmon, Salmo Salar,又译为三文鱼)。为什么要关注、研究和讲述泰晤士河里的"最后一条"鲑鱼?简单来说,这与环境史的兴起、发展以及创新密切相关。

一

迄今,关于环境史的兴起和发展问题已有诸多论述,但对环境史如何创新的认识,则依然见仁见智,这里在历史研究的范畴内将它概括为五句话,即择自然为题,拜自然为师,量自然之力,以自然为镜,为自然代言。

"择自然为题",就是以自然为切入点和聚焦点,深入展开人与自然关系变迁的研究,这或许是环境史在历史研究题材选择上的特点。[①] 读一读环境史领域的著作,就能领会这一点。譬如,克莱夫·庞廷的《绿色世界史:环境与伟大文明的衰落》[②],约阿希姆·拉德卡的《自然与权力:世

---

* 本文系国家社会科学基金重大项目"环境史及其对史学的创新研究"(16ZDA122)研究成果。
① 参见梅雪芹《环境史研究叙论》,北京:中国环境科学出版社,2011年,"总序",第3—9页。
② 〔英〕克莱夫·庞廷:《绿色世界史:环境与伟大文明的衰落》,王毅译,北京:中国政法大学出版社,2015年。

界环境史》①，约翰·F. 理查德的《无尽的边疆：近代早期世界环境史》②，J. R. 麦克尼尔的《阳光下的新事物：20 世纪世界环境史》③，J. 唐纳德·休斯的《地中海地区：一部环境史》④，伊懋可的《大象的退却：一部中国环境史》⑤，特德·斯坦伯格的《亲抚大地：自然与美国历史》⑥，唐纳德·沃斯特的《尘暴：1930 年代美国南部大平原》⑦，马克·乔克的《莱茵河：一部生态传记（1815—2000）》⑧，彼得·科茨的《鲑鱼的前世今生》⑨ 等，可以作为我们理解和把握不同类型和规模的从自然切入展开环境史研究和著述的典范。这么做的根本意义在于将自然史和人类史有机地连接起来，使历史叙事变得比较完整。

"拜自然为师"，通俗地说，就是向大自然学习，这是我们确定某类自然主题，试图着手开展其与人类互动历史研究的必要步骤，甚至是环境史跨学科研究的第一步或起点。自然不啻是一部神奇的无字天书，其册页包罗万象，天上飞的，地下藏的，水中游的，土里长的，等等，我们不仅要直接加以观察和研习，而且要借助各类相关科学研究成果来认识、理解。其中，生态学提供的专门知识，包括生态系统、食物链、生态分析等有关自然万物和人与自然关系的基本概念、一般观念以及理论、方法等尤其重要。此外，还需要结合具体的研究对象，进一步熟悉相关门类生态学的基本内容。而说到对历史时期地理环境，特别是诸如气候、地貌、植被、动

---

① 〔德〕约阿希姆·拉德卡：《自然与权力：世界环境史》，王国豫、付天海译，石家庄：河北大学出版社，2004 年。
② John F. Richards, *The Unending Frontier：An Environmental History of the Early Modern World*, Berkeley：University of California, 2003.
③ 〔美〕J. R. 麦克尼尔：《阳光下的新事物：20 世纪世界环境史》，韩莉、韩晓雯译，北京：商务印书馆，2013 年。
④ J. Donald Hughes, *The Mediterranean：An Environmental History*, Santa Barbara：ABC-CLI, 2005.
⑤ 〔英〕伊懋可：《大象的退却：一部中国环境史》，梅雪芹等译，南京：江苏人民出版社，2014 年。
⑥ Ted Steinberg, *Down to Earth：Nature's Role in American History*, New York：Oxford University Press, 2002.
⑦ 〔美〕唐纳德·沃斯特：《尘暴：1930 年代美国南部大平原》，侯文蕙译，北京：生活·读书·新知三联书店，2003 年。以下简称《尘暴》。
⑧ 〔美〕马克·乔克：《莱茵河：一部生态传记（1815—2000）》，于君译，北京：中国环境科学出版社，2011 年。以下简称《莱茵河》。
⑨ Peter Coates, *Salmon*, London：Reaktion Books, 2006.

物、水文、土壤等自然地理要素在历史时期变迁的了解，历史地理学则是至关重要的。这些学科对环境史研究的意义，除了提供认识自然的基本理论与方法外，还有一个很重要的方面，即帮助我们找寻和厘定有关自然历史及其变化的基本事实。

"量自然之力"，就是重视和考量自然的力量及其在历史上的地位和作用。我们只有理解了自然本身的力量所在，才能把握和分析它对人类社会历史具体的、实在的影响，包括它所激发的人类想要驯服和改造自然的欲望和行为，这可谓环境史学关于历史动力观念的一大特色和创新。为此，需要熟悉"自然力"（natural forces；natural agency）概念及其基本内涵。所谓自然力，主要是指自然界中客观存在的风力、水力、生物力等；扩而言之，即阳光、空气、水分、湿度、土壤、风等对其他事物的客观而具体的作用和影响。从人类角度而言，自然力又有自然破坏力和自然生产力（natural productivity）之分，它们直接或间接地影响着人类的生产生活，同时又因应人类的作用而发生变化，其中有些变化，尤其是自然生产力的衰竭甚至是不可逆的。为数众多的环境史著述揭示了这一点，它们是环境史学者关注自然力并结合具体历史情景揭示自然与人类相互作用关系的具体反映。

"以自然为镜"，实际上是指环境史学者评价历史时的一种做法，即以自然的变化，包括自然力量的增减，来检视人类文化创造的得失利弊，臧否历史上人类生产、生活方式及其蕴含的思想观念，乃至具体历史人物所作所为的结果和影响。在这方面，《尘暴》《莱茵河》《乡村里的推土机——郊区住宅开发和美国环保主义的兴起》①《毒岛：日本工业病史》② 等著作皆有精湛的分析。当然，由于历史上人类活动效果与动机的背离或事与愿违的现象频频出现，利用自然生产力的结果是往往又破坏了自然生产力，应对自然破坏力的结果却是加强了自然破坏力，这就给如何准确把握和分析人类活动的得失利弊及其成因带来了困难，从而使历史评价问题变得十

---

① 〔美〕亚当·罗姆：《乡村里的推土机——郊区住宅开发和美国环保主义的兴起》，高国荣等译，北京：中国环境科学出版社，2011 年。
② 〔美〕布雷特·雷·沃克：《毒岛：日本工业病史》，徐军译，北京：中国环境科学出版社，2012 年。

分复杂。但是，无论如何，环境史学者从自然变化的角度重新看待和理解人类历史进程，为挖掘和揭示更加多元的历史面相做出了重要贡献。因此，他们转换视角进行历史评价的做法及其形成的新的历史认识，是值得关注和重视的。

"为自然代言"，指环境史学者通过对人与自然相互作用关系及其结果和影响的研究，尤其是对所谓的"生态危机"（Ecologic Crisis）之历史的研究和再现，让人类切实地了解"沉默的自然"如何不沉默①，由此揭示和诠释自然的内在价值或曰"大自然的权利"②。这里提及的"生态危机"一词最早可能出自美国学者、中世纪史和古代科技史专家小林恩·怀特（Lynn Townsend White, Jr., 1907-1987）的一篇文章，该文题目为《我们的生态危机的历史根源》（"The Historical Roots of Our Ecologic Crisis"）③，1967年在《科学》杂志上发表，其中所说的生态危机指的是"人类对自然的恶行及由此带来的悲惨结局"，怀特有时又用"生态反弹"（Ecologic Backlash）一词来表示，这与恩格斯晚年多次使用的一个比喻——"自然的报复"——相雷同。一定意义上可以说，正是"生态危机"催生了环境史学。而环境史学者对"生态危机"或"自然的报复"之研究已蔚为大观，由此使得"大自然的权利"主张日益为世人知悉，这体现了历史学的社会作用与人文关怀的扩大和延伸。

将上述五个方面综合起来，想表达一个意思，即以人与自然互动关系史为对象的环境史研究，归根结底，就是要做好如何对待自然这篇大文章。这里，自然指的是实实在在、广袤无边的自然世界。自然无限，我生有涯。面对广袤的大自然，我们其实只能聚焦于某一方面加以非常有限的了解。当然，每一位研究者基于自己的学业背景、基础与兴趣，所选择切入并聚焦的自然可能有如自然物本身，是多姿多彩、各不相同的。就我自己而言，由于长期学习近现代英国历史，多年来一直致力于泰晤士河污染

---

① 参见〔美〕罗伯特·考克斯《假如自然不沉默：环境传播与公共领域》（第3版），纪莉译，北京：北京大学出版社，2016年。
② 参见〔美〕纳什：《大自然的权利：环境伦理学史》，杨通进译，青岛：青岛出版社，1999年。
③ 中译文名为《生态危机的历史根源》，汤艳梅译，刊于《都市文化研究——网络社会与城市环境》第6辑，上海：上海三联书店，2010年。

及其治理问题的历史研究，因此另辟蹊径，选择泰晤士河里的鲑鱼切入，是非常必要而又合理的。① 泰晤士河里的"最后一条"鲑鱼，即是引领我深入大自然的某一方面，具体地开展环境史实证研究的一个门径。由此进门之后，我似乎才对环境史的特色所在以及如何开展环境史研究有几分领悟。

二

具体来说，泰晤士河里的"最后一条"鲑鱼将我引入可供探索的自然世界及其历史之中，使我饶有兴味地阅读相关的自然和文化之书，十分急切地想要了解它到底是谁，原本来自哪里，有着怎样的生命轨迹和生存习性，从而有可能深入依其生命轨迹展开的广袤而实在的自然，把握自然的变化，追寻并领悟自然的奇妙之处和力量所在。有趣的是，早在1867年，一位英国渔夫及自然爱好者就基于长期捕鱼经验和细致观察的结果，以个人自叙方式和拟人口吻编撰了一部已故鲑鱼先生自传，叙述了一条来自苏格兰特威德河（Tweed）的鲑鱼的生与死和个体冒险，对如何用假苍蝇捕鲑鱼的方式提出建议，同时传播了有关鲑鱼的自然史及生存习性的知识；其开篇即自问"你是谁？""你是如何到达这里的？"②。

鲑鱼，拉丁学名为 Salmo Salar，1758年由瑞典动物学家和分类学家林奈（Carl von Linné，1707-1778）命名，后来被确定为鲑科鱼类③，更细致的划分即鲑鱼是鲑科鱼中鳍刺鱼的一个种④，在英文中通称"大西洋鲑鱼"（Atlantic Salmon）。如今，这一物种有两种生活状态，一是野生状态下的生活，二是水产养殖状态下的生活。尽管野生大西洋鲑鱼进入商业养殖的历史不过半个多世纪，但养殖鲑鱼的数量已大大超过原本分布区内野生鲑鱼

---

① 对已有的泰晤士河污染问题研究成果及其特征的总结，参见梅雪芹《英国环境史上沉重的一页——泰晤士河三文鱼的消失及其教训》，《南京大学学报》2013年第6期，第16—17页。

② 一位渔夫编撰：《鲑鱼的一生：已故鲑鱼先生自传》（A Life of Salmon, Autobiography of Late Salmo Salar, ESQ, edited by A Fisherman），伦敦：戴伊父子有限公司，1867年。

③ H. R. 麦克里蒙、B. L. 葛茨：《大西洋鲑的世界分布状况》（H. R. Maccrimmon and B. L. Gots, "World distribution of Atlantic Salmon, Salmo Salar"），《加拿大渔业研究委员会杂志》（Journal of the Fisheries Research Board of Canada）1979年第36卷第4期，第422页。

④ a species of ray-finned fish in the family Salmonidae.

的数量，从而引起专业人士对鲑鱼进化命运以及养殖鲑鱼对野生鲑鱼的生态与基因之影响的关切和担忧。①

野生大西洋鲑鱼的分布区相对固定，欧洲的大西洋沿海地区，从北冰洋边缘的巴伦支海（Barents Sea）、挪威北部和波罗的海以南，到葡萄牙北部，以及冰岛周围和格林兰南部均有分布；其他地方，包括加拿大沿海以及美国北部也有分布。这片地理区域亦即大西洋鲑鱼原本所在的天然生态龛（wildniche），包括北纬40度到70度之间的那些河流和大西洋北部，由欧洲、斯堪的纳维亚半岛和北美连接在一起。在人类捕食和生存环境改变之前，这一生态龛或许供养了1000万—2400万尾成鲑（5万—10万吨）；二战结束后50年间所剩总数在500万—800万尾（2.5万—3.5万吨）。②

大西洋鲑鱼系溯河产卵类鱼种，遵循洄游鱼类的迁徙模式。在繁殖季节，成鲑从4月到8月产卵洄游，为此要长途跋涉，常常横穿大西洋，往河流上游奋力行进，直到10—12月才会真正产卵。鱼卵在淡水溪流里孵化，鱼苗经由几个明显的阶段发育成长。幼鲑在淡水中逗留2—3年，主要以水生幼虫为食，然后游到海洋，在那里生活一两年，以甲壳纲动物以及鲱鱼、西鲱、玉筋鱼、细鳞胡瓜鱼、小鳕鱼等众多小鱼为生，生长、成熟后再回到淡水产卵。在淡水中，成鲑不进食，产卵之后不会死去，而是回到海洋之中恢复自己，待来年重新溯游入河，再产卵。

大西洋鲑鱼是多次繁殖的，对生存环境的要求十分苛严。据观察，"鲑鱼会将卵产在浅水溪流的砾石河床上……雌鱼会仔细地选择产卵的场所。她倒竖着，垂直于河水之中，用力地摆动尾巴，并检查砾石河床，由此测试砾石河床的质量。一定要是那种刚刚好的砾石河床；疏而不密，足以腾

---

① 参见马特·格罗斯《两生一种：大西洋野生鲑鱼和养殖鲑鱼》（Mart R. Gross, "One Species with Two Biologies: Atlantic Salmon 'Salmo Salar' in the Wild and in Aquaculture"），《加拿大渔业和水产科学杂志》（*Canadian Journal of Fisheries and Aquatic Sciences*）1988年第55卷增刊第1期，第131—144页。

② 参见马特·格罗斯《两生一种：大西洋野生鲑鱼和养殖鲑鱼》（Mart R. Gross, "One Species with Two Biologies: Atlantic Salmon 'Salmo Salar' in the Wild and in Aquaculture"），《加拿大渔业和水产科学杂志》（*Canadian Journal of Fisheries and Aquatic Sciences*）1988年第55卷增刊第1期，第132页。

出空间让水畅流，以便将氧气带给鱼卵"。①另外，大西洋鲑鱼对河水水质的要求也十分严格，它们只洄游到自己出生的没被污染的河流之中。因此，大西洋鲑鱼成为一个可靠的衡量河流水质的指示种（Indicator Species），数量多寡从整体上反映了作为其栖息地或生存环境的河流系统的健康状况及变化。

这种有着"河里生，海里长"之自然习性的大西洋鲑鱼，还被视为一种乡恋之鱼，成千上万年生活在大西洋故乡，生生不息，其生命循环（Life Cycle）和归乡本能（Homing Instinct）甚至成为一种著名的自然奇观和生态现象。然而，现如今，从全球来看，在北大西洋分布区内南半部的大部分水域，野生大西洋鲑鱼都已灭绝。从欧洲来看，整个欧洲的主要河流流域，除少数地方外，野生大西洋鲑鱼都处于或灭绝或减少的岌岌可危的状态。从不列颠群岛来看，除苏格兰以及爱尔兰部分地区河流流域野生大西洋鲑鱼数量稳定之外，英格兰中部和南部河流流域大西洋鲑鱼已灭绝，英格兰北部和威尔士河流流域大西洋鲑鱼数量在减少，泰晤士河里大西洋鲑鱼处于灭绝后再恢复状态②。

野生大西洋鲑鱼在不同地区所呈现的不同状态，是20世纪90年代末国际鱼类科学家依据成鲑洄游曾经出生的河流之数量而判定的。其中，所谓大西洋鲑鱼数量稳定（Stable；S），指的是之前10年间成鲑洄游数量没有持续减少；所谓大西洋鲑鱼灭绝（Extirpated；E），指的是之前至少10年内没有成鲑洄游；所谓大西洋鲑鱼数量减少（Declining；D），指的是从之前10年以上的长时段看成鲑洄游数量在下降；所谓大西洋鲑鱼灭绝后再恢复，指的是之前成鲑很多年不洄游，因此人们启动了再引进项目（Extirpated with Restoration；E/R）③。那么，在很多地方长期存在的大西洋鲑鱼为什么

---

① 丹尼尔·伯特金：《我们的自然史：刘易斯和克拉克的教训》（Daniel B. Botkin, *Our Natural History: The Lessons of Lewis and Clark*），牛津：牛津大学出版社，2004年，第199页。
② 多纳·帕里斯等《为什么没有更多的大西洋鲑鱼？》[Donna L. Parrish, etc., "Why Aren't There More Atlantic Salmon (Salmo Salar)?"]，《加拿大渔业和水产科学杂志》（*Canadian Journal of Fisheries and Aquatic Sciences*）1998年增刊第1期，第282页图1、第284页表1。
③ 多纳·帕里斯等《为什么没有更多的大西洋鲑鱼？》[Donna L. Parrish, etc., "Why Aren't There More Atlantic Salmon (Salmo Salar)?"]，《加拿大渔业和水产科学杂志》（*Canadian Journal of Fisheries and Aquatic Sciences*）1998年增刊第1期，第282页。

会灭绝或减少？对于这个问题，鱼类科学家也给出了一般解释，使人们得以大致了解相关情形。总的来说，野生大西洋鲑鱼的灭绝或减少，主要是因为工业化造成的河流污染以及水坝、围堰或河道改变阻碍其迁徙所致。此外，全球气候变化导致的淡水水温上升以及海洋食物链的变化，也影响了大西洋鲑鱼的正常生长和生命循环。而在不同地区，对其命运变迁起主要作用的原因又不完全相同。譬如，在威尔士，19世纪早期铅矿业中研磨机械的采用，到19世纪60年代前后即给当地许多河流的鲑鱼洄游带来了厄运[1]。

无论如何，大西洋鲑鱼的繁殖、生长之生命循环，何尝不是大自然神奇力量的一种体现？上文提及，在人类捕食和生存环境改变之前，大西洋鲑鱼原本所在的天然生态龛或许供养了1000万—2400万尾成鲑，这可谓鲑鱼繁殖力或自然生产力的例证。不仅如此，大西洋鲑鱼还因不畏艰险，搏击水流，翻越岩石和瀑布，宁愿忍饥挨饿，也要回故乡产卵的尽"天职"（a natural duty）行为，而被作为坚韧、多产、奉献、忠诚和不屈的象征。[2] 因此，长期以来，世人对大西洋鲑鱼洄游之自然奇观的赞叹和感佩不绝于书，英文中甚至有比较详细的表现其生命循环各阶段特征的语词，具体包括 Breeding pair（繁殖中的一对鱼）、Egg（卵）、Alevin（刚孵出带有卵黄囊的幼鲑）、Fry（鱼苗）、Parr（入海前的幼鲑）、Smolt（初离淡水入海的幼鲑）、Salmon at sea（大海中的鲑鱼）以及 Returning adult（洄游中的成鲑）等。这些语词有可能是因为人们在很长时间内对大西洋鲑鱼的生命循环不甚了解，以致将成鲑和幼鲑误认为不同物种。然而，在某种意义上，我们是否也可以将这些语词看作大西洋鲑鱼以其生生不息的力量作用于人类，从而丰富人类语言文化的一种见证？

三

上节所述，即是关于如何拜自然为师，向自然物和研究自然的学科学习，并从中掂量自然之力的一孔之见。从历史研究的角度来说，向大自然

---

[1] H. R. 麦克里蒙、B. L. 葛茨：《大西洋鲑鱼的世界分布状况》，第439页。
[2] 彼得·科茨：《鲑鱼的前世今生》，第6—8页。

学习的过程，其实也是一个扩大相关史料的搜集、甄别和利用，以整理自然史知识的过程。虽然我们所整理的知识未必十分准确，但借此了解研究中所指涉的像大西洋鲑鱼这样的自然物，尽可能广泛地、系统地了解，是环境史研究的前提和基础，也是作为历史学新领域的环境史不同于以往历史门类的一项特殊新意所在，这往往会在环境史著述中占据突出的位置。不过，历史学者肯定不满足于此，还会深入了解和探索自然与人类相关联并互动的更多的历史细节，尤其是要探讨"为什么""怎么样"这类问题。就鲑鱼而言，在这方面，英国学者彼得·科茨的《鲑鱼的前世今生》提供了一个可供讨论的范例。

科茨的这本书除导言和结语外共六章，从生物鲑（Biological Salmon）、食用鲑（Edible Salmon）、不幸鲑（Unfortunate Salmon），到争议鲑（Disputed Salmon）、娱乐鲑、（Sporting Salmon）和文化鲑（Cultural Salmon），内容十分丰富。它不仅仔细考察了鲑鱼（包括大西洋鲑鱼和太平洋鲑鱼）的自然史，而且还从它与多类人相关的视角加以考察，包括研究者、食客、捕猎者和搏击者等，由此思考它对人类的多重价值，并将其纳入有关的文化和艺术之中加以理解，从庆典到诗歌，不一而足，于是为这个物种书写了一部新颖的传记，将其进化故事、生态故事和人世间故事有机地连接起来，空间范围从新斯科舍（Nova Scotia）半岛到挪威，从朝鲜半岛到加利福尼亚，时间维度从史前延伸到未来。

科茨在书中特别述及有关这一物种的一个悖论。在很多个世纪里，鲑鱼一直被喜爱它的垂钓者赞誉为"至尊贵鱼"（the Noblest of Fish）或"淡水鱼王"（the King of Fresh Water Fish），如今却有可能令人遗憾地沦为水产养殖的低贱品。当一些地方的野生鲑鱼岌岌可危的时候，超市的鱼柜里却充斥着廉价的养殖鲑鱼，以致最新的科学研究报告出于健康和生态原因奉劝人们限量消费[1]。而野生鲑鱼的锐减以及这一物种从高贵到低贱的变化，反映出与之关联的人类社会的诸多变化。今天，大部分欧洲人与鲑鱼的关系，无非是与从超市鱼柜买来的鱼块和鱼肉的关联。[2]

---

[1] 彼得·科茨：《鲑鱼的前世今生》，第10页。
[2] 彼得·科茨：《鲑鱼的前世今生》，第52页

尽管科茨的这部著作内容十分驳杂，常常还因为将大西洋鲑鱼和太平洋鲑鱼混合在一起叙述、议论，难免让人不知所云，但是其问题意识和研究方法，特别是注重将鲑鱼的自然进化史和人类文化史结合起来的做法，却颇具启发意义。就我的课题研究而言，它启发我特别关注"不幸鲑"这一提法，聚焦于野生大西洋鲑鱼这一自然物种的命运，去考察它在英格兰的一些河流流域的命运，尤其是泰晤士河鲑鱼灭绝的来龙去脉，并探讨由此反映出的更大范围、更深层次的一些问题。

长期以来，不列颠群岛一直是大西洋鲑鱼的故乡。英格兰有很多河流曾以大西洋鲑鱼洄游著称，以至于有"鲑河"（Salmon River）之称。泰晤士河下游65英里的河段为鲑鱼洄游河段，泰晤士河的鲑鱼还因其味道之鲜美，而被认为是英格兰的上上品，17世纪中叶英国作家艾萨卡·沃尔顿即表达了这样的看法。① 这条河也因此成为人们心目中高贵的鲑河。但是，在今天不列颠群岛的很多地方，尤其是英格兰和威尔士各地河流流域，大西洋鲑鱼或灭绝，或数量锐减。

其实，这一情况并非今天才出现，早在19世纪中叶就很严重。从英格兰和威尔士来看，18世纪末工业革命开启的时候，整个这一区域的河流流域中野生大西洋鲑鱼非常多，但是到19世纪60年代其鲑鱼业几近枯竭。泰晤士河的鲑鱼业在1794年以后开始衰落。尽管晚至1864年还有少量鲑鱼进入被污染的泰晤士河河口，但是早在1824年泰晤士河鲑鱼业就几乎不复存在了。这样，在19世纪，英国人就开始纷纷记述泰晤士河里"最后一条三文鱼"。1861年，大文豪狄更斯也撰文揭示泰晤士河鲑鱼日益减少并逐渐灭绝的现象，甚至不无夸张地指出，"鲑鱼告急"（Salmon in danger）的呼号正在不列颠大地上回荡。②

至于造成这种状况的原因，人们一直在研究、分析，不仅科学家关注，而且科学界以外的许多人士同样早就在关注并尽可能地予以解释。狄更斯

---

① 艾萨卡·沃尔顿：《垂钓高手》（Izaak Walton, *The Compleat Angler, or The Contemplative Man's Recreation*, with Introduction by Andrew Lang, Mineola），纽约：多佛出版公司，2003年，第89页。
② 查尔斯·狄更斯：《鲑鱼》（Charles Dickens, "Salmon"），《一年四季：周刊》（*All The Year Round: A Weekly Journal*）第5卷，1861年7月20日，第405页，http://www.djo.org.uk/all-the-year-round/volume-v/page-405.html，2017－07－16。

在1861年的那篇文章中就从五个方面概括了鲑鱼濒临灭绝的原因,它们分别是:机械和其他捕鱼方法的使用对渔业利益的损害;对河流的任意污染与毒害;捕杀、销售和出口不合时令的鱼儿;缺乏对严格而恰当地限定的休渔期的遵守;河流中水坝和围堰对鲑鱼洄游产卵造成的障碍等。他还认为,这五方面的原因反映了人类的自私、残忍与邪恶。① 这些因素归结起来,可简称为"人为的影响"。狄更斯甚至揭示了"一场人鱼搏斗"(a battle between man and fish)的历史现象。

考虑到野生大西洋鲑鱼在英格兰和威尔士很多河流锐减乃至灭绝的时间,并综合考察这一情况出现的原因,可以看到,18世纪末到19世纪60年代英格兰和威尔士从农业—乡村社会向工业—城市社会的转型,与当地野生大西洋鲑鱼命运的变迁具有高度的一致性。这并非巧合,而是有其内在的关联的。当然,这种关联并非简单的一一对应或线性联系,而涉及河流环境变化、生物和非生物资源利用方式转变以及与之相关的权利分享扩大等复杂的作用关联。揭示并解释这种复杂的关联性,是近代英国环境史研究的重要内容之一,也是我致力于泰晤士河污染问题研究并关注泰晤士河里"最后一条鲑鱼"的基本寓意所在。

从根本上说,野生大西洋鲑鱼从所出生的淡水河流或灭绝或减少的现象,反映了其所曾洄游、产卵的生存环境发生变化的情形,而对于不列颠河流流域鲑鱼生存环境的变化,则需要从沿途工厂开设、商贸发展等方面的影响去理解和探讨,这一点早有议论和记载。1824年,英国调查鲑鱼业状况的议会委员会已认识到鲑鱼与贸易和工业之间绝望的搏斗。该委员会在一份调查报告中指出:"在那些大商业城市以及工厂主赖以创造利润和大量资本的河流中,就不要指望鲑鱼业会繁荣;当它可能由于这些原因而近乎消亡的时候,期待它在某时可能会恢复,这一点也许是异想天开。"② 英国人还坦承:"由于我们的城市和工厂所产生的垃圾的毒害,我们的河流被

---

① 查尔斯·狄更斯:《鲑鱼》(Charles Dickens, "Salmon"),《一年四季:周刊》(*All The Year Round: A Weekly Journal*)第5卷,1861年7月20日,第406页,http://www.djo.org.uk/all-the-year-round/volume-v/page-406.html, 2017 - 07 - 16。

② 转引自B. W. 克拉普《工业革命以来的英国环境史》(B. W. Clapp, *An Environmental History of Britain since the Industrial Revolution*),纽约:朗文出版社,1994年,第72页。

毁；它们对于鱼类生命极其有害，对于其他所有生命毫无价值抑或充满危险，这是多么荒唐的事。"① 在某种意义上，这些看法或说法反映了历史上人们在利用河流发展生产、创造财富的同时又如何干扰和破坏了河流生产力（riverine productivity）的认知，也是今天我们"以自然为镜"观照人类历史活动之结果和影响的一大根据所在。

野生大西洋鲑鱼在原生地的灭绝或减少，当然只是人类作用于自然环境进而影响环境中的生物的一个比较早的例子。之后，这样的例子更多，甚至更惨烈。从鱼类来说，由于工业废物尤其是化工废料的毒害，数百万条死鱼肚腹朝上漂浮水面，堵塞水源通道，威胁人类饮用水源的例子在世界各地不胜枚举。② 当曾经数不胜数的鲑鱼在泰晤士河灭绝之后，像狄更斯那样因"鲑鱼告急"而呼喊并由此对人性加以反思和批判，正是"为自然代言"的历史写照。到20世纪六七十年代，随着相关问题的加剧，当人类社会被"生态危机"氛围笼罩时，这种代言的力度也大大增强，从而使得古老的历史学与时俱进，切实关注起自然的命运。

综上，关注泰晤士河里"最后一条"鲑鱼，是我从事环境史，尤其是英国环境史学习和研究的需要，也是历史实证研究必须遵循的从个别到一般的基本逻辑方法的体现。泰晤士河里"最后一条"鲑鱼的出现，不仅反映了某个自然物种在特定时空灭绝或减少的基本情形，而且勾连了一幅自然环境与人类社会互动的大历史框架，对这一历史的认识和研究驱使我们突破现代史学的人类中心的藩篱，以整体的、有机联系的观念，去揭示多维的、复杂的历史联系。像野生大西洋鲑鱼这样的自然物，除了是人类捕食的天然物产外，还是河流生态系统变化的指示种，其命运变迁反映了在河流生态系统中物种与环境相互联系、相互依赖的情形。河流作为一种水生生态系统，有自己的生命轨迹；而赖之为生的，不仅有人类，还有其他生物。野生大西洋鲑鱼因人为的影响在曾经生生不息的河流故乡灭绝的现

---

① R. B. 马斯顿：《泰晤士河：一条鲑鱼河》（R. B. Marston, "The Thames as a Salmon River"），《19世纪：月评》（*The Nineteenth Century: A Monthly Review*）1899年第45卷第266期，第589页。

② 关于美国的有关情形，参见林达·利尔：《自然的见证人——蕾切尔·卡逊传》，贺天同译，北京：光明日报出版社，1999年，第399页。

象，也教导我们真正学会理解"鱼儿离不开水"的自然秉性。这样，在研究泰晤士河污染与治理问题时，从长期溯河而生的鲑鱼的历史变迁切入，再现与各色人等相关联的鱼类的命运，不仅可以丰富泰晤士河历史叙事元素，而且可以更全面地揭示泰晤士河污染的前因后果，更充分地讨论与之相关的人类生产生活状态如何变化，其生态足迹如何延伸等问题，从而使我们得以将其变化作为一面镜子，来反观和掂量这些关联性变化所隐含的问题，并丰富史鉴的形式和内涵。因此，关注这样一条鱼，也正是环境史的一大创新所在。

一种乡村自然的愿景?
——近代英美的城市公园

张卫良
(杭州师范大学人文学院)

"城市公园"是近代以来的一种新概念,虽然以往的城市或许也有相似的空间形式,但在本质上存在一些差异。20世纪五六十年代,西方社会的一些社会学家和哲学家提出了"公共空间"的概念,从人的权利角度区分"私人空间"与"公共空间",这个概念得到了广泛的讨论。① 70年代,刘易斯·芒福德、简·雅各布斯等城市问题专家也引用这一概念来讨论城市建成区的规划设计问题。② 就城市空间的变化而言,城市公园是解释"公共空间"变化的最好案例,因为公园在城市发展中恰恰经历了一个由"私人空间"到"公共空间"(开放空间)的转变过程,原有的"小花园""后花园"一类仅仅属于"私人空间",而现代的城市公园则属于"公共空间",也就是公众可以免费享用的、开敞的自然空间,公众可以自由地进出、聚会、娱乐、休闲、运动和交流,从属性上说,"公园"就是一种公共活动的空间。这种看起来不言而喻的事实,随着现代城市公园的快速普及以及各种类型公园的产生,城市公园的本质属性逐渐地被淡忘,特别在强调生态

---

① 英国社会学家查尔斯·马奇(Charles Madge)在1950年发表了《私人和公共空间》一文,政治学家汉娜·阿伦特在《人的条件》一书中也展开了讨论,参见陈竹、叶珉:《什么是真正的公共空间?——西方城市公共空间理论与空间公共性的判定》,《国际城市规划》2009年第24卷第3期,第44—49页。

② Lewis Mumford, "The Social Functions of Open Space", Sylvia Crowe (ed.), *Space for Living*, Amsterdam: Djambatan, 1961, pp. 22-40;简·雅各布斯:《美国大城市的死与生》,金衡山译,南京:译林出版社,2006年,第17—20页。

环境保护的背景下，一种乡村的自然愿景主导了城市公园的建设，这显然是一种误导。现有的城市公园研究大体可以分为两类，一类侧重于风景园林的研究，① 另一类侧重于城市公园的社会功能研究，② 我国学者的研究也一样，明显地带有这样的趋向。③ 然而，不管从哪个视角出发，我们的研究都需要重视历史维度的考察。本文希望通过回顾近代早期英美城市公园的兴起及其演变，重新认识城市公园的社会价值。

一

城市公园形式或许可以追溯到很早的时期，在一定程度上说，一般的城市公共敞地也具有公园的属性。但是，真正意义上的城市公园起始于19世纪，在那个阶段，城市公园不仅有了新的属性，而且也有了新的动力。在伦敦出现的海德公园、摄政公园和圣詹姆斯公园等都是人们耳熟能详的"城市公园"形式，然而，这些公园形式仍或多或少地是传统私人花园的延续，特别是皇家花园的转型，"它们是国家之'公园'而非市政之'公园'，因为它们大部分是以国家的费用来维持的，而不是由一个市政当局维持的"，④ 从本质属性上说，这些公园是由皇家投资建设和开发的，随着城市的扩大，这些公园逐渐向公众开放。因而，真正的城市公园是在19世纪40年代以后才出现的，是由城市政府规划、投资和建设的公益性公园。

第一个正式的城市公园是英国利物浦市的伯肯海德公园，这是为大多数人所认同的新公园。利物浦市政府是这个公园的建设主体，需要利用公共税收来建设，而不再是私人投资，因而这个公园从一开始就有了明确的

---

① Frank Clark, "Nineteenth-century Public Parks from 1830", *Garden History*, Vol. 1, No. 3 (1973), pp. 31 – 41; Hilary A. Taylor, "Urban Public Parks, 1840 – 1900: Design and Meaning", *Garden History*, Vol. 23, No. 2 (1995), pp. 201 – 221.

② 如刘易斯·芒福德、简·雅各布斯，另见 Robert Lee and Karen Tucker, "It's My Park Reinterpreting the History of Birkenhead Park within the Context of An Education Outreach Project", *The Public Historian*, Vol. 32, No. 3 (August 2010), pp. 64 – 97。

③ 吴人韦：《英国伯肯海德公园——世界园林史上第一个城市公园》，《园林》2000年第3期，第41页；陆伟芳：《城市公共空间与大众健康——19世纪英国城市公园发展的启示》，《扬州大学学报》2003年第4期，第81—86页；刘竹柯君：《试论19世纪英国城市公园的兴起成因》，《国际城市规划》2017年第1期，第105—109页。

④ J. J. Sexby, *The Municipal Parks, Gardens, and Open Spaces of London: Their History and Associations*, London, 1905, p. xv.

使用方向，即向全体公众免费开放。1841年，利物浦市议员伊萨科·豪姆斯（Isaco Holmes）率先提出了利用公共税收建造"公园"的议案。其后，利物浦市政府向英国议会提交了议案，计划建造一座向公众开放的城市公园，希望利用城市的公共税收在郊区建造一个公园。1843年，英国议会批准成立伯肯海德公园改造委员会，其目标是惠及市民和给予市民"更多的健康和幸福"。① 一个地方政府修建一座公园，并获得英国议会的授权，这在英国历史上也是第一次。

伯肯海德公园的所在地是利物浦市的伯肯海德区，19世纪早期，这个区是利物浦市的郊区，仍未获得开发，但是随着利物浦市的扩展呈明显的发展态势。1820年，这个区人口仅为100人，几年后发展到2500人，1841年猛增至8000人。于是，利物浦市政府决定动用税收收购位于此区域的一块不适合耕作的低洼荒地，面积为185英亩。最初的规划是以地块中部的125英亩土地作为公园主体，周边的60英亩土地用于私人住宅的开发。② 公园结合住宅的开发模式主要出于建设资金平衡的考虑，事实证明是非常成功的方法，既达到了公园建设的目的，又做到了市政资金平衡。

1844年，利物浦市政府邀请著名园林设计师约瑟夫·帕克斯顿（Joseph Paxton）负责伯肯海德公园的设计。在公园形态上，帕克斯顿遵循原有自然风貌，让一条蜿蜒的马车道横穿公园，构成公园内部的主环路，沿线景观开合有致、丰富多彩；步行小道则时而曲径通幽，时而极目旷野，在草地、山坡、林间或湖边穿梭。帕克斯顿为了解决公园地势低洼的问题，专门设计了湖泊，同时，公园水面按不同地块的地形条件来布局，分"上湖"和"下湖"，开挖水面的土方在周围堆成山坡地形。水面自然曲折，窄如溪涧，宽如平湖。开挖的湖心岛为游人提供了一种更加私密、安静的空间环境。公园绿化以疏林草地为主，高大乔木主要布局于湖区及马车道沿线，公园中央为大面积的开敞草地。公园内的建筑则采用地方材料，建筑风格为"木构简屋"。伯肯海德公园的大面积疏林草地设计以及乡村自然风格的营

---

① 亚历山大·加文（Alexander Garvin）：《公园：家居社区的关键》，张宗祥译，北京：电子工业出版社，2013年，第21页。
② 吴人韦：《英国伯肯海德公园——世界园林史上第一个城市公园》，《园林》2000年第3期，第41页。

建,在当时就赢得了人们的广泛赞赏。他强调的"景观湖、乡村和观赏的桥、假山、坡丘和蛇形步行道",①在国际上也获得了广泛的反响,特别是纽约中央公园,就是一个很好的例子,其影响了未来几代城市公园的发展。在伯肯海德公园四周,帕克斯顿还设计了面向公园的居民住宅,但住宅出入口朝向外部的城市道路。这种设计基于人性化的思考,打破了传统城市道路的方格化模式,既便利了周边居民与公园的联系,也方便了居民与城市社区的联系。

伯肯海德公园除了公园形态的独特设计以外,其实还有更为人们所需要关注的内容,但这是经常为人所忽略的,亦即城市公园的真正属性营造。事实上,这个公园的设计已经充分考虑了城市居民的休闲需求,营建了居民休闲的场地和设施,以充分发挥日常休闲的属性。伯肯海德公园为当地居民提供了板球、曲棍球、橄榄球、草地保龄球、射箭场地,也提供了军事训练、学校活动、地方集会、展览及各种庆典的场所。这个公园是一个真正的"公共空间",公众可以免费享有城市公园的设施和场地。1847年4月,伯肯海德公园开园,迅速地吸引了人们的注意力,公园也培育了市民的自豪感,②这个地方的居民引以为傲,有时候将这个公园称为"人民公园"。在那个时代,伯肯海德公园获得了巨大的成功,一方面,源自经济上的成功,开发公园可以提升这个区域的地价,增加了居民的福利。出人意料的是,公园所产生的吸引力使周边土地获得了高额的地价增益,周边60英亩土地的出让收益,超过了整个公园建设的费用及购买整块土地的费用之总和。③另一方面,公园改造了原有的荒地,改善了城市环境,增加了这个区域的吸引力,提高了居民日常生活的质量,这也是一种切实的社会福利。

伯肯海德公园是近代城市公园的典范,其公园特质影响着欧美城市公

---

① Frederick Law Olmsted, "Walks and Talks of an American Farmer in England", *View from the Director's Office*, No. 3, 2003, http://lalh.org/wp-content/uploads/2013/01/VIEW-2003.pdf.
② Robert Lee and Karen Tucker, "It's My Park Reinterpreting the History of Birkenhead Park within the Context of an Education Outreach Project", *The Public Historian*, Vol. 32, No. 3 (August 2010), p. 69.
③ 吴人韦:《英国伯肯海德公园——世界园林史上第一个城市公园》,《园林》2000年第3期,第41页。

园的建设风格。1850年,后来的纽约中央公园设计者弗雷德里克·劳·奥姆斯特德访问了伯肯海德公园,他注意到"除了板球场和射箭场,有一个葱郁的、大规模的种植花草、植物丛和行道树构成的河谷,一个大公园被规划,这个华丽的游乐场的所有一切完全毫无保留地永远属于人民自己",他"看到不同社会阶层成员一起享有绿色植物和新鲜空气……这个美丽的休闲场地永远完整地属于公众,最贫穷的英国农民和英国女王对其享有同样的权利"。① 在那个时代,人们逐渐地感受到了一种新的概念,城市公园不仅仅要有自然风景,更要有公共空间的社会意义。

在英国,城市公园很快迎来了蓬勃发展的时代。19世纪40年代后期,曼彻斯特也开始为创造一个美丽的城市而行动。1846年,女王公园和菲利浦公园先后开放,但与伯肯海德公园有所不同,它们是曼彻斯特的第一批城市公园。女王公园的土地原来属于休顿家族,1845年园林设计师乔舒亚·梅杰(Joshua Major)参与了该公园的设计和改造工作,1846年曼彻斯特市政法团通过地方捐款筹资,以7200英镑购得该公园,② 同年便向公众开放。曼彻斯特的这些公园与伯肯海德公园一样,不再是传统意义上的私人公园,在功能上已有了新的内涵。曼彻斯特市议会对女王公园做了这样的描述:"女王公园是位于曼彻斯特北部的几个主要入城通道之一,拥有一个很大的、平缓的绿色空间;这是一个拥有玫瑰园的正规公园,主要用于散步、举办社区节日活动、儿童游戏和学校'追寻自然'活动的日常基地。"③ 其后,英国很多城市纷纷模仿,建设城市公园。1855年,伦敦工程委员会成立以后,一个专门的机构——伦敦工程局,1856年获得授权,建造了芬斯伯里和萨瑟克两个公园,于1869年对公众开放,这是伦敦市政公园的起点。④ 1857年哈里法克斯建成了一个直接命名为"人民公园"的公园。至19世纪晚期,仅伦敦一地就有大量城市公园建成。1889年,伦敦有

---

① Frederick Law Olmsted,"Walks and Talks of An American Farmerin England",*View from the Director's Office*,No. 3,2003,http://lalh.org/wp-content/uploads/2013/01/VIEW-2003.pdf.
② Hilary A. Taylor,"Urban Public Parks,1840–1900:Design and Meaning",*Garden History*,Vol. 23,No. 2(1995),p. 203.
③ Queen's park,http://manchesterhistory.net/manchester/squares/queenspark.html.
④ J. J. Sexby,*The Municipal Parks,Gardens,and Open Spaces of London:Their History and Associations*,London,1905,p. xvi.

40个主要的公园和开放空间，占地2656英亩；到1898年，已经增加到70个，总计3685英亩。① 1894年，《园艺家纪事》观察到，在50年前，伦敦除了几个皇家公园外，几乎没有公园和开放空间，但到这个时候，大约有200个这样的地方，"供上百万人娱乐，是有利于健康的度假地"。在这个时期，英国城市公园的新特质已经更多地表现出来，这些公园大多数是为了休闲而设计与建造的，伦敦郡议会也十分关注提供新的城市开放空间，"总是计划获得或安排一些合适的土地用于劳动者及其子女的娱乐"，② 这是城市公园最有吸引力的地方。

二

英国城市公园的产生不是偶然的，其根本的动力源于随工业革命而来的城市居民对新的城市空间的追求。18世纪中期以后，工业化和城市化使英国城镇开始发生质的变化。19世纪早期，英国社会进入了一个新的时期，正如希拉里·泰勒所说，"早期维多利亚社会正面临过多的新挑战和机会：一种不熟悉的、商业的、城市的和工业的环境，因为没有先例"。③ 城市公共空间的转换也有这样一个过程，从私园逐渐转变为公园，亦即由私人空间到公共空间的转型。因而，近代城市公园运动的产生也是社会转型的产物。

第一，城市人口大量增加，原有狭小街区无法提供更多的"公共空间"。随着工业化的推进，英国城市人口开始爆炸性地增长。例如，伦敦在18世纪中期以后人口急剧增长，1750年约为60万人，1801年为86万人，1821年为123万人，1851年为236万人，1871年为325万人。④ 曼彻斯特的城市人口也经历了相似的增长，1801年城市人口为7.5万人，1821年为12.6万人，1851年达30.3万人。利物浦作为一个港口城市，到18世纪末，控制了欧洲41%、英国80%的奴隶贸易，是英国工业革命的主要地区之一。

---

① *Gardeners' Chronicle*, Vol. 23, 1898, pp. 85–86.
② "Open Spaces in the Metropolis", *Gardeners' Chronicle*, Vol. 16 (1894), p. 632.
③ Hilary A. Taylor, "Urban Public Parks, 1840–1900: Design and Meaning", *Garden History*, Vol. 23, No. (1995), p. 202.
④ Sidney Webb, *The London Programme*, London: Swan Sonnenschein & Co., 1891, p. 3.

利物浦人口的增长也是一个快速的过程，1750年人口达2万人，1801年已经达到8.2万人，1821年达13.8万人，1851年达37.6万人。其中，1845—1849年的大饥荒造成很多爱尔兰人抵达利物浦，到1851年，城市几乎25%的人口都是在爱尔兰出生的。① 在那个年代，大量外来人口的增加导致原有狭小的街区人满为患，住房过度拥挤，"私人空间"促狭，劳动者需要新的"公共空间"来放松紧张而疲劳的身体。

第二，城市环境趋于恶劣，居民需要清新的空气和温暖的阳光。随着工业化的推进，像曼彻斯特、利物浦、伯明翰这样的城市由于工厂集聚，环境污染，生活条件恶劣，疾病肆虐。1831—1832年，霍乱侵袭大不列颠和爱尔兰，造成31400人死亡。1833年，霍乱在伦敦复发，造成1454人死亡。② 这种灾难性的瘟疫引起了整个国家的高度重视，一系列公共卫生调查随之进行，大量的公共卫生调查报告也反映了这种情况。在利物浦，工人阶级居住的街道绝大多数没有下水道，即使有也是非常不完整的，除非地面是自然倾斜的，因此，路面的水和各种流动的污物滞留在街道上，在利物浦有8000多间可居住的地下室，"我估计他们的居住者在3.5万到4万人"。③ 这些居住者的房屋过度拥挤，空气流通差，缺乏厕所等必要的设施，死亡率也相对较高，过度拥挤还带来酗酒、斗殴、赌博、道德低下等一系列问题。在这样的环境下，开放的公共空间对于城市社会的发展是非常重要的，不但有利于改善居住环境，而且也有利于改善公共卫生状况。

第三，城市规模扩大，乡村离城市越来越远，城市公园也是社会精英"乡愁"的产物。随着城市规模的扩大，乡村离城市越来越远，城市精英对乡村自然有一种强烈的眷恋。自18世纪下半叶开始，英国出现了反工业主义的浪漫主义文学，至19世纪30年代后期，一些人对自然乡野达到了崇拜

---

① B. R. Mitchell, *Abstract of British Historical Statistics*, Cambridge: Cambridge University Press, 1962, pp. 24 – 25.
② E. Ashworth Underwood, "The Centenary of British Public Health: Rise of Health Legislation in England and in London", *The British Medical Journal*, Vol. 1, No. 4557 (May 8, 1948), p. 890.
③ Edwin Chadwick, *Report on the Sanitary Condition of the Labouring Population of Great Britain* (1842), edited with an introduction by M. W. Flinn, Edinburgh: The University Press, 1964, pp. 104 – 105.

的境地，他们的思乡之情反映在小花园、宠物、苏格兰和湖区度假上，还有对野花的兴趣、鸟的关注和乡下周末小屋的梦想，像威廉·科贝特（William Cobbett，1762－1835）、塞缪尔·泰勒·柯勒律治（Samuel Taylor Coleridge，1772－1834）、威廉·华兹华斯（William Wordsworth，1770－1850）和约翰·拉斯金（John Ruskin，1819－1900）这样的人，认为工业化的进程是糟糕的，① 华兹华斯说道："工业革命把人们连根拔起，越来越远离古老的土壤，原初的环境荡然无存，乡村变得遥不可及，人们与乡村的亲密联系被剥夺了……从这种都市现状里产生不出有能耐的男男女女。"② 他们认为现代城市毁灭了英国社会的传统价值，拉斯金等人支持中世纪的建筑和城镇，认为这与乡村和乡村生活相和谐，③ 还有一些画家也积极主张"回归自然"，在同时代的一些风景画中可以看到对乡村荒野的怀念。在19世纪后期，英国民众关注对安静、恬淡的自然美景进行保护，并希望通过融入美好的大自然来推动公众的健康，公园就是这样一种载体。国民信托组织开始从事国家历史古迹或自然名胜保护和管理，并对大众开放，因而，近代城市公园被很多人视为是一种乡村自然的回归。

第四，社会精英担心社会革命，开始关注社会底层生活，呼吁"使最大多数的人获得最大的幸福"。法国大革命和英国宪章运动对英国社会有着深远的影响，人们担心英国发生像法国那样的革命。英国工人阶级争取普选权，希望通过赢得普选权去争得应有的物质改善和社会地位。杰里米·边沁（Jeremy Bentham，1748－1832）和约翰·斯图亚特·密尔（John Stuart Mill，1806－1873）的功利主义教义激励着一部分人，他们倡导"为最大多数的人获得最大的幸福"。④ 这些政治愿景推动了英国统治思想的转变，也刺激了城市居民对生活的追求。早在19世纪30年代，威廉·科贝特

---

① William Cobbett, *Rural Rides*, Introduction by Asa Briggs, London: J. M. Dent & Sons Ltd, 1966, p. v.

② Jan Marsh, *Back to the Land: The Pastoral Impulse in England, from 1880 to 1914*, London: Quarter Books, 1982, p. 13.

③ H. E. Meller, *Leisure and the Changing City 1870－1914*, London: Routledge & Kegan Paul Ltd., 1976, p. 7.

④ Hilary A. Taylor, "Urban Public Parks, 1840－1900: Design and Meaning", *Garden History*, Vol. 23, No. (1995), p. 202.

就观察道："富人认为他们应该教育穷人,以确保自己的安全。"[1] 到40年代,由于工联主义和宪章运动的爆发,中产阶级深感社会动荡,他们需要防止一场革命。英国的很多地区表达了这种担忧。例如,1840年的城镇健康特别委员会——改革是必需的,不仅因为"穷人的福利",而且是为了"富人的财产安全和人身保障"。[2] 与此同时,他们相信一个没有教养的、新的城市工人阶级如继承其祖辈的野蛮行为,将会威胁到整个社会,如果城市能够提供新型的公共空间,那么可以改善大多数人的生活条件。

第五,休闲生活方式渐成时尚,体育运动兴盛。早在17世纪,英国社会中上层就开始与健康相关的"欧陆游"、温泉疗养、户外运动等休闲生活方式。18世纪中期,射箭、掷环、保龄球和板球等运动已经非常流行;进入19世纪以后,体育已经成为社会时尚。19世纪中期,英国开始出现从乡村到城镇、从非正规体育运动和习惯性消遣转向有组织的机构和体育运动。[3] 学校、俱乐部和各种机构对体育运动的兴趣日益增长,开始积极促进体育运动。当时形成了一种观点,除非孩子们有系统的体育训练,否则不可能培育健康的孩子。乔舒亚·梅杰就是一位早期有组织体育运动的倡导者,在他设计的19世纪40年代曼彻斯特公园中,包括了射箭、掷环、保龄球的设施和体育馆。然而,直到19世纪80年代,体育运动设施才变得更有组织。1880年,曼彻斯特的奥尔特灵厄姆的肖斯坦福特公园(Shaw's Stamford Park)提供了大量的运动设施,这为体育在公园的发展开辟了道路。1907年的《公共健康法案修正案》以"保卫人民的自由"为由,授予地方当局额外的权力,以便其变得有可能"通过限制使用公园,使它们对公众有更多的服务和价值"。该法案使公园对租用保龄球绿道、网球场、掷环场和椅子收费合法化,以允许运动场保留给比赛之用;还允许开设点心房。关于音乐在公园中的重要性总没有一致的观点,但在那个暑期末,夏季乐队变成了公园生活的一个必要特征,大量公园将一个室外音乐演奏台作为它们设计的

---

[1] William Cobbett, *Rural Rides, Introduction by Asa Briggs*, London: J. M. Dent & Sons Ltd, 1966, p. 69.

[2] Hilary A. Taylor, "Urban Public Parks, 1840 – 1900: Design and Meaning", *Garden History*, Vol. 23, No. (1995), p. 202.

[3] William J. Baker, "The Making of A Working-Class Football Culture in Victorian England", *Journal of Social History*, Vol. 13, No. 2 (Winter, 1979), p. 241.

一部分。① 显而易见，城市公园与休闲和体育之间也存在着密切的关系。

三

城市公园是一种乡村自然的愿景吗？通过上述讨论，可以比较容易地回答这个问题。城市公园在某种意义上呈现了"乡村自然"的愿景，生活在城市的人们可以看到乡村的场景，品味乡村的野趣，拥有某种乡村的情怀。然而，城市公园不仅仅是一种自然形态的诉求，而且在本质上承载了更多的城市生活内容，是公众社交、聚会、休闲、娱乐、运动、教育等各种活动的理想场所。可以说，城市公园是普通居民生活空间的延伸，是城市生活的一部分。

在当代有关城市公园的讨论中，学者们（特别是园林景观的学者）更多地关注城市公园的外在属性，强调公园的空间布局、形态构成及其自然生态的功能属性，追求乡村自然的特色，高度重视"园林"的构建。大多数人认为城市公园是一个城市的"绿肺"，能够起到净化空气的作用，"与城市街道（尤其是交通繁忙的街道）的空气相比，大部分人会理所当然地认为公园的空气会更加清新和凉爽：公园的河道往往会更干净，野生动植物更健康"。② 在强调生态环境的现代社会，公园的种类越来越丰富，出现了专业化的发展，除了城市公园以外，还有景观公园、国家公园、历史遗址公园、海洋公园、湿地公园和社区公园等。

近代城市公园在本质上说并不是对乡村自然的一种简单呈现，而是营造一个公共空间，有利于人们缓解工作压力，促进身体健康，提升城市居民的日常生活品质，消除贫民窟。在19世纪末和20世纪初，英国和美国的公园倡导者都认为："公园会促进人们加强体育锻炼，帮助他们远离疾病。而且自打不再从事诸如种地和打猎之类的体力劳动后，许多城市居民都感觉要有地方发泄日渐积累的压力。因此，人们有了对运动场所的需求……"③ 也有人认为公园既可以改善居民的健康，也有助于消除贫民窟。那些疾呼公园建设的美国改革者也决心建设一些设施，改善贫民糟糕的生

---

① Harriet Jordan, "Public Parks, 1885–1914", *Garden History*, Vol. 22, No. 1 (1994), p. 86.
② 亚历山大·加文：《公园：家居社区的关键》，第39页。
③ 亚历山大·加文：《公园：家居社区的关键》，第32页。

活状态。其中雅各·里斯在报道城市贫民生活的时候,在《其他一半人是如何生活的》中谈到了由于缺少旺盛精力的发泄地而遇到的问题,"在樱桃街走廊里我看到一英尺长的标识:'禁止打球、跳舞、打牌'……球类活动一旦被街上巡警看见,便被立即喝止。至于跳舞,因为会导致人群集会,在这些治安者的眼里,当然是最令人憎恶的行为。"① 有了公园,这些行为就可以得到部分改善,为贫民窟居民提供一定的生活空间。

在那一时期,即使一些园艺学家也注意到了城市公园的本质性问题。奥姆斯特德虽然非常重视"公园设计应完全遵循自然美的原则",设计作品应"强化自然固有的美,并表现自然如画般的风景品质",但他又十分明确地指出:"英国自然风景园林着重表现的乡村风光、蜿蜒的湖泊、舒缓的地形和精心修饰的草地,构成具有外向扩张感的园林空间,有助于缓解紧张的城市生活带给人们的精神压力。"② 也有学者更加直接地说,城市公园主要是为了工人阶级,即"为了他们的快乐,因为在拥挤的区域,他们没有别的去处"。因此,目标是"为城镇孩子获得一个愉快的场地,为大孩子获得一些隐蔽的角落"。③还有人认为:"在城市公园中,那些摆设的一个主要目标是这样的,包含着科学和艺术的教义,以提高所有居民特别是工人阶级个人和集体的素养。这或许是单一的最重要的问题,应该是维多利亚公园设计者所要解决的,也是到目前为止所有讨论的努力正趋于结束。"④ 一位通讯记者在1896年的《园艺家纪事》中写道:"如果我们中仍有人怀疑像这种公园一样精美的开放空间所具有的教育、社会和卫生优势,以及相邻的普通价值,那么只要在星期六到访就肯定足以转变看法。宽敞的开放空间、布置很好的公园和花园,加上它们提供的座位,拥挤着数以千计欢乐的男男女女和孩子,在寻找更加健康、快乐、阳光的教育,这教会他们与自然建立最亲密的友情。"⑤ 1912年,梅西先生在给苏格兰园艺协会月度

---

① 转引自亚历山大·加文《公园:家居社区的关键》,第32、33页。
② 朱建宁:《西方园林史——19世纪之前》,北京:中国林业出版社,2013年,第314页。
③ Harriet Jordan, "Public Parks, 1885-1914", *Garden History*, Vol. 22, No. 1 (1994), p. 87.
④ Hilary A. Taylor, "Urban PublicParks, 1840-1900: Design and Meaning", *Garden History*, Vol. 23, No. 2 (1995), p. 213.
⑤ "London in May. Victoria Park, Saturday Afternoon", *Gardeners' Chronicle*, Vol. 19 (1896), p. 671.

会议的致辞"花园城市问题"中说,"公园是花卉、绿色草皮、乔木和灌木、色彩安排和野生林地",其构成了公园的最主要吸引力。然而,精美的植物不仅仅是为了享受,"对于园艺来说,这大部分归于我们应该把它看成是巨大的改善和精致的机构,它会把我们大多数同胞提升到一个更高的道德层面,他们现在必然被迫生活在恶劣的条件中,其不仅威胁公众健康,而且使我们的文明受辱,使整个人类生存状况迅速恶化"。[①]显然,这些理念都源于对当时社会的认识,都希望城市公园能够作为提升社会生活质量的一种手段,从而促进社会的和谐发展。

总之,英国城市公园的产生是有其历史原因的,并且带有鲜明的时代特征。19世纪40年代,英国首创了城市公园这种形式,这仍是一种新事物。城市公园通常被认为是乡村自然的再现,是城市的"绿肺",但这仅仅是城市公园所呈现的一个层面,事实上,城市公园承载了更多的城市生活内容,是公众社交、聚会、休闲、娱乐、运动、教育等各种活动的理想场所,是城市普通居民生活空间的延伸,是城市生活的一部分。那个时代,城市公园一般由城市政府出资兴建,对公众免费开放,没有门槛,不分性别、年龄、种族、等级,可以自由地出入,因而逐渐具有了现代公民社会的属性,可以被称为"人民公园",体现了社会平等和尊严。19世纪,工业化、城市化、民主化、市民权利、公共卫生运动、乡村自然主义以及休闲运动等刺激了城市公共空间扩展的内在需求,显然,城市公园既是以往城市空间演变、城市转型和城市生活方式转变的结果,也是现代社会新的需求的结果,城市公园为现代城市带来了新的形态和新的气象。

[①] Mr. Massie, "Garden City Problems", *Gardeners' Chronicle*, Vol. 51 (1912), p. 108.

皮科克与瓦拉：比较视野下近代英国历史文献学的发端[*]

张乃和

(天津师范大学欧洲文明研究院)

一般而言，文献是指文字史料。史料有广义与狭义之分，广义的史料是指有关历史的一切资料，主要有文字史料、实物史料和口碑史料三大类；狭义的史料则只是指文字史料。[①] 以史料为研究对象的学问，就是史料学；以文字史料为研究对象的学问就是文献学。国内学者对西方的古文献学、校勘学等问题关注较多，也取得了许多引人注目的成就。[②] 然而，迄今为止，笔者尚未见到专题研究近代英国历史文献学发端问题的成果，甚至在英语中与"历史文献学"对应的确切词语都很难找到。从近年来英国的有关辞典来看，英文 diplomatics 主要是指研究文献和档案（documents and records）的学问，包括研究文献和档案的形式、语言、版本及含义等内容，类似于一般意义上中文的"文献学"；英文 bibliography 则是指研究印刷与手

---

[*] 本文系国家社会科学基金重大项目"英国经济社会史文献学专题研究"（17ZDA225）阶段性成果。

[①] 参见郑天挺《及时学人谈丛》，北京：中华书局，2002年，第409页；冯尔康《清史史料学》（上），北京：故宫出版社，2013年，第20页；何忠礼：《中国古代史史料学》，上海：上海古籍出版社，2004年，第4—6页。

[②] 参见彭小瑜：《近代西方古文献学的发源》，《世界历史》2001年第1期；张强：《〈伯罗奔尼撒战争史〉巴黎本中的H本》，《社会科学战线》2003年第2期；张强：《西方古典著作的稿本、抄本和校本》，《历史研究》2007年第4期；张强：《西方古典文献学的名与实》，《史学史研究》2012年第2期；米辰峰：《马比荣与西方古文献学的发展》，《历史研究》2004年第5期；陈冬冬、周国林：《西方校勘学中的"理校"问题——兼评胡适介绍西方校勘学的得失》，《河南大学学报》（社会科学版）2013年第2期。此外，还有不少从图书情报学角度探讨一般文献学的文章，恕不一一列举。

写原稿书籍之历史的学问，包括研究书籍的形式和结构、笔墨纸张等描述性内容，也包括书籍的撰写、印刷出版以及作者情况等文本分析性内容，还包括书籍的版本信息、历史年代等编目性内容，似乎包括了中国的版本学、校雠学和目录学的内容，接近于中文的"历史文献学"或"历史文献题录"。① 本文所说的"历史文献学"则涵盖了以上两者的内容。在此基础上，本文将通过比较皮科克与瓦拉对《君士坦丁赠礼》的证伪，透视近代英国历史文献学的发端。

一

在欧洲文艺复兴过程中，史学成为人们发现自我的一面镜子，一种生动的经验宝藏，并开始在新的基础上得以重建。这种新的基础就是基于怀疑论、新理性与科学态度的史学批判精神。正如布克哈特所说："由于理性主义和新产生的史学研究的结合，到处都可能有一些胆怯的批判圣经的尝试。"② 意大利人洛伦佐·瓦拉（Lorenzo Valla, 1407－1457）不但尝试批判《圣经》，而且把批判的矛头指向当时的教会。其中，他对教会文件《君士坦丁赠礼》的批驳，与英国的皮科克（Reginald Pecock, c. 1393－1460）遥相呼应，共同为近代历史文献学的发端做出了划时代的贡献。

瓦拉于 1407 年生于意大利的罗马，曾在帕维亚大学学习并任教，1437 年至 1447 年间担任那不勒斯国王阿方索一世（Alfonso I, 1395－1458）的秘书，1447 年回到罗马，担任教皇的秘书并在罗马大学任教，直至去世。③ 在担任那不勒斯国王秘书期间，他于 1440 年撰写了《君士坦丁赠礼证伪》。这部论著成为反映瓦拉学术思想的重要文献。关于瓦拉的学术思想，尤其是他对《君士坦丁赠礼》的批驳，国外早已发表大量学术成果，至今人们

---

① 参见 Peter Beal, *A Dictionary of English Manuscript Terminology 1450 – 2000*, Oxford: Oxford University Press, 2008, pp. 34, 121；王玉婷：《20 世纪西方文献学发展历程探析》，《图书馆论坛》2008 年第 4 期；何朝晖、李萍：《西方文献学的概念和理论体系及其启示》，《大学图书馆学报》2012 年第 3 期。

② 〔瑞士〕雅各布·布克哈特：《意大利文艺复兴时期的文化》，何新译，北京：商务印书馆，1979 年，第 493 页。

③ Jennifer Speake, ed., *Encyclopaedia of the Renaissance*, London: B. T. Bastford Ltd., 1988, pp. 405 – 406.

仍津津乐道，国内也已有较为深入的研究。① 在这里，我们主要关注瓦拉的史学批判精神以及由此出发他对近代历史文献学所做出的贡献。

对权威的批判，是瓦拉史学批判精神的重要体现。他在《君士坦丁赠礼证伪》一书中，开宗明义地指出："我出版过许多部书，各种各样的书，几乎涉猎知识的各个领域。由于一些人震惊于我在这些书中与人们相沿成习的某些伟大作家的意见相左，就指责我的草率和不敬，那么我们一定会想到这些人想对我做什么。他们会多么愤怒地斥责我，如果有机会他们更会多么急切地尽快使我受到惩罚！因为我的作品不仅是针对死者，还是针对生者；不仅是针对这个人或那个人，而且是针对一群人；不仅是针对私人个体，而且是针对公共权威。这是什么样的权威啊！即使是至高无上的教皇，不但拥有如同王公一样的世俗利剑，而且还拥有精神利剑，即使在任何王公的护佑之下，你也不能够使自己免予被开除教籍、被诅咒和被咒逐。"② 可见，瓦拉在教皇与世俗王公的权威面前毫无柔骨媚态，毅然秉持着不畏权贵、特立独行的批判精神。瓦拉的这种独立批判精神，也是他的理论和现实政治勇气的体现，这在文艺复兴初期是极为难能可贵的。这种精神通过他的学术作品得到体现并产生了深远的历史影响，为现代史学批判精神的形成开辟了道路。

古典的语文学（philology）③，是瓦拉的史学批判精神得以落实的突破口和切入点。他厌烦教条、僵化的形而上学理论，他曾经说过："许多人深信，一个人不懂辩证法形而上学和一般哲学的准则，就不能成为神学家。

---

① 国外关于瓦拉的新近研究，参见 Brian P. Copenhaver, "Valla Our Contemporary: Philosophy and Philology", *Journal of the History of Ideas*, Vol. 66, No. 4 (Oct., 2005), pp. 507 – 525; Giovanna Cifoletti, "From Valla to Viete: Rhetorical Reform of Logic and Its Use in Early Modern Algebra", *Early Science and Medicine*, Vol. 11, No. 4 (2006), pp. 390 – 423; David M. Whitford, "The Papal Antichrist: Martin Luther and the Underappreciated Influence of Lorenzo Valla", *Renaissance Quarterly*, Vol. 61, No. 1 (Spring, 2008), pp. 26 – 52。国内关于瓦拉的研究，参见吕大年：《瓦拉和"君士坦丁赠礼"》，《国外文学》2002 年第 4 期；米辰峰：《劳伦佐·瓦拉的生平与思想》，《史学月刊》2004 年第 8 期；米辰峰：《瓦拉批驳〈君士坦丁赠礼〉的学术得失》，《史学月刊》2006 年第 3 期。

② Christopher B. Coleman, *The Treatise of Lorenzo Valla on the Donation of Constantine*, New Haven: Yale University Press, 1922, p. 22.

③ 齐世荣先生将其译为中国的"训诂学"。参见齐世荣《史料五讲》，北京：首都师范大学出版社，2011 年，第 111 页。

对此该怎么说呢？我是否该害怕把完全把握的想法说出来呢？我赞赏圣托马斯非常细腻的表达方式，我钦佩他的勤奋，我对他学说的丰富多彩和完美感到惊愕……但我并不那么赞赏所谓的形而上学；那都是些令人厌烦的知识，人们最好别去研究这种东西，因为它妨碍人们认识更为美好的事物。"① 尽管他与其他人文主义者一样反对传统的经院哲学，但他对古典时代的各种哲学流派也都没有特别的好感。在人文主义者中，他显得最为独特、另类。② 他唯一欣赏的是古典时代的语言和修辞学，因此，他对古典的语文学感兴趣。

正是基于批判精神和语文学技术，瓦拉才能够运用词汇分析、文本风格分析等语言学方法，结合相关历史事实考证，对《君士坦丁赠礼》进行了富有说服力的批驳。这主要体现在以下几个方面。

（1）君士坦丁无权赠与罗马教宗任何土地，罗马教宗也未留下实际统治罗马的钱币、铭文等；③

（2）格兰西的《教会法汇要》以及有关罗马教宗的历史记载中，均未提及《君士坦丁赠礼》，恰恰相反，其中多处段落和词句与此相抵牾；④

（3）在《君士坦丁赠礼》中，许多词句与罗马时期的用语不相符，如"贵族""罗马人民"等；⑤

（4）君士坦丁并非"国王"（king）而是"皇帝"（emperor），这是罗马统治者特有的称号，类似的用词不当还有很多；⑥

（5）在《君士坦丁赠礼》中，有些段落文本风格粗俗鄙陋，不够文雅，也不够准确；⑦

---

① 〔法〕雅克·勒高夫：《中世纪的知识分子》，张弘译，北京：商务印书馆，1996 年，第 138—139 页。
② Charles Edward Trinkaus, "Introduction to Lorenzo Valla", in Ernst Cassirer, Paul Oskar Kristeller, and John Herman Randall, eds., *The Renaissance Philosophy of Man*, Chicago: The University of Chicago Press, 1948, pp. 147 – 148.
③ Christopher B. Coleman, *The Treatise of Lorenzo Valla on the Donation of Constantine*, p. 71.
④ Christopher B. Coleman, *The Treatise of Lorenzo Valla on the Donation of Constantine*, pp. 75 – 77.
⑤ Christopher B. Coleman, *The Treatise of Lorenzo Valla on the Donation of Constantine*, pp. 87 – 89.
⑥ Christopher B. Coleman, *The Treatise of Lorenzo Valla on the Donation of Constantine*, pp. 107 – 109.
⑦ Christopher B. Coleman, *The Treatise of Lorenzo Valla on the Donation of Constantine*, pp. 89 – 93.

(6)《君士坦丁赠礼》中的有些内容违背当时地理和行政区划常识,除了赠与的土地使用拉丁语之外,其他有关地区均未使用拉丁语;① 在谈到君士坦丁统治的地区时混乱不堪。②

瓦拉最后得出明确结论:"在事件发生的时间上,谁与早期作家不一致,谁就是在大胆地撒谎。"③ 由此出发,他还对拉丁语圣经产生怀疑,主张重新翻译希伯来语旧约和希腊语新约;他对古典作家如李维等人的作品也疑窦丛生,考订出很多错讹之处,并进行了更正。因此,瓦拉被称为"系统的怀疑"的最早典范。④

瓦拉对《君士坦丁赠礼》的批驳,不仅奠定了近代文献学基础,而且为人文主义法学"开创了法律研究的历史学语言学方法",并被法国学者"发扬光大","从而有'高卢方法'一说"。⑤ "文本的校勘,对原始文本直接的分析和在此基础上的综合",以及对法律历史的重视,成为其基本特征。⑥ 由此可见文献学尤其是历史文献学具有何等的重要性。

二

与瓦拉遥相呼应,同一时期英国的皮科克也对《君士坦丁赠礼》进行了有说服力的批驳。然而,国内学者只是对瓦拉关注较多,而对皮科克的关注很不够,迄今为止笔者尚未见到国内学者专题研究皮科克的学术成果。近年来,国外学者对皮科克关注较多,但主要关注皮科克的宗教思想,很少涉及他对近代英国历史文献学的贡献。⑦ 因此,在理解和把握瓦

---

① Christopher B. Coleman, *The Treatise of Lorenzo Valla on the Donation of Constantine*, pp. 99 – 101, 105 – 107.
② Christopher B. Coleman, *The Treatise of Lorenzo Valla on the Donation of Constantine*, pp. 123 – 127.
③ Christopher B. Coleman, *The Treatise of Lorenzo Valla on the Donation of Constantine*, p. 137.
④ E. B. Fryde, *Humanism and Renaissance Historiography*, Bodmin: The Hambledon Press, 1983, p. 16.
⑤ 彭小瑜:《教会法研究:历史与理论》,北京:商务印书馆,2003 年,第 56 页。
⑥ 彭小瑜:《教会法研究:历史与理论》,北京:商务印书馆,2003 年,第 56 页。
⑦ 参见 Kirsty Campbell, *The Call to Read: Reginald's Books and Textual Communities*, Notre Dame: University of Notre Dame Press, 2010; Kirsty Campbell, "Reginald Pecock and the Religious Education of the Laity in Fifteenth-Century England", *Studies in Philology*, Vol. 107, No. 1 (Winter 2010); Anna Lewis, " 'Give the Reason for the Hope that You Have': Reginald Pecock's Challenge to (Non) Disputing Lollards", *Studies in Philology*, Vol. 112, No. 1 (Winter 2015)。

拉对近代历史文献学贡献的基础上，有必要通过比较皮科克对《君士坦丁赠礼》的批驳，进一步理解和把握皮科克对近代英国历史文献学发端的贡献。

雷金纳德·皮科克，1393年生于威尔士。曾在牛津大学学习，1431年担任伦敦威廷顿学院院长，1444年担任威尔士圣阿萨夫主教，1450年担任奇切斯特主教。此外，他还曾是英格兰枢密院成员。[1] 他反对教会改革，也反对拥护威克里夫的罗拉德派，后来改弦更张，转而赞成教会改革。在宗教信仰上，皮科克坚持理性高于权威，并试图全面重建英国的宗教信仰。[2] 为此，1455年到1456年皮科克先后出版了三部以英文撰写的宗教作品：《对过度谴责教士的批驳》（*The Repressor of Over Much Blaming of the Clergy*)、《论信仰》（*The Book of Faith*）、《煽动者》（*The Provoker*）。[3] 然而，他很快就因言获罪，1457年异教徒审判法庭对他进行了审判，迫使他不得不放弃自己的信条，他的著作也被当众烧毁，此后他被囚于一座修道院，1460年左右在那里郁郁而终。[4]

在《对过度谴责教士的批驳》中，皮科克系统地批驳了《君士坦丁赠礼》这一文件。这部著作虽然出版于1455年，但早在1449年就已开始撰写。[5] 因此，皮科克的这部书比瓦拉撰写的《君士坦丁赠礼证伪》一书晚了近十年。他们二人是否有过交往，皮科克在此前是否阅读过瓦拉的那部书，我们已无从考证。从当时的条件和个人成长的经历来看，皮科克应该是独立完成的。皮科克的这部著作完全用英文写成，被称为"15世纪英语的里程碑，风格清晰流畅，思想有说服力。论述逻辑缜密、分析透彻、知识渊

---

[1] Jennifer Speake, ed., *Encyclopaedia of the Renaissance*, London: B. T. Bastford Ltd., 1988, p. 311.
[2] Joseph R. Strayer, editor-in-chief, *Dictionary of the Middle Ages*, Vol. 9, New York: Charles Scribner's Sons, 1987, pp. 482–483.
[3] Sidney Lee, ed., *Dictionary of National Biography*, Vol. 44, New York: Macmillan and Co., 1895, pp. 199–200.
[4] Joseph R. Strayer, editor-in-chief, *Dictionary of the Middle Ages*, Vol. 9, New York: Charles Scribner's Sons, 1987, p. 483.
[5] Sidney Lee, ed., *Dictionary of National Biography*, Vol. 44, New York: Macmillan and Co., 1895, p. 199.

博"。① 皮科克在该部著作中专章批驳了这一文件,明确列举出了8大证据,具体如下。②

(1) 当时的大马士革教宗在与哲罗姆往来的书信中并未提及"赠礼";

(2) 大马士革教宗事实上也没有继承这一"赠礼";

(3) 权威的、可信的记载或编年史也未曾提及此事,只有一些传说故事谈及;

(4) 与君士坦丁时代相距不远的后来编著的教会史"三史"(historia tripartita),也只字未提及此事;

(5) 罗马教宗卜尼法斯四世曾经向罗马皇帝请求赐予罗马万神殿,用以改为基督教教堂,可见当时的教宗并未领有整个罗马城;

(6) 尽管大马士革教宗曾提及君士坦丁皇帝赏赐给教会一小部分土地和财物,但直到查理大帝和日耳曼路易时期,教会才拥有了大量土地;

(7) 在与君士坦丁皇帝同时期的罗马教宗西尔维斯特一世去世之后,数百年里罗马教宗的选举都要得到东罗马皇帝的认可,这表明罗马教宗并未拥有罗马城的世俗权力;

(8) 教会"三史"由君士坦丁皇帝时代的希腊人编写,比远在罗马的教宗所言更有说服力。

可见,皮科克对"赠礼"的批驳,是基于他的历史研究。"他的历史研究使其得出结论,认为福音书的信条不具有权威性,《君士坦丁赠礼》是伪造的。"③ 他主要采用了历史文献考据方法,通过对历史文献证据进行对比、互证,进而来澄清历史事实,并通过历史事实之间的联系,来最终证明该"赠礼"的虚假性。

至于皮科克对近代英国历史文献学的贡献,有学者认为,皮科克的考据方法只不过是"剪刀加糨糊"的方法,仍然是通过比较历史文献的权威

---

① Sidney Lee, ed., *Dictionary of National Biography*, Vol. 44, p. 200.
② Reginald Pecock, *The Repressor of Over Much Blaming of the Clergy*, Vol. 2, London, 1860, pp. 358–366; John Lewis, *The Life of the Learned and Reverened Reginold Pecock*, London, 1744, pp. 114–118.
③ Frederick M. Schweitzer, ed., *Dictionary of the Renaissance*, New York: Philosophical Library Inc., 1967, p. 451.

性而迷信权威，因而他还不是一位现代史学家。① 这是有失偏颇的，也是过于苛求的。从 15 世纪英国的历史实际出发，我们不应对皮科克评价过低。如果我们仔细阅读皮科克一一列举出的八大证据，那么就会敬佩他对历史文献考据的贡献。只是皮科克的批驳风格是沉稳而富有条理性，瓦拉则张扬而充满激情。公正地说，皮科克的历史文献考据方法，与瓦拉的古典语文学方法相辅相成，共同完成了对《君士坦丁赠礼》的批驳，从而为该文件的证伪画上了句号，成为学术界公认的一桩铁案。

三

关于《君士坦丁赠礼》文件的伪造问题，实际上早在 13 世纪中叶就有人提出过怀疑，但尚未找到确切证据，15 世纪初德意志神学家库萨的尼古拉（Nicholas of Cusa, 1401 – 1464）也曾指出该文件的伪造问题。② 皮科克是否看到了瓦拉和库萨的尼古拉等人的有关著作，我们尚不得而知，但当时古腾堡的活字印刷技术还在孕育之中，思想文化的传播还比较缓慢，在这种印刷技术条件下，他们也许只是不谋而合。

到了宗教改革时期，在宗教改革史学与天主教史学的论战中，第一位近代天主教会史学家、意大利人巴罗尼乌斯（Cesare Baronius, 1538 – 1607），在 1588—1607 年连续编写了 12 卷《教会编年史》，在其中的第 3 卷中他正式确认了《君士坦丁赠礼》系伪造。③ 这是天主教会首次正式承认《君士坦丁赠礼》的虚假性，也是对瓦拉和皮科克的肯定，在史学批判精神的形成和发展史上，无疑具有重要的标志性意义。

事实上，《君士坦丁赠礼》在中世纪欧洲政教关系中的地位和作用，远非人们想象的那么重要。在政教争端中，教会引用"赠礼"的次数屈指可

---

① Joseph M. Levine, "Reginald Pecock and Lorenzo Valla on the Donation of Constantine", *Studies in Renaissance*, Vol. 20 (1973), pp. 132 – 133; Joseph M. Levine, *Humanism and History*: *Origins of Modern English Historiography*, Ithaca and London: Cornell University Press, 1987, p. 65.

② Frederick M. Schweitzer, ed., *Dictionary of the Renaissance*, New York: Philosophy of Library Inc., 1967, p. 601; Joseph R. Strayer, editor-in-chief, *Dictionary of the Middle Ages*, Vol. 9, New York: Charles Scribner's Sons, 1987, pp. 122 – 125.

③ Caesare, Baronio, *Annales Ecclesiastici*, Tomus Tertius, Antverplae: Ex Officina Plantiniana, 1624, p. 275.

数，只是在 15 世纪中叶至宗教改革前夕，教会引用"赠礼"的次数才逐渐增加。值得注意的是，后来教会多次引用"赠礼"不是为了扩大教会领地，而是用来处理欧洲诸国对新"发现"土地的争端，如"教皇子午线"的划定。因此，"与诸如'天国钥匙说'、'双剑说'相比，教皇们从《君士坦丁赠礼》中获得的好处要少得多"。① 特别是在安科纳的奥古斯丁（Augustinus of Ancona，c. 1275 – 1328）全面论证了教皇绝对权力论以后，可以说《君士坦丁赠礼》就不再是一个法律问题，而只是一个历史问题了。②

因此，如果说神圣罗马帝国皇帝腓特烈二世（Frederick Ⅱ，1194 – 1250）曾经怀疑"赠礼"的真实性，这种怀疑具有现实领土争端的考虑的话，那么此后，库萨的尼古拉、瓦拉和皮科克在 15 世纪上半叶先后批驳《君士坦丁赠礼》却主要具有学术理论和精神上的重要性。③ 在学理上，树立史学批判精神；在精神上，破除教会的权威，从而解除了人们的思想枷锁，开创了近代历史文献学，开辟了史学现代化的道路。这正是瓦拉和皮科克批驳《君士坦丁赠礼》的历史意义所在。

综上所述，史料是历史研究的出发点。正如齐世荣先生曾经指出的那样，"历史科学的既有事实，今天只能通过史料来了解，因此史学研究必须从史料的搜集、整理和分析着手"。④ 其中，原始史料是衡量我国世界史研究专业化程度的重要标准，"原始史料、原创观点、原发性思维"作为世界史专业化的"三原"标准，也是"衡量史学研究成果的尺度"。⑤ 自 20 世纪后半叶以来，随着信息化的深入发展，史料的数字化势不可挡。以往纸质报刊和档案文献等经过数字化处理，形成了若干数据库，历史研究由此开始进入大数据时代。无疑这将在国内外史学界引起一场新的史料革命。随着

---

① F. Zinkeisin, "The Donation of Constantine as Applied by the Roman Church", *The English Historical Review*, Vol. 9, No. 36 (Oct., 1894), p. 632.

② Michael Wilks, *The Problem of Sovereignty in the Later Middle Ages*, Cambridge at the University Press, 1963, p. 544; Joseph R. Strayer, ed., *Dictionary of the Middle Ages*, Vol. 2, New York: Charles Scribner's Sons, 1983, p. 1.

③ Frederick M. Schweitzer, ed., *Dictionary of the Renaissance*, New York: Philosophical Library Inc., 1967, p. 601; Richard K. Emmerson, ed., *Key Figures in Medieval Europe: An Encyclopedia*, New York and London: Routledge, 2006, pp. 479 – 480.

④ 齐世荣：《史料五讲》，北京：首都师范大学出版社，2011 年，第 211 页。

⑤ 陈志强：《进一步提高世界史研究的专业化水平》，《世界历史》2011 年第 2 期。

数据库的出现，史料更加便于查阅利用。这就要求历史研究者相应地提高史料整理与研究的理论水平和实际能力，这样才能把现代科技与历史学传统有机结合起来，从而提高历史研究的效率和水平。"但是，有一些学术工作者不甚了解传统的历史资料整理及其成果的重要性，在数字化的'茫茫大海'中，并未建立起来扎实的、系统的历史资料整理的理念和能力，而使自己的研究工作基本上处于从搜索资料到连缀成文的状态，这就缺少了一个从认识历史资料到认识历史的艰苦过程"。① 因此，当前我国史学界亟须加强史料学，尤其需要重视以文字史料为主要研究对象的历史文献学。最近中国人民大学孟广林先生主编的《西方历史文献选读》②，就是在这方面所取得的新成就。为了进一步提高我国的英国史研究水平，有必要在此基础上深入整理、编纂和研究英国历史文献学专题方面的成果。通过比较皮科克与瓦拉对《君士坦丁赠礼》的证伪，我们将能够加深对近代英国历史文献学发端问题的理解和把握。这将是我们开展英国历史文献学专题研究的重要起点。

---

① 瞿林东：《历史资料的整理、研究与学术水平的提升》，教育部社会科学委员会历史学学部编《史学调查与探索》，北京：北京师范大学出版社，2015 年，第 36—37 页。
② 参见孟广林主编《西方历史文献选读》（1—5 卷），北京：社会科学文献出版社，2015 年。

伊丽莎白一世的财政状况

施 诚

(首都师范大学历史学院)

伊丽莎白一世是英国历史上第一位享有崇高声誉的女王。她历经磨难，25岁即位，在位44年（1558—1603年）。莎士比亚的戏剧、击败西班牙"无敌舰队"等文治武功足以让她名垂千古；通过戏剧、化装舞会、游行和多幅个人肖像画等宣传和渲染，这位"童贞"女王的完美形象更加深入人心，以致当时的人们和后人都忘记了她的统治隐藏的许多问题。本文只从财政收支状况来探讨伊丽莎白一世惊人的成就、光鲜亮丽的外表掩盖下的财政问题。

一 伊丽莎白一世的财政机构——财政署（Exchequer）

自亨利一世（1100—1135年在位）以来，财政署一直是英国的主要财政机构，得名于铺在财政署桌子上用于计数的棋盘型格子布，包括收支和审计两个部门。都铎王朝（1485—1603年）时期，财政署与国王的其他财政机构的权力屡经变化。亨利七世（1485—1509年在位）认为财政署变成了程式化衙门，不仅效率低下，而且不利于控制，于是他以国王身边的财政机构宫室（Chamber）侵夺了财政署的很多权力：只要不是议会批准的税款一律交纳给宫室，而且下令改进了宫室的账簿记录方法，以便他及时快捷地审查账目。在亨利七世的"宫室财政管理"体制下，财政署仍然存在，只是处于次要地位罢了。亨利八世（1509—1547年在位）对财政事务不感兴趣，宫室财政管理体制随之走到了尽头，财政署恢复了在财政管理中的支配地位。但是亨利八世的心腹大臣托马斯·克伦威尔也厌恶手续烦琐、效率低下的财政署，于是对财政机构进行改革，成立了一系列专门处理某种具体财政事务的机构，来分割财政署的职责和权力，其中最重要的有："没收土地法庭"（The Court of Augmentations），专门处理随着修道院解散令而被政府没收的宗教场所的财产（1536—1539年）；"教士首年俸和什一税法庭"（The Court of First Fruits and Tenths），负责征收神职人员的相关税收；"国王领地法庭"（The Court of General Surveyors），负责征收国王领地上的各种收入；此外，还有"监护法庭"（The Court of Wards and Liveries）。到爱德华六世统治时期（1547—1553年），财政署只能掌握国王收入的1/3左右。① 玛丽女王（1553—1558年在位）即位后，在第一次议会上就宣布重组财政署，把"没收土地法庭""教士首年俸和什一税法庭"并入财政署，财政署由此掌握了国王收入的95%（如1555年就达到约26.5万英镑）。②伊丽莎白一世继承了这种财政管理体制，财政署是她统治期间的最高财政管理机构。

二 伊丽莎白一世的财政收入

与中世纪传统一样，伊丽莎白一世的收入也被分为"常规收入"和"特别收入"。"常规收入"主要是指国王通过行使封建财政特权（prerogative）而取得的收入，其中主要包括国王地产（crown lands）收入、采买权、监护收入等；而"特别收入"主要是指经过议会批准的税收收入。

国王地产收入是国王"常规收入"的大宗，其中包括通过叛国罪而没收归国王所有的土地带来的收入，以及从16世纪30年代后期起亨利八世宗教改革"解散修道院"期间没收的修道院财产。虽然修道院的土地或被出售，或在1588年伊丽莎白一世继位时被授出，但是16世纪后期女王每年的土地收入都在5万—10万英镑。③

采买权（purveyance）是中世纪英国国王的一项特权。王室采买官到市

---

① Ronald H. Fritze, edited, *Historical Dictionary of Tudor England*, 1485 – 1603, Greenwood Press, 1991, pp. 188 – 189.
② Ronald H. Fritze, edited, *Historical Dictionary of Tudor England*, 1485 – 1603, Greenwood Press, 1991, p. 189.
③ John A. Wagner and Susan Walters Schmid, edited, *Encyclopedia of Tudor England*, ABC-CLIO, LLC, 2012, p. 947.

场以自行决定的价格强行购买王室所需物品。这种王室采买权后来延伸为为军队和海军采购物资。采买权一直是引起臣民强烈不满的一个因素，到伊丽莎白一世时期，大多数郡同意把采买权折算成固定税收，每年可以为她带来3.7万英镑左右的收入。①

都铎王朝君主对古代封建义务的财政剥削已经变成了所谓"财政封建主义"（fiscal feudalism）。中世纪英国封建主义的最初基础是国王授予封臣土地，以换取军役。为了保证持续的军役，国王掌握了一定的权力，如对封臣遗孀或女儿的婚姻决定权，或者对封臣的未成年继承人的监护权。封臣还有一定的货币义务，如维持一名骑士的武器和盔甲；当国王的长子被封为骑士或长女出嫁时，贡献一定的货币。到都铎时期，封臣的军役义务大多数已经消失，但是货币义务仍然保留了下来，当国王不想请求议会批准税收时，他就可以利用这些封建财政特权来筹集经费。最有价值的封建财政特权是"监护权"，即当国王的总佃户（tenant-in-chief）的继承人未成年时，国王可以监护他的地产和继承人，地产收入归国王所有（除了维持总佃户家人的生活之外）。到伊丽莎白一世时期，监护权每年可以给她带来1.5万英镑收入。②

虽然英国臣民期望国王能够利用"常规收入"维持王室的生活和政府的日常运行，即所谓"国王靠自己过活"，但是他们也承认，在紧急情况下，他们有义务以税收来支持国王及其政府，而紧急情况的决定权一直掌握在国王手中。到16世纪，政府的开支——维持国王及其王室，特别是战争——急剧增加，而国王的常规收入很少增长甚至下降。为了弥补预算不足或进行战争，英国国王不得不请求议会批准税收。虽然伊丽莎白一世是一位节俭的君主，而且不需要供养王室家庭成员，但她还是越来越多地向议会寻求税收支持，特别是1585年与西班牙开战之后。伊丽莎白一世的税收主要包括三种：关税、1/10和1/15税、补助金。

关税包括"吨税"（对欧洲进口的葡萄酒按照每吨固定税率征收的关

---

① Ronald H. Fritze, edited, *Historical Dictionary of Tudor England, 1485 – 1603*, Greenwood Press, 1991, p. 494.

② John A. Wagner and Susan Walters Schmid, edited, *Encyclopedia of Tudor England*, ABC-CLIO, LLC, 2012, p. 448.

税）和"镑税"（对英国出口的商品按其价值一镑征收 12 便士的固定税率征收的关税）。英国出口的主要商品是羊毛、呢绒和锡。自爱德华四世（1461—1470 年、1471—1483 年在位）以来，每个新即位国王的第一次议会都会授予他终生征收关税的权力。1559 年，议会援例授予伊丽莎白一世终生征收关税的权力。从需要议会批准但议会往往一次性批准终生征收关税的权力来看，关税兼具封建财政特权和税收的特征。关税是都铎王朝国王们的一个重要财源，但是 16 世纪上半期，关税收入呈下降趋势。玛丽一世时期，财政署国库长温切斯特侯爵威廉·鲍勒特（后来也担任伊丽莎白一世女王的财政署国库长）改革了关税征收制度，提高了关税税率，如英国商人经营的呢绒出口关税税率从每匹征收 14 便士提高到 6 先令 8 便士；外国商人则从每匹征收 14 便士提高到 14 先令 6 便士。① 伊丽莎白一世即位之初，呢绒出口关税每年仅为 3 万英镑，每年关税总收入超过 7.5 万英镑，由此关税变成了其收入的一个重要组成部分。② 由于关税征收困难，所以国王经常把关税承包给个人。虽然关税在国王收入构成中越来越重要，但是它对政治和外部条件依赖程度较高，不仅随着战争与和平、饥荒与盈余、对外关系的紧张与缓和而波动，而且从英国出口商品需要得到国王的许可证，而有些商品完全禁止出口，如啤酒、红铜、鲱鱼等。

与都铎王朝其他国王一样，伊丽莎白一世征收的第二种税是"1/10 和 1/15 税"（tenth and fifteenth）。这是起源于中世纪的一种财产税，后来逐渐固定各地交纳数量，每次大约可以从全国各地征收 3.7 万英镑左右。到伊丽莎白一世时期，它再也不能反映英国个人拥有财富的真实价值了，但还是被固定了税量，"1/10 和 1/15 税"的税量大约为 3 万英镑，其中 1/3 左右来自神职人员。③

鉴于"1/10 和 1/15 税"的税量难以满足实际需要，从亨利八世起，都铎王朝开始征收补助金（subsidy）。补助金是经过议会批准，以个人的土

---

① Ronald H. Fritze, edited, *Historical Dictionary of Tudor England*, 1485 - 1603, Greenwood Press, 1991, p. 494.
② John A. Wagner and Susan Walters Schmid, edited, *Encyclopedia of Tudor England*, ABC-CLIO, LLC, 2012, p. 325.
③ John A. Wagner and Susan Walters Schmid, edited, *Encyclopedia of Tudor England*, ABC-CLIO, LLC, 2012, p. 948.

地、财物、工资的实际价值估税为基础的一种税收,不仅每次征收都需要重新估税,而且税率还不固定,所以即使按照十分抽一的税率征收,一次补助金也能收到10万英镑。伊丽莎白一世统治早期,她尽量不请求议会批准补助金,但是1585年与西班牙的战争开始后,由于浩大的开支,她不得不越来越多地请求议会批准补助金。但是由于补助金的估税和征收工作都落在各地不领取报酬的"治安法官"肩上,所以估税越来越与纳税人的实际财富脱节。到伊丽莎白一世后期,每次补助金能获得8万英镑,迫使女王不得不一次请求议会批准多次补助金。[①] 1559—1585年,伊丽莎白一世共征收6次补助金、11次"1/10和1/15税",此后19年里,共征收14次补助金、28次"1/10和1/15税"。[②] 换句话说,伊丽莎白一世漫长的44年统治中,共召集了10次议会,共征收20次补助金、39次"1/10和1/15税"![③]

表1 伊丽莎白一世征收的补助金及"1/10和1/15税"及其税量

单位:英镑

征收时间	补助金及"1/10和1/15税"的税量
1558年	134000
1559—1560年	137000
1563—1564年	150000
1567—1568年	87000
1571—1572年	117000
1576—1577年	115000
1581—1582年	110000
1585—1586年	106000
1588—1589年	105000
1590—1591年	103000

① John A. Wagner and Susan Walters Schmid, edited, *Encyclopedia of Tudor England*, ABC-CLIO, LLC, 2012, p. 1070.
② D. M. Dean and N. L. Jones, *The Parliaments of Elizabethan England*, Basil Blackwell Ltd., 1990, p. 93.
③ Jeffrey L. Forgeng, *Daily Life in Elizabethan England*, second edition, Greenwood Press, 2010, p. 31.

续表

征收时间	补助金及"1/10 和 1/15 税"的税量
1592—1593 年	97000
1594 年	95000
1595 年	91000
1596—1597 年	87000
1599 年	83000
1600 年	81000
1601 年	?
1602 年	76000
1602—1603 年	76000
合计	1850000

资料来源：Claire Cross, David Loads and J. J. Scarisbrick, eds., *Law and Government under Tudors*, Cambridge University Press, 1998, p. 232。

英国史学家普遍认为，伊丽莎白一世统治中期的收入有所下降，但其他时期收入总体是增加的，有的年份甚至高达 50 万英镑，到她统治晚期，年收入甚至超过 60 万英镑。1558—1603 年，伊丽莎白一世的总收入约为 18360000 英镑，年均 399130 英镑。[①]其中来自议会的收入占 27.08%，来自非议会的收入占 72.92%。[②]

三 伊丽莎白一世的财政开支

与财政收入一样，伊丽莎白一世的财政开支也很难精确计算出来，但她的主要开支包括两项：王廷（royal household）开支和战争开支。

伊丽莎白一世时期，各个政府部门的官吏大约为 1200 人，其中 600 人需要用议会批准的税收支付工资，600 人是王廷中专门服务于女王的官吏和仆役，其工资由国王的土地收入支付。[③]由于政府的中心就是王廷，所以王

[①] Michael J. Braddick, *The Nerves of State: Taxation and Financing of the English State, 1558 - 1714*, Manchester University Press, 1996, p. 10.

[②] Michael J. Braddick, *The Nerves of State: Taxation and Financing of the English State, 1558 - 1714*, Manchester University Press, 1996, p. 12.

[③] Jeffrey L. Forgeng, *Daily Life in Elizabethan England*, second edition, Greenwood Press, 2010, p. 32.

廷的服装和奢华就成了一种政治工具，开支很高（见表2）。

表2　伊丽莎白一世"宫廷"每年开支

单位：英镑

王廷	50000—60000
锦衣库	13000
宫室	12000—16000
女王私人开支	1000（?）
官吏工资	27600
礼物	9200
总数	111800—125800

资料来源：Michael J. Braddick, *The Nerves of State: Taxation and Financing of the English State, 1558–1714*, Manchester University Press, 1996, p. 26。

战争几乎贯穿伊丽莎白一世的统治，所以战争开支是她最大的财政负担（见表3）。

表3　1559—1603年伊丽莎白一世的主要战事及其开支

单位：英镑

时间	战场	开支
1559—1560年	苏格兰	178000
1560—1567年	爱尔兰	100000
1562—1563年	法国	245000
1579—1583年	爱尔兰	300000
1585—1603年	低地国家	1420000
1585—1603年	海军	1450000
1585—1594年	爱尔兰	250000
1589—1597年	法国	297000
1594—1603年	爱尔兰	1924000
1594—1603年	爱尔兰和低地国家	2458470
1601年	爱尔兰	415000

续表

时间	战场	开支
合计		9437470

资料来源：Paul E. J. Hammer, *Elizabeth's Wars, War, Government and Society in Tudor England*, 1544–1604, Palgrave Macmillan, 2003, p. 241。

四 伊丽莎白一世的财政状况分析

影响伊丽莎白一世财政状况的因素多种多样，除了收支外，我们还应该考虑物价上涨的因素。16世纪被称为"价格革命"时期，有些英国历史学家致力于计算英国物价上涨的速度，但是大多数人采信的是帕特里克·K. 奥布莱恩和P. A. 亨特的通货膨胀表（见表4）。

表4 帕特里克·K. 奥布莱恩和P. A. 亨特的通货膨胀表

时间	物价指数
1450 年	102
1490 年	106
1510 年	103
1530 年	169
1550 年	262
1570 年	300
1590 年	396
1610 年	503

资料来源：John Guy, *The Tudors: A Very Short Introduction*, Oxford University Press, 2000, p. 6。

由表4可以看出，15世纪中期至16世纪初英国物价上涨了400%强。后来学者根据奥布莱恩和亨特的这个物价指数表，分析了物价上涨对伊丽莎白一世财政收入的影响（见表5）。

表5 物价上涨对伊丽莎白一世财政收入的影响

时间	A（千英镑）	B（千英镑）	C	D（千英镑）	E（千英镑）
1558 年 10 月—1561 年 9 月	667	294	2.27	360	159

续表

时间	A（千英镑）	B（千英镑）	C	D（千英镑）	E（千英镑）
1561年10月—1564年9月	362	151	2.39	292	122
1564年10月—1567年9月	257	110	2.33	179	77
1567年10月—1570年9月	245	103	2.38	177	74
1570年10月—1573年9月	317	123	2.58	228	88
1573年10月—1576年9月	274	105	2.61	198	76
1576年10月—1579年9月	331	124	2.66	243	91
1579年10月—1582年9月	391	141	2.78	217	78
1582年10月—1585年9月	344	125	2.76	220	80
1585年10月—1588年9月	433	147	2.95	292	99
1588年10月—1591年9月	538	174	3.09	341	110
1591年10月—1594年9月	468	157	2.98	374	126
1594年10月—1597年9月	519	137	3.80	423	111
1597年10月—1600年9月	580	170	3.41	577	169
1600年10月—1603年9月	591	187	3.16	607	192

注：A. 伊丽莎白一世的收入（账面或名义上的价值）；
B. 伊丽莎白一世被扣除了物价上涨指数后的收入（利用奥布莱恩和亨特的价格指数表计算出来）；
C. 奥布莱恩和亨特的物价上涨综合指数（1451—1475年为1.0）；
D. 财政署收支部的收入（账面或名义上的价值）；
E. 被扣除了物价上涨指数后财政署收支部的收入（利用奥布莱恩和亨特的价格指数表计算出来）。
资料来源：Paul E. J. Hammer, *Elizabeth's Wars, War, Government and Society in Tudor England, 1544–1604*, Palgrave Macmillan, 2003, p. 239。

从表6可以看出，1600年伊丽莎白一世的财政就有5.5万英镑亏空。所以史学家一般都认为，她死后遗留了债务。他们争论的关键问题之一是伊丽莎白一世究竟留下了多少债务？有的学者认为，她遗留的债务达40万英镑，1618年詹姆士一世达到顶峰的90万债务中，近一半是女王遗留下来的；但有的学者认为，伊丽莎白一世去世时还有30万英镑议会批准的补助金没有征收上来。换句话说，她遗留的债务只有10万英镑左右，詹姆士一世继承的王权是有支付能力的。① 所以，如果说英国革命（或"内战"）与詹姆士一世、查理一世的税收要求有关，那么伊丽莎白一世的债务是否也

---

① Ann Hughes, *The Cause of the English Civil War*, second edition, Macmillan Press Ltd., 1998, pp. 25–26.

是间接因素呢？

表6 1600年伊丽莎白一世的财政状况

收入	英镑	开支	英镑
司法收入	10000	女王私人用款	2000
国王的领地	60000	锦衣库	4000
国王领地出售	4000	王廷	4000
关税和货物税	80000	建筑工程	5000
葡萄酒关税	24000	海军的各种开支	23000
不信奉国教者的罚金	7000	爱尔兰的战争	320000
教士首年俸	20000	低地国家的战争	25000
教士的补助金	20000	年金和其他各种小额开支	26000
俗人的补助金	80000		
"1/10和1/15税"（和其他小额收入）	60000		
总计	374000	总计	459840
收支平衡	-55840		

资料来源：T. A. Morris, *Tudor Government*, Routledge, 1999, p.143。

从英国脱欧看当前英国"反智现象"*

许海云

(中国人民大学历史学院)

从戴维·卡梅伦执政时起,英国政府就要求欧盟改革,以此为借口谋求脱欧。卡梅伦声称:"英国人民已经投票决定离开欧盟,他们的意愿必须得到尊重,英国人民的意愿是一种必须付诸执行的指令。"① 但在英国全民公投决定退出欧盟后,卡梅伦却宣布辞职。继之上台的特雷莎·梅继续强力推进脱欧,启动《里斯本条约》第50条款,而且为稳固保守党执政地位而提前大选。但大选导致保守党选情大跌,特雷莎·梅政府频频告危,不得不承诺向北爱尔兰投入更多资金,以换取北爱尔兰民族统一党的支持,确保其在议会中的多数优势。但保守党政府内部出现裂痕,先是国防大臣迈克尔·法伦因涉嫌情色事件黯然辞职,国际事务开发大臣普丽蒂·帕特尔因私会以色列高官告别政坛,之后是财政大臣菲利普·哈蒙德、贸易大臣利亚姆·福克斯就脱欧问题公开向首相发难,外交大臣鲍里斯·约翰逊更是擅自发文,表达与首相不一样的见解,还有一些保守党议员直言不讳地指责首相政策失当。

很明显,保守党政府的脱欧政策催生了一个奇特现象,即英国正陷入"反智逻辑"的恶性循环。其一,卡梅伦政府本意以脱欧为题向欧盟施压,为英国争取更多利益,但结果是卡梅伦丢掉首相宝座,英国大有"被边缘

---

* 本文系2017年国家社科基金项目"后冷战时期欧洲安全架构中的多元化模式研究"(项目号:17BGJ049)阶段性研究成果。

① "Brexit: David Carmeron to quit after UK votes to leave EU", 13 November 2017, http://www.bbc.com/news/uk-politics-36615028, last accessed on 29 November 2017.

化"之虞;其二,特雷莎·梅原本借强硬的脱欧立场上位,同时采取许多措施稳固保守党执政地位,但结果是保守党处境大为恶化;其三,英国原本设想按自身需要、规则与程序顺利脱欧,但结果是英国既要向欧盟支付巨额赔偿,又在贸易、分手费、公民权等关键谈判中连连受挫,在脱欧进程中逐渐丧失主动权,等等。那么,既然英国从脱欧中无法获取更多利益,为何还要执着于此。难道英国脱欧真是起因于欧盟而非英国自身?"欧盟的自由化非常有限,它更专注于协调监管而非引进竞争?"[1] 脱欧后的英国就一定能获得更大的发展空间吗?英国积极寻求脱欧,与许多东南欧国家积极加入欧盟形成鲜明比照。因此,深入研究英国脱欧进程中的种种"反智现象",对于准确探寻当前英国政治、经济与社会困境的根源,寻求解决之道,具有较大的理论与现实价值。

一 英国"反智现象"的定义及其体现

"反智主义"(Anti-Intellectualism)这个概念最早由美国学者理查德·霍夫斯塔德(Richard Hofstadter)在20世纪60年代初期提出,就像理查德·霍夫斯塔德所强调的那样,"反智主义作为一种态度,不是单一的情感取向,而是正反情感并存,他们对理智和知识分子的绝对排斥是罕见的"[2]。进言之,学者们将"反智主义"限定为一国的精英或社会群体采取悖离常理的反智识行径,他们或者对重大国家决策以及危机应对采取极端化的、过激化的或者无厘头行为,包括反对公认的权威、真理以及正义原则,以某种不负责任或不加思考的态度对待危机和困难,非理性地随意提出褒奖或者批判等。

作为对西方社会问题的一种独特思考,尤其作为反主流文化的重要组成部分,"反智主义"并无明确的理论体系,但这一思想不仅存在于知识、文化、教育等领域,同样也存在于政治、经济、社会和外交等领域,与主

---

[1] Patrick Minford, Sakshi Gupta, Vo Phuong Mai Le, Vidya Mahambare, Yongdeng Xu, *Should Britain Leave the EU? An Economic Analysis of a Troubled Relationship*, Cheltenham, UK: Edward Elgar Publishing, 2015, p. 172.

[2] Richard Hofstadter, *Anti-Intellectualism in American Life*, New York: Alfred A. Knopf, 1963, p. 25.

流思维与决策并行，其影响渗透至欧美社会各个层面。"反智主义"反对精英政治的"政治正确原则"，挑战传统道德理念与价值观，注重调整和改变既定思维观念与模式化的政治逻辑，主张以非理性方式推动社会变革，包括以全民参与代替精英政治，以短期设计代替整体规划、以"政治不正确"代替"政治正确"等。

作为一种反传统现象，"反智现象"在英国历史上并不鲜见，并非因英国脱欧而起，但脱欧却集中反映了这一反常识现象的内里，折射出当前英国政治、经济、社会种种困境，以及政府的应对态度。"反智现象"的表现之一是，卡梅伦政府与特雷莎·梅政府以政治生命为赌注，以全民公投方式决定英国是否脱欧，这种做法有多少合理性和必然性？确实值得怀疑。因为英国脱欧一直是一个充满争议的话题，"留欧派"与"脱欧派"始终势均力敌，相持不下。"在英国全民公投中，脱欧决议以52%对48%的微弱多数得以通过。"[1] 保守党政府拿一个充满争议的问题付诸全民公决，无论结果如何，都不会给政府加分，反而会导致英国的政治生态被破坏，民意走向两极化，社会舆论惨遭撕裂，国家陷入无休无止的争论和内斗。从当前英国政治现实看，保守党政府频现内斗，工党持续发难，新闻界公开宣称后特雷莎·梅时代行将开启等，使保守党政府难撑危局，脱欧大业似乎难以为继。

此前，英国学者艾格内斯·亚历山德拉-克莱尔（Agnès Alexandre-Collier）曾对保守党政府的未来予以肯定："在2015年前，卡梅伦的回旋余地受到联合政府机制限制，欧盟伙伴国与自由党人强迫其向相反的方向看，但保守党在2015年5月选举中获得全面优势，这一结果将改变政情。"[2] 但是到目前为止，受脱欧进程持续政治发酵的影响，保守党政府的政治前途相当晦暗，因为其"不正确政治"在给英国带来不确定性的同时，也给自身存在和发展带来风险。英国杰里米·科尔宾（Jeremy Corbyn）领导的工

---

[1] Stephen Gross, "The Brexit Vote, One Year Later, The Historical Roots of the Decision to Leave the EU", *Foreign Affairs*, June 23, 2017. https://www.foreignaffairs.com/articles/europe/2017-06-23/brexit-vote-one-year-later#, last accessed on 4 December 2017.

[2] Agnès Alexandre-Collier, "Reassessing British Conservative Euroscepticism as a Case of Party (MIs) Management", Karine Tournier-Sol and Chris Giddord, eds., *The UK Challenge to Europeanization*, *The Persistence of British Euroscepticism*, New York: Palgrave Macmillan, 2015, p.113.

党逆势上扬，在2017年6月8日大选中表现抢眼，赢得40%的选票，在下院赢得262个议席；① 而奈吉尔·法拉奇（Nigel Farage）领导的独立党在北英格兰的选举中也表现强势，以至于欧盟脱欧谈判首席代表巴尼尔公开提出，将与科尔宾和法拉奇会晤，共商大计，这种局面同样也反映出欧盟对未来保守党的执政地位并不看好。

"反智现象"的表现之二是，与欧盟其他成员国相比，目前英国的政治、经济与安全状况较好，所遇到的问题与矛盾不仅数量少，而且程度轻，有的问题与欧盟直接相关，有的则与其关联较少。虽然英国与欧盟存在利益纠葛，但其恩恩怨怨历史悠久，"英国一直是欧盟发展的阻碍，它现在险些成为欧盟的绊脚石，没有英国的欧洲要好过远离欧洲的英国……"② 双方并未达到必须彼此远离或决裂的程度。卡梅伦政府与特雷莎·梅政府将脱欧当作英国走出困境的唯一途径，试图借脱欧永久解决双方在移民归属、国家主权、经济治理、市场竞争力等方面的纠纷，这种设计确实值得商榷。脱欧后的英国前途未卜，不论英国是否承认，未来英国都须继续与欧盟及其成员国打交道，都须与欧盟建立某种新合作关系，但到目前为止，特雷莎·梅政府似乎并未做好脱欧后的应对工作。

对欧盟及其成员国来说，它们一直将英国脱欧视为"背叛"，认定英国这种自私自利的做法会严重削弱欧盟的经济基础，削弱欧盟的内部团结与合作。"欧盟高层领导人提出，他们希望英国举行重大投票，'尽快离开欧盟，尽管这一进程很痛苦，'但欧盟不会与其展开'新谈判'。"③ 因此，欧盟决不会按照英国开列的脱欧条件、规则和程序让其顺利离开，只会按照自身的需要推进脱欧进程。"英国想讨论未来贸易关系，讨论为期两年的过渡期，以便为脱离欧盟后的关系铺平道路；但欧盟提出，它不会在其他问

---

① 《重回工人阶级政党理念，英国工党和科尔宾才力挽狂澜赢得大选》，http://news.163.com/17/0615/09/CMV9MLT7000187VE.html，最后访问日期：2017年12月29日。

② Ben Wellings, "Beyond Awkwardness: England, the European Union and the End of Integration", Karine Tournier-Sol and Chris Giddord, eds., *The UK Challenge to Europeanization*, *The Persistence of British Euroscepticism*, p. 35.

③ "EU Leaders Call for UK to Leave As Soon As Possible", 24 June 2014, https://www.theguardian.com/politics/2016/jun/24/europe-plunged-crisis-britain-votes-leave-eu-european-union，last accessed on 29 November 2017.

题取得充分进展前讨论未来。"① 所以英国与欧盟关于脱欧的博弈，最终结果注定是英国很难从中获得现实利益。

"反智现象"的表现之三是，特雷莎·梅政府持续推进脱欧，已经在英国政治、经济、社会与外交等领域引发连锁反应。在与欧盟紧锣密鼓谈判的同时，为强化保守党的执政权威，消除来自议会和其他政党的反对声音，特雷莎·梅不惜自毁声誉，宣布提前举行大选，打破她此前不在2020年前举行大选的政治承诺。不仅如此，大选暗含绑架英国民意和欧盟之嫌，一是利用民众"脱欧情绪"压制国会内部反对声音与反对党，迫使各种不同政治势力在"脱欧"或"留欧"上选边站队，将政府、民众、社会与脱欧问题捆绑在一起；二是有意延长脱欧谈判的期限，利用英国大选向欧盟施压，迫使欧盟在脱欧谈判中做出更多让步。对此，欧盟主要谈判者盖伊·沃尔霍夫斯塔特（Guy Verhofstadt）对特雷莎·梅提出批评："从卡梅伦之后直到现在的特雷莎·梅，设定了又一个英国的自主目标，这将使已经非常复杂的谈判变得更加复杂。"② 很显然，特雷莎·梅政府虽然在实践中倾向于"软脱欧"，但在立场和态度上则表现出"硬脱欧"姿态，可以想见，这种"硬脱欧"姿态必然会带来欧盟更激烈的政策反弹。

从上述政治运作方式看，特雷莎·梅政府显然并不打算遵循正常的政治规则，脱欧不仅变成英国内政的重中之重，而且也成为英国外交的头号目标，这一规划显然存在欠缺。就英国而言，脱欧固然重要，但这绝非确保英国摆脱当前困境的唯一选择，脱欧固然有助于解决当下英国遇到的一些问题，但绝不会是所有问题，而且脱欧还会带来新的问题。很明显，特雷莎·梅政府将脱欧政治化或政党化，这种做法注定只能使英国的形势进一步复杂化，这种以外促内或内外混同的政治运作方式，只会混淆英国内政与外交的界限，进而增加国家发展的不确定性。

---

① Alex Hunt & Brian Wheeler, "Brexit: All you Need To Know About the UK Leaving the EU", 13 November 2017, http://www.bbc.com/news/uk-politics-32810887, last accessed on 29 November, 2017.

② James Masters and Angela Dewan, "Theresa May To From New Government with Help Of DUP", June 25, 2017. http://edition.cnn.com/2017/06/08/europe/uk-election-2017-results-theresa-may/index.html, last accessed on 1 December, 2017.

二 英国"反智现象"的思想根源与基础分析

从表面看,英国"反智现象"似乎直接导因于脱欧,但事实却不尽然。英国"反智现象"具有深厚的思想与实践基础,并不完全是脱欧使然,脱欧不过是"反智政治"英国在对待与欧盟关系上所展示的一种态度。"反智政治"不仅存在于英国的国家治理、社会福利、住房政策、农业政策、道德塑造等方面,还存在于英国的海外战略、对欧政策、美英关系等方面;它既是当前英国政治、经济与社会现状的一个写照,也反映了英国自20世纪起就积存经年的各种问题与矛盾。总体而言,英国"反智现象"盛行大致受以下因素影响。

首先,"反智现象"具有深厚的思想与理论基础。从20世纪70年代起,英国学界就提出"新自由主义"(New Liberalism),积极倡导国家在社会与经济生活中发挥作用,试图以此缓解自二战后英国经济持续滞胀造成的困难局面。不可否认,"新自由主义"在70年代以后英国经济发展与社会治理中发挥了重要作用。"(但是)当那些改革社会民主的思潮泛滥时,新自由主义开始衰退,英国新劳工的崛起就是一个明显的例证。"[①] 从90年代起,英国再度出现大规模失业、经济滞胀以及社会贫困,为解决困局,英国学界推出"新古典自由主义"(Neo-Liberalism),反对政府过度干预,提倡实行社会市场经济,强调国际分工和全球自由贸易,主张建立开放式的国际经贸体系。

从早期"新自由主义"到"新古典自由主义",两者的思想主张虽大相径庭,但都推崇自由,强调在个人、集体、国家、组织、国际社会等不同主体的自由权利,虽然它们在政府统治、社会治理、经济发展上采取了不同路径,但都秉承并恪守英国自由主义传统,以致很多学者将早期"新自由主义"与"新古典自由主义"都统称为"新自由主义",因为两者关注同样的对象,拥有相似的逻辑,在理论表述上亦多有借鉴。"新自由主义的主要维度包括竞争、私有化、放松管制、个人责任、利益私有化、损

---

① Mark Bevir, "Governmentality after Neoliberalism", Mark Bevir, ed., *Governmentality after Neoliberalism*, London and New York: Routledge, Taylor & Francis Group, 2016, p.7.

失社会化、为实施主要产品和服务而推行市场机制的集中,特别是以欧洲为例证而实施的紧缩。如果没有争论的话,这些维度也始终保留了其意识形态地位与现实相关性。"① 一直以来,"新自由主义"带给人们一种思想与理论错觉,即只要赋予民众、组织以及政府以足够的自由,就可以充分保证社会发展的动力,保证政府与人民、社会与组织、英国和欧盟之间在权力和利益上达成平衡,"反智政治"就是新自由主义思想泛滥的产物。

其次,"反智现象"是英国政治、社会与经济等矛盾累积的结果。英国政府多年来一直遵循"新自由主义"理念,在国家与社会治理方面积极尝试,尤其在消除历史积弊、缓解社会矛盾、疏解经济困难等方面,"新自由主义"确实在思想与实践上做出了贡献。但是"新自由主义"并非包治英国所有病症的灵丹妙药,英国的许多问题并非因个人、集团、组织或者社会缺少自由所致,实际上恰恰由于政府过度强调自由,国家政治、经济、社会与文化生活越来越呈现出多元化趋向,个人权利与公众权利交织,传统精英政治与大众政治被混淆,民族国家与国际或区域组织的界限日渐模糊,其结果就是政府或无从管理,或施政效率低下,近年来这一状况更趋严重。面对错综复杂、多如牛毛的社会问题,政府很难找到万全之策应对这一盘根错节的困局。

事实上,英国的问题并非其独有,欧美许多发达国家实际上都有同样的问题,但相较于其他国家,上述问题对英国产生的影响更具代表性。一方面,英国拥有全世界首屈一指的科技创新能力、完善的社会福利与保险制度、高质量的教育体系等;另一方面,英国制造业持续衰退,福利制度难以为继,极端宗教主义泛滥,民粹主义盛行,社会右翼化倾向严重,全社会从上至下一直处于紧张、焦虑和无措中。这种极度矛盾心理所产生的认知反差,导致政府在许多政策与实践中常常相当纠结:英国既想在欧洲乃至国际事务中发挥引领作用,但又经常将其国家利益置身于其他国家或组织之上;英国既要兼顾英联邦体系、美英特殊关系,又要突出其在欧洲

---

① Luca Mavelli, "Governing the Resilience of Neoliberalism through Biopolitics", *European Journal of International Relations*, Vol. 23, No. 3, 2017, pp. 489 – 512.

的特殊利益诉求;英国既要与欧盟及其成员国保持普遍联系,又要时刻显示其在欧盟内部的特殊存在;英国既要从欧盟攫取最大利益,又不想为欧盟付出必要的经济、财政与安全代价;等等。很显然,"反智现象"反映了英国面对空前复杂的社会矛盾治理乏术的窘境,也暴露了英国国力衰退与其大国战略之间的差距。

再次,"反智现象"看似为英国保守党政府政策所驱使,实际上离不开欧洲乃至国际大环境的变迁。从20世纪90年代初开始,随着冷战结束,欧洲政治、经济、社会与文化生态急剧变化,全球化浪潮席卷了每个国家,英国也无法置身事外。在平面化的世界经济新结构中,欧美发达国家对全球经济的影响和控制力急速下降。以2008年美国金融风暴为起点,欧美各国不同程度地陷入规模空前的经济衰退与金融危机中。作为欧洲经济稳定器的欧盟也在此次危机中蒙受巨大损失,不仅经济发展乏力、对外贸易萎缩、工业生产低迷,而且更有多个成员国深陷金融危机中无法自拔,其中尤以希腊、爱尔兰、葡萄牙、西班牙等国最为严重。这种状况致使欧盟与成员国之间的分歧不断加深,其中尤以英国和欧盟的分歧为甚。英国不仅直接对欧盟的难民政策发难,而且对欧盟的经济支持、财政分摊、社会就业等政策也持保留态度。英国此次执意脱欧,以及在脱欧进程中的种种反常之举,恰恰反映了英国与欧盟的利害关系,以及英国谋求自保的心理。"用政治术语来说,英国与欧盟的关系一直是英国政治上一个分歧最大、情感波动最大的问题。"[1]

在历史上,英国较晚加入欧共体,英国与欧共体始终保持一定距离,这一态度在英国政府层面获得众多支持,在社会层面亦有广泛的民意基础。即使在欧共体过渡到欧盟后,英国仍与欧盟保持不远不近的关系,在农业政策、英镑特殊地位、财政预算、防务与外交政策等方面,英国也始终保持着特殊性。"在此过程中,卡梅伦和英国独立党领导人奈吉尔·法拉奇一样,强化了由希斯首相编织、撒切尔首相发展的这一信息:投票的公民不是将欧盟视为一种可与欧洲大陆分享的政治理想,而只是视其为一个可提

---

[1] Sam Wilson, "Britain and the EU: A Long and Rocky Relationship", 1 April 204, http://www.bbc.com/news/uk-politics-26515129, last accessed on 3 December 2017.

取租金的组织。因此,为何一个国家要留在一个缺乏统一理想的政治体制中,它甚至被其捍卫者描述为一个功利化项目,同时从经济与治理的观点看,它似乎正在磨损。"① 由此可见,英国在历史上特有的外交与政治传统,尤其是英国与欧共体或欧盟所形成的特殊历史关系,成为英国在脱欧事件中一再出现"反智现象"的重要基础。"承认英国得到某种特殊对待,或者在关乎欧盟法律和政策时保持'退出机制',此举在过去已有先例,值得注意的是对欧盟预算的贡献。就退出机制而言,关于欧元与申根地区的重要例证就是在这些政策定型时举行一次谈判。现实问题是英国是否能找到进一步退出机制,并且与其他成员国展开谈判。"②

三 英国"反智现象"的发展趋势与破解之道

诚如上文所述,从卡梅伦到特雷莎·梅,保守党政府在其脱欧政策及其实践中,似乎一直顽固坚持"不明智"立场,并且常常采取"有悖常理"的举措,似乎又使英国政治形势变得越来越复杂,经济与社会形势变得日趋严峻,与欧盟的关系也日趋紧张。这不仅与英国在历史上维护国家利益时所一贯表现出的机智、灵活、实用的传统形象形成鲜明对比,而且也和希腊、爱尔兰、荷兰、葡萄牙等原本经济境遇欠佳,但目前政治与经济形势已大为好转的欧盟成员国形成鲜明对比。因此,人们不禁要问,在未来英国的脱欧进程中,这种"反智现象"是否还会继续?在英国脱欧后,这种现象是否会在未来英国—欧盟关系中继续?英国是否会主动调整其外交方针,抑制或避免"反智现象"?等等。

要准确地回答上述问题,我们必须回到英国脱欧进程中。未来英国是否会再度出现"反智现象",在很大程度上将取决于英国脱欧进程是否顺利,以及英国在脱欧后能否与欧盟顺利建立积极的合作关系。前者是在脱欧进程中,英国和欧盟共同关注的重大问题能否得到合理解决,如公民权、贸易关系、爱尔兰边境等;后者是在脱欧后,英国能否与欧盟建立某种可

---

① Stephen Gross, "The Brexit Vote, One Year Later, The Historical Roots of the Decision to Leave the EU", *Foreign Affairs*, June 23, 2017.
② Michael Emerson, ed., *Britain's Future in Europe, Reform, Renegotiation, Repatriation or Secession*? Brussels and London: Rowman & Littlefield International, Ltd., 2015, p.7.

替代性的合作关系，确保英国能在欧盟内继续享有货物、人员、资本、服务等的自由流动。这些任务能否实现，直接关系到英国脱欧的最后结果。如果上述问题得不到解决，英国脱欧的意义将会大打折扣，甚至得不偿失，脱欧进程注定会出现反复，英国会出现更多"反智现象"；反之，"反智现象"将受到抑制，会越来越少。

第一，从目前英国与欧盟就脱欧问题的谈判进展看，尽管存在许多阻碍，但脱欧进程已取得进展。根据脱欧谈判的最新动向，英国与欧盟已就英国的赔偿金问题达成一致，具体金额为 600 亿到 650 亿欧元，这一数额远高于英国最初设定的 200 亿欧元，但低于欧盟设定的 1000 亿欧元。这笔数额巨大的赔偿金超出民众的意料，为此在英国社会引起轩然大波，为数众多的民众甚至要求就脱欧问题再次公投。当然。这一巨额账单也使英国领导人感到震惊。"总数达 650 亿欧元的这一脱欧账单，激怒了支持脱欧的英国领导人，他们要英国从欧盟中逃出去，一分钱都不要支付。"① 但是与英国脱欧进程中前六轮谈判毫无成效相比，英国和欧盟在这一关键问题上初步达成协议，无论是就英国脱欧进程而言，还是就构建脱欧后的英国—欧盟关系以及确保这种正常关系有序运行而言，这都是积极信号。不仅如此，英国和欧盟还商定，在 2019 年 3 月 29 日正式结束脱欧谈判，届时英国将正式脱离欧盟，这实际上都反映了脱欧进程已取得成效。

第二，爱尔兰最近出现执政危机，副总理弗朗西斯·菲兹杰拉德（Francis Fitzgerald）因涉嫌渎职而受到指控，为避免提前大选，菲兹杰拉德遂宣布辞职。这对边境谈判是个积极信号，证明当前爱尔兰的政治格局相对稳定，但这并不意味着爱尔兰会在边境谈判中轻易改变立场，也不意味着与特雷莎·梅政府结盟的人民统一党会无条件提供支持，如果英国固执己见，不做变通，不排除爱尔兰与北爱尔兰人民统一党对边境问题的态度会出现变化，毕竟英国脱欧将给爱尔兰造成直接经济损失，而爱尔兰的背

---

① Michael Birnbaum and William Booth, "Brexit'Divorce'Deal Stumble as British Leaders Faces Angers at Home", 4 December 2107, https://www.washingtonpost.com/world/europe/britain-and-european-union-fail-to-close-brexit-deal/2017/12/04/c00a3a84-d8ff-11e7-a241-0848315642d0_story.html? utm_term = .9b9dde4deca7, last accessed on 4 December 2017.

后是向其提供坚定支持的欧盟。"生意需要跨越爱尔兰边境的自由物流,但是他们也意识到,欧盟与英国需要订立新的贸易协议,特别是早期确定的如其所愿的过渡协议,会使现有安排在英国离开欧盟后至少延续数年,所以爱尔兰政府要在一定程度上使其政治目标与经济目标保持平衡。"① 由此可见,英国与爱尔兰就边境问题的谈判,不仅需要双方取得更多共识,寻找更多的利益共同点,而且还需要更多时间、耐心以及坚持,这是确保英国与欧盟就边境问题谈判取得成效的关键。

第三,英国与欧盟在脱欧进程开始取得越来越多共识。脱欧看似简单,却关系到未来英国乃至欧洲的整体经济发展、社会稳定以及区域安全。英国脱欧的目标之一是规避欧盟的难民与移民政策,避免受欧元危机的影响,不再承担欧盟的巨额分摊预算等;目标之二是继续保有英国经济发展动力,维持其在欧洲的引领作用和影响力,这需要脱欧后的英国与欧盟保持良好合作关系,让英国脱欧后能继续在欧盟内享有人员、资本、服务以及货物自由流动,在尽可能减少经济损失的同时,实现国家经济、贸易与财政等平稳过渡。也许英国设计脱欧之初,更多考虑的是自身利益,但在脱欧进程中,英国已深深意识到与欧盟难以割舍的政治、经济以及安全重要关联。

对英国和欧盟来说,脱欧进展到如此地步,已不再是英国的单方面选择,实际上也成为欧盟的必然选择,双方都认识到,它们在脱欧进程中只能相向而行,只能实现政治双赢(Political Win-Win Result),舍此别无他图。如果失去欧盟的支持,英国最终将沦为"欧洲弃儿";反之,如果英国以完全"硬脱欧"方式离开欧盟,将会给欧盟造成巨大损失,不仅会动摇其根基,而且可能导致其由逐渐松散而走向最终解体。因此,脱欧谈判只能成功,不能失败,这已成为英国和欧盟之间的一种新共识。一位未署名的欧盟高级官员曾就此强调:"特雷莎·梅女士将有一些公开的问题需要解决,她提到英国与欧盟双方正在敲定脱欧的相关条款,这是可以解决的,

---

① Cliff Taylor, "You Guide To Crunch Talks on Border after Brexit", 2 December 2017, https://www.irishtimes.com/news/politics/your-guide-to-crunch-talks-on-border-after-brexit-1.3312861, last accessed on 4 December 2017.

我们有85%—90%的把握。"①

第四，目前特雷莎·梅政府执政的最大难题在内政而非外交，在国内而非欧盟，因此特雷莎·梅政府需要改变其"政治不正确"态度，回归"政治正确"轨道。众所周知，英国脱欧已成定局，因为保守党政府已经堵住"留欧"的所有退路，除非英国人民选择更换政府，而这在当前的英国根本行不通。不可否认，脱欧已经在英国政治与社会层面引发了严重动荡，如何平息脱欧所引发的民怨，平息国内"留欧"与"脱欧"等不同力量的抗争，特别是疏解英国支付巨额赔偿金所引发的民怨、党争以及党内恶斗，已经成为保守党政府最需要着眼考虑的地方。不仅如此，如何采取适当的政策与措施，积极有效地应对工党、独立党等反对党发起的政治挑战，也成为特雷莎·梅政府所有政治考量中的当务之急。

就前者而言，保守党政府必须调整其执政方针与方向，调整既定的方针与路线，做出必要的妥协，甚至是利益牺牲，尽快缩短脱欧进程，最大限度地减少脱欧给英国社会带来的负面影响，尽可能将政府的内政政策与外交政策分离，使脱欧前的英国与脱欧后的英国实现良性对接，使脱欧后的英国与欧盟实现良性对接，只有这样，保守党政府才能最大限度地挽回人心，继续主导社会舆论的向背。就后者而言，鉴于保守党与工党、独立党等反对党达成政治妥协的可能性很小，因此保守党政府必须调整其政策重心，重新将施政重点放在基本民生上，在维护民生、发展经济、稳定社会等基本层面和工党重新竞争，有效化解脱欧的负面影响带给工党和独立党的政治红利。

四 结论

从传统认知、经验以及逻辑看，"反智现象"似乎确有不尽合理之处，但如果换一个角度看，尤其是把英国历史上出现的各种问题及其应对相比较，我们不难发现，"反智现象"实际上确有其合理之处。因为"反智政治"实际上并未完全脱离英国长期延续的历史环境，并未完全背离英

---

① Johnthan Brady, "Brexit Deal Could Hand Northern Ireland 'Freedom to Divergè'", 4 December 2017, https://www.thetimes.co.uk/edition/news/brexit-deal-90-there-says-senior-eu-official-sfjjcp62r, last accessed on 4 December 2017.

国的传统，只不过它是以新的思想维度和视角来看待和应对危机。以英国脱欧为例，英国真正想要达到的目标，实际上并非与欧盟彻底隔绝，而是要摆脱欧盟现有的僵化机制和管理模式，废止各种陈旧而又不合时宜的教条，代之以符合自身利益和需求的新机制。"我们在欧盟当前遇到的问题是，数百万人如果提出要求，就可以获得利益，但他们不会获得技能，他们不会再去工作。"[①] 按照这一思路，英国政府敢于"冒天下之大不韪"，以脱欧这种极端方式，力争欧盟推动机制改革与创新，何尝不是说出了许多欧盟成员国一直想说但不敢说的话，迈出了许多成员国想迈而又不敢迈的脚步。从这个意义上讲，英国脱欧这一异常表现，称得上是一种"合理的反智政治"。

英国脱欧实际上为欧盟敲响了警钟，即如何在变化万千的国际政治、经济与安全环境中寻求发展，不断适应国际或区域形势变化的需要，这不仅是对每个国家的严峻考验，也是对每个国际或区域组织的严峻考验。从最早的欧洲煤钢共同体到欧共体再到欧盟，欧洲一体化进程之所以取得巨大成就，凭借的就是持续不断的改革、创新与发展，最终成为全球最大的区域政治经济组织，并且能在国际舞台上发挥重要作用。但是，从2008年全球金融危机至今，欧盟的表现确实不尽如人意，显然需要在贸易、金融、财政、福利等多个领域实施改革，唯有改革和创新，才能使欧盟获得新的发展机遇、更大的发展空间，发挥更积极的作用。

我们当然也应看到，在英国脱欧进程中，卡梅伦政府和特雷莎·梅政府在处理与脱欧相关的许多政务中，确实存在着政治不成熟、政策误判、举措失当等问题，例如保守党政府在施政中表现得极其任性、执拗以及僵化，在政策重心设置上屡屡出现失调与失当，在政策执行中又极端自我与自大，以致失控等，这些都是人们诟病保守党政策及其实践的重点所在，也被认定为催生英国"反智现象"的重要原因。从这个意义上讲，如何克服心智的不成熟，如何在纷繁复杂的国际与区域事务上驾轻就熟，实际上

---

① Gabriella Lazaridis and Vasiliki, "Majority Identitarian Populism in Britain", in Gabriella Lazaridis, Giovanna Campani, Annie Benveniste, eds., *The Rise of the Far Right in Europe*, *Populist Shifts and "Othering"*, London: Palgrave Macmillan, 2016, p.258.

对英国政界、商界以及知识界等提出新的要求。"这成为那些关注反智主义崛起的人们的使命，即他们要勤奋工作，在当今社会传播真理和知识，确保下一代的教育能够获得创造性思维、对哲学和历史的熟知，不再让反智主义兴起并继续下去。"①

---

① Amanda Gardner, "The Rise of Anti-Intellectualism And Its Repercussions For Society", https://www.inquisitr.com/2917549/the-rise-of-anti-intellectualism-and-its-repercussions-for-society/, last accessed on 29 November 2017.

保留政策与印度农村基层女性参政

金永丽

(中国人民大学历史学院)

根据马赫布·哈克（Mahbub ul Haq）的观点，平等和赋权是人类发展指标中最核心的部分①。环顾世界，女性参政仍然偏少。比如女性部长履行职责仍然主要集中于社会事务领域，占14%，而法律事务和经济事务分别占9.4%和4.1%，政治和行政事务分别只占3.4%和3.9%。② 1989年参与印度议会议员竞选的女性只约占男性的2%，即9107名候选人中只有200人是女性，比世界平均比例还要低。上述比例均远小于女性占世界总人口中的比例。一般而言，基层女性参政情况并不比上层女性好。

不过20世纪90年代以来印度基层女性参政人数却发生了惊人的变化。通过实施宪法第73条修正案，越来越多的印度女性参与到基层政权中。截至2000年，已经有70多万名女性进入村、乡和县三级潘查亚特③机构。参与基层政权的女性比例跃升到25%—40%，在有些邦甚至更高些。基层女性参政不仅有数量方面的意义，在促进基层政权管理质量方面也有积极

---

① Bibek Debroy&P. D. Kaushik, ed., *Energising Rural Development through Panchayats*, New Delhi, Academic Foundation, 2005, p. 152.
② Bibek Debroy&P. D. Kaushik, ed., *Energising Rural Development through Panchayats*, New Delhi, Academic Foundation, 2005, p. 154.
③ 潘查亚特（Panchayat），古印度称"五老会"，它同印度的乡村自治制度联系在一起，有着悠久的历史。独立后，印度政府致力于把它打造成现代民主政体下的农村自治机构。目前印度农村主要有三级潘查亚特机构：村级、乡级和县级。其中村级潘查亚特基本上由村民直接选举产生，其中1/3席位专为妇女保留，另外必须为弱势群体代表保留席位。每一个村级潘查亚特设有1位主席、5位委员，均由选举产生。

贡献。一方面女性会把自身经验带入政府管理，另一方面女性参政会促使政府对贫困、不平等问题和性别歧视问题给予更多关注。宪法第 73 条修正案要求在县、发展区和村三级潘查亚特基层政权为女性提供 1/3 席位。该修正案出台的目的是给予女性更多参与决策的机会。1/3 被看作一个"临界值"（critical mass）。德鲁德·达勒鲁普（Drude Dahlerup）1988 年在对斯堪的纳维亚的政治生活进行研究之后得出这样一个结论：30%—33% 是女性对机构产生影响的一个关键性比例[1]，可以打破男性垄断政治生活的局面。

1992 年第 73 条宪法修正案通过之后，印度各邦先后根据该修正案制定本邦法律。从那时起已有相当数量的女性参与到印度基层政权中，譬如在 1993 年选举以后西孟加拉邦女性代表人数增长了 36%[2]。再如，果阿邦 1997 年潘查亚特选举中妇女占潘查亚特成员总数的 34%。女性担任村潘查亚特主席和代理主席职务的累计占 40%[3]。除了少数邦以外，大部分邦实现了宪法第 73 条修正案规定的份额，有些甚至超过了 1/3，比如卡纳塔克邦村级潘查亚特中女性代表比例高达 43.79%[4]。

宪法第 73 条修正案通过 17 年后的 2009 年 8 月，印度政府又推出了新举措，为女性参与基层政权提供了更多机会：赞同在潘查亚特机构为女性保留 50% 的席位，之后中央邦、比哈尔邦、北阿坎德邦、喀拉拉邦、马哈拉施特拉邦和特里普拉邦等积极跟进，决定为本邦女性保留 50% 的席位。2011 年 4 月 8 日，印度东部的奥里萨邦议会通过了《奥里萨邦潘查亚特法（修正案）》、《奥里萨发展区潘查亚特法》和《奥里萨邦县级潘查亚特法》，也将女性保留席位比例从 33% 提高至 50%，从而以法律的形式保证女性在基层组织中的人数实现与男性平等。虽然缺乏最新的统计数

---

[1] Bibek Debroy & P. D. Kaushik, ed., *Energising Rural Development through Panchayats*, New Delhi, Academic Foundation, 2005, p. 154.

[2] Raghabendra Chattopadhyay and Esther Duflo, "The Impact of Reservation in the Panchayati Raj: Evidence from a Nationwide Randomized Experiment", *Economic and Political Weekly*, February, 2003, p. 4.

[3] Seema P. Salgaonkar, *Women, Political Power and the State*, Delh: Abhijeet Publications, 2006, p. 123.

[4] Bibek Debroy & P. D. Kaushik, ed., *Energising Rural Development through Panchayats*, New Delhi, Academic Foundation, 2005, p. 158.

字，但是在可以预见的未来印度农村女性参与基层政权的人数必定会进一步增加。

近20多年来印度基层女性参政的经历仿佛一场革命，引起了世人瞩目。国外学者纷纷对印度女性基层参政情况进行实地考察，对宪法第73条修正案的执行情况进行分析。国内学者对印度女性问题关注不多，目前只有闵冬潮和冯立冰两位学者发表了两篇相关文章。本文拟通过分析国外学者在印度的实地调查成果，尝试回答下列问题：20世纪90年代中期以后印度农村基层女性参政到底发生了怎样的变化？女性在印度农村基层政治生活中是否实现了平等权利？保留政策是不是印度解决政治生活中男女不平等和赋权问题的终极之道？

一 关于印度女性参政的政策争论与进展

印度女性参政起步于民族独立运动期间。20世纪20年代和30年代，印度妇女运动内部曾经存在两个阵营："提升派"和"平等派"。"提升派"要求英印殖民政府为女性提供保留席位，认为如果不提供保留席位，妇女就不能在立法机构中获得席位。而"平等派"则要求实行成人普选，认为只有普选才是进步的，因为保留政策会使参政者局限于有产者阶层，平等派反对为女性保留席位，主张对男性和女性应该平等对待。最后西蒙委员会采取了一种折中安排，建议在有限选举权下为妇女提供保留席位。1937年，英属印度举行了首次省立法议会选举，选举中为妇女提供了1.4%的保留席位。

独立后，"平等派"的思想被写进印度宪法。宪法赋予所有成年人选举权，不论性别、种姓和种族，每个人都可以参与选举，公共职位向所有人开放。不过宪法创立者接受了保留政策的做法，把保留立法席位、政府职位和教育机会等作为提升落后群体（如表列种姓和表列部族）社会地位的一种重要途径。独立后印度社会已经习惯于政府为某些特定社会边缘群体提供配额的做法。针对妇女参政实施保留政策却是在独立以后许多年才开始实行。

1957年的《巴尔万特·拉伊·梅塔报告》（*Balwant Rai Metha Report*）

分析了印度农村妇女的状况，报告的发布者巴尔万特·拉伊·梅塔委员会①提出应该帮助女性找到提高收入和改善其子女状况的途径。该委员会特别提到妇女应该在农村政治机构中有一定数量的代表。20世纪70年代初，一些妇女代表和社会科学家建议印度妇女地位委员会在立法机关为妇女提供30%的保留席位。由于当时各政党和绝大多数女性立法议员强烈反对此类建议，结果妇女地位委员会未能提出在各邦议会和联邦议会对妇女实施保留政策的建议。不过妇女地位委员会认为此时人们已经接受了增加地方政治组织中妇女代表人数的想法。

1978年，《潘查亚特机构委员会报告》［也称《阿肖克·梅塔报告》(*Ashok Metha Report*)］②再次提出让妇女在农村发展计划中发挥更加重要作用的主张。该委员会建议应该给在潘查亚特选举中获得最高票数的妇女两个代表席位。报告相信更多的妇女代表有利于促进农村基层妇女儿童的福利与发展。在《阿肖克·梅塔报告》出炉后，只有卡纳塔克邦和安得拉邦在促进基层女性参政方面取得了进展，两个邦分别在潘查亚特机构中为妇女提供了25%和30%的保留职位。

1984年10月新上台的拉吉夫·甘地政府制订了《国家妇女远景计划（1988—2000）》(*National Perspective Plan for Women, 1988 - 2000*)。该计划建议在县级行政部门和地方市政机构中为女性保留30%的职位；村级潘查亚特和县级行政机构中的领导职位也应该保留给妇女。1989年，印度宪法第64条修正案草案采纳了上述建议。不过由于各种原因，该草案在印度上院并未获得通过。三年后该草案在经过稍微修改后成为印度宪法第73条修正案，1993年印度议会没有经过多少讨论就批准了该修正案，并规定在1994年4月24日之前各邦应该据此对各自的法律进行修正。可见，独立后

---

① 巴尔万特·拉伊·梅塔委员会（Balwant Rai Mehta Committee）是1957年1月由印度政府任命的，旨在考察1952年启动的印度乡村发展计划的执行情况，并提出改进建议。该委员会主席是巴尔万特·拉伊·梅塔（Balwant Rai G Mehta）。该委员会于1957年11月提交报告。报告建议"民主分散化"，即政府应加强潘查亚特自治，他们认为这样有利于地方性问题的解决，以及促进基层民众政治意识的觉醒。

② 1977年12月，人民党政府任命了一个以阿肖克·梅塔（Ashok Metha）为主席的委员会，该委员会于1978年8月提交了一个报告，提交了132条建议以强化农村日渐衰落的潘查亚特自治制度。根据这份报告，卡纳塔克邦、安德拉邦和西孟加拉邦通过了新法律。不过邦级政治并不允许基层发展自己的政治力量。

印度花了大约43年才确定为女性这一弱势群体参政实施保留政策。

二 印度基层女性参政的舞台——潘查亚特

印度农村基层政权称为潘查亚特，它是一个三级行政管理体系。1992年印度宪法第73条修正案规定各邦设立县（Zilla Parishad）、发展区（Panchayat Samiti）、村（Gram Panchayat）三级潘查亚特机构。村级潘查亚特为潘查亚特最基层的组织，负责管理当地公共事务。每个村级潘查亚特涵盖5—15个村庄，管理人口约10000人（村级潘查亚特对界内的城市没有管辖权，后者有自己的市政管理机构）。潘查亚特主席和副主席由潘查亚特成员投票选举产生。潘查亚特委员会通过多数票原则做出决议，主席是委员会里唯一的全职工作人员，对决议没有否决权。宪法赋予村级潘查亚特执行乡村发展计划和确定村庄需求等职责，如管理地方基础设施和确定福利资助对象等。潘查亚特的发展经费主要来自邦政府拨款。经费主要用于以下项目：基础设施（包括灌溉、饮用水、道路、社区建筑维修等）、福利基金（寡妇、老年、产妇津贴等）、维持潘查亚特运转等。原则上潘查亚特机构可以自由支配这些基金。在村社，组织机构除了村级潘查亚特以外，还有村社大会（Gram Sabhas）。村社大会每年召开两次，在村社大会上村民们会对潘查亚特制订的计划和预算方案进行表决。虽然早在20世纪50年代印度政府就希望古老的潘查亚特制度在新的历史时期可以旧貌换新颜以助力印度农村发展，但是该制度在许多地区直至90年代初才开始发挥作用。只是在1993年以后每五年一次的潘查亚特选举才逐步在全印范围内举行。根据宪法第73条修正案，潘查亚特委员会1/3的席位应保留给妇女，此外还需为其他弱势群体代表保留一定比例席位。

三 支持与反对女性参与基层政权的理由

印度学界一般认为女性参政主要有以下好处。首先，妇女代表可以保证女性的特殊利益，她们可以提出有利于妇女的政策与计划，从女性的视角看待农村发展计划的制订和实施。女性参政可以使基层组织对健康卫生、营养、儿童福利、家庭关怀和饮用水等问题给予更多关注。妇女对一些问题有更好的理解，从而有利于相关计划的实施；当选的妇女可以成为地方政府与女性群众沟通的桥梁，而以往农村妇女的需求往往被忽视。

其次，女性参与潘查亚特的活动会使妇女获得更多权力，并帮助她们改变长期以来所处的不平等和从属地位。赋予妇女权力包括如下内容：提高她们的能力，使其获得更多知识、权力和经验。在这里权力不是指获得支配权力，而是指减少无助和依赖性。越来越多的女性参与基层政治使她们可能影响地方决策，也会使她们成为有效的压力集团；参与基层政权为女性打开了通向外部世界的大门；她们在社会和家庭中的地位也可因此得以提高；参政为妇女获得经验、克服恐惧、建立自信、打破父权制的枷锁等提供了一个平台。

并不是所有人都支持通过保留政策赋予妇女权力。持反对意见的人认为这种权力的赋予是自上而下的，不是靠女性自身力量争取的。权力既然可以给予，同样也可以拿走，因为权力结构并没有发生大的变化。由于权力是有限的，赋予某些群体权力必定是以其他群体的权力受限为代价。尽管有诸多争议，为妇女在基层政权提供保留席位的议案在印度中央和邦议会还是顺利获得通过。

四　女性参政给印度农村带来的积极变化

如前所述，自20世纪90年代中期以来印度参与基层政权的女性人数有了大幅度增加，通过参与政权基层妇女也获得了较以前更多的权力。

首先，由于女性代表的关注视角与男性不太相同，所以她们参政后会对其关注问题的解决有帮助。譬如在奥里萨邦的调查显示，女性代表关注老年补助金、寡妇补助金以及鼓励生育和养育女孩的项目，而男性代表往往关注与生产性贷款有关的项目。对西孟加拉邦布尔布哈姆（Birbhum）县和拉贾斯坦邦乌代浦尔（Udaipur）县的考察表明，女性代表主要关注当地女性的需求，如西孟加拉邦女性关注用水和道路问题，对非正式教育关注不多；拉贾斯坦邦妇女代表也关注用水问题，不太关注道路建设问题。调查表明，经济较发达地区的女性代表的性别意识更强，如在奥里萨邦发展较好的巴利帕特纳县（Balipatna），约21%的女性代表表达了希望为女性做点事情的愿望；而在相对落后的加尼亚县（Gania），则没有女性代表表达这样的愿望。据此可以推断，从长期来看，更多女性参政应该会在一定程度上改变农村基层组织的政策取向。实行保留席位政策应该是保护弱势群体利益的有效途径。

其次,获得了参政机会以后部分女性的参政意识增强。在当选潘查亚特代表之前,绝大多数女性对政治没有兴趣,然而任职一段时间以后,由于获取了更多信息(关于选民、政党和政府计划等),一些女性对政治表现出越来越大的兴趣。奥里萨邦一半被调查的女性代表希望未来能够晋升到更高职位,因为她们相信升职后会有更大权力,因而能有更大作为。不过仍然有相当比例的女性代表不希望继续参政,理由如下:一是她们对政治完全没有兴趣;二是觉得有太多家务事要做,因而没有办法抽出很多时间参与潘查亚特事务;三是挫败感,有些女性代表认为自己任期内没有做成任何事,她们认为继续待在潘查亚特是浪费时间。[①]

再次,参与政治生活在一定程度上提高了女性的地位。在奥里萨邦,42%参与调查的女性代表说在潘查亚特机构任职后她们在家庭和村社里的地位都提高了。一种观点认为,女性参政会影响她们作为母亲、妻子等角色。不过实地调查结果否定了这种看法。在回答她们是否还能够像以前那样给予家庭足够的时间与关注时,果阿邦所有被调查的有孩子的女性代表都给予了肯定的回答。事实上,成为潘查亚特成员使她们更加自信,更加受尊重。许多被调查者认为,她们在家庭成员心目中的形象因此得到提升。现在人们常来拜访她们,寻求帮助,大家对她们的尊敬程度提高。在被问到如何看待潘查亚特机构中有更多的女性代表时,绝大多数受访的农村妇女表示欢迎。过去在奥里萨邦妇女不能和家庭以外的男人说话,女性没有机会与男性代表讲话,有了女性代表以后,她们有什么事情就可以向女性代表反映。

五 基层女性参政依然任重道远

前述事实表明,保留政策的实施使越来越多的印度女性通过参与农村政治生活获得了一些权力,不过许多调查结果也表明女性参与农村政治生

---

① Evelin Hus, *Political Representation and Women's Empowerment: Women in the Institutions of Local Self-Government in Orissa*, Crispin Bates and Subho Basu, ed., *Rethinking Indian Political Institutions*, London, Anthen Press, 2005, p. 206.

活的质量仍然不尽如人意。解答下述问题可以帮助我们对印度女性参与基层政治的实际情况做出更加全面和客观的评价：（1）女性为什么会参与政治？她们为什么会参与选举？是她们自己的兴趣所致，还是被别人推着去做？（2）当选后她们会积极地参与政治生活吗？她们是有些人眼中的傀儡吗？（3）哪些因素对印度女性参与基层政权的质量产生影响？

（一）女性参加选举的情况

在印度，多数女性并不是自己报名参加潘查亚特选举的，而是由丈夫或家中的其他男性成员代为报名的，后者往往事先并不与前者沟通。女性只是被通知和点头同意。

在奥里萨邦，声称自己决定参选的女性比例远低于男性。只有极少数妇女是出于自己的兴趣才参与政治及公共服务。按照传统，政治被认为不适合农村妇女。一些人认为女性害羞，她们不能在公共场合讲话，男人通常也不与女人探讨政治问题。在奥里萨邦，女性成为潘查亚特成员有如下几个途径：通过竞选，其比例在35%—40%；之前其丈夫曾经担任潘查亚特代表，当这一职位保留给女性时，其妻子自动成为潘查亚特成员；村民说服丈夫同意提名他妻子为潘查亚特代表。在果阿邦，按照自己兴趣参与选举的只有24.24%，受家庭影响参与选举的占51.51%，这其中9.09%的女性代表是村级潘查亚特主席的妻子，她们的丈夫希望其参选主要是由于他们相信如果妻子当选会加强自身的力量；选区民众要求的占24.24%。在西孟加拉邦，17%的潘查亚特女性领导人的配偶之前曾经是潘查亚特成员。可见家庭影响在推动女性参与选举方面发挥了非常大的作用。

（二）女性代表参与决策的情况

印度《经济时报》2010年4月25日的一篇题为《女性在潘查亚特体制中并未实现应有权力》的文章指出，虽然更多女性参与基层政权，但是在很多情况下，仍然是丈夫或其家庭中的男性成员替她们做决策。印度的潘查亚特部（The Panchayati Raj Ministry）经常听到这样的抱怨：当选的女性成员成为他们男性亲属的傀儡，受到"男人主导的政党体制"的控制。潘查亚特部的官员说，2010年1月至4月，该部已经两次向各邦政府和中央直辖区行政当局提出建议，要求他们采取适当措施制止"此种行为"。由于潘查亚特事务由各邦管辖，潘查亚特部只能提出建议。2007年，马哈拉施特拉邦政府印发了一份通知，要求女性官员自行履行职务，近亲属不得干涉她们的工作。

1997年的一份研究显示，在南部的泰米尔纳德邦，男性干部领导的村级潘查亚特有时甚至不通知女性代表参加会议，女代表的丈夫陪她们去参加会议是很普遍的事情。在西孟加拉邦，43%的女性领导人承认她们在决策时得到了配偶的帮助。在奥里萨邦，约11%的女性成员说她们不参与任何决策，约14%的女性成员说她们只参与少数决策。不到2/3的女性成员说她们参与每项决策，而男性参与决策的比例高达90%。调查显示，在果阿邦，21.2%的决策是由男性家庭成员做出的，33.3%的女性代表的决策过程受到男性家庭成员的影响。只有45.4%的被调查者回答说她们独立做决策。年轻一些和受教育程度较高的女性代表更倾向于独立做决策。基督教徒女性代表独立做决策的比例比印度教徒高。

村社大会是印度农村基层最主要的决策场合之一。凡是年满18岁、有投票权的成年人都是村社大会的当然成员。它可以批准或否决村级潘查亚特机构的工作规划，对潘查亚特机构的财务和人事问题进行监督。实地调查发现，奥里萨邦村社大会的参加者主要是男性，虽然有少数女性潘查亚特成员参会，但是多数妇女代表并不参加村社大会。由于村社发展的主要决议通常都是在村社大会上做出的，奥里萨邦女性代表参与农村基层决策的程度便大打折扣。在奥里萨邦，女性代表通常不参与指导发展计划的执行，也不出去解决村里的纠纷。因为在奥里萨邦农村地区，妇女一般不会单独出去，这种情况在偏僻的加尼亚县尤其突出。由于该县地处偏僻，去开会需要穿过树林，最远需要走15公里，所以很多妇女出门开会时需要男性亲属陪同，自己去参会的女性代表只占41.9%。在相对较富裕的巴里帕特纳县，女性自主参会的比例较高，达69.8%。

（三）影响女性代表参政的教育、年龄和宗教等因素

受教育程度对政治参与的程度和效率具有重要影响。受教育程度低会限制一个人对信息的获取，并使他或她依赖或受制于别人。在印度，由于

各地经济社会发展程度不同，女性潘查亚特成员的受教育程度差别很大。

在奥里萨邦的调查显示，女性代表受过正规教育的比例很低。多数被调查对象只读到小学，其中还有不少人只读到二、三年级就辍学了，这些人几乎是文盲。被调查者中有19%的人从未上过学，尽管她们还是学会了签名，因为这是在潘查亚特任职的最低要求。该邦潘查亚特男性代表的平均受教育程度要高于女性。他们都上过学，尽管其中多数也只上到小学。

果阿邦的经济发展水平较高，农村潘查亚特机构成员的受教育程度也较高。75%的女性代表完成了初中或高中学业，女性代表受教育程度几乎与男性差不多。有些潘查亚特女性成员的受教育程度甚至高于男性，少数人甚至接受过本科和研究生教育，这些代表可以充分理解潘查亚特的运作，对各种项目有更好的了解，能够分析潘查亚特的财务状况。她们与男性代表在基层组织中地位平等并相互合作。教育虽然不是帮助女性开展工作的唯一因素，却是重要的支持性因素。其他重要因素包括经验和决断力。

根据调查者在果阿邦的观察，年轻和上了年纪的女性代表受男性的支配相对较少。年轻代表受教育程度较高，这有助于她们抵制男性支配，而上了年纪的女性代表的年龄和经验也有助于她们表达自己的意见。此外，在外就职的女性代表独立性很强。经济独立、在外面抛头露面和自主意识等都使她们更倾向于发表自己的意见。调查表明，通过竞争得到非保留席位的女性代表比那些获得保留席位的女性代表更加自信。

除此之外，宗教信仰对女性参政状况也有影响。根据调查，信仰基督教的女性代表比信仰印度教的女性代表参政的积极性更高一些。譬如在果阿邦，葡萄牙人的长期统治对该邦基督教徒的生活方式产生了很大影响。基督教徒家庭更趋向平等与民主，女性也更自由，自我意识更强。而印度教家庭父权主义倾向更明显，印度教女性代表突破男性控制的难度更大。

六　小结与启示

如上所述，由于印度宪法第73条修正案把女性参与基层政权提高到宪法的高度，印度各邦也纷纷制定法律来保证女性参与各级潘查亚特机构的比例，所以20世纪90年代中期以后印度农村女性参政格局发生了巨大变化，女性代表占到基层组织总人数的1/3，甚至更高。在很多地区担任潘查亚特主席的女性比例也达到1/3。近年来，一些邦又把女性参政比例调高到50%，印度农村基层女性参政人数不断刷新纪录。由于相关法律的制定和施行主要由各邦完成，各邦女性参政的情况并不一致。比如，有的邦没有给女性足够多的配额，有的邦没有执行潘查亚特机构主席必须有一定比例的女性的规定等。

通过保留席位的方式保证印度女性参与基层政权的机会是印度社会发展及政治进步的重要标志。通过参政，许多女性代表学习到更多知识，获得了更多权力，一些人因此收获了自信。不过参政人数增加与参政质量并非齐头并进。印度农村女性参政仍然面临许多问题。诚如前文所述，相当比例的女性参政并非出于自身愿望；当选后很多女性不能自主决策，她们在决策方面的贡献比男性少得多；她们参与政治活动的时间较少，参与的活动主要局限于潘查亚特办公室内；村社有经验的、年长的男性仍然主导着村社事务。这些现象的存在使女性的参政质量大打折扣。虽然当选女性在家庭和社会中的地位都有所提高，但是距离真正的女性赋权（women empowerment）仍然甚远。

宪法第73条修正案把参政机会赋予了女性，为她们参政提供了平台，但是印度女性要想真正参与基层政治尚需整个社会经济环境的改变。经济发展是保证女性参政的基础，调查表明，在经济发展较好的果阿邦和奥里萨邦的巴里帕特纳县，女性参政的状况就好一些，而在外工作、有自己收入的女性代表在决策中表现得更独立。接受良好的教育是保证女性参政质量的前提。在印度，除一些较富裕地区以外，如果阿邦，多数印度女性潘查亚特代表的受教育程度低于男性代表，这种情况对女性代表参政的程度与质量都产生了很大影响。传统观念的改变、男权主义的剔除则可以为女性参政创造良好的社会氛围。如果把女性参政比喻成万里长征的话，用宪法和各种法律规定保证参政人数和比例只是万里长征走完了第一步，真正赋予女性权力是一个庞杂的系统工程，不能指望它在短时间内能够实现。

有评论说，印度能够比较顺利地制定和通过保证女性参与基层政权的法案与印度的选举政治有关，因为这样做可以为相关政党赢得大量选票。不管其动机如何，能够采取切实措施促进女性参政无疑是值得称道的。不过，尽管印度各主要政党纷纷许诺为女性保留33%的席位，但是在实际推举女性候选人方面做得远远不够，其中国大党女性候选人占9.9%，印度人民党女性候选人占6.6%，印度共产党女性候选人占5.5%。① 较低的候选人比例表明印度男性精英并不愿意真正让权给女性。

在印度的奥里萨邦农村地区，在村社事务中发挥重要作用的仍然是一些男性长老，他们认为竞选可能导致村社分裂。这些男性长老从心底里不希望女性参政和为女性保留席位。虽然他们并不反对让受过教育的女性参与政治，但是他们从骨子里不希望女性接受教育和改变传统的生活状态。有些人甚至反对自己的女儿接受教育，加尼亚县一位偏远村庄的受访者给出的理由是："如果女孩子都上学了，谁还做家务和养羊？我们村的男孩甚至都没有上过10年级，我们为什么还要让女孩接受教育？况且中学离我们很远。10—15年前我们村周围还是树林，所以即使是男孩也不去上学。"接受采访的男性常说，他们之所以选某一位女士做代表，是因为她的丈夫比较活跃，他们知道她丈夫会把工作做好。

尽管如此，印度农村女性参与基层政权的实践表明，人数上的保证对于赋予女性权力、促进两性平等还是很有必要的。虽然印度农村女性的参政质量还存在这样那样的问题，但是获得参政机会确实给一些女性带来积极的改变，她们由此获得了知识、信心、尊严和权力。作为政治生活中的弱势群体，给女性提供保留席位是十分必要的。

彻底实现女性平权需要实现权力和资源的重构。印度执政党之所以在1992年推动为基层女性参政提供保留席位，主要是为了在选举中赢得更多选民的支持。在男权意识浓厚的印度社会，通过保留政策和配额政策给予女性以参政机会不会使女性自动获得真正的权力？这种情况的出现与女性缺乏资源有关，比如人脉、物质资源以及其他一些无形的资源等。一方面，男性掌握的相关资源比女性多得多；另一方面，女性必须从属于男性的观念在男性思想中根深蒂固。虽然宪法修正案给予女性一定比例的配额，但是在印度社会依然处于主导地位的男性不愿轻易放弃自己的权力。他们通

---

① Bibek Debroy&P. D. Kaushik, ed., *Energising Rural Development through Panchayats*, New Delhi, Academic Foundation, 2005, p. 156.

过多种方式维护自己的权力。在印度,那些可以在政治领域走得更远的女性往往是那些经济条件比较好和来自社会上层的女性,这种现象从一个侧面反映了权力与资源对赋予女性权力的重要性。只有资源与权力的分配发生了结构性变化,女性平等参政的时代才可能到来。

19世纪后期澳洲社会中的"离心"与"向心"现象
——兼议1887年英国维多利亚女王登基50周年庆典与1888年澳洲百年庆典

王宇博

（苏州大学社会学院历史系）

19世纪后半期是澳大利亚民族与民族国家形成与发展的重要时期，澳大利亚与英国之间因利益分歧与观念差异而产生"离心"现象，以及澳洲各地之间因趋同性提高而形成"向心"现象则是这一系列重要发展与变化中可构成对比的若干具体表现。这些现象以及由此引起的连锁性社会变化的与日俱增并重合叠加，导致澳大利亚的社会形态由英属自治殖民地渐变为独立的主权国家。虽然此时澳大利亚的社会变化是巨大而深刻的，但这里没有惊天动地与处心积虑，一切看似风平浪静与漫不经心。1887年6月英国维多利亚女王登基50周年庆典与1888年1月澳洲百年庆典本为各自单独的庆祝活动，但将当时澳大利亚人对它们所持的态度及言行进行对比，则可清晰地看出澳洲社会中的"离心"与"向心"现象，并从中发现澳洲社会中正发生着诸多既颇为生动又易被忽略的变化。[①]

[①] 20世纪以来，澳大利亚和新西兰的学者对澳大利亚民族认同及澳英关系问题的研究主要是围绕19世纪澳大利亚社会问题、民族问题与民族主义等展开，涉及历史学、政治学、法学、社会学、外交学等多门学科，研究成果的形式除专题论著与论文外，更多的是散见于针对其他社会问题的课题研究中，多为考察该类问题对其研究对象的影响作用。二战后，该类课题研究明显增多，重点往往集中于澳洲社会的转型及其"澳大利亚化"等问题。在澳洲学者的研究中，学者的地域情感对其研究工作具有一定的影响，如新南威尔士学者偏重关注新南威尔士在澳洲的作用，而澳洲其他地区的学者不仅对此多有微词，（转下页注）

"离心"现象的生成

19时期中期，经澳洲的努力与英国的"恩赐"，由6个英属殖民地①构成的澳大利亚逐步完成了从流放犯殖民地向自治殖民地的转型。1852年12月，英国宣布"许可（澳）各殖民地依据由威斯敏斯特立法通过的宪法，建立内部自治政府"。②其间，一方面是英国政府按部就班地将澳各殖民地内部的管辖权逐步移交给坚称自己是"英国人"的"澳大利亚英国人"；而另一方面则是"澳大利亚英国人"顺理成章地移植了英国的模式，再造了一个"澳洲版"英国社会。由此一来，澳洲看似就是地道的英国"海外部分"，甚至有人认为它是"一个不正规的殖民地"。③在如愿达到"应该把英国宪法上的权利全部给予……英属殖民地"的政治目的后，人们习以为常地保持着"盎格鲁-撒克逊血统的特征和风格习惯"，一如既往地"信奉英国的社会、政治思想和欧洲文化"。④在富甲一方的澳洲，欧美精英生活水准是澳大利亚大众生活的通常标准。换言之，"澳大利亚英国人"理所当然地享受着英国"恩赐"的权利，心安理得地依附于母国。

由于"种族"是英国维系其与移民殖民地之间联系的重要纽带之一，⑤因此，作为种族情感纽带与精神支柱，"母国情结"在澳洲得到妥当的维护。这也使在英帝国及日后的英联邦里，"母国情结"在澳洲表现得最浓厚，

（接上页注①）而且常常突出其他澳洲殖民地的作为；爱尔兰移民后裔学者往往带有明显的反英情绪，而英格兰移民后裔学者则有显著的亲英倾向。参见 W. J. Hudson & M. Sharp, *Australian Independence*, M. Mckenna, *The Captive Republic*, L. Trainor, *British Imperialism and Australian Nationalism* 等。英国学者的研究大都见于相关的英帝国研究中，关注点侧重于英国帝国政策的调整问题、英国对澳洲的开发与投资问题、英澳民族的渊源问题等。参见 A. Porter, *The Oxford History of The British Empire*, P. Cain and A. Hopkins, *British Imperialism Innovation and Expansion*, 1688 – 1914 等。

① 即新南威尔士、维多利亚、塔斯马尼亚、昆士兰、南澳大利亚和西澳大利亚。
② W. J. Hudson & M. Sharp, *Australian Independence*, Carlton: Melbourne University Press, 1988, p. 9.
③ L. Trainor, *British Imperialism and Australian Nationalism*, Cambridge: Cambridge University Press, 1994, p. 2.
④ H. London, *Non-White Immigration on the "White Australia Policy"*, London: Macmillan Publishers Ltd., 1970, p. 4.
⑤ P. Rich, *Race and Empire in British Politics*, Cambridge: Cambridge University Press, 1986, p. 30.

保存得最完整。作为一种天然共识，这些"英帝国的臣民与澳大利亚殖民地的居民"① 对英帝国有自豪感，认为"澳大利亚是一个帝国主义与民族主义幸福的联合体"。② 澳大利亚学者将这种"母国情结"称为"种族的骄傲"和"英吉利种族的爱国主义"。③ 1867—1868 年，英王室成员爱丁堡公爵阿尔弗莱特王子出访澳洲，这是澳大利亚接待的首次"王室巡游"。澳大利亚人对这位王子抱以极大的热情，强烈的效忠情感尽显其中，达到了"疯狂般的"程度。④

然而，无论是理念还是制度，所有移植自母国的舶来品在漂洋过海后都因本土化而改装变样。尽管人们在情感上是"依然亲近母国，没有什么事情可以动摇对母国的爱戴与崇敬"⑤，但因在客观现实、制度机制及切身利益等方面渐渐显露出相悖现象，澳洲社会发生了一系列未曾意识到的微妙变迁，即社会观念及社会属性的"澳洲化"。正因这些零星或一系列的改变，滋生出澳洲社会对英国的"不满"。首先，法定地位等同于英国地方政府的澳洲各殖民地责任政府获得了相当充分的自主权，况且英国政府也尽可能地顺应它们的主张与要求，但是，遥远的距离、不同的环境与具体的问题使得澳洲各殖民地责任政府势必越来越多地自主行事。因此，现实需求与现行制度之间的不适应是最初导致"不满"情绪的因素之一。例如，澳洲各殖民地议会从属于被认为是"帝国议会"的英国议会，"威斯敏斯特拥有一种殖民地议会所没有的权力，它们不享有这种权力的原因是威斯敏斯特没有打算把它交给它们"。⑥ 虽然澳洲人大都没有考虑改变或突破这些制约与限制，反而认为来自"帝国议会"的立法或裁决更为专业，更具权威，但是，他们对这一整套的运作程序越发不满，尤其是上诉程序等问题，抱怨英国枢密院办事效率太低，尤其是对待澳洲事务，无法满足澳洲社会的需要。

---

① L. Trainor, *British Imperialism and Australian Nationalism*, p. 67.
② J. Baker, *For Queen or Country*? Carlton: Melbourne University Press, 1974, p. 25.
③ W. J. Hudson, *Australian Independence*, Carlton: Melbourne University Press, 1988, p. 18.
④ F. Crowley, *A New History of Australia*, Melbourne: William Heinemann Australia Pty Ltd. , 1974, p. 163.
⑤ K. S. Inglis, *The Australian Colonists*, Carlton: Melbourne University Press, 1974, p. 68.
⑥ W. J. Hudson, *Australian Independence*, p. 14.

其次，在英国人的意识中，作为英属殖民地，澳大利亚是英帝国的一部分，而非英国本土。因此，英国政府在对待澳洲事务上，自然是按照既定的帝国政策行事，但这往往令"澳大利亚英国人"感到不适，甚至是愤怒，认为自己作为"英国人"的权益受到损害。由此引发的"不满"在19世纪中后期此起彼伏，其中以澳洲防务问题之争最为典型。自1788年以来，英国承担了包括澳大利亚在内的各英属殖民地的全部防务任务与开支，但从19世纪60年代起，英国逐步转而奉行"殖民地自我防卫政策"，其主旨是"殖民地已经建立了自己的自治政府，它们应该承担内部的安全和维护内部安全的责任，它们还应该帮助自己的外部防卫"。① 换言之，英国不仅减轻了自己的责任，还要求殖民地与母国分摊帝国防卫的义务。而澳大利亚人素来认为英军对澳洲的护卫是自己"与生俱来"的权利，并引以为自豪，因此，他们反应强烈，指责英国的既定政策是"冷淡政策"，是"永远被诅咒的对象"。② 但英国的回应则是要他们"应尽自己之所能"。③

再次，尽管英国对澳洲事务持放任的立场，即便在与之发生利益冲突或意见相左时，英国基本上也不会强迫澳洲人听命或让步，但它会表示"不赞同"、"反对"或"指责"。而澳洲社会对英国的这种表态则愈加不满。19世纪后半期，"排华运动"④ 席卷澳洲，由于澳洲社会的种族主义意识与排华行为与英国的帝国政策和对华政策不相符，因此，英国屡屡对"排华运动"表示"不赞同"并出面干预。然而，澳洲人对英国的态度大为恼火，并对英国摆出了强硬的架势。新南威尔士政府总理 H. 帕克斯曾恼羞成怒地声称，在此问题上，他将"既不顾女王陛下的军舰，也不顾女王陛下派驻的代表，更不顾英国殖民大臣的干预"。英国驻澳官员无奈地表示："只好随他们的意旨办事。"⑤ 1883年4月，昆士兰殖民地责任政府以英国

---

① C. Currey, *British Colonial Policy 1783-1915*, Oxford: Oxford University Press, 1924, p. 156.
② 〔澳〕戈登·格林伍德：《澳大利亚政治社会史》，北京：商务印书馆，1960年，第203、183页。
③ T. Millar, *Australia in Peace and War*, Canberra: Australian National University Press, 1978, p. 62.
④ 参见王宇博《19世纪后半期澳大利亚排华运动探析》，《学术月刊》2001年第6期；王宇博《19世纪后半期澳大利亚排华运动与澳大利亚联邦运动》，《华人华侨历史研究》2004年第2期。
⑤ 〔澳〕戈登·格林伍德：《澳大利亚政治社会史》，第180页。

的名义宣布兼并新几内亚东部，英国闻讯后表示"感到震撼"，并予以指责。① 而澳洲社会却对英国的反应"感到震撼"，因为人们以为英国会"认可"他们的先斩后奏，② 由此又激起澳洲社会的一致恼怒与抱怨。

正是在大大小小诸如此类的纷争中，"离心"现象在不知不觉中越来越明显与清晰。总之，"澳大利亚英国人"对母国的态度是依附与不满——依附的依据是他们享有作为英国人所能拥有的各种权利，不满的缘由则是他们认为因英国未能"平等"对待，致使他们"与生俱来的权利"受损。由此产生的"不满"不仅有增无减，而且导致在澳英之间出现了"离心"现象，澳英关系越来越明显地表现为"长大的孩子"与"父母的家"的关系——"母国情结"依旧，但"孩子"则渴望离家自立，"各殖民区像一群孩子，它们由父母抚养成人，然后割断羁绊而独立。"③ 他们一方面诚心诚意地赞赏"英国的血统、坚毅和力量"，对英王充满敬仰，对英国饱含崇敬之情；另一方面又坚信澳大利亚人来自英国，但比英国人优越，甚至比英国人更为"英国"，社会上流行着一种观点："土生的殖民者优于移民的殖民者……，移民又比他留在身后的弱兄弱弟强。"④ 悉尼《公报》有如此说法：澳大利亚人身上有着"盎格鲁-撒克逊种族如此骄傲，如此顽强、自信和坚定"的气息。⑤ 这样的意识与情绪在澳洲的文学艺术作品中体现得淋漓尽致，表现为澳大利亚人的形象往往是高大健壮，而英国人的形象则是衰弱纤细。在澳英之间的民族情感上，"离心"现象日趋表现为"澳大利亚人心目中的一个共同的看法，那就是旧的关系不能继续下去了"。⑥

"向心"现象的成因

源于澳大利亚人自我认同感的形成，与"离心"现象同步显现的是在

---

① L. Trainor, *British Imperialism and Australian Nationalism*, p. 41.
② R. C. Thompson, *Australian Imperialism in Pacific: The Expansionist, 1820 – 1920*, Melbourne: Melbourne University Press, 1980, pp. 89 – 97.
③ 〔澳〕戈登·格林伍德：《澳大利亚政治社会史》，第 79 页。
④ 〔澳〕里查德·怀特：《创造澳大利亚》，杨岸青译，昆明：云南人民出版社，1999 年，第 95 页。
⑤ L. Trainor, *British Imperialism and Australian Nationalism*, p. 54.
⑥ 〔澳〕戈登·格林伍德：《澳大利亚政治社会史》，第 195 页。

澳大利亚社会中不断增进的"向心"现象。19世纪中后期，拥有"英国人权利"的"澳大利亚英国人"确实处于富足、平静与惬意的状态，"过着类似地中海人的生活"，怡然自得地接受着母国的特惠与保护。然而，在这平和与逍遥的表象之下，"向心"现象则在萌发。这是澳大利亚民族形成的动力与催化剂。

虽然澳洲各殖民地被认为是英国的"海外延伸部分"，但是，自主发展是澳大利亚社会的现实，自治管理是各责任政府的职责，不过许多人尚未意识到，或是竭力否认。因此，这不可避免地导致澳英观念相悖，发生利益冲突，人们逐渐清晰地意识到在权利及利益等问题上，"澳大利亚英国人"之间的相同之处不断增多。仍以1883年4月昆士兰殖民地责任政府兼并新几内亚东部为例，此次事件又一次促使澳大利亚人认识到"澳洲利益"或"澳洲权利"有别于英国权利及帝国利益，而现实使人们势必更加关注与认同昆士兰。因此，昆士兰的兼并行为在全澳范围内得到了广泛支持，昆士兰政府总理T.麦克尔瑞斯因此底气十足地扬言要建立"一个不与英帝国保持联系的联邦制澳大利亚"。①

在争取和捍卫相近与趋同的利益与权利的过程中，由于这类事情或事件的多次发生与反复叠加，澳洲各地之间的各种交往逐渐增多，合作乃至联合的范围不断扩大，逐步由双边与局部发展到全面与全境。通过这般自然而然的演化，来自英国故乡的"天赋权利"本土化为"澳洲权利"，而"澳大利亚英国人"则在不知不觉中转型为澳大利亚人。对社会权利的认同是民族认同的起源与开端，其演进过程呈"向心"趋势发展。

经济利益的趋同是"向心"现象的经济内涵。19世纪后半期，澳洲经济的发展速度快于英国，仅次于美国。1861—1891年，美国的经济年平均增长率为4.8%，而同期的英国为3.2%，澳大利亚为4.7%。② 尽管英澳经济仍有着密不可分与盘根错节的联系，人们对"帝国利益"与"澳洲利益"的区分也时常是混淆的，但是，此时澳洲经济活动的形态与性质均悄然发生了变化，即它正逐渐转型为自成一体的澳洲经济体系，与英国经济延伸

---

① L. Trainor, *British Imperialism and Australian Nationalism*, pp. 12 – 13.
② R. Jackson, *Australian Economic Development in the Nineteenth Century*, Canberra: Australian National University Press, 1978, pp. 62, 14.

部分的角色渐行渐远，人们对自身经济利益的认同也在不知不觉中由英国转向澳洲。

澳大利亚经济在这一时期最为显著的表现是自主性与澳洲化的增强，即各地区经济的发展以及澳洲境内经贸交往的增多自然促进了澳洲各地之间的经济利益趋同，进而导致经济属性与经济结构的改变。在1888年的墨尔本国际博览会上，澳大利亚不仅表现出鲜明的经贸国际化发展趋势，使对母国的依附属性相形见绌，而且其经济也显露出有别于作为母体的英国经济，并以此构成澳洲社会的经济基础。① 这一系列现象说明了一个现实：在经济利益上，"澳洲利益"仅限于澳洲各殖民地内部，而愈加不等同于"帝国利益"。

在这一时期出现的林林总总涉及经济利益关系的问题中，关税问题将"澳大利亚英国人"之间经济利益认同的形成、演变及性质展现得淋漓尽致。在各殖民地责任政府建立之初，作为在经济上唯英国马首是瞻的重要举措，它们各自设立关税壁垒，造成澳洲境内关卡林立。但不久，随着境内经贸交往的日趋频繁与境外商业竞争的日益激烈，澳洲社会力主建立全澳统一关税的呼声高涨。在保护关税问题上，尤以维多利亚最为积极，澳洲的首个保护关税条例就是由其殖民地议会在1866年通过的，并得到除新南威尔士以外的另外4个殖民地的响应。新南威尔士以"自由贸易"激烈抨击维多利亚的关税政策，称自己是在"说服5个醉汉"，② 但它的解释是"自由贸易"应具有"国际性"，而不是局限于英国的"帝国特惠关税制度"。③ 人们的共识逐步显示为"对社会经济有利的做法是拆除殖民地之间的界限"，澳洲"在财政上有必要联合起来"等，而分歧则主要是拘泥于技术操作等枝节问题。④

在社会意识领域，作为澳大利亚民族形成与成长的产物，逐渐形成诸多具有澳洲特色与属性的认同意识。作为澳大利亚的社会主流意识之一，"白澳"意识是欧洲社会种族主义意识在澳洲本土化的结果，它最初为维系

---

① L. Trainor, *British Imperialism and Australian Nationalism*, p. 51.
② T. O. Lloyd, *The British Empire 1558 – 1995*, Oxford：Oxford University Press, 1996, p. 223.
③ L. Trainor, *British Imperialism and Australian Nationalism*, p. 53.
④ G. Disher, *Australia Then and Now*, Oxford：Oxford University Press, 1995, p. 192.

与英国的感情及血缘的纽带，进而逐渐演化为维护澳洲白人利益的思想理论依据，并散发出更为浓烈的种族主义气息。单一种族是"澳大利亚英国人"的显著特征，"经常庆幸自己的社会99%是英国血统……这已经是澳大利亚民族神话的一部分"。① 人们对邻近的有色人种不是心存恐惧，就是存在利益冲突，因此，为了确保澳洲白人社会的生存安全与既得利益，旨在构筑"白色城墙"的"白澳"意识自然成为白人移民的共识。虽然在这些白人之间存在许多纷争与矛盾，但在排斥有色人种问题上，他们则具有高度的一致性，即"澳大利亚不允许在它的人口中加入任何本性和品质低劣的成员"。② 这种意识不仅强有力地推动着澳洲白人走向合作乃至联合，而且对澳大利亚民族的形成产生了巨大的聚合与凝聚作用。

对"罪犯烙印"的反应是构成又一种"澳洲共识"的内容。作为英属流放犯殖民地，1788—1868年，先后有数十万英国及爱尔兰罪犯被羁押于此地，仅在1833年，就有13674名罪犯被押解到澳洲。③ 澳洲社会因此被打上了深深的"罪犯烙印"，但"澳大利亚英国人"一直对此愤愤不平，认为祖先是无辜受冤的，"残暴的罪犯在英国待着，而他们的清白、高尚的受害者却在缔造着澳大利亚民主"。④ 1879年，一位来澳洲比赛的英国板球运动员傲慢地称澳洲球员是"罪犯的儿子们"，澳大利亚人对此大为反感，甚至是愤怒。他们一直在以各种方式与形式进行抗争和申辩，而澳洲的发展成就则使澳大利亚人对"罪犯烙印"的辩驳愈加理直气壮，强调自己的祖先不是罪犯，而是伟大的开拓者，"真好像他们是从'五月花号'上下来的"。⑤ 在潜移默化中，逐渐形成了一些具有澳洲特色的情感意识，如"在澳大利亚有一种要把每一个身陷法网的人抢救出来的冲动……澳大利亚人最恨看到把人投入监狱。"⑥ 一位英国牧师写道："在澳大利亚，没有哪一个

---

① A. Jamrozik, *Social Change and Culture Transformation in Australia*, Cambrideg: Cambridge University Press, 1995, p. 94.
② M. Wliard, *History of the White Australia Policy to 1920*, Carlton: Melbourne University Press, 1967, p. 196.
③ A. G. L. Shaw, *Convicts and the Colonies*, Carlton: Melbourne University Press, 1981, pp. 363 - 368.
④ 〔澳〕里查德·怀特：《创造澳大利亚》，杨岸青译，第34页。
⑤ 〔美〕约翰·根室：《澳新内幕》，符良琼译，上海：上海译文出版社，1979年，第39页。
⑥ 〔美〕约翰·根室：《澳新内幕》，第49页。

英语单词用起来像'犯人'这个词那样要仔细考虑。"①

总之,认同意识的有增无减与不断增强无疑使"向心"现象越来越明显。虽然"种族"仍是联结英澳的一条重要纽带,"澳大利亚英国人"依然对自己的英国血统引以为荣,但他们越来越多地反思自己与"英国人"的民族关系问题,由此导致澳洲社会出现了关于种族问题的讨论,其中尤以土生白人最为活跃。人们首先热议的是自己"是不是从盎格鲁-撒克逊人种分裂出的种族"?其次关心的是自己是不是"带有'罪犯烙印'的种族"?再次就是讨论澳大利亚民族是否已经有别于英吉利民族?②尽管人们对"民族"(nation)问题的关注显然逊色于"种族"(ethnic)问题,这一系列自发的讨论使"澳大利亚英国人"越来越显得是"澳大利亚人",他们愈加充满自信心与自豪感,认为自己是"继往开来的澳大利亚人",而关于民族与国家的话题也愈来愈多。墨尔本商人G. 莫戴尔预言道:如此发展趋势势必导致建立由土生澳大利亚人领导的政府。③ 1889年6月15日,帕克斯无不自信地对新南威尔士总督卡林顿夸口:只要他愿意,他能够在12个月内将澳洲各殖民地组建成为统一的联邦国家。④

澳洲与1887年维多利亚女王登基50周年庆典

1887年6月21日是英国维多利亚女王登基50周年纪念日,因而也成为一个具有帝国特征与意义的节日。继彰显英帝国"伟大与实力"的1886年伦敦"殖民地和印度博览会"后,它被英国政府用于再次向世界昭彰英帝国的强盛。英国殖民部大臣、前"帝国联邦同盟"主席E. 斯坦豪泼提议:各殖民地派遣代表前往伦敦参加庆典,并与英国的大臣和官员就一系列各自关心的问题举行会议,已经纠缠了20年的关于殖民地向英国皇家海军支付"使用费用"问题即为其中一个主要议题。⑤

女王庆典在英国举办得颇为风光。英国政府还在借机召开的"第一次

---

① 〔美〕约翰·根室:《澳新内幕》,第44—45页。
② L. Trainor, *British Imperialism and Australian Nationalism*, pp. 81 – 82.
③ L. Trainor, *British Imperialism and Australian Nationalism*, p. 82.
④ A. Martin, *Henry Parkes*, Carlton: Melbourne University Press, 1980, p. 385.
⑤ 参见王宇博《19世纪中后期澳洲防务问题之争》,《军事历史研究》2004年第3期。

英属殖民地会议"（又称伦敦殖民地会议）上，如愿以偿地与澳洲诸殖民地和新西兰签订了《澳大利亚海军法案》，澳新同意在10年内每年向母国提供12.6万英镑，作为完全用于澳洲海防的皇家海军澳大利亚舰队的费用。① 虽然这笔费用对于富裕的澳洲社会可谓九牛一毛，但是，在"澳大利亚英国人"的情感意识里，英国承担澳洲防务本是天经地义的，是所有英国人"与生俱来的权利"，因此这种"租用海军"的做法使他们感到大为"不满"。就英国海军部提出的海防方案，澳英代表在会上针锋相对，论战激烈。尽管澳洲各殖民地责任政府代表在诉求与策略等方面各有不同，但是他们之间的一致性则显示得淋漓尽致，如作为妥协，均明确表示：接受英国方案的前提是澳洲不会因此卷入与澳洲无关的国际纠纷，强调澳大利亚不能成为"欧洲的兵营"。② 澳英的分歧与冲突或明或暗地显示在彼此之间的唇枪舌剑与讨价还价中。

而在澳大利亚，女王庆典进行得却并不成功和顺利。澳大利亚人对它没有表现出多大兴趣和热情，澳洲各殖民地责任政府对此也多为应付，甚至是敷衍。以新南威尔士为例，尽管相关的准备工作早在一年前就已经着手，但用于6月庆典活动的大钟直到7月才安装完毕。③ 在澳洲人眼里，英国利用女王庆典来达到帝国政治目的的意图过于明显，这反而使本应有的感情色彩失色。而此时澳大利亚社会关心的是反对英国就海军军费问题向它施加压力，各殖民地政府也怀着"不满的情绪"就此同英国进行交涉。代表新南威尔士政府前往伦敦出席庆典活动的帕克斯明确表示此时反对谈论涉及帝国事宜的问题，特别是海军军费问题。④ 尽管他的这些言论大都表述于庆典活动的幕后，但这在一定程度上说明了澳大利亚人对女王庆典态度冷淡的原因：他们更加关心的是与自身利益相联系的澳洲事务，而不是万里之外的英国或其他英属殖民地的问题。新南威尔士是澳洲各殖民地中与英国最为亲近的殖民地，连它都这般如此，其他各殖民地的态度就可想而知了。

---

① T. O. Lloyd, *The British Empire 1558 – 1995*, p. 229.
② F. Crowley, *A New History of Australia*, p. 185.
③ L. Trainor, *British Imperialism and Australian Nationalism*, p. 68.
④ L. Trainor, *British Imperialism and Australian Nationalism*, p. 67.

悉尼《新闻公报》在 1886 年 5 月不以为然地指出，英国政府是打算将"王室盛典当作消除不满情绪与现象的灵丹妙药"。① 但是，澳洲的气氛和澳洲人的情绪与英国的初衷则有很大的差异。仍以新南威尔士为例，许多人对围绕女王庆典举行的庆祝活动缺乏热情，显示出敷衍差事的态度，令主办者屡屡感到尴尬。在一次集会上，组织者竭力动议向主日学校的孩子们赠送庆典礼品，如蛋糕和汽水。但这一动议遭到反对，被以 10∶1 的表决结果否决，理由是许多澳洲民众抱怨地方当局为举办女王庆典活动花费太大，不符合殖民地的民主精神，② 以致预计的热烈场面被现场的激烈争论取代。新南威尔士总督助理 A. 斯蒂芬出席了一场集会，但给他留下的印象不是人们的真情与忠诚，而是场面的混乱不堪，他抱怨道："一群憎恨法律和秩序的人……必须以强硬的手腕……将他们打倒。"③ 级别最高和规模最大的庆典集会在悉尼展览大厅举行，与会者达 1.2 万人。但是，会场的气氛不是热烈与隆重，却是戒备森严与喧闹不止。对此，集会主持者无可奈何，出席集会的新南威尔士总督卡林顿勋爵只能借助手势发表演说，再由别人使用旗语传达出去。④ 而较为热烈与欢快的庆典场面仅出现在由总督夫人卡林顿女士到场的另一场庆祝集会上，集会的参加者是妇女和儿童，集会通过了为澳洲妇女设立一个庆典基金的决议。⑤

虽然殖民地政府在发往伦敦的电报中将这些在庆典活动中出现的不协调现象称作"良好的自然性混乱"，⑥ 但是，这些通过"自然性"方式表露出的言行揭示了澳洲人心态的变化：一是在他们心目中，英王的地位正在下降，而英王的价值与作用则是连接澳英之间母国情结的纽带；二是在澳洲出现的冷淡和混乱是对英国倾力举办女王庆典的真实目的的回应，表达了澳洲社会对母国的不满和抗拒。总之，针对英国，在诸多"不满"的表露中，澳大利亚社会中的"离心"现象已经相当清晰。

再有，在 19 世纪，饱尝失业与贫穷的英国社会下层民众始终处于对当

---

① L. Trainor, *British Imperialism and Australian Nationalism*, p. 68.
② L. Trainor, *British Imperialism and Australian Nationalism*, p. 69.
③ L. Trainor, *British Imperialism and Australian Nationalism*, pp. 69 – 70.
④ L. Trainor, *British Imperialism and Australian Nationalism*, p. 70.
⑤ L. Trainor, *British Imperialism and Australian Nationalism*, p. 70.
⑥ L. Trainor, *British Imperialism and Australian Nationalism*, p. 70.

局不满的状态,这种不满状态也随英国移民被移植到了澳洲。而他们当初移民澳洲的动机是澳洲财富的吸引与英国政府的宣传,但他们因在澳洲的境遇并未好到承诺中的程度而对英国耿耿于怀,于是英国移民大有被英国政府欺骗和出卖的感受。就个人感受而论,这部分移民对母国的激情和忠诚是难以被激发出来的。更有甚者,爱尔兰同英国的矛盾与冲突素来复杂而激烈,许多爱尔兰人是带着仇视英国的情绪迁徙澳洲的,所以,他们对女王庆典漠不关心,甚至抱有敌意。而相对于其他澳洲殖民地,在新南威尔士人口中,英国和爱尔兰移民所占比例一直居高不下。1891年的统计显示,英国和爱尔兰移民及后代人数在新南威尔士居民总数中分别占52.2%和26.3%,[1] 相比于其他国家与地区移民及后代分列第一位和第二位。而悉尼接纳的这类移民又是最多的。他们的情感对公众情绪和社会舆论的影响是不能忽视的。

1888年澳洲百年庆典

相比之下,1888年澳洲百年庆典则是在另外一种氛围中进行。澳大利亚社会及各殖民地责任政府积极参与,借机"宣传"自己,尤其是新南威尔士,竭力营造欢度"自己"节日的氛围。操办澳洲百年庆典的难度远远大于操办女王庆典,首先遇到的问题就是各殖民地对澳洲"生日"的日期不统一,因为在人们的眼里,将1月26日作为百年庆典之日仅是庆贺新南威尔士的"生日"。可是,这并没有对百年庆典造成什么不利或使其逊色,只是显示为各地的热情程度有所差异,而这些差异又在庆典过程中趋于淡化与弱化,进而使百年庆典成为全澳的节日与盛典。在庆典的筹办和举行过程中,"英国的"和"澳大利亚的"时常因人们的选择或认可发生碰撞和冲突,而最后的结果往往都是"英国的"让位于"澳大利亚的"。"澳大利亚是澳大利亚人的澳大利亚"的口号在此得到最大程度的宣传与最大范围的传播。

新南威尔士政府早在1886年就开始着手准备和组织百年庆典。最初的庆典设计方案是拟援引1876年美国在《独立宣言》颁布地费城举办大

---

[1] G. Sherington, *Australia's Immigrants 1788—1978*, p. 82.

型博览会来庆祝独立 100 周年的先例，在悉尼操办一个显示澳洲百年成就的博览会。① 但是，这个方案未能得到广泛的支持，其原因表面上是新南威尔士政府和新南威尔士商人对举办博览会所需要的庞大费用多有顾虑，而实际上是新南威尔士害怕引起其他殖民地的抵触与不合作。这种担心很快就得到证实。1886 年英国的"殖民地与印度博览会"给人们留下了深刻的印象，以致各地的澳大利亚人以那场气势恢弘的博览会的规格为标准来审视新南威尔士的设想，有的人认为新南威尔士是自不量力，有的人对新南威尔士抱有几分嫉妒……总的说来，人们对新南威尔士举办博览会的动议反应冷淡。因此，新南威尔士的决策者再无举办博览会的信心和勇气。② 这从一个侧面反映出虽然澳洲人对英国多有不满，但就他们与英国的关系而言，不仅其密切程度尚逊色于他们同母国的关系，而且还存在诸多分歧。

接着，围绕百年庆典，帕克斯向新南威尔士议会提议建造一座"国家大厦"和一个主题公园。按照帕克斯的设想，具有体现澳洲发展历程及意义的"国家大厦"包括安葬已故著名政治家和代表澳洲出征的阵亡将士的纪念堂、展示澳洲土著人研究的博物馆和存放澳洲历史档案的档案馆；主题公园将坐落在悉尼郊外的一处沼泽地旁边，是一座具有英国建筑风格的园林，建造资金来源于附近土地的销售收入。由于帕克斯的提议明显地凸显了澳洲元素，因而立刻在议会里招致亲英势力的反对。经过一番议会内和舆论界的口舌之战，结果是公园如期建造，有意义的是，公园被议会命名为"世纪公园"，而不是亲英势力所坚持的"女王公园"；而"国家大厦"的建设始终停留在一套套风格各异的设计图纸上，它在建筑设计师无休止的技术争论中不了了之。③

1887 年 11 月，帕克斯得寸进尺，提议借举行百年庆典之际，将新南威尔士更名为澳大利亚。执新南威尔士社会舆论之牛耳的《悉尼晨报》随之附和，大力鼓噪，新南威尔士反响热烈。④ 新南威尔士人感到此举既使澳洲

---

① L. Trainor, *British Imperialism and Australian Nationalism*, p. 70.
② L. Trainor, *British Imperialism and Australian Nationalism*, p. 71.
③ L. Trainor, *British Imperialism and Australian Nationalism*, p. 71.
④ A. Martin, *Henry Parkes*, p. 468.

进一步远离了作为"流放犯殖民地"的过去,又使澳大利亚人不再被外界视为"西方的犯人与看守者"。一些人还试图将新南威尔士改名为"澳大利亚"。① 这种意识和情绪最初出现于新南威尔士的中产阶级上层,进而在新南威尔士的各个阶层引起了共鸣。

当时正值澳英围绕澳大利亚海上防务问题针锋相对之际,因此,帕克斯的这番言论与新南威尔士的社会反响不仅具有确立新南威尔士在澳洲政治事务与经济活动中处于主导地位的作用,而且可以被视作是敦促英国议会通过有关加强澳大利亚海上防务决议从而增加澳洲分量的举措之一。帕克斯以此向英国政府显示出他代表的并非新南威尔士一地,而是澳大利亚,即不是澳洲的各殖民地政府在同英国的中央政府进行商谈,而是完整的澳大利亚在同母国谈判。在这一系列交涉中,他处处表现出澳洲在英帝国内的特殊地位和自立倾向,明确表示澳洲无意接受英国对殖民地议会的干预权,声称:"被责任政府授权的人们应该拥有和维护体现他们意志的独立的议会的权力。"②

然而,不和谐的声音则是从澳洲内部传出。帕克斯这种俨然全澳代表的架势和新南威尔士自封澳洲之首的举措在澳洲其他几个殖民地"一石激起千层浪"。虽然澳洲各地对待英国的态度是相近的,要求英国承担澳洲防务义务的意愿也是相同的,但是,它们之间关系的基调是合作,还不是联合,因此,帕克斯的言行不仅是一厢情愿,而且招致冷落和非议,甚至是抗议。维多利亚的反应尤其强烈,而且"墨尔本的反对呼声"是"通过英国唐宁街"传达到悉尼的"政府大楼"的。③ 可见澳洲内部虽存在向心力,但缺乏凝聚力。

1888年1月26日,悉尼百年庆典活动如期举行,尽管其规模逊色于女王庆典,与其他节日一样,最热烈的活动是人们在悉尼港举行了一场划船比赛,然而,在百年庆典的活动中所有人关注的不是庆典的隆重程度,而是在这期间在悉尼发生的一些事情。这些事情在一定程度上显示出澳洲人的心理活动、澳英关系中的"离心"现象和澳洲内部的联合趋势,因而被

---

① L. Trainor, *British Imperialism and Australian Nationalism*, p. 71.
② A. Martin, *Henry Parkes*, p. 469.
③ L. Trainor, *British Imperialism and Australian Nationalism*, p. 71.

后人视为"标志性冲突"。

第一,在贸易大厦奠基仪式上,由悉尼各行业工人组成的乐队在行进中从总督卡林顿勋爵等政府官员面前通过时,一反常态,演奏的不是英国国歌《天佑女王》,而是日后被定为澳大利亚国歌的《前进!美丽的澳大利亚》。这一违反惯例的举动引起英国舰队街的关注,称这是"这场庆典中最具有代表性的活动"。①

第二,新南威尔士政府主办的官方宴会在悉尼展览会大厅举行,这是一场由多任澳洲总督出巨资和1000多位澳洲各地政要与社会名流应邀参加的盛会。可是,操办会议的新南威尔士人则在大厅的两端分别悬挂起"欢迎回家"和"澳洲联合"的巨幅标语,双关含义一目了然,使得宴会的气氛从一开始就因新南威尔士人的意愿与英国政府的旨意相悖以及与澳洲其他殖民地的想法相左而不协调。而帕克斯演说的寓意实际上与以前他建议更改新南威尔士名称为澳大利亚的意图是一脉相传的,他将澳洲作为一个整体,追述了自1788年以来的澳洲历史,按时间顺序讲述了澳洲各殖民地建立的过程,处处突出新南威尔士是澳洲的第一个英属殖民地、它对其他殖民地的影响以及彼此之间的联系。而许多来自澳洲其他地区的与会者对此不以为然,他们对帕克斯突出新南威尔士,甚至将新南威尔士凌驾其他殖民地之上的做法多有微词。而与此形成对比的是,有许多反对派政治家参加的民间宴会则在庆贺"澳洲的生日"的热烈气氛中进行,宴会还向来自各地的穷人分发了1万份食物。②

第三,举行"世纪公园"开工典礼是百年庆典活动之一,但这场典礼的进行过程则令英国总督和澳洲政治家们颇为难堪。组织者安排的庆典流程是总督和名流发表演讲、种植树木、阅兵式等,最后安排是向失业者发放救济品。发放救济品原本是典礼的次要内容,试图体现英国对澳洲民众的关心和显示澳洲民众对母国的感情。然而,事与愿违,前来参加典礼的民众只对发放救济品感兴趣,使得计划中场面热烈而庄重的政要演讲和阅兵式是在嘈杂声中勉强完成,设想的温馨的种树活动中则

---

① L. Trainor, *British Imperialism and Australian Nationalism*, p. 72.
② L. Trainor, *British Imperialism and Australian Nationalism*, p. 72.

出现了总督们在人们冷漠的目光中尴尬种下了几棵树便匆匆离去的场景。

在这一天，澳大利亚的其他地方也举行了一些气氛轻松和规模有限的庆祝活动，这些活动大都是由"澳大利亚土生白人协会"操办的。值得注意的是，从这场百年庆典开始，在澳洲的社会与政治中，全澳属性与特征日趋明显。几个月后，维多利亚耗费巨资举办了规模庞大的"墨尔本国际博览会"，就其作用与意义而论，这基本上是新南威尔士百年庆典的翻版，是一场实质上的"澳洲国际博览会"。值得注意的是，澳洲社会对这场博览会的反应是积极的，这与不久前新南威尔士举办博览会的动议遭遇冷淡反应的情况形成显著对比。

百年庆典的历史意义在于虽然来自各地的人们彼此间想法各异，甚至存在严重分歧，但是，他们走到一起来了，着手就共同面对的问题共商解决之策。澳洲人正在形成一种逐渐清晰的意识：百年庆典是"我们澳大利亚人"自己的节日。因此，相对于女王庆典是帝国的节日而言，它则是具有民族国家特征的庆祝日。1888年1月25日，《悉尼晨报》的一篇社论写道："'国家'是一个含义广泛的词语，其中包含尊严和骄傲，虽然它现在仍然是一种未来的象征而难以进行具体的表述，但是，如果说（我们）何时适合使用这个词语的话，那就是现在。"[①] 1888年是澳洲历史上具有标志性的一年，"无论是在维多利亚，还是在新南威尔士，抑或在昆士兰，1888年都使人产生一种变化的感觉，人们感觉到一个时代的到来"。[②] 这种感觉是表现为全澳性的自我认同感，"向心"现象的表现由初见端倪逐渐演绎为淋漓尽致。

对比与思考

19世纪后半期，以英国移民为主体的澳大利亚居民依然一如既往地致力于据理力争"与生俱来的权利"。在顺理成章与不知不觉中，他们所依据的"理"则随着澳洲的发展自然由"我是英国人"转变为"澳大利亚是澳

---

① L. Trainor, *British Imperialism and Australian Nationalism*, p. 73.

② L. Trainor, *British Imperialism and Australian Nationalism*, p. 79.

大利亚人的澳大利亚",这些"澳大利亚英国人"也相应渐变为澳大利亚人。澳英之间的"离心"与澳洲内部的"向心"形影相随,不仅彰显了19世纪澳大利亚社会的心路历程,即澳大利亚人的利益与意识正"从帝国转向民族",而且勾勒出澳大利亚联邦运动①的运作轨迹,即澳英的分离与澳洲的联合。而澳大利亚人对待上述两场庆典的态度则因机缘巧合而成为这一系列演变中两个形成对照的缩影。

由于澳大利亚人的身份是双重的,即英国臣民和英属殖民地居民,因此,对于他们来说,前一个庆典涉及的是母国与殖民地之间由来已久的传统帝国关系,而后一个庆典体现的是与利益相关的新兴民族关系。然而,他们的态度则显示出此时澳大利亚人更为关心的是澳洲的事务,虽然澳大利亚人心目中的母国情结依旧存在,但这已经明显逊色于澳洲的发展与辉煌所带给他们的荣耀感。换言之,本无内在联系或外在关联的两场庆典因在时间上的接近而产生了意想不到的对比效果:澳大利亚人的自我认同意识提高并增强,尽管它还显得颇为朦胧。它表现为:在思想上,澳洲人愈加关注"澳洲的联合",而不是英国人正在竭力倡导的"帝国的联合";在行为上,他们对"澳洲的"活动报以活跃与激情,而对"帝国的"或"英国的"活动则多有勉强与应付;等等。所以说,这两场庆典实际上既是对澳英关系的检验,又是对澳大利亚民族认同程度的考察,也是对渐进发展中的联邦运动的检阅。

从表面上看,秩序混乱是这两场庆典中都存在的现象,但是,这些混乱则显示出不同的含义。其一,对于母国来说,它们反映出澳大利亚人的"离心",表现为澳大利亚人对英国的关注逐渐减退。在这些场合及其之后,澳英都没有流露出希望消除分歧的意愿或做出相应的努力。在两场庆典上,当英国官员在场或涉及英国时,相当数量的澳大利亚人,特别是普通民众,表现出的是冷漠与不满,甚至是对抗。新南威尔士政府在一处平时主要是被大批失业工人和世俗主义者等社会中下层民众用于举行反政府集会的场所树立了一座维多利亚女王塑像,并在百年庆典之际举行揭幕仪

---

① 澳大利亚联邦运动的内容可参见王宇博《渐进中的转型——联邦运动与澳大利亚民族国家的形成》,北京:商务印书馆,2010年。

式。在仪式上，卡林顿勋爵以一副占领"敌人阵地"的架势发表演说，强调法律与秩序。① 然而，民众对此反应冷淡，劳工组织干脆拒绝派代表出席仪式。

其二，对于澳大利亚而论，混乱显示出的是澳大利亚人的"向心"，反映出澳大利亚人更加关心澳洲，以及他们之间的分歧具有的可调和性。在这些庆典过程中，各地的澳大利亚人自发地聚集在一起，在为澳洲的现状而骄傲的同时，他们也就澳洲的未来先是畅所欲言，各抒己见；接着是争执不休，相互攻击；进而是各种观点趋于接近，求同存异。这些来自澳洲各地、代表着不同利益的澳洲人就像一辆辆疾驰的马车，不停地奋力互溅污泥，但又由远及近地会聚到同一条路线上，并向着同一个方向疾驰。在口诛笔伐与斤斤计较中，澳洲人之间的了解增进了，共识增多了。比如，在澳洲的"生日"日期问题上，尽管澳洲各地对新南威尔士的百年庆典和新南威尔士人的言行反应不一，但通过激烈争辩，"1月26日"逐步被所有澳洲人当作一个具有共同性的纪念日，"百年庆典被认为是一个国家的庆祝活动，无论在殖民地还是在某个州，都对此予以认同"。②

对澳大利亚历史问题的考察，往往难以通过寻觅具有标志性的人物或事件来推论或剖析其来龙去脉，而是需要注意其多种多样的细节变化，从中寻找内在线索，进而探究其沿革脉络及发展规律。关于澳大利亚是否已经独立与何时独立的争论即为典型一例。③ 纵观19世纪后半期，这两次庆典难以被认为是澳洲社会发展与变革中的某种标志物，但在它们之后，澳洲社会的变化趋势则较之前更为明显。首先，作为一种本能的表现，澳洲内部的趋同性愈加明显地表现出来。例如，澳洲社会对《澳大利亚海军法案》的反应普遍是抵触的，不约而同地认为它没有维护"澳洲的利益"。与会的澳洲代表返回各自殖民地时，分别受到冷遇。该法案在各殖民地议会均遭到强烈抨击，相继在不满声中被勉强通过。在昆士兰议会，这样的抨击尤为激烈，并直接影响到该地政坛变化，国民党因持强烈反对立场而在其后的选举中获得大胜。直到1891年，昆士兰

---

① L. Trainor, *British Imperialism and Australian Nationalism*, p. 71.
② L. Trainor, *British Imperialism and Australian Nationalism*, p. 73.
③ W. J. Hudson & M. Sharp, *Australian Independence*, pp. 1 – 3.

议会才勉强通过该法案。① 除了防务问题外，这样的趋同现象还越来越多地出现在排华问题、总督权限问题等诸多涉及实际利益的问题上，以致感到"吃亏的"澳大利亚人为了"伤害不复存在"而要"在一个国家的基础上，而不是在帝国的基础上……建立一个联邦制澳大利亚"。②

其次，澳洲各地之间的交往逐渐频繁，尤其是直接接触，双边与多边合作与日俱增，澳洲联合渐渐被提上议事日程。特别是在解决冲突与纷争时，人们更多的是通过协商或论战来达成和解与妥协，而"通过英国唐宁街"的斡旋则越来越少。这是在澳大利亚民族形成的大环境中自然形成的，而不是政府的有意引导或人为的刻意追求。1889 年，帕克斯呼吁组建全澳立法会议和中央行政机构，提出了富有民族色彩的著名口号："一个民族——一个命运"。各殖民地立即纷纷响应。1890 年 2 月 6—14 日，新南威尔士、维多利亚、昆士兰、塔斯马尼亚、南澳大利亚、西澳大利亚以及英属新西兰殖民地的代表在墨尔本举行会议，代表一致同意建立全澳立法和行政机构，旨在"拥有一个澳大利亚，一个新的国家，一个光荣的共和国，一个自由的国度"，③ 商定于翌年 3 月再次举行会议，着手制定联邦宪法草案。

霍布斯鲍姆曾写道："'民族'最重要的涵义，是它在政治上所彰显的意义……'民族'即是国民的总称，国民乃是由全体集合而成，是一个主权独立的政治实体，因此，国家乃民族政治精神的展现。"④ 这两场庆典所反映出的正是澳大利亚民族"在政治上所彰显的意义"，即澳洲人在这一时期的特定心理与行为，反映出澳大利亚民族正在形成中，正处于与作为母体的英吉利民族逐渐剥离的状态。

---

① 王宇博：《渐进中的转型——联邦运动与澳大利亚民族国家的形成》，北京：商务印书馆，2010 年，第 166 页。
② M. Mckenna, *The Captive Republic*, Cambridge, Cambridge University Press, 1996, p. 121；〔澳〕戈登·格林伍德：《澳大利亚政治社会史》，第 201 页。
③ M. Mckenna, *The Captive Republic*, p. 121.
④ 〔英〕霍布斯鲍姆：《民族与民族主义》，李金梅译，上海：上海人民出版社，2006 年，第 21 页。

神话的源起、传承与破灭：亨利七世遗产的历史考察

张殿清

（河北大学历史学院）

英格兰都铎王朝首君——亨利七世留下一笔数量不菲的"遗产"，引起时人和后来众多史学家的关注。但对于其具体数目，却众说纷纭，莫衷一是。

意大利半岛城邦驻英格兰大使、曾为都铎王朝大臣的培根（Francis Bacon, 1561－1626）均提供了具体数目。这些数据因符合近代史学研究的价值取向而被广泛引用，但后来学者对其真实性产生怀疑而将之弃用。由于缺乏新史料的支撑，学者们试图"打破"亨利七世留有巨额遗产的神话，却因未给出令人信服的数据，不能肃清大使和培根的影响，以致到了21世纪，还有学者直接援引他们的数据充当论据。[1]

大部分西方学者放弃了估算亨利七世"遗产"数量的尝试和努力，而对中国学者而言，面对他们无计可施的亨利七世"遗产"问题，再纠缠于具体数值考证，定会陷于困境。若从学术史角度审视，我们会发现，西方史学界如此关注亨利七世"遗产"这一问题本身就很值得探讨。亨利七世遗产受西方史学界青睐，既与他在英格兰财政史上的特殊地位，也与政治史的研究取向有关。此外，考察西方研究亨利七世遗产的学术史，对中国学者如何使用史料研究世界史也有启示意义。

---

[1] Weir Alison, *Henry VIII and His Court*, London: Jonathan Cape, 2001, p. 16.

一

驻英格兰大使和培根提供的亨利七世财产的数目,构建了亨利七世遗产的"神话"。

关于亨利七世财产的最早史料来自驻英格兰大使的报告书。都铎王朝时期,欧洲一些国家在英格兰派设常驻使臣,要求他们定期向本国政府输送英格兰情报,其中王室财政状况是首要的窥探信息。意大利半岛城邦驻英格兰的几位大使在写给本国政府的报告中,都关注过亨利七世财产的数量。

亨利七世登上王位之初,财政状况极度窘迫,常靠借债度日。饱受贫困困扰的亨利七世深深地意识到财政充裕对王权的重要,因此首先做的事情就是设法增加王室收入。与此同时,亨利七世还严格控制他认为是不必要的支出,在开支上总是精打细算,不浪费一便士。经过不懈努力,亨利七世的王室财政状况得到好转,1489年底,王室账目上有了5000镑的盈余。至此,亨利七世摆脱了"糊口政府"(hand-to-mouse)的窘境。1492年,他开始购买珠宝、金制衣服,修建王宫。1497年后,亨利七世的富有引起了国外大使的注意。

1497年,米兰大使报告亨利七世积攒了大量财富,还预测财富会继续增长。1499年,米兰特使(envoy)认为,亨利七世已经积累了600万金(130万镑)的财产,每年可以增加500000达克特的收入,折合104000镑,还认为他的收入不仅庞大而且真实,不是表面上的,特使还指出亨利七世花费无几。[①] 1509年,威尼斯大使提到亨利七世积累了大量黄金,是基督教世界里最富有的国王。1531年,另一位威尼斯驻英格兰大使Failer在写给Senate的报告中,提到亨利七世的遗产价值600万金,折合130万镑。[②] 这时距离亨利七世离世已经22年,是有关其遗产的最早记录。但令人不解的是,Failer大使的数据与前文米兰大使的数据完全相同。

弗兰西斯·培根所著的《亨利七世统治史》也提及了亨利七世的遗产。

---

① Mark R. Horowitz, "Henry Tudor's Treasure Historical Research", Vol. 80, August 2009, p. 560.
② F. C. Diezt, *English Government Finance 1458 – 1558*, London: Frank Cass & Co. Ltd, 1964, pp. 86 – 87.

培根出生于官宦家庭,其父亲尼古拉斯·培根爵士曾担任都铎王朝的掌玺大臣,其姨父是权倾一时的威廉·塞西尔爵士(Sir William Cecil)。家庭环境的影响使培根年轻时就接近都铎王朝的政治中心。1584年,23岁的培根当选为国会下议员,他还长期担任伊丽莎白女王宠臣埃塞克斯(Essex)公爵的顾问。培根的从政经历和交际圈都为他知晓都铎宫廷的内部信息提供了便利,他对亨利七世的统治状况颇为了解。1621年,他在被国会指控贪污受贿,被终生逐出宫廷后,仅用几个月时间,就完成了《亨利七世统治史》一书。这部著作得到后世史学家的高度评价,被誉为"近代史学的里程碑"。在此书中,培根认为亨利七世的遗产达到1800000镑。[1] 此时距离亨利七世辞世已有110年。

驻英格兰的外国大使和培根的数据因符合近代史学研究的价值取向而被近代史学家广泛接受。近代西方史学的开创者兰克认为,史料的价值在很大程度上取决于史料提供者接近事件的程度,距离事件最近的人是最好的证人,当事人的信件比史学家的记载更有价值。在有关亨利七世遗产的史料中,尽管大使和培根不是当事人,但毕竟是距离事件最近的人,他们所述信息符合兰克的史料选择原则,因此在史料价值取向的语境下,他们提供的亨利七世遗产的数据被史学界作为论据广泛引用。

莫伯里在《早期都铎国王亨利七世和亨利八世》(1905)一书中,同意培根的观点,认为亨利七世的遗产为1800000镑。[2] 梅特兰的《英格兰宪政史》对培根的数据虽然用"据说"来修饰,表达了一定程度的不确信,但他还是采纳了这一数字。[3] 兰克史学的研究范式在欧美的传播,为有关亨利七世遗产的史料的传播提供了土壤。

二

依照近代史学的标准衡量,无论是大使还是培根的数据都因没有提供

---

[1] Francis Bacon, *The History of the Reign of King Henry Ⅶ*, Cambridge: Cambridge Press, 1998, p. 88.
[2] Rev. C. E. Moberly, *The Early Tudors Henry Ⅶ Henry Ⅷ*, London: Longmans, Green and Co., 1906, p. 62.
[3] 〔英〕梅特兰:《英格兰宪政史》,李红海译,北京:中国政法大学出版社,2010年,第119页。

出处而欠规范。他们所供不是取自档案，而属估算。科学的估算是统计工作的一个重要组成部分，统计并不排斥估计。近代统计学出现之前，估算是了解和计量相关数据最有效的途径，也是唯一途径。但是，估计必须有可靠的基本数据作为支撑。在大部分学者接受大使和培根的数据时，就有一些学者探寻这些数据后的基础数据，进而对它们的客观性产生了怀疑。

大使和使节有出入都铎宫廷、觐见国王、接近国王侍臣的机会，存在获取王室财政状况信息的可能性，但他们也有可能被君主的外在行为蒙蔽。亨利七世为了树立自己作为王国至高无上权威之形象，将炫耀式消费的政治功能发挥到极致，他出席公众活动，总是设法保持仪式威严和华丽，给人留下富有的印象。而且，他此举也有迷惑外国大使的意图，借他们之口传扬英格兰国威。因为深谙此道，亨利七世从不派驻外大使，而是依靠密探来搜集他国情报。

中世纪史专家斯特雷耶对 16 世纪大使的工作不以为然。他认为"许多没有价值的信息被报告上来，而这些人应该获取更好的信息。令人难以置信的是，几乎没有政府不是被外国统治者不断欺骗的"。① 可见，大使报告中亨利七世财产或遗产数量的客观性值得怀疑。1499 年米兰大使与 1531 年威尼斯大使所言数字相同，就能充分说明这一点：亨利七世在 1499 年的财产不可能与 1509 年相同，这十年正是亨利七世积累财富的黄金时期。培根的《亨利七世统治史》最初被学界认可，对后来所有涉及相关主题的历史著作产生了决定性的影响。② 美国学者汤普森（James Westfall Thompson）在其《历史著作史》一书中认为，虽然培根撰写历史极其主观，但其著作却以精确史实的外表把他自己的意见和外加的材料塞了进去，致使其后的史家毫不怀疑地接受了他所写内容。但随着史学研究的深入，学者对该数据的客观性提出了越来越多的质疑和批评。德国学者布什（Wilhelm Busch）对照文字和内容，考据出培根撰写《亨利七世统治史》，主要参考了英裔意大利人波利多尔·维吉尔（Polidore Vergil, 1470–1555）的《英格兰史》和爱德华·赫

---

① 〔美〕约瑟夫·R. 斯特雷耶:《现代国家的起源》，王夏、宗福常译，上海：格致出版社，2011 年，第 51 页。
② 〔美〕J. W. 汤普森:《历史著作史》上册第二分册，谢德风译，北京：商务印书馆，2009 年，第 882 页。

尔（Edward Hall）的《编年史》，而在这两本著作中，并没有关于亨利七世遗产的明确记载，因此他断定，培根所言亨利七世1800000镑的遗产是没有依据的。① 尽管培根所为是近代史学创建之前的行为，不宜用近代史学的尺度去苛求，但他没有明确注明数据来源，确实降低了可信度。后来的许多学者认为，应该将培根的著作从研究亨利七世的原始资料清单里删除。②

学者们"打破"了亨利七世留有巨额遗产的神话，却未给出令人信服的数据。由于缺乏新史料支撑，至今学者们关于亨利七世遗产也没有统一的认识，归纳起来，大致有三种态度。

第一种观点虽然肯定亨利七世留下了遗产，但认为远低于大使和培根所述数量，且认为遗产大部分为贵金属，而非现金。都铎史大师埃尔顿在《都铎统治下的英格兰》（1955年第一版）一书中，认为亨利七世的财产在100万到200万（镑）之间，并强调这一数字不是现金数量，而是珠宝和金银器的价值。③ 该著作为大学教材，其观点影响深远。美国都铎财政史专家迪兹认为亨利七世确实积累了财产，虽然并非上述（培根和大使）记载的那么多，但数量也相当可观，可通过亨利八世即位之初奢侈的花费略见一斑。另外，他也认为现金数目不是很大。④ 专注于王室领地研究的英国学者沃尔夫在《亨利七世的土地收入和宫室财政》（1964）一文中认为，亨利七世的财产为1300000镑或者1800000镑的传统观点没有根据。⑤ 稍后，在《王室领地》（1970）一书中，沃尔夫又进一步提到亨利八世继承了价值大约300000镑的珠宝和金银器，⑥ 还认为亨利七世的遗产中有现金，亨利八世在1512—1513年的600000镑战争经费来自亨利七世的遗产。⑦ 沃尔夫的

---

① Wilhelm Busch, *King Henry VII*, New York: Burt Franklin, 1895, p. 290.
② 〔美〕J. W. 汤普森：《历史著作史》上册第二分册，谢德风译，北京：商务印书馆，2009年，第882页。
③ G. R. Elton, *England Under the Tudors*, London: Routledge, 1991, p. 53.
④ F. C. Diezt, *English Public Finance 1458–1641*, London: Frank Cass & Co. Ltd, 1964, p. 86.
⑤ B. P. Wolffe, "Henry VII's Land Revenues and Chamber Finance", *The English Historical Review*, Vol. 79, No. 311 (Apr., 1964), pp. 253–254.
⑥ B. P. Wolffe, *The Crown Lands, 1461–1539: An Aspect of Yorkist and Early Tudor Government*, London: George Allen and Unwin, 1970, pp. 48, 86.
⑦ B. P. Wolffe, *The Crown Lands, 1461–1539: An Aspect of Yorkist and Early Tudor Government*, London: George Allen and Unwin, 1970, pp. 86–87.

研究影响了后来的学者。亚历山大在《亨利七世统治的历史》(1985 年第一版, 2000 年再版) 一书中, 就认为亨利七世遗产为价值 300000 镑的金属。① 兰德认为, 亨利七世遗留了价值 300000 镑的珠宝、珍珠, 也许还有不超过 1000 镑的现金, 总计不超过三年的总收入②。

第二种观点以盖伊为代表。他在《都铎英格兰》一书中写道:"培根估算的亨利七世的遗产数目是一个神话。亨利七世晚年, 已经没有现金可用, 亨利八世不得不用自己的收入偿还亨利七世的债务。亨利七世遗产中贵金属的价值也许相当于宫室两年的毛收入。"③ 由此看来, 他认为亨利七世已无现金可用, 并且还有债务, 贵金属价值也低于埃尔顿、沃尔夫等学者的估算。克瑞姆斯在《亨利七世》(1972 年第一版, 1977 年、1999 年再版) 一书中, 也认为培根的数字不可取, 亨利七世晚年, 宫室已无现金, 留下的贵金属价值仅为王室两年的毛收入。④ 克瑞姆斯还认为, 亨利七世曾贷款 25 万镑给本国和意大利的商人, 鼓励他们经商, 但除了因此而获取了一些政治优势外, 在金钱方面一无所获。

第三种观点认可威尼斯大使的数值, 否定培根的数据。毕文在其著作《都铎首君——亨利七世》一书中, 秉持这一观点。该书认为亨利七世晚年时期, 王室收入与支出双高, 因而所剩现金不多, 珠宝、贵金属价值不像培根所言那样多, 而威尼斯大使的数据较为可信。⑤ 威尔森在《亨利八世的宫廷》(2001) 一书中认为"亨利八世继承了 1250000 镑的遗产",⑥ 与威尼斯大使所言的 1300000 镑相近。

纵观近代史学界有关亨利七世遗产的记述, 可知尽管史学界弃用了培根和大使的数据, 但并没有找到让学界普遍接受的数据, 分歧反而加深。

客观而言, 亨利七世的遗产肯定有确切的数目, 但经过多年努力, 西

---

① Alexander Grant, *Henry VII: The Importance of His Reign in English History*, London: Routledge, 2002, p. 45.
② J. R. Lander, *Government and Community: England, 1450–1509*, Cambridge: Harvard University Press, 1980, p. 102.
③ John Guy, *Tudor England*, Oxford: Oxford University Press, 1988, p. 70.
④ S. B. Chrimes, *Henry VII*, New Haven: Yale University Press, 1999, p. 217.
⑤ Bryan Bevan, *Henry VII: The First Tudor King*, London: The Rublicon Press, 2000, p. 111.
⑥ Weir Alison, *Henry VIII and His Court*, London: Jonathan Cape, 2001, p. 16.

方史学界也没有找到令各方满意的答案，依然是一个谜。取得的最大成绩在于把大使和培根提供的数据"拉下了神坛"，然后就裹足不前了。

三

面对西方学者无计可施的问题，中国学者若依然沉迷于"数据"考证，则成效甚微，也无益于世界史研究的发展。如果转换视角，考察西方史学界关注亨利七世遗产这一问题背后蕴藏的历史信息，会对世界史研究有所裨益。

从理论上讲，如果能够知道亨利七世时期王室财政的总收入和总支出，就能计算出亨利七世遗产的确切数目。但由于都铎时期收支透明度较差，留下的王室财政账目不全，学者们感到困难重重，认为探知亨利七世财政收支状况是不可能的。正如沃尔夫所言："估计亨利七世的总收入是一件复杂的事情。"① 克瑞姆斯也认为："所有估算亨利七世总收入和总支出的努力都很冒险。"② 史学家知道不可能精确估算亨利七世的遗产，却还对此颇为关注，笔者认为，这与亨利七世在英国财政史上的地位，以及欧美都铎史研究的价值取向有关。

实质上，学者如此关注亨利七世遗产，这一现象本身很值得探讨。按照常理，违反社会常规的事件才会引起世人注目。史学家如此关注亨利七世的遗产，表明亨利七世在英格兰王室财政史上的地位非同寻常。考察从诺曼征服到都铎王朝五百余年（1066—1603年）的历史，发现英格兰君主去世时，大多债务缠身，能够留下遗产的国王屈指可数。在亨利七世之前，只有威廉一世、亨利二世和爱德华四世三位国王的王室财政，在他们辞世时有结余。

诺曼征服后，威廉一世在英格兰建立了相对强大的王权，还建立了以土地分封为基础的王室财政收入体系。王室不仅可以获得大量王室领地收入，还可以获得封建性收入和向全体国民征收丹麦金，因此威廉一世的财政较为充裕。他去世时，王室金库有余款，还能提供给没有得到王位的王

---

① B. P. Wolffe, *The Crown Lands, 1461–1539: An Aspect of Yorkist and Early Tudor Government*, London: George Allen and Unwin, 1970, p. 48.

② S. B. Chrimes, *Henry Ⅶ*, New Haven: Yale University Press, 1999, p. 216.

子亨利5000马克的金子。① 任何制度都是适应当时社会的产物,会逐渐落后于时代发展。诺曼王朝建立的财政制度由于缺乏弹性,很快就难以适应财政支出的需要。13世纪,随着物价的上涨、战争费用的增加,相对固定的领地收入不能满足政府支出。为了应对财政危机,国王开始征收关税和动产税,开启了由领地财政向税收财政转变的历程。

安茹王朝的创始者亨利二世(1133—1189)在位时,除了继承传统王室收入外,还开拓了财政收入新渠道,征收盾牌金、动产税。这些举措使王室国库充盈,亨利二世撒手人寰时留下了不少于10万马克的存款。② 但其后的英格兰国王都遗留了大量债务,约克王朝的爱德华四世是个例外,他"成为亨利二世以来第一位没有债务而使国库殷实的国王"。③

亨利七世延续爱德华四世的做法,最后不仅做到财政收支平衡,还大有结余。亨利七世以后的都铎国君,又恢复了爱德华四世以前的局面。亨利八世留给爱德华六世100000镑的债务。④ 玛丽女王的债务为150000—200000镑,⑤ 伊丽莎白女王的债务为40万镑。鉴于诸多国王债务缠身,亨利七世积攒了如此多的财富,不仅在英国,在西欧也是一个奇迹。社会转型时期的欧洲君主,普遍缺乏稳定财源支付战争费用,财政上总是捉襟见肘。这一违反常规的现象自然要受到学者的关注。

学者们关注亨利七世遗产的另一个原因,是它顺应了近代英美史学界的研究取向,成为塑造亨利七世形象的重要素材。英国近代史学始于宪政史学派的研究。该学派的经典著作一般都聚焦议会与国王的斗争,尤其重视通过赋税矛盾演变揭示宪政的发展。他们推崇兰开斯特王朝和约克王朝,贬低都铎王朝,认为其中断了宪政的发展进程,"都铎专制"一词由此而生。都铎专制君主的代表人物就是亨利七世。他们认为专制君主的一个重要特点,就是不经议会授权而开征税赋、巧立名目敛财。在该研究领域,宪政史著作,经常挑选亨利七世"贪婪""吝啬"的史料作为例证,常引文

---

① 金志霖:《英国国王列传》,北京:东方出版社,1998年,第14页。
② 蒋孟引:《英国史》,北京:中国社会科学出版社,1998年,第100页。
③ J. R. Lander, *Government and Community*: *England*, *1450-1509*, Cambridge: Harvard University Press, 1980, p.101.
④ F. C. Diezt, *English Public Finance 1458-1641*, London: Frank Cass & Co. Ltd, 1964, p.158.
⑤ P. Williams, *The Tudor Regime*: Oxford: Oxford University Press, 1981, p.70.

献有以下四则：其一，依据威尼斯大使的报告，亨利七世的全部时间不是用在公共场合或者参加枢密院的会议，而是书写自己开销的账目，学者们借此塑造亨利七世守财奴的形象；其二，亨利七世削减阿瑟王子遗孀凯瑟琳的生活费，当凯瑟琳改嫁亨利王子后，才恢复她的待遇；其三，亨利七世的妻子去世后，他在续弦时，首先考虑嫁妆因素，第二则和第三则史料，被学者用来凸显亨利七世对家人的冷漠无情以及金钱至上的拜金主义；其四，亨利七世留下了大量遗产本身就可以证明他生前一定"贪婪、吝啬"，否则不可能留下财富。由此可见，宪政史研究的价值观是大使们和培根提供的数据被广泛引用的重要原因。

"都铎热"也是史学关注亨利七世遗产的重要原因之一。近代西方史学研究在很长一段时间一直聚焦都铎王朝。20世纪40年代以来，都铎史更成为英美学界的研究热点。50年代，以埃尔顿为首的修正学派又将都铎史研究推向了新高潮。该趋势一直持续到80年代末。此后随着区域史、整体史研究的兴起，都铎史研究才开始降温。在都铎史研究成果中，政治史一直处于主流地位。在政治史研究中，亨利七世是不可或缺的重要国王。学者们在论述亨利七世的政治生涯时，其财政措施无疑是浓墨重彩的一笔。因而尽管具体内容大体雷同，学者们依然详细介绍亨利七世的财政活动。最后为了论证亨利七世财政政策的成功性，学者们大都引用大使和培根的数据。大部分学者虽然不认可这些数值，但出于学术史研究的要求，也必须加以提及，以显示知晓这个问题的来龙去脉，因此在相关的史学研究中，培根和大使的数据仍然大行其道。

结　语

意大利半岛城邦驻英格兰大使与培根提供的亨利七世遗产的数据，因符合近代早期欧美史学研究的价值取向，被奉为权威史料，被广泛引用。这种"因需所取"（拿着观点，找史料）使用史料的态度，决定了史料仅是学者证明亨利七世拥有财富的论据，而不会引发他们进一步探究数据的来源和客观性。只有德国学者布什通过追本溯源，才揭示了培根数据的不可信性。但由于原来的史料观或史料使用宗旨并没有因此而发生改变，后来的学者即便意识到原先数据的不可靠，但在重新估算亨利七世遗产时，依然只给出数据，也没有提供依据。这些无源之估算，竟然被其他学者，像以前迷信培根等人的数据一样，广泛引证。本文所列的诸位学者，皆为都铎史研究名家，所述著作，或为学术名著，或为经典教材，有如此瑕疵，确实让人感到遗憾。

英美学者对待亨利七世遗产史料的历程，对当下我国世界史研究很有启示。目前，在原始材料基础上研究世界史成为学界的一种共识。这种认识的出发点非常好，史料是史学的生命，如何强调也不为过。然而，如果仅仅停留在引用原始史料作为论据层面，就有装点门面之嫌，对提升史学研究意义不大，且容易忽视史料本身所蕴含的信息，有可能断章取义。客观而言，原始材料的搜集、解读、甄别真伪等工作，对研究者的语言、人文知识结构、考辨之功都提出了极高的要求。从目前世界史研究的现状来看，这样的期望应该是远景目标，需要长时间的努力才能实现。

此外，从研究"非本国史"的学术史看，史料固然重要，但不应是研究的全部，也不是与国际接轨的必备条件。苏联学者谢缅诺夫的《16世纪英国圈地运动与农民斗争》是一本颇受英国学者认可的学术著作。而它利用的史料就是利达姆（I. S. Leadam）编辑的《圈地末日审判书（1517—1518）》（*The Domesday of Inclosures, 1517–1518*）①。该资料为英国学者熟知，但他们却没有撰写出谢氏那样的著作。西方汉学名著也通常以方法、视角取胜，而非在史料上与中国史学者争雄，当然这不排除少数汉学家在个别少数民族语言资料方面拥有更大发言权。这些事例表明，除了史料，还有其他更重要的因素影响"非本国史"的研究质量。中国的世界史研究应该对此有充分的认识。

---

① 戚国淦：《未名集》，北京：商务印书馆，2018年，第56页。

保持神秘，抑或公开宣传？
——17世纪30年代英王查理一世君主形象策略及其成败研究*

刘淑青

（德州学院历史与社会管理学院）

在传统历史学研究中，君主形象问题不为史家所重，致使其长期处于史学研究的边缘。自20世纪七八十年代以来，在后现代主义思潮的影响下，政治人物的公众形象逐渐被学者们视为一种权力，受其影响，一些学者开始尝试从政治文化的视角研究近代英国早期的君主形象。①

统治需要宣传，君主形象对于政权合法性的确立意义非凡。为了说服人民，国王必须以对自身形象的塑造来回应人民的期待、担忧与希望，这样才能在与反对派的抗衡中立于有利地位。西方学者发现，从都铎王朝到斯图亚特王朝，虽然英国君主塑造形象的策略有所反复，但是形象神秘化是国王们一再采用的重要策略。② 查理政权失败的原因历来是学界争论的话题，保王党与共和派、辉格党与托利党、自由主义学派、马克思主义学派、修正学派、后修正学派等史学流派，曾在不同时代社会

---

* 本文是教育部人文社科研究项目"17世纪英国君主形象与政权兴替研究"（项目批准号：17YJA770012）的阶段性成果。

① *The Tudor and Stuart Monarchy*: *Peantry*, *Painting*, *Iconography*. Volume Ⅰ; Tudor; Volume Ⅱ: Elizabethan; Volume Ⅲ: Jacobean and Caroline, Woodbridge, 1995; D. Howarth, *Images of Rule*: *Art and Politics in the English Renaissance*, *1485 – 1649*, Houndmills, 1997; David Howarth, ed., *Art and Patronage in the Caroline Courts*, Cambridge, 1993.

② Kevin Sharpe, *Reading Authority and Representing Rule in Early Modern England*, London, Bloomsbury Academic, 2013, p. 3.

思潮与政党政治的影响下,对该问题进行了经典阐述。① 但笔者认为,查理政权失败的一个重要原因在于17世纪30年代神秘化君主形象策略的失败。

一 神秘视觉君主形象的回归

在王室众多画像中,骑马像是塑造查理神圣、超凡魅力君主形象的重要内容。在欧洲,骑马像是赞颂国王的惯用艺术手法,具有传统的权力美学价值。骑马在欧洲文化中象征着权力、征服与和平,在梵·戴克的骑马像中,查理是勇敢的爱人、优雅的英雄、爱民的国王,塑造了一个王国和平守护神的形象。

查理欣赏柏拉图哲学,希望借助骑马像表达他的伦理与政治价值观念,即宣扬理性、克制的贵族品德。17世纪,有关骑马的论述实际上是政治与伦理价值文本,探讨的是理性与热情的关系;同时,骑术是政治才能的类比,画像中国王稳健的骑姿暗示着对国家权力的稳固掌控。时人尼古拉斯·摩根的《完美的马术》曾指出,人类注定是能够统治其他动物的,骑马就是对欲望、天然的野性进行控制与约束的技术,就像其他技能一样,骑马是通过理性实现的,低级的动物一般都有顺从倾向,最伟大的国王都是最优秀的骑手,驭马术能够展现国王的理性与品质,"每一件完美的事物,都在于它是通过理性完成的,因而好的骑手都不屈从于热情与躁动,理性能够使他避免错误"。② 托马斯·德·格雷则从道德角度概括了好骑手的品质,他认为优秀骑手必定具有以理性战胜热情的高贵品格,"他的生活绝对不能放荡或者堕落……他必须节制……压制激情,因为他知道如何去征服、战胜自己",③ 美德与热情的关系被视为骑手与马匹的关系,唯有自律者才能够驯服野马。骑马像把国王打造成一名优秀的骑手,塑造了一个理性、有美德的君主形象。当时西班牙人阿尔曼萨·德·门杜萨曾这样描

---

① 关于该问题的学术争论,参见拙文《论英国革命成因研究的史学演变》,《安徽史学》2006年第5期。
② Kevin Sharpe, *Reading Authority and Representing Rule in Early Modern England*, London: Bloomsbury Academic, 2013, p. 134.
③ Kevin Sharpe, *Reading Authority and Representing Rule in Early Modern England*, London: Bloomsbury Academic, 2013, p. 134.

写骑术表演中的查理,"他骑马,从不用马嚼子",① 因为他用理性美德压制住了马的天然野性,其用意在于借用骑术,达到称颂其政治才能与政治伦理的目的。亨利·沃顿回顾说,"查理能够驾驭那些无人能够驾驭的最优秀的马……以及无人能驯服的最烈性的马"。② 在西班牙和英国的颂词中,查理都被表述成最优秀的骑手与最有德行的国王,足见在当时的文本中,骑术与政治之间的类比关系。

由于骑术与政治之间的类比关系,国王骑马像成为文艺复兴时期欧洲人最熟悉的视觉符号与政治文本,成为当时欧洲国王追求的一种艺术时尚。自提香的《查理五世骑马像》起,骑马术就与国王权力联系在一起,因为骑马是控制热情的象征符号,而控制热情则被视为基本的贵族美德。在帝王骑马像风尚的影响下,梵·戴克为查理创作了《马背上的查理》,在画中马在查理面前是驯服、温顺的,自然的野性得到控制,旨在宣扬查理理性、隐忍的贵族品格,以及国王的自然权力,尽管画作中查理骑马佩剑,但背景是平静、祥和的,田野和天空静谧而安详。画中树木则代表王朝世系,旨在宣扬斯图亚特王朝统治的合法与久远,称颂查理统治下的和平盛世。骑马像首次成为英国的君权符号,③ 查理骑马像不仅劝导民众效仿国王,尊崇理性、秩序、美德,加强自我约束,服从等级制度,而且为查理歌功颂德,塑造善良的征服者与胜利的和平使者的君主形象。

婚姻家庭像塑造拥有神秘精神力量的仁君形象。家庭与婚姻也是查理画像的主要题材。亚里士多德曾指出,家庭是国家的起源与缩影,文学和政治作品也倾向把国王视为父亲,婚姻家庭成为表达父权权威的传统符号。爱、婚姻、家庭成为查理形象表达的核心,它们宣扬新斯多噶主义的自我克制,以及新柏拉图主义的爱的哲学与柏拉图式的爱情崇拜。如前所述,近代早期英国人家国类比的思维习惯,赋予家庭、婚姻话语以政治寓意,

---

① Kevin Sharpe, *Reading Authority and Representing Rule in Early Modern England*, London, Bloomsbury Academic, 2013, p. 135.
② Kevin Sharpe, *Reading Authority and Representing Rule in Early Modern England*, London, Bloomsbury Academic, 2013.
③ Susan J. Barnes, Nora De Poorter, Oliver Millar, Horst Vey, *Van Dyck: A Complete Catalogue of the Paintings*, Yale University Press, 2004, p. 420.

特别是国王与王后的柏拉图式爱情成为国王与人民之间神秘精神交流的象征。不过,值得注意的是,由于婚姻家庭是查理肖像画的主要题材,因而查理的君主形象是与王后亨利埃塔捆绑在一起构建的。

首先,以国王为核心的王室家庭肖像画,实际上借助婚姻与家庭话语,构建神秘的仁君形象。由于家国类比的思维习惯,王室婚姻既是私人的,也是公共的,有着非同寻常的政治象征意义。从丈夫和父亲的家庭角色可以引申出民族的丈夫与父亲身份——国王的角色与权力,婚姻与家庭话语在当时是政治话语,夫妻关系、父母与子女关系中的自然顺从,成为国王统治合法性的基础,国王权威源自他在婚姻家庭中的自然身份与角色。1629—1640年,王后亨利埃塔·玛丽接连诞下五个子女,王室子女象征着血统、王朝、神圣统治的继承与延续,这为构建查理一国之主形象提供了坚实基础。

其次,以柏拉图式爱情崇拜为主题的婚姻家庭画,以强调国王与王后神秘的灵魂结合为名,实则表达新柏拉图哲学的神秘精神力量观,宣扬王权的神圣性,构建神圣的君主形象。在17世纪的英国,婚姻忠诚是衡量国王道德的重要标尺,婚姻是构建国王良好形象的重要因素,影响着大众对国王及其政权的认知。这是因为当时非婚生很普遍,特别是在下层阶级中,在这种道德颓势下新斯多噶主义应运而生,它强调贞操、克制、禁欲等伦理观念,这些观念既是道德的,也是政治的,一个人若能够坚守贞操,进行自我约束,可以为自己赢得威望与名声。反之,那些沉湎于生理肉欲的年轻人特别是年轻女性,因不能约束自己的热情,被认为不适合参与政治。作为国家首脑,人们希望国王进行性约束,或者生活在忠诚、稳定的婚姻关系中,性开放与性自由被视为良好国王统治的反面,所以詹姆士一世和后来的查理二世都因私生活问题而遭人诟病。因为在当时的文化中,性节制是美德,是理性战胜热情的结果,是国王自我约束的重要证据,反之,乱伦与女性化则与专制暴行联系在一起。梵·戴克的肖像画,通过捕捉与表现国王和王后之间的亲密情感,把人物置于温柔的感情中,它强调国王与王后之间的情感交流,宣扬柏拉图式的爱情崇拜及其延伸的政治意义,把国王个人的亲密关系与国王权力联系起来,把王室婚姻与国王和人民的情感进行类比,婚姻与家庭的亲密关系成为表达国王与人民之间和谐关系与情感的符号,井然有序的王室代表了完美和谐的王国,"国王与王后的结合,不仅是王国之间的联合,还是国王与人民之间的联合"。① 梵·戴克的家庭肖像画不仅满足了查理的美学品位,而且还表达了查理的意识形态主题,在梵·戴克的笔下,英国是一个"依靠爱与榜样而非武力统治的王国,国王的婚姻与家庭是维护王国爱与和平的基石",② 他塑造了一个注重与人民进行精神交流、爱护妻子儿女、守护王国和平的神秘君主形象。

雕像也是构建与宣传查理君主形象的重要手段。公共场所的雕像是国王的最公开象征,查理十分重视雕像的政治宣传价值,宫廷御用雕塑家在首都与全国各地公共场所都树立起查理雕像。这些雕像不仅是王权在各地的象征,而且宣传了君主形象。朴次茅斯市长温布尔登子爵在1635年对查理雕像被破坏一事表达过不满,③ 说明查理雕像曾在该市存在。1633—1634年,在布里斯托尔和奇切斯特的市场上树立起查理的雕像,温特沃斯在爱尔兰都柏林城堡的官邸前树立起多座查理雕像,大主教劳德曾把查理的雕像捐献给牛津大学图书馆和圣约翰学院。1635年,查理下令在瓦特宫国宴厅树立他本人与詹姆士一世的雕像,波特兰伯爵在罗汉普顿自家花园为查理树立了一座骑马雕像。劳德则在国王与王后访问牛津时,在伦敦与威斯敏斯特宫以及格林威治宫和伦敦以外的重要地方,树立了一些国王全身雕像。除圣保罗大教堂外,查理雕像在皇家交易区与先王们的雕像并立,皇后大街则矗立着查理与王后深情对视的雕像,④ 圣保罗大教堂和科芬园皇家歌剧院也都有查理雕像。温彻斯特大教堂的唱诗班席隔屏前,于1638年树立起由知名建筑师琼斯设计的查理和詹姆士一世的全身雕像。对查理而言,公开场所国王雕像的重要性不在于美学价值,而在于其政治意义。

---

① D. Howarth, *Images of Rule: Art and Politics in the English Renaissance, 1485 – 1649*, University of California Press, 1997, p. 214.
② 参见 Kevin Sharpe, *Personal Rule of Charles I*, New Haven and London, 1992, chs 5, 6。
③ D. Howarth, *Images of Rule: Art and Politics in the English Renaissance, 1485 – 1649*, University of California Press, 1997, p. 180.
④ Arthur MacGregor, *The Late King's Goods: Collections, Possessions, and Patronage of Charles I in the Light of the Commonwealth Sale Inventories*, Oxford University Press, 1989, p. 92.

盛大庆典与仪式是君权神圣的直观表达，为强调国王的神圣性，保持人们对国王权威的敬畏，查理把公开仪式及国王的公开表现作为神授王权的外在符号，对各种公开仪式包括加冕礼、葬礼、入城仪式，甚至国王的日常生活，都给予充分关注，这在先王中十分罕见。首先，最能显示国王神圣的场合就是国王抚摸治病的仪式，这种仪式在欧洲有着久远的历史，是一种显示国王神圣权力与神秘力量的传统方法，是对国王超自然神秘力量的大众崇拜。查理对这一仪式高度重视，他在17世纪二三十年代，每年分两个时段，共计14天，举行这种仪式为人民抚摸治病。据史料记载，1629—1636年财政部曾拨款2400镑，[1] 为国王制作用以抚摸治病的金币，甚至在非约定时间，人们也翘首期盼国王为他们治病。其次，嘉德勋章授勋仪式的表演更加开放，公众性与宗教神秘色彩更加浓厚，旨在构建神圣君主形象。查理十分欣赏宗教的道德美学，借以强化王权的神圣。嘉德勋章本身的宗教元素，使嘉德勋章授勋仪式成为英国展示神圣王权的传统节日，这种文化资源得到查理的大力挖掘。他每天早上起床后的第一件事就是佩戴圣乔治勋章，从未出过一次差错。[2] 他还下令出版有关圣乔治的书籍与画像，资助梵·戴克8万英镑，描绘嘉德勋章授勋仪式盛况，用来装饰宫廷宴会厅墙壁。更重要的是，他对授勋仪式进行重大改革，强化仪式的公开性与表演性，使17世纪30年代英国嘉德勋章授勋仪式游行队伍比以往任何时代都要壮观，"在当时，嘉德勋章授勋仪式的奢华程度，是其他任何庆典仪式都无法相比的"，[3] 金银珠宝熠熠生辉，眼花缭乱，其中最吸引大众目光的是庆典仪式中的国王查理。威尼斯大使索兰佐于1630年对嘉德勋章授勋仪式盛况进行了细致描写，此后他的继任者每年都报告说："仪式盛况空前，游行队伍奢华壮丽。"[4] 嘉德勋章授勋仪式成为17世纪30年代公开的王权展示，有助于神圣君主形象的构建。

宫廷假面剧颂扬国王与王后之间的美好情感，宣扬柏拉图式的爱情崇

---

[1] D. Howarth, *Images of Rule: Art and Politics in the English Renaissance, 1485 – 1649*, University of California Press, 1997, p. 241.

[2] Thomas Herbert, *Memoirs of the Last Two Years of the Reign of Charles*, 1873, p. 146.

[3] W. Knowler, ed., *The Earl of Strafforde's Letters and Despatches*, 2 Vol., I, 1739, p. 427.

[4] D. Howarth, *Images of Rule: Art and Politics in the English Renaissance, 1485 – 1649*, University of California Press, 1997, p. 242.

拜，塑造带有神话色彩的理想君主形象。假面剧最初是欧洲的一种传统哑剧，用无声的表演表达价值观，后来成为欧陆宫廷流行的娱乐艺术，都铎王朝时期传入英国，到17世纪则发展成为由唱歌、跳舞和精美的舞台布景组成的宫廷娱乐活动，以歌颂国王与王公贵族为主题，带有明显的神话色彩。它一般在传统节日或者王室有重大事件时上演，表演者身着华丽服饰，配以精心设计的舞蹈，使观者置身于神话般富丽堂皇的象征世界，它展示国家和王室形象，宣扬和平、和谐与秩序，是权威文化的重要组成部分。身为法国公主的亨利埃塔对假面剧情有独钟，在其来到英国后，假面剧遂在宫廷盛行，成为17世纪30年代塑造君主形象的重要舞台。因其内在的神话思维习惯，假面剧特别适合宣扬美德修养，描写与叙述新柏拉图式的灵魂启蒙，赞颂国王与王后的爱情，把查理塑造成世袭的合法国王与理想大家长的君王形象，因为历史上伊丽莎白和詹姆士都曾宣称与人民"联姻"，爱情与感情的语言已经成为政治话语和政治辩论的一部分，王室夫妻的恩爱本身就是一种统治行为。柏拉图式爱情成为查理宫廷假面剧的主题，它宣扬的不是肉欲之爱，而是柏拉图式的灵魂结合，国王与王后的联姻被宣扬为热情与理性的结合，是理性战胜欲望的典范。婚姻与家庭是国家的类比，王室爱情成为国王与人民之间社会关系的隐喻与公共话语，"正如他们（国王与王后）纯洁灵魂之紧密结合，国王与人民之间也是心灵相通的"，[①]柏拉图式爱情崇拜是查理政权的类比，查理与亨利埃塔使这种家国类比变得有血有肉，他们的婚姻因而成为一种政治表演，旨在宣扬查理政权的合法性，构建神圣、神秘的君主形象。

二 神秘视觉形象的消极影响

近代早期是大众政治与公共领域日益崛起的时代，宣传成为政治统治的重要组成部分，但是对于君主来说，宣传本身存在内在矛盾：神秘与公开、神秘化与去神秘化。一方面，宣传可以强化君权神圣的观念；但另一方面，宣传是一种诉诸大众的行为，不可避免地出现大众化、去神秘化过

[①] D. Howarth, *Images of Rule: Art and Politics in the English Renaissance, 1485–1649*, University of California Press, 1997, p. 262.

程，宣传行为本身把国王与君权置于公共领域进行审视，接受大众评判，在宣传过程中君主形象存在不可控的危险，很可能被反对派作为"反面宣传的合法性资源"，① 成为君权去神秘化的力量。既要保持神秘，又要进行公开宣传，这是近代早期英国国王政权不得不面对的难题。17 世纪 30 年代查理形象策略的失误在于片面追求保持君主与君权的神秘性、神圣性，而忽略了大众宣传特别是文字宣传。神秘君主形象使查理宫廷文化本能的逃避现实倾向更加明显，查理视觉形象呈现出强烈的虚幻性与非现实性、欧陆化与非英化倾向，这种君主形象在 30 年代既缺乏现实的物质基础，同时又与英国新教政治文化不契合，不仅难以被大多数人民接受，而且君主民族之父与国教领袖的形象与角色受到质疑，助长了天主教阴谋论的滋生与传播，君主形象在宫廷外经历了一定程度的去神秘化。

第一，神秘形象加剧了民众对查理及其宫廷的猜疑，助长了阴谋论的传播。30 年代查理的神秘君主形象主要是通过家庭语言与词汇塑造，不可避免地采取了与王后进行捆绑式形象塑造策略，造成极其不利的政治影响。王后亨利埃塔的天主教信仰，给国王作为国教守护神的形象宣传造成了一定困难。查理视觉形象是与王后亨利埃塔合体的，即"查理－玛利亚"雌雄同体的君主形象，② 这种捆绑式构建与宣传策略就当时的政治文化而言，是严重的策略失误，因为亨利埃塔信仰天主教，因而君主形象的雌雄同体性质，势必损害查理作为新教国家领袖的形象。宗教改革后新教成为英国的国教，新教至上成为近代早期英国占主导地位的政治文化。作为笃定的天主教徒，亨利埃塔坚守天主教信仰，并有着坚定促进天主教信仰的神圣义务感，来到英国后她不出席查理的加冕仪式，③ 反而在萨默塞特宫小教堂举行天主教礼拜，不仅法国侍从参加，而且还吸引了英国天主教贵族参加。王后公开举行天主教礼拜仪式，给查理的公共关系带来了巨大困难，亨利埃塔出嫁英国被视为罗马教

---

① Kevin Sharpe, *Reading Authority and Representing Rule in Early Modern England*, London: Bloomsbury Academic, 2013, p. 154.
② 关于查理与亨利埃塔夫妇的肖像画，参见 S. Barnes, N. de Poorter, O. Millar and H. Vey, eds., *Van Dyck: The Complete Patings*, New Haven and London: Yale University Press, 2004。
③ John Adamson, *The Noble Revolt: The Overthrow of Charles I*, London: Phoenix, 2007, pp. 438 - 446.

权的阴谋,① 加之反对派利用新闻媒体推波助澜,"大量不可控的偏激的政策解读,与罗马天主教复兴的轰动性传闻裹挟在一起",② 教权阴谋论传闻催生了大众恐慌,特别是查理与妻子雌雄同体的形象构建策略加重了这种恐慌情绪。人们担心国王会被王后控制,自 1638 年起英国出现了抨击天主教佞臣的言论,一些文章甚至公开攻击亨利埃塔是王国佞臣,"40 年代议会猛烈、持续的攻击,对王后的名声造成长期的不利影响"。③ 不仅如此,王后亨利埃塔复兴天主教的行为,严重影响了查理在众多普通人特别是激进新教徒眼中的形象,40 年代查理就曾被指责"不够男人"。④ 英国政治两极化明显加剧,英国人在是否支持查理问题以及很多问题、话题和政策上产生了分裂,随着事件的发展和形势的变化,他们对这些问题和政策的认知产生了分歧。总之,查理与亨利埃塔合体的公众形象,侵蚀了人们对查理及其君主政权的信任。

第二,保持神秘、不解释的形象策略,使清教反对派在一定程度上掌握了舆论主导权,在公共领域塑造了暴君形象。近代早期英国人对国王持有一种非此即彼的二分法思维习惯,体恤人民的国王被视为仁君,对人民疾苦置若罔闻、实施专制统治者则是暴君。这种二分法思维使国王反对派常常利用历史上臭名昭著的暴君来批评现任国王,查理的专制政策促使反对派为其冠以"暴君"的恶名。⑤

查理政权在 30 年代的无议会统治时期,实行专制主义政策,横征暴敛与巧取豪夺,激起了人民特别是乡绅阶层的不满,在某些地区乡绅进行公开抵制,发生了轰动全国的五骑士案。国王反对派及时进行语言文字宣传,以致大主教劳德抱怨道:"怎么会有这么多可恶的歌谣、小册子与传单。"⑥

---

① Oliver Millar, *The Age of Charles I: Painting in England 1620 – 1649*, Tate Gallery, 1972, p. 60.
② Anthony Milton, *Catholic and Reformed: The Roman and Protestant Churches in English Protestant Thought, 1600 – 1640*, Cambridge University Press, 2002, pp. 236 – 237.
③ Kevin Sharpe, *Image Wars: Promoting Kings and Commonwealths in England, 1603 – 1660*, Yale University Press, 2010, p. 265.
④ Kevin Sharpe, *Image Wars: Promoting Kings and Commonwealths in England, 1603 – 1660*, Yale University Press, 2010, p. 158.
⑤ Robert Zaller, "The Figure of the Tyrant in English Revolutionary Thought", *Journal of the History of Ideas*, Vol 54, No. 4, 1993, pp. 585 – 610.
⑥ Adam Fox, *Oral and Literature Culture in England, 1500 – 1700*, Oxford: Clarendon Press, 2000, p. 391.

它们塑造了查理暴君的形象。清教徒托马斯·比尔德在16世纪末撰写的作品，在1631年被清教神父用来抨击船税："上帝将审判那些过度扰民、巧取豪夺的国王。"① 很显然这里的"国王"暗指查理一世。"上帝的律法，显然不是让权威用来压榨人民的……不是用没完没了、让人难以承受的税收来榨取穷人的"，② 暗示查理政府滥用神授王权，质疑其统治的合法性，构建了一个非神圣的君主形象。1630年，一篇题为《国王的行为》的匿名文章指出，"不是所有国王都能够得到上帝的庇佑"，③ 暗示政府行为违背天意，质疑查理王权的神圣性。文章描述了所罗门之子罗波安实行暴政，导致哀鸿遍野、民不聊生，最终失去民心的历史，揭露了罗波安政权崩溃的真正原因在于国王与人民之间的互惠关系被破坏，"国家领袖已经腐败堕落，首领与人民之间互惠的道路被阻塞了"。④ 实际上作者的真正用意在于借古讽今，抨击查理政权，揭露其暴政的实质，并且用历史事实警示查理专政的政治后果，塑造了非虔诚的暴君形象。

查理的神圣君主形象受到清教徒小册子的攻击。清教神父比尔德曾大声疾呼"王在法下"，⑤ 并提出契约论，暗中抨击查理政府违背宪政。他还从宗教道德角度出发，对历史上横征暴敛的国王进行谴责，抨击他们破坏了上帝的律法，大胆指出"骄纵、野蛮、邪恶的国王……暴君和压迫者占国王的绝大多数，有美德的国王则寥寥无几"，⑥ 查理没有被归入美德国王之列。到1639年，清教徒大力宣扬布坎南的大众主权论，直接攻击查理是异教徒，认为抵抗国王的行为是合法的，查理的神圣君主形象遭到严重破坏，以致劳德于1637年直言："您（指查理）的荣耀、人身安全、国家宗

---

① D. Howarth, *Images of Rule: Art and Politics in the English Renaissance, 1485 – 1649*, University of California Press, 1997, p. 269.
② D. Howarth, *Images of Rule: Art and Politics in the English Renaissance, 1485 – 1649*, University of California Press, 1997, p. 269.
③ D. Howarth, *Images of Rule: Art and Politics in the English Renaissance, 1485 – 1649*, University of California Press, 1997, p. 267.
④ D. Howarth, *Images of Rule: Art and Politics in the English Renaissance, 1485 – 1649*, University of California Press, 1997.
⑤ D. Howarth, *Images of Rule: Art and Politics in the English Renaissance, 1485 – 1649*, University of California Press, 1997, p. 268.
⑥ D. Howarth, *Images of Rule: Art and Politics in the English Renaissance, 1485 – 1649*, University of California Press, 1997.

教，正受到清教诽谤文的指责与非难。"① 清教小册子挑战查理的神圣君主形象，塑造了一个宗教迫害者的形象。17世纪30年代宫廷与反对派之间的话语权争夺，为内战的爆发做好了舆论准备。

简言之，面对17世纪30年代激烈的政治危机，查理对形势做出误判，继续采取神秘化宣传策略，威权主义的个性，使他不容许人们对其政策和行为进行公开讨论，他用高冷的沉默、不解释策略，来维护国王的尊严与权威，放弃大众化的语言文字宣传，没有向人民宣传与解释政策，无法争取人民的理解与支持，结果导致自造形象与政治现实之间日益扩大的张力。正如克拉伦登伯爵在写给劳德大主教的信中称，人民之所以公开抵抗政权，是因为"政府未能把其政策及政策目标，如实地向人民解释与说明"。②

与查理选择沉默的策略相反，国王反对派发起强大的宣传攻势。这场宣传运动在削弱国王信誉方面是有效的，对这种敌对的、反面宣传，查理政府没有做出有效反击，虽然大众对国王的支持不能轻易被瓦解，但是随后的事件表明，在日益两极化的宗教与政治斗争中，查理难以像都铎王朝君主特别是伊丽莎白女王那样获得整个民族的忠诚，甚至在面包店、理发店、酒馆里，"普通百姓都在辩论国家大事"。③

结　论

米歇尔·福柯和克利福德·吉尔兹曾指出，权威甚至权力不单单是由组织机构和军队构成，而是依靠文字、形象、仪式构成的，它们不仅展示权力，而且也构建与支撑权力。纵观17世纪30年代查理的君主形象，不难发现，查理政权重视觉而轻语言文字的策略，使英国君主形象重新回归神秘化，以查理为核心的宫廷贵族沉浸在太平盛世的幻想中，但现实情况是，个人统治时期的专制主义政策引起清教乡绅的强烈不满，甚至公开抵抗。在这种严峻形势下，查理政权继续沉溺于神秘君主形象的塑造，面对质疑

---

① D. Howarth, *Images of Rule*: *Art and Politics in the English Renaissance*, *1485 – 1649*, University of California Press, 1997.
② Edward Hyde, Earl of Clarendon, *The History of the Rebellion and Civil Wars in England*, Vol. 1, ed. by W. D. Macray (6 Vols, Oxford, 1888), I, p. 25.
③ Barbara Shapiro, *Political Communication and Political Culture in England*, *1558 – 1688*, Stanford University Press, 2012, p. 35.

与攻击，没有及时以语言文字进行回应，未能充分利用印刷革命时代文字传播更迅速、更便捷的优势进行政策宣传，而是选择了保持沉默、不解释的策略，导致国王及其政策更加神秘，宫廷日益封闭，最终造成国王与人民关系和情感的疏离，加剧了政治危机。

黑死病与欧洲社会转型研究的重新审视*

赵文君

(天津师范大学欧洲文明研究院)

深刻认识中世纪晚期近代早期西欧的黑死病与社会转型，比理解西方世界兴起或苏联的衰落更为困难，因为前者较之后者要面对如下问题：（1）人口的数量和质量；（2）特定时期人类的知识存量，特别是西欧人对生态、疾病的知识存量；（3）界定社会转型的概念和制度框架。在整个人类历史上，我们误解黑死病与社会转型的概率远比正确理解这一现实的概率大得多，因而认识其现实的本质就很重要。更为重要的是从时间维度和跨学科的视角重新审视黑死病的历史作用，这也是本文的写作目的。

简短回顾一下以前有关社会转型的研究，将会为深入认识黑死病提供适当的背景。关于社会转型，自19世纪马克思首先将从封建社会到资本主义社会的过渡视为社会发展阶段之后，中外史家对此问题进行了深入的研究，著述颇丰。20世纪中叶后，西方学界出版了一系列封建社会向资本主义社会转型问题的著述，这些著作为丰富社会转型认识做出了重要贡献。[①]其中，道格拉斯·诺思、艾伦·麦克法兰、哈罗德·J.伯尔曼、布莱恩·

---

* 本文为国家社科基金重点项目"中世纪西欧健康问题研究"（15SS02）的阶段成果之一。
① 关于社会转型问题，对于那些不熟悉经过长期辩论积累的大量文献的人而言，要把握其中的学术主旨和前沿可能是困难的，目前，国内深入系统的研究可参见侯建新先生的有关著述。侯建新：《现代化第一基石》，天津：天津社会科学院出版社，1991年；侯建新：《社会转型时期的西欧与中国》，北京：高等教育出版社，2005年；侯建新：《资本主义起源新论》，北京：生活·读书·新知三联书店，2014年；侯建新：《关于西欧现代社会转型起始年代的新观点》，《世界历史》2014年第4期。

蒂尔尼和克里斯托弗·戴尔等人的新著①受到学界的极大关注。这种重视表明，西方学界对于向资本主义转型这一棘手的历史和理论问题的兴趣日增，认识更为深入。

一　黑死病②：一场瘟疫与社会转型

社会转型，从一定意义上讲，就是制度变迁。换句话说，我们这里谈及的社会转型就是从封建制度向资本主义制度的演化过程。然而，这一演化过程的基础之一就是人口的数量和质量。如皮埃尔·肖努所言："在历史学家看来，人口指数是计量器、生命线、吃水线……有人才有历史。"③ 著名中世纪经济史家、新人口论的奠基人波斯坦④认为，中世纪的农奴制度是由其经济基础决定的，这里的经济基础"就是指土地和人口垦殖，生产技术以及经济活动的总趋向"。其中，"人口的运动较其他经济变化是更为基

---

① 〔美〕道格拉斯·诺思：《理解经济变迁过程》（Douglass C. North, *Understanding the Process of Economic Change*），普林斯顿大学出版社，2010年；〔英〕艾伦·麦克法兰：《英国个人主义的根源：家庭、财产和社会变迁》（Alan Macfarlane, *The Origins of English Individualism, The Family, Property and Social Transition*），剑桥大学出版社，1979年；〔美〕哈罗德·J. 伯尔曼：《法律与革命：西方法律传统的形成》（Harold J. Berman, *Law and Revolution, The Formation of the Western Legal Tradition*），哈佛大学出版社，1983年；〔美〕布莱恩·蒂尔尼：《自然权利的概念：自然权利、自然法和教会法的研究（1150—1625）》（Brian Tierney, *The Idea of Natural Rights, Studies on Natural Rights, Natural Law, and Church Law 1150 – 1625*），威廉·B. 伊尔德曼斯出版公司，2001年；〔英〕克里斯托弗·戴尔（Christopher Dyer）：《转型的时代：中世纪晚期英国的经济与社会》（*An Age of Transition？: Economy and Society in England in the Later Middle Ages*），牛津大学出版社，2005年。

② 据李化成教授的考证，"黑死病"（The Black Death）是后人对中世纪晚期到近代早期这场瘟疫的称谓。当时的拉丁文文献中多带有感情色彩的称谓——atra mors（意为"恐怖的死亡"）、pestis atra（意为"恐怖的瘟疫"）等，atra 虽然也有"黑色的"意思，但更多的是用来指"恐怖的""骇人的"。一般认为，将之冠以"黑死病"之名，最早出现于1555年的瑞典文献中，曰 swarta dö den。一般认为，这要归因于斯堪的纳维亚语对拉丁语 atra 的误译。直到1823年，这一称谓才出现在英文历史读物的撰述中。参见李化成《黑死病期间的英国社会初揭（1348—1350年）》，《中国社会科学》2007年第3期。19世纪英国史家托马斯·麦考莱在他的《英国史》中对黑死病只字未提。本文论及的黑死病即指14—17世纪危害整个欧洲长达三个世纪之久的这场瘟疫。

③ 〔法〕费尔南·布罗代尔：《法兰西的特性——人与物》（上），顾良、张泽乾译，北京：商务印书馆，1997年，第145页。

④ 波斯坦的主要观点可见他主编的《剑桥欧洲经济史》第2卷，参见 M. M. Postan, *The Cambridge Economic History of Europe*, Vol. 2, Cambridge, 1966。

本的"，"人口的增减，大概是作为生产增减基础的所有过程中最基本的一种"。① 波斯坦根据中世纪晚期的人口数量波动，以14世纪初为分界线，分析了12—15世纪的人口土地关系比例，对黑死病与社会转型做出了一个大胆的结论：长期的饥荒成为致命黑死病的温床，"人口的灾祸决定了农奴制的崩溃"。② 这也就意味着封建制度的终结。12—13世纪，随着人口贸易的稳步增长，对粮食需求的压力增大，导致了大规模的垦荒运动；然而，垦荒运动仍然满足不了人口增长的需求，于是粮价上涨、地租上升，社会经济危机爆发，因而从1310年起的连年饥荒是随之而来的人口过剩的最初征兆。人口与经济增长比例严重失调导致生活水平下降、健康情况和抗疫能力降低，从而诱发了黑死病大面积爆发，导致人口剧减。按照供求规律，领主之间对日趋匮乏的劳动力的争夺，抬高了劳动力的身价，于是，因带有较强的人身依附特征而不受人们欢迎的劳役地租逐渐以货币"折算"，以至于领主最终放弃了农奴制。对此观点，布伦纳坚决反对，他认为，"同样的人口趋势，在不同的时间和在欧洲不同的地区，产生了不同的结果"。例如，14世纪黑死病使整个欧洲人口大减后，西欧相当一部分地区确实出现租金下降和自由农民兴起，但几乎与此同时，在东欧，特别是在波美拉尼亚、勃兰登堡、东普鲁士和波兰，14世纪晚期人口的减少却伴随着农奴制的强化。③ 对于二者的分歧，我们还是要回到历史进程中来观察。

中世纪晚期的危机以饥荒、黑死病、1381年农民起义和英法百年战争著称于世。查理七世在位时，一位老人在临终时说："我从来不知道我们村子有哪一年没有动乱、战争和死亡。"④ 据西方学者考察，"罗素认为，法国

---

① 〔英〕波斯坦：《中古社会的经济基础》，载《波斯坦论文集》，中译文载《世界历史译丛》1980年第4期。
② M. M. Postan, J. Z. Titov, "Heriots and Prices on Winchester Manors", *The Economical History Review*, New Series, Vol. 11, No. 3 (1959), pp. 392 – 417; M. M. Postan, *Essays on Medieval Agriculture and General Problems of Medieval Economy*, Cambridge: Cambridge University Press, 1973; R. Brenner, "Agrarian Class Structure and Economic Development in Pre-industrial Europe", *Past and Present*, Vol. 70, 1976, p. 39, 引号内的话是布伦纳概括的。
③ R. Brenner, "The Agrarian Class Structure and Economic Development in Pre-industrial Europe", *Past and Present*, Vol. 70, 1976, pp. 39, 41.
④ 〔法〕罗伯特·福西耶主编《剑桥插图中世纪史（1250~1520年）》，李桂芝等译，济南：山东画报出版社，2009年，第41页。

1100年前后的人口为620万人,将近英格兰人口的五倍(据《土地丈量册》的统计,英国1086年的人口为130万人)。然而,《堂区和住户概况》指出,1328年法国人口约为2000万人。如果1100年的居民数为620万是正确的(在我看来,这一数字偏低),人口就增长了三倍多。1086年时人口为130万人的英格兰在临近1346年时已达370万人。其增长幅度同样接近300%。根据意大利、丹麦等国的人口资料,威廉·阿贝尔得出结论说,在整个欧洲,人口几乎也以三倍的速度在增长"。① 人口增长引发的城市扩张在1300年达到了中世纪基督教欧洲的极限。"根据最保守的估计,有六个城镇的人口超过5万人;三十多个城镇的人口超过2万人;还有近八十个城镇声称人口超过1万人。"② 无论如何,人口过剩早于黑死病,黑死病只是加重了危机。"黑死病使得本已呈下降趋势的人口数量更有了大幅度的下降。"③ "在众多文献中,我们或可援引一份来自1372年勃兰登堡的记载:'众所周知,瘟疫和死亡率是如此猛烈,以至于夺去了绝大部分农夫的生命。死去的人如此之多,农夫人数已经极少且极其稀有,多数土地都因无法耕作而荒芜了'。"④ 从法国人口数量变动的状况来看,黑死病爆发前,法国瓦卢瓦王朝的腓力六世即位的1328年总人口约为2000万人。"从这个高度上,人口转为急剧下降,到1450年时,可能降到1000万人左右,也就是说,减少了一半。如果根据诺曼底地区为数有限的实例进行推断,下降的幅度甚至更大:'最低的水平……是以往有10名居民的地方,只剩下3人还活着'。"⑤ 目前,学界可以得到的唯一完整的资料是有关英国的:根据1338年至1415年及以后的税收记录,黑死病爆发前英国人口为312.5万人。1358年人口下降到275万人。1377年根据当时人口统计的主要资料人

---

① 〔法〕费尔南·布罗代尔:《法兰西的特性——人与物》(上),顾良、张泽乾译,北京:商务印书馆,1997年,第116—117页。
② 〔法〕罗伯特·福西耶主编:《剑桥插图中世纪史(1250～1520年)》,李桂芝等译,济南:山东画报出版社,2009年,第19页。
③ 〔法〕雅克·勒高夫:《中世纪文明(400—1500年)》,徐家玲译,上海:格致出版社,2011年,第109页。
④ 〔法〕雅克·勒高夫:《中世纪文明(400—1500年)》,徐家玲译,上海:格致出版社,2011年,第263页。
⑤ 〔法〕费尔南·布罗代尔:《法兰西的特性——人与物》(上),顾良、张泽乾译,北京:商务印书馆,1997年,第134页。

头税计算，下降到 225 万人。截至 15 世纪初，兰开斯特家族（House of Lancaster）统治下的英国人口仅 200 万人多一点。英国城市和乡村人口在黑死病中总计损失了 1/3。① 新世纪以后，荷兰格罗宁根大学教授安格斯·麦迪森在《世界经济千年史》对此做出了相同的估算。他强调："传染病的反复出现也造成了死亡率的猛烈上升。其中最严重的是黑死病，它使欧洲人口分别在 6 世纪和 14 世纪减少了三分之一。第二次黑死病延续了几个世纪，最终于 1665 年在英格兰消失，于 1720～1721 年在法国消失。约翰·格兰特（John Graunt），第一位科学的人口学家，记录了 1592 年、1603 年、1625 年、1630 年、1636 年和 1665 年黑死病对伦敦的冲击。在最惨的一年，人们共埋葬了 97000 具尸体（大约占人口的 16%）。"② 在此，讨论人口数量的意义在于让人知晓危机的严重程度，正如布罗代尔所言："我并不认为，人口是唯一的决定性因素，我愿重申，归根结蒂，人口是与历史有关的各种力量——稍纵即逝的、经久不衰的、不堪一击的、异常强大的……力量——忠实记录。人口是所有各种力量的综合和排列。"③

从短期来看，黑死病事件使人口因素在西欧比东欧更具转型优势。对很多人来说，黑死病的大爆发是中世纪迈向近代这场社会转型中最令人瞩目的方面。这种劳动力剧降在西欧的历史路径下使其迅速脱颖而出。"'在 1349 年发生的致命疾病或瘟疫期间，很少有两个农民留在庄园里。'如果不签订新的合同的话，那么农民们就扬言要离开庄园。他们以前的绝大多数劳役——包括犁地、除草、马车运输以及备耕土壤——都可以用租金代役，所以，合同文本补充说，'因为前面所述的劳役已变得无足轻重，所以，只要新合同让领主们感到满意——如果新合同能够让领主们永远感到满意，那么农民们就可以永远用租金代役。'"④ 为什么同样的人口减少在东西欧却

---

① 〔法〕罗伯特·福西耶主编《剑桥插图中世纪史（1250～1520 年）》，李桂芝等译，济南：山东画报出版社，2009 年，第 43 页。
② 〔英〕安格斯·麦迪森：《世界经济千年史》，伍晓鹰等译，北京：北京大学出版社，2003 年，第 20—21 页。
③ 〔法〕费尔南·布罗代尔：《法兰西的特性——人与物》（上），顾良、张泽乾译，北京：商务印书馆，1997 年，第 145 页。
④ 〔美〕菲利普·费尔南德兹-阿迈斯托：《世界：一部历史》（上册），叶建军等译，钱乘旦审读，北京：北京大学出版社，2010 年，第 532 页。

产生了截然不同的变化？显然，14世纪前东西欧历史发展过程中的人及其文化传统可能是决定性的。历史文化不同的剧中人，在同样的重要时刻，对自身的角色理解完全不同，因而其做出的主观选择必然不同。新人口论关于农奴制瓦解与资本主义的兴起的论述不能扩大为一般规律，实际上，仅就人口因素而言，黑死病所引发的人口剧降只是欧洲社会转型中农奴与领主政治力量变化的先决条件，而非促使领主让步、农奴制瓦解的直接原因。中世纪晚期西欧农奴的解放并非缘于领主的恩慈，而是农奴长期以来，特别是抓住黑死病等机遇主动抗争的结果。马克思指出："一般说来，社会改革永远也不会以强者的软弱为前提；它们应当是而且也将是弱者的强大所引起的。"① 从这种意义上讲，它在西欧推动了共产主义的萌生。威尔斯对这场瘟疫有着独到的看法，认为这一大灾难大大地激发了原始共产主义思想的发展。他说："这瘟疫成为黑死病，这比以前任何其他祸害更接近于灭绝人类。它比伯利克里时的瘟疫或马克奥里略时的瘟疫，或查士丁尼和格列高利一世时为伦巴德人入侵意大利铺平道路的一次又一次的瘟疫致命的多。"② 很快我们便在农民起义时听到"一位煽动1381年农民暴动的大众喜爱的布道者"，阐明了平等主义的原理：

> 地主们如何能说明或证明他们比我们拥有更多的权力——除了他们让我们挖土和耕种，这样他们就能够挥霍我们所生产的东西之外？……他们有美丽的住宅和庄园，而我们常常在田野或雪地里遭苦受累。但是，他们用来享受荣华富贵的每一样东西都来自于我们以及我们的劳动……好伙计，在英格兰，事情不可能有好的进展，在所有财富成为公有之前，也永远不可能变得很好，既不存在恶棍，也不存在贵族，我们所有的人的地位都是平等的。③

---

① 《马克思恩格斯全集》第4卷，北京：人民出版社，1958年，第284页。
② 〔英〕赫·乔·韦尔斯：《世界史纲》下卷，吴文藻、谢冰心、费孝通等译，桂林：广西师范大学出版社，2001年，第640页。
③ 〔美〕菲利普·费尔南德兹-阿迈斯托：《世界：一部历史》（上册），叶建军等译，钱乘旦审读，北京：北京大学出版社，2010年，第532—533页。

此外，也有的学者通过研究黑死病发现当时男女性别死亡率之间差异很大。"在1348年令人可怖的瘟疫肆虐后，那些注意到性别之间死亡率差异的同时代人都认为，男人是瘟疫的主要牺牲品。从整体上看，14世纪的瘟疫对男人的打击似乎要比对女人严重一些。原因大概是，与男人相比，女人过着相对与世隔绝因而是受到保护的生活。常常从连续的婚姻中积累财产的富裕寡妇，正确行使着她们的权力。在某种程度上，同样的考虑也适合于社会的底层。例如，14世纪20年代由于寒冷和饥荒而导致人口的高死亡时期，英格兰西南部汤顿庄园的农民，有超过半数的婚礼是与富裕的寡妇联系在一起。黑死病过后，庄园主对那些希望缔结如此婚姻的人征收可观的许可证税，显而易见是来保护寡妇们免遭罗密欧们的贪婪掠夺。寡妇们成为庄园的管理者，人数之多是史无前例的。"① 大家或许记得英国作家杰弗里·乔叟笔下的巴斯之妻，就是那个时代富裕寡妇的代表。"感谢上帝，她是永恒的/在教会之门里，我已有五位丈夫。"②

从中期来看，对教会的影响可能是决定性的，黑死病过后的三百多年间，精神权威与世俗权威实现了分离，即"上帝的归上帝，恺撒的归恺撒"。瘟疫的蔓延使得大量教士死亡，这在中世纪以前也是从来没有过的。在卡尔卡松（Carcassonne），所有法兰西斯派修士全部死亡；在图卢兹，圣塞尔南（Saint-Sernin）大教堂的20个教士死了12个；阿维尼翁的教廷官员死了1/4。③ 大量教士死亡导致教会管理和服务水平的下降，社会各界对这一转变的适应性过程的细节是复杂的。黑死病后广大教士和僧侣的行为受到批评，不仅毫无宗教热情，而且道德败坏。"例如在日内瓦主教区，1411年的主教在一次视察活动中发现，31%的教区牧师缺席；35%知识贫乏或几乎文盲；40%的行为不配做牧师（几乎一半牧师姘居）。"④ 另有可靠的证据

---

① 〔美〕菲利普·费尔南德兹-阿迈斯托：《世界：一部历史》（上册），叶建军等译，钱乘旦审读，北京：北京大学出版社，2010年，第531页。
② 〔美〕菲利普·费尔南德兹-阿迈斯托：《世界：一部历史》（上册），叶建军等译，钱乘旦审读，北京：北京大学出版社，2010年，第533页。
③ 〔法〕罗伯特·福西耶主编《剑桥插图中世纪史（1250~1520年）》，李桂芝等译，济南：山东画报出版社，2009年，第42页。
④ 〔法〕罗伯特·福西耶主编《剑桥插图中世纪史（1250~1520年）》，李桂芝等译，济南：山东画报出版社，2009年，第111页。

证明了黑死病更为惊人的破坏性。如"在西班牙地中海沿岸的巴塞罗那，教会里有60%的工作空缺。英格兰北部的约克大主教区的教会记录表明那里出现的第一次瘟疫夺去了40%的神职人员的生命。由于照料病人的需要，神职人员特别容易被感染，所以，神职人员也许是一个高危职业人群"。①薄伽丘的《十日谈》真实地记载了他身处佛罗伦萨时的感觉："我们的城市陷入如此深重的苦难和困扰，以至令人敬畏的法律和天条的权威开始土崩瓦解。事实上，民政和神职执法人员和一般人一样，死的死，病的病，剩下的和家人一起闭户不出，根本不能行使职权，因此人们无法可依，爱怎么干就怎么干。"② 1893年，红衣主教F.A.加斯科特（F.A.Gasquet）认为："整个教会体制都彻底瓦解了，所有的事情都要从头开始。"齐格勒在《黑死病》中也详细论述了黑死病对教会的冲击，认为黑死病造成大量的教士死亡，导致许多不够资格甚至根本不适合当教士的人也被吸纳进教士队伍，这种局面造成教会纪律松弛和信仰薄弱，这些仓促杂凑起来的队伍已经不可能成为精神的引路人。③ 很明显，教士的大量死亡不是孤立事件，它直接影响了人口的质量和教会的声誉，并且如果我们想要进一步增进对社会转型的理解，就必须深入认识黑死病时期基督教及教会内部对此的反应。

从长期来看，它推动了欧洲现代科学和公共卫生制度建设。黑死病时期病人是怎样接受治疗的？中世纪医生是怎样了解人体、疾病和健康的？国王、教会以及市政当局当时是怎样看待预防疾病和改善公共健康等问题的？这一切对研究社会转型也具有不可估量的价值。虽然当时死亡如影随形，成为每个人心头挥之不去的阴影，整个社会笼罩在恐怖的阴霾之中。那一时期的绘画中，出现了令人毛骨悚然的死神之舞，死尸生机勃勃地拉着生者跳舞，生者健康而年轻，身着各阶层服装，却惊诧得动弹不得，情不自禁地顺从了。死神混迹于生者中间，出没在日常生活的各种场景中。"但当西欧上空布满恐惧的同时，它也经历了转型，朝着激动人心的新方向

---

① 〔美〕菲利普·费尔南德兹-阿迈斯托：《世界：一部历史》（上册），叶建军等译，钱乘旦审定，北京：北京大学出版社，2010年，第526页。
② 〔意〕薄伽丘：《十日谈》，王永年译，北京：人民文学出版社，1994年，第9页。
③ 转引自赵立行：《西方学者视野中的黑死病》，《历史研究》2005年第6期。

前进。"① "除了产生祈祷、忏悔和迷信之外，当人们寻求治愈方法时，瘟疫对科学起到了刺激作用。把罪过视为瘟疫产生的原因，这是再正常不过的事情。但是，绝大多数人实际上并没有信以为真。"14世纪，对病因做出道义上的解释几乎不比今天的解释更令人信服，科学探究不久便取代了悲天悯人。巴黎大学医学院归咎于"一年之中有很多湿气——我们不能忽视这样的事实：任何瘟疫产生于神的意愿，……但是，这并不意味着放弃医生"。占星术家得出了宿命论的解释。"污浊的空气"广受指责，也许最初是由被污染的水井引起的，也许是由地震所致。

至于如何医治瘟疫，方法可谓五花八门。在开罗，在1347年黑死病爆发时，诊治者用亚美尼亚人的黏土敷在受害者身体的隆起部位。在穆斯林时期的西班牙，医生伊本·哈提卜建议患者不吃谷物、奶酪、蘑菇和大蒜。作为防止患病的药方或方法，大麦茶和罗勒糖浆被广为使用。1348年，意大利中部弗里诺的金泰尔死于一场瘟疫。他推荐了风干至少一年的蛇肉作为治疗方法。这并不像听起来那样愚蠢。蛇的毒液在精确的计量下是有益的，所以，它与医学专业一样，有一个悠久而又光荣的医疗记录。另一位名叫加布里埃莱·德·穆西斯的意大利人，赞成切开静脉放血和用锦葵属植物的叶子制作膏药的方法。突厥人在患者的身上割破脓肿，并且很可能抽取"绿腺"。

在基督徒和穆斯林中间存在一个压倒性的医学观点，即视感染和传染是对人口的主要威胁。在那些政府当局及时做出隔离反应的地方，生命就得到了拯救。隔离的措施多种多样，如意大利北部的伟大城市米兰与英格兰的叫做埃亚姆的小村庄就存在不同。②

二 黑死病研究：医学社会史还是环境史

意大利文艺复兴运动的杰出代表薄伽丘1348年在佛罗伦萨亲历了黑死

---

① 〔美〕丹尼斯·谢尔曼、乔伊斯·索尔兹伯里：《全球视野下的西方文明史：从古代城邦到现代都市（第二版）》中册，陈恒、洪庆明、钱克锦等译校，上海：上海三联书店，2011年，第389页。

② 〔美〕菲利普·费尔南德兹－阿迈斯托：《世界：一部历史》（上册），叶建军等译，钱乘旦审读，北京：北京大学出版社，2010年，第527—528页。

病造成的灾难。次年瘟疫稍微平息时,薄伽丘决定将这场历史性的瘟疫记录下来,从而成就了巨著《十日谈》。这场瘟疫无疑给薄伽丘个人以极大的冲击,他在序言中描述了城市中瘟疫肆虐的恐怖:受感染的人中午还和朋友一起午餐,可是到了晚餐时间,就已上了天堂。每天,甚至每小时,都有大批的尸体被运到城外的墓地。[①] 1348年3月到7月,病死的人总计超过10万人,昔日美丽繁华的佛罗伦萨城,变得萧条苍凉,尸骨遍野。为突出瘟疫的可怕,薄伽丘有时也使用夸张手法,他以第一人称描述了自己亲眼所见的一幕:"我还要补充的是,那场疫病的传染力特别强,不但在人与人之间传播,即使人类之外的动物接触到病人或者病死的人的物品也会传染上,并且在很短的时间内死去。正如前文所说,有一天,我亲眼见到这么一件事:一个病死的穷人的破烂衣服给扔到马路上,有两头猪过来用鼻子拱拱,习惯地用牙齿叼起,过不多久,就像吃了毒药一样抽搐起来,双双倒在那堆破衣服上死了。"[②] 两只猪在患瘟疫死去者的衣物中拱来拱去,结果当场抽搐后毙命,黑死病竟然能如此厉害,不能不令人惊异。这真是一次恐怖至极的死亡体验。

为什么黑死病得以如此猖獗?黑死病于6世纪、7世纪和8世纪在欧洲多次出现,到了1347年,欧洲已把远在几百年前的瘟疫完全忘记,但这次灾难却以两倍、三倍的凶猛,突然向欧洲扑来。人们当时把它看成是一场新的灾难。教皇克莱门六世著名的外科医生居伊·德·肖利亚克在阿维尼翁声称,以往从未有过这样的传染病。他写道:"早先的瘟疫只在一个地区内传染,这次瘟疫却使所有人在劫难逃,某些患者原来尚可救治,如今却无一人能有生路。"[③] 薄伽丘说:"不知是由于天体星辰的影响,还是因为我们多行不义,天主大发雷霆,降罚于世人,那场瘟疫几年前先在东方地区开始,夺去了无数生灵性命,然后毫不停留,以燎原之势向西方继续蔓延。"[④] 事实上,像薄伽丘一样,很多欧洲人都认为,气候就像鞭子,瘟疫

[①] 〔意〕薄伽丘:《十日谈》,王永年译,北京:人民文学出版社,1994年,第14—15页。
[②] 〔意〕薄伽丘:《十日谈》,王永年译,北京:人民文学出版社,1994年,第8页。
[③] 〔法〕费尔南·布罗代尔:《法兰西的特性——人与物》(上),顾良、张泽乾译,北京:商务印书馆,1997年,第135页。
[④] 〔意〕薄伽丘:《十日谈》,王永年译,北京:人民文学出版社,1994年,第7页。

是上帝行使的用来打击人类傲慢无礼的惩罚手段,并且提醒人们死亡具有不可动摇的力量。

国王、教会和市政府采取了哪些措施?"人们采取了许多预防措施,诸如指派一批人清除城市的污秽垃圾,禁止病人进入市内,发布保持健康的忠告,善男信女不止一次地组织宗教游行或其他活动,虔诚地祈求天主,但一切努力都徒劳无功。"①

为什么黑死病的传播地区有例外?可能这时最有意思的现象是,在遍布黑色尸体的海洋中还有一些白色的地区,博讷(Beaune)、鲁埃格(Rouergue)、匈牙利、埃诺(Hainaut)和布拉邦特的部分地区以及散布各地的很多城镇不可思议地幸免于难。现代科技对此可能的解释是O型血的人对鼠疫有免疫力。如果匈牙利的绝大部分人是这个血型,并且最近已在欧洲心脏地带扎根的假设属实的话,那么即强烈暗示,血型的分布和那些没有受到死亡打击的地区正好吻合。②确实,1347—1350年的黑死病蔓延极广,只是东欧的个别内陆地区,以及西欧的贝阿恩、鲁埃格、伦巴第和尼德兰等地区才在一定程度上幸免于难,这些地区不是由于它们远离瘟疫传播的主要路线,环境隔绝对它们起了保护作用,就是由于那里的经济特别繁荣,居民的饮食条件较好,因而具有较强的抵抗力。③ 实际上,上面的一系列问题都涉及医学史或医学社会史等领域。撰写疾病史的绝大多数尝试都是建立在错误的假设之上:我们能够从历史文献所描述的症状来认识现代医学所知且能够被诊断的疾病在过去的发作。由于存在两个方面的原因,所以,这是一个不现实的期望。

首先,过去的人们是用不同于我们的理解力来看待疾病的。他们所发现的疾病症状并不一定就是今天的观察者所注意的那些症状,他们亦不使用同样的语言来描述它们。我们所寻找的疾病症状因文化的变化而变化。有时候,书面的和科学的文献使用了疾病的新的范式,而抛弃或取代了旧

---

① 〔意〕薄伽丘:《十日谈》,王永年译,北京:人民文学出版社,1994年,第7页。
② 〔法〕费尔南·布罗代尔:《法兰西的特性——人与物》(上),顾良、张泽乾译,北京:商务印书馆,1997年,第42页。
③ 〔法〕费尔南·布罗代尔:《法兰西的特性——人与物》(上),顾良、张泽乾译,北京:商务印书馆,1997年,第135—136页。

的范式。

其次，疾病本身发生了变化。也许，它们比历史的任何其他方面变化要多，这是因为导致疾病的很多微生物在快速地变异。因为它们快速地繁殖，所以，它们的演化很快，对不断变化的环境反应迅速。瘟疫时代的瘟疫不总是单一疾病的光顾。它们可能是不同疾病的"鸡尾酒"变种，可能包括一些在今天医学手册上能够被认知的某些疾病。但是，我们必须关注这种可能性——它比可能性更加可能——瘟疫时代蹂躏欧亚大陆的一些疾病在那个时代就是特殊的。它们在先前并不以同样的方式存在，自那以后就不复存在。新的病原体是致命的，因为它们不为人们所知晓。当它们发起侵袭时，没有人有机会对它们建立免疫力。①

此外，"炭疽杆菌被认为是一个重要因素。这并非不可能。某种形式的炭疽杆菌肯定存在于那个时代欧洲的牛的身上。不管炭疽杆菌是不是一个因素，但这似乎是可能的：作为疾病的传播者，作为感染源的储藏地，甚至作为受害者——家养动物是这一背景的重要组成部分。一些早期的瘟疫受害者描述这种疾病方式的一个奇妙特征是，他们确信他们的家养动物是受害者，正如同他们自己是受害者一样。意大利佛罗伦萨城一位编年史家把'狗、猫、鸡、公牛、驴和绵羊'放在受害者之列，它们带有与人一样的受害症状，包括腹股沟和腋下的肿疱。在亚得里亚海岸的萨洛纳港口，黑死病的第一批受害者是'马、公牛、绵羊和山羊'"。②布罗代尔说："更加可以肯定的是，医学史也最复杂，头绪最乱，最难阐述清楚。或许正像我常说的那样，无论在什么地方，医学史的任何一个特殊领域或局部都拼命要求覆盖通史的全部空间。"③ 总之，对黑死病复杂的病原学原因还没有一个可信的解释。

然而，我们不能忘记，在对重创欧洲社会的黑死病的分析中，新人口论合理地看到了人地关系及其环境压力，但遗憾的是，他们未能就此展开，

---

① 〔美〕菲利普·费尔南德兹-阿迈斯托：《世界：一部历史》（上册），叶建军等译，钱乘旦审读，北京：北京大学出版社，2010年，第521页。
② 〔美〕菲利普·费尔南德兹-阿迈斯托：《世界：一部历史》（上册），叶建军等译，钱乘旦审读，北京：北京大学出版社，2010年，第522—523页。
③ 〔法〕费尔南·布罗代尔：《法兰西的特性——人与物》（上），顾良、张泽乾译，北京：商务印书馆，1997年，第161页。

进而反思以"人为万物的尺度"为世界观的社会转型问题。这种改变直至麦克尼尔,他认为,在世界历史进程中,人类与自然的关系可能更为根本,不可忽视,其中就包括人与病菌的关系。"人们容易忘记人类只是居住在生物圈的一小部分,其中绝大部分仍然在我们的支配之外。海洋流和大气流改变了气候并且塑造了我们的世界,而置我们的意愿于不顾。我们甚至不能控制自身成为其一部分的整个生态系统。我们的身体内部藏有以我们为生而不管我们喜欢与否的微生物,有时候它们对我们有益,有时候又危害我们。疾病的携带者能够以令人迷惑的速度改变它们的习惯和袭击的方式,让我们对如何做出反应迟疑不决,比如,病毒就属在很大程度上超出我们控制的生态系统的一部分。"①

马克思和恩格斯曾指出:"一切人类生存的第一个前提也就是一切历史的第一个前提,这个前提就是人们为了能够'创造历史',必须能够生活。但是为了生活,首先就需要衣、食、住以及其他东西。因此第一个历史活动就是生产满足这些需要的资料,即生产物质生活本身。""因此任何历史观的第一件事情就是必须注意上述基本事实的全部意义和全部范围,并给予应有的重视。"② 那么,当时间的指针停留在14世纪初时,你就会发现在欧洲社会人们的生活被饥饿和饥荒笼罩。11世纪后,随着人口的增长,人们开始耕种更多的土地以弥补粮食的不足,这就致使村民既要把原来放牧的土地用作耕地,同时也要在森林沼泽进行拓荒。家畜由于无地圈养被杀掉——四分之一到三分之一。家畜的数目严重减少,也导致了肥料的减少,粮食产量再度大幅降低。人口增长所带来的生存压力一般是通过开垦荒地得到缓解。从法国全境来看,毁林开荒十分普遍。"这些不毛之地荒无人烟,长满了灌木丛和野草。莫里尼修道院的编年史为我们描绘的正是农民们用犁锄与荆棘、茅草以及漫山遍野和根深蒂固的各种杂草作殊死搏斗的场景","只有为数不多的森林——如索洛涅地区——可以说尚未触及。而在所有其他地区或几乎所有地区,像蓬蒂厄或维默,即使森林并未消失,面积也相应缩小,在巴黎南部的比耶夫尔、伊弗利内、拉伊、克卢伊、洛

---

① 〔美〕菲利普·费尔南德兹-阿迈斯托:《世界:一部历史》(上册),叶建军等译,钱乘旦审读,北京:北京大学出版社,2010年,第514页。
② 《马克思恩格斯选集》(第一卷),北京:人民出版社,1995年,第79页。

日等地,大片丛林遭到垦荒者的不停砍伐。例如,在克卢伊茂密的森林中,从吕埃到塞夫尔河谷,沿着截断山谷的被称作克里宗谷地的中央走廊,圣德尼修道院院长苏热安置了 60 户居民,这便是沃克雷松村的发源地。在多菲内地区,在河谷得到开发后,鉴于当地已无林可伐,垦荒者便又一次向'阿尔卑斯山的森林发起了进攻'"。"一切都由不可抗拒的需要所决定:增加耕地,以便养活日益增长的人口。总起来看,耕地的扩展可能使至少半数的森林面积消失;依据一项十分粗略的计算,公元 1000 年时 2600 公顷的林地,如今只剩下 1300 公顷。"① 13 世纪中叶后,欧洲生态环境的变化是显著的:"海水正在侵袭佛兰德斯沿岸,冰区正在扩大,适合山毛榉树生长的高地日益减少,柳树增多、小麦减产是不争的事实。"② "从 1310 年开始,欧洲连续几年苦于洪涝灾害,陆地被大水浸泡着。欧洲各地的编年史家都对这一灾害进行了描述——大雨通常还伴随着震耳欲聋的雷声和令人惊悚的闪电——而且,大雨从 4 月开始,一直持续到夏天结束。大风和阴霾的天气让万物成长的季节变得异常湿冷。刚播种就下起了大雨——大部分种子就这样被雨水冲走了——雨一下就是整个夏季,淹没了低洼的农田。当农民准备收割贫乏的庄稼时,又下起了雨。洪水冲垮了桥梁,也毁了粮食,农民一无所获。"③ "环境伦理学之父"罗尔斯顿(Holmes Rolston Ⅲ)评论道:"整个自然的世界就是那样——森林和土壤、阳光和雨水、河流和山峰、循环的四季、野生花草和野生动物——所有这些从来就存在的自然事物,支撑着其它的一切。人类傲慢地认为'人是一切事物的尺度',可这些自然事物在人类之前就已存在了。这个可贵的世界,这个人类能够评价的世界,不是没有价值的;正相反,是它产生了价值——在我们所能想象到的事物中,没有什么比它更接近终极存在。"④

---

① 〔法〕费尔南·布罗代尔:《法兰西的特性——人与物》(上),顾良、张泽乾译,北京:商务印书馆,1997 年,第 117—118 页。
② 〔法〕罗伯特·福西耶主编《剑桥插图中世纪史(1250 – 1520 年)》,李桂芝等译,济南:山东画报出版社,2009 年,第 31 页。
③ 〔美〕丹尼斯·谢尔曼、乔伊斯·索尔兹伯里:《全球视野下的西方文明史:从古代城邦到现代都市(第二版)》中册,陈恒、洪庆明、钱克锦等译校,上海:上海三联书店,2011 年,第 391 页。
④ 《一个走向荒野的哲学家》(代中文版序),〔美〕霍尔姆斯·罗尔斯顿:《哲学走向荒野》,刘耳、叶平译,长春:吉林人民出版社,2000 年,第 9 页。

三 黑死病的研究方法：回归"历史情境"

如何复原黑死病的真实图景？我这里提出两个问题：第一，如何认识与理解当时人们面对疾病与死亡的态度和做法？如何解梦？第二，历史是否可以假设？

14世纪初，教士让·德·维内特（Jean de Venette）根据自己的梦境做出了如下预言："在我主1315年，将发生巨大的饥荒……教会将被动摇，圣彼得的道路将被诅咒，尘世间也将生灵涂炭，血流成河。"① 教士梦里的世界最终成为现实。应该如何解释？勒高夫认为："在当时这种日常生活水平上，吃不饱和吃不好的身体易于出现精神上的恍惚——梦、幻觉、幻视。恶魔、天使、圣徒、圣母玛利亚以及上帝本人都能显现。"② 这就是饥饿和营养不良的结果吗？大家都喜欢把13世纪罗杰·培根修士的那个预言理解为科学预言，却将这种无法解释的预言视为幻觉。勒高夫还在《中世纪文明（400—1500年）》一书中提到了一部与黑死病相关的电影《第七封印》。③ 当代电影导演英格玛·伯格曼在《第七封印》中重现了这种场景，片中有一句台词"生命的细线非常脆弱"。《第七封印》是由英格玛·伯格曼执导的奇幻电影，于1957年2月16日在瑞典上映。该片讲述了理想主义的骑士布洛克在战争结束之后，与他的同伴们在瘟疫蔓延的欧洲大陆艰难生活的故事。中世纪，十字军骑士布洛克带着侍从东征返回，在途中他遇到了黑衣死神。当时正值欧洲瘟疫肆虐，布洛克拖着疲惫不堪的身子，内心充满了需要时间才能解开的疑问：生命的意义何在？死的本质又是什么？布洛克决定和死神赌一盘棋，如果他输了就让死神带走自己。棋局断断续续，骑士也继续自己的旅程，途中的所见所闻让他渐渐了解人世间的幸福，明白拯救人们的不是上帝的法力，而是人类孕育生命以及相亲相爱。然而，

---

① 〔美〕丹尼斯·谢尔曼、乔伊斯·索尔兹伯里：《全球视野下的西方文明史：从古代城邦到现代都市（第二版）》中册，陈恒、洪庆明、钱克锦等译校，上海：上海三联书店，2011年，第389页。

② 〔法〕雅克·勒高夫：《中世纪文明（400—1500年）》，徐家玲译，上海：格致出版社，2011年，第261页。

③ 〔法〕雅克·勒高夫：《中世纪文明（400—1500年）》，徐家玲译，上海：格致出版社，2011年，第260页。

此时死神却追上了布洛克,要求把未下完的棋下完,布洛克最终输掉了棋局。第二天,流浪者似乎看见死神把骑士布洛克带走,将他拖进"骷髅舞"的圆阵中。

除了极少数的历史学家如威廉·麦克尼尔外,大多数历史学家都认为历史不可以假设就是公理。正如哲学家迈克尔·奥克肖特说的:"谁也不会要求史学家思考那些假如情况变化就可能发生的事情。"可是,美国历史学家威廉·麦克尼尔在关于《瘟疫与人》的开创性巨著中公开声明,自己在历史认识上的一个明显特征就是假设先行。①瘟疫与人类社会的历史发展如影随形,阐释了瘟疫与社会发展的关系,他认为,瘟疫是人类历史中的一项基本参数及决定因子。他写道:"我的许多建议和推论结果依然是尝试性的。要证实和修正我书中所述,还需要专家们对许多不同语言的晦涩的古代文献作仔细研读。此类学术性著作要求验证一个论点,驳斥某个对象。我在本书所做的推理与猜测应该达到了这一要求。与此同时,本书吸引普通读者们关注那些人类历史的传统观念中的许多重要空白。"② 在《瘟疫与人》的第四章,麦克尼尔主要想说明欧洲鼠疫大流行的问题。但对于欧洲鼠疫杆菌来自何方,麦克尼尔建立了自己的假设框架。他说道:"没有人确切地知道亚欧大草原穴居的啮齿动物是什么时候变成了鼠疫携带者的。"③ 麦克尼尔要说明 1200 年到 1500 年间的欧洲鼠疫大流行,但在接下来的论述中,他却运用了 1921—1924 年国际传染病研究小组的证据。该证据是基于亚欧大草原上的啮齿动物都有可能携带了鼠疫杆菌这一科学调研成果。这时,麦克尼尔提出他的假设:"我认为,非常有可能的是,蒙古人跨越之前足以造成孤立隔离的距离而进行的活动,第一次将鼠疫杆菌带给了亚欧大草原的啮齿动物。"④ 为了进一步证明这个假说,麦克尼尔再次使用了 19 世纪的医学证据。这份证据采用了 1894 年国际流行病研究小组在香港的研究。由香港通过航海路线向外传输的鼠疫在之后的 10 年传遍全球,并造成了印

---

① 黄红霞:《论威廉·H. 麦克尼尔科学化世界历史观的形成——从〈瘟疫与人〉中的生物学角度》,《武汉大学学报》(人文科学版) 2013 年第 4 期。
② William H. McNeill, *Plagues and Peoples*, New York: Doubleday Press Group, 1998, p. 23.
③ William H. McNeill, *Plagues and Peoples*, New York: Doubleday Press Group, 1998, p. 163.
④ William H. McNeill, *Plagues and Peoples*, New York: Doubleday Press Group, 1998, pp. 163 – 164.

度 600 万人的丧生。香港的鼠疫随后也传播给了北美、南美等世界各地的啮齿类动物。阿萨·布里格斯批评麦克尼尔的结论证据不足，其解释完全是推测性的，根本没有证据支持这一结论。①

在科技日新月异的今天，20 世纪末，基因科学革命使我们人类第一次确信拥有一个共同的祖先——非洲是全世界现代人的发源地。那么今天，伴随着量子力学的突破，多学科融合的世界史研究为中国的世界史研究工作者提供了一个千载难逢的机遇，利用后发优势，缩小与一流国家的差距。自然科学总是自诩为最客观、最不能容忍主观意识的，现在量子力学发展到这个地步，居然发现人类的主观意识是客观物质世界的基础。"薛定谔的猫"的最后结果会使大家认识到，意识是量子力学的基础，物质世界和意识不可分开。实际上，是意识和物质世界不可分开，意识促成了物质世界从不确定到确定的转移，意识是一种量子力学现象。为什么这么说呢？比如你面前出现了一朵花，这时有两种可能的状态。量子力学现象的一个主要状态，就是刚才说的量子纠缠。如果人的意识不光存在于大脑之中，也通过纠缠而存在于宇宙某处，那么在人死亡的时候，意识就可能离开你的身体，完全进入到宇宙中。所以他们认为有些人的濒死体验，实际上是大脑中的量子信息所致。②

总之，就目前国内学界情况看，我认为医学社会史的研究应重视以下三个方面：第一，从收集文献资料和专业语言入手，充分吸收借鉴西方学者已有的研究成果，分门别类建立档案文献数据库，进行专题和个案研究。黑死病是理解和把握西方社会转型的一个重要视角，是医学社会史研究的重要切入点。第二，研究中心从人与社会回到人与自然。人与自然之间的关系至今仍是人文社会科学关注的焦点，是关乎世界观和方法论的根本问题。以往我们过于偏重社会变迁中的人及其活动，对自然与人的特殊性关注不够。20 世纪 70 年代以来，国内外学者开始认识到自然与人对理解和把握世界历史进程的重要性。第三，从研究文献到回归"历史情境"，从史学与医学的跨学科交叉转向多学科融合体验。如何复原黑死病的真实图景？

---

① Asa Briggs, "People, Plagues and History", *The Hastings Center Report* 1977, 7 (3), pp. 11 - 12.
② 朱清时：《世界观可能崩塌：量子意识》，https:// www.sohu.com /a/ 117907152 - 387091。

文献史料、博物馆的图像很重要但也会有欺骗性，理性假设可以帮助发现和理解文献图像背后鲜活的人与自然，这对回归"历史情境"具有决定性意义。与此同时，正如赵立行在《西方学者视野中的黑死病》一文中所说，"对黑死病的研究并不是历史学家的专利，生命科学、生态学和动物学领域学者的介入，不但为黑死病的研究增添了无限的活力，也为黑死病研究提供了许多新的视角和提出了许多新的问题"。[①] 实际上，只有突破史学与医学的交叉领地，与环境伦理学、演化心理学、文化人类学等密切相关的新兴交叉学科进行融合体验，才能谱写当代中国医学社会史的新篇章。

---

① 赵立行：《西方学者视野中的黑死病》，《历史研究》2005 年第 6 期。

英语作为全球通用语的优势与危机

苏前辉

（云南财经大学国际语言文化学院）

一 关于全球通用语

卡尔·马克思认为，语言是用来满足人们交际的工具。也就是说，人们为了交际而创造语言。来自同一文化背景的人们通常共用一种语言进行交际。来自不同文化背景的人们相互交际时，就需要双方都能互懂对方的语言，或需要一个懂得双方语言的翻译者。在一个仅有两种或三种语言的社区里，双语或三语不失为一种可能的解决方案。但在同时使用多门语言的地域间，譬如非洲的大部分地区和东南亚地区，这种自然的解决方案就不适用了。在这种情况下，通常就需要通过寻找一种通用的语言来解决问题，这种语言就是我们通常所说的"通用语"。

在20世纪尤其是20世纪50年代，当国际交流达到一个新的阶段时，全世界对通用语的需求变得愈发强烈。最重要的国际政治交流平台，即联合国，始建于1945年。自此，又诞生了诸多国际机构，如世界银行（1945年）、联合国教科文组织和联合国儿童基金会（1946年）、世界卫生组织（1948年）、国际原子能机构（1957年）。历史上，从未有如此众多的国家和地区（在某些联合国机构中甚至超过了180个）派出代表参加一个单独的会议。在一个更为严格的层面上，跨国区域性政治团体也应运而生，如欧盟、英联邦等。一般来说，政府层面的国际交流都可通过口译来实现。但是，当国际会议的与会人员来自两个以上国家时，多向翻译的成本就相当高了，而且甚至还不可行。在这种情况下，通用语便呼之欲出。的确，假如有一种为所有与会者能够自动使用的通用语，效率就将得到极大提高，成本也会随之大幅度降低。此时，确立某种单一的通用语就显得尤其必要。

国际交往的增多很大程度上得益于自20世纪50年代以来在现代通信技术领域和航空运输技术领域所取得的发展。正是这两大领域的发展影响到了世界上的每一个国家，致使所有的国家不可避免地卷入其中。20世纪这两大领域的革命性进步为全球通用语的出现提供了所需的环境和条件。的确，历史上从来没有哪个时期有这么多的国家有这么多的情况需要彼此交流，从来没有哪个时期有这么多的人想去这么多的地方旅行，从来没有哪个时期翻译和口译的传统资源承受如此巨大的压力，从来没有哪个时期对更广泛的双语需求会如此强烈，从来没有哪个时期对一种全球通用语的需求会如此迫切。

那么，全球通用语的特点是什么呢？哪种语言才能够不负众望，脱颖而出呢？回首往昔或许会有所帮助。在古典时代，拉丁文作为国际通用语有长达数百年的历史，但拉丁语的使用有利也有弊。一方面，它确实方便了不同民族之间的交流；另一方面，它却是富人和学者的专享特权，是精英人士的文化工具，这样一来就赋予了拉丁语使用者权力和威望，使那些不懂拉丁语的人受到压制并疏远。拉丁语是古罗马时期的国际通用语，这种情况在某种程度上一直持续到中世纪末期。法语在18世纪时一度成为通用语，但它却从来没有获得全球地位。在19世纪的工业化扩张和国际市场的开端时期，尤其是在第一次世界大战爆发之前的紧张时期，有人提出将人造语言用作辅助语言，并为它们取了一些美妙的乌托邦名称，例如Volapük（世界性语言）、Novial、Ekselsioro、Mondlingvo和Europeo等。在这些人造语言中，名气最大的当属20世纪初由波兰人路德维希·扎门霍夫（Pole Ludwig Zamenhof）创造的世界语，它在世界各地曾经享有众多的响应者，时至今日仍然有人在一些国际会议上使用。但是，与其他的人造语言一样，它一直没能取得全球通用语的地位，主要原因是自然语言使用的一些要素在人造语言中根本不存在。最重要的是，人造语言要满足自然语言所服务的交际功能，就必须制定一个能为大家都认同并能应需而变的标准形式，这一点就非常困难了，因为人造语言原本就缺乏一个具有文化认同的社会环境。因此，所有这些通过计划来开发一种全球通用语的乌托邦尝试，以及所有企图借此转达的善意,似乎注定都是要失败的。

二 全球通用语的特征

全球通用语要获得大家的认同,需要具备以下几方面的基础优势:(1)强大的影响力,包括政治的、经济的和文化的实力;(2)庞大的使用人群;(3)广泛的涵盖领域和覆盖区域。

语言优势与文化影响力的关系非常密切。没有强大的文化(包括政治的、经济的或军事的)实力支撑,任何语言都不可能作为国际交际媒介而取得进展。2000多年前,亚历山大大帝(Alexander the Great)统率军队四处征战,屡建奇功,使得希腊语成为中东地区的国际通用语。拉丁语因罗马帝国政治和军事实力而闻名于整个欧、亚、非。西班牙语、葡萄牙语和法语相继进入美洲、非洲和远东地区,全都因为有卓越的陆军和海军的战绩作为支撑。英语的早期传播得益于海员远征活动及其海外殖民政策的成功。语言历来不可能孤立存在于某种与人毫不相关的神秘空间里,它只能实实在在地存在于使用者的大脑、嘴巴、耳朵、眼睛和双手。语言的使用者在国际舞台上取得成功时,他们的语言便随之取得成功;他们遭受失败时,其语言也随之失败。拉丁语原本是罗马帝国的通用语言,帝国崩溃后,其语言便随之消失(除在某些特定的领域)。总之,成就国际通用语地位的不仅仅是军事实力。一个国家固然可以依靠军事实力来建立它的语言优势,但更需要有足够强大的经济实力来强化它的地位、扩展它的使用疆域。19世纪初,英国已经发展成为世界上主要的工业和贸易国家。在整个19世纪,英国国民生产总值的年均增长率达到2%,这在当时根本就没有哪个国家能够出其右。[①] 英国人一直为他们历史上的强大而自豪,这种强大具体体现在军事实力和文化实力上。为了建立自己的帝国,他们向海外派遣军队和传教士,前者凭借武力征服其他民族,后者意在建立自己的文化霸权。19世纪,英国凭借其实力在全球范围内传播英语;20世纪,美国凭借其经济和科技优势首先成为世界上两大超级大国之一,后来成为唯一的超级大国。从某种意义上讲,我们可以说是美元维持并强化了现代英语的主导地位。

---

① 参见 David Crystal, *English as a GlobalLanguage*, Cambridge University Press, 1997, p.71。

一种语言要成为全球通用语，需要有一定数量的使用人口，这是广泛传播和普及的基础。试想，如果英国没有足够多的人口使用英语，并将它传播到其他国家，首先是美国、加拿大、澳大利亚和新西兰，然后是南非以及其他前殖民地，英语就不可能获得今天这么广泛的影响。1700年，英国人口只有500万人；但到了1800年，这个数字翻了一番还多。英国幅员并不辽阔，但人口却不少。与法国相比，英国的国土面积只近乎法国的一半，但人口旗鼓相当。由于种种原因——政治的、经济的和宗教的，它将大量人口送往海外（美国、加拿大、澳大利亚、新西兰、南非、加勒比地区、印度等地）。其结果是，所有这些人都成了英语的推广者，从而使所有这些地区都成为英语国家。截至1997年，全世界有12亿—15亿人口使用英语。

　　最后，还需要有一个广泛的区域供数量上占绝对优势的人们使用这种语言，这是一门语言升格为全球通用语的基础。它覆盖的区域越广，成为全球通用语的概率也就越大。为了获得全球地位，世界上其他国家还必须采用这种语言。这一点可以通过两个主要的途径实现：首先，使这种语言成为一个国家的官方语言，作为交际媒介用于政府、法院、媒体和教育系统等领域；其次，在未取得官方地位的情况下，使这种语言成为一个国家外语教学中的首选。

　　英语几乎覆盖了世界的每个角落和思想、知识、活动的所有领域。英语已经达到了任何其他语言从未达到的广泛程度。屈居英语之下的有汉语、西班牙语和阿拉伯语，这些语言在某些方面具备一定优势，但其全球化程度仍然远远不及英语，至少在可期的未来尚不能动摇英语的全球地位。由于人力资源丰富，中国人长期以来一直都在外迁，目前这种状况仍在继续。中国城（China Town）几乎遍布全球所有主要城市，"中国制造"畅销世界各地，这一切都有助于包括汉语在内的中国文化的传播。随着中国的强势崛起，汉语全球化的势头十分强劲。西班牙语通行于美洲各地，根据《泰晤士报高等教育增刊》中的一篇文章，"世界各地有4亿人使用西班牙语，随着其在美国重要性的与日俱增，它已经成为第二大国际商贸语言"。① 阿

---

① *The Times Higher Education Supplement*, London, 14 December 2001, p. 23.

拉伯世界广泛使用阿拉伯语,区域主要在亚、非,欧、美也有。但是一种语言既不可能仅仅因为其美学的和科学的品质、典籍的充裕、词汇的丰富,也不会因为它曾经在文学或宗教上取得的辉煌荣耀,而成为一种全球通用语。这些因素固然能够激励人们去学习某种语言,但却不能单独地或组合起来推动该门语言在世界范围内广泛传播。相比之下,核心因素还是该民族当前所具有的影响力,具体体现为它的综合实力,包括经济实力、军事实力和文化实力(即自身文化的引领力和对他者文化的整合力)。

三 英语的全球化之路

我们说英语是全球化程度最高的通用语,是因为它能够以高质量和高覆盖面(在全球各个地域和各大领域)与其他语言竞争,并产生卓越的结果。作为全球化程度最高的通用语,英语具有以下三大优势:语言结构的优势、社会文化价值的优势和地理历史价值的优势。

(一) 英语的结构

英语是一种开放性语言,能够应实际需要不断变化。正如翁贝托·艾柯指出的那样,英语具有单音节的丰富性,善于吸收外来词语,并且能够灵活地形成新的词语。[①] 作为日耳曼语系语言的一种,它在结构上与其他日耳曼语言具有极强的亲和力,但其中一半以上的词语来自拉丁语[②],这意味着它与罗曼语言有诸多共通之处,由此增加了它的普遍吸引力。众所周知,英语在其形成的过程中从世界各种语言中吸收了大量的外来词语,从希伯来语到马来语,从爱尔兰语到汉语。这意味着这门语言已经获取了全球地位的直接性资产。鲍和凯布尔认为,与其他语言相比,英语相对简单的曲折性变化使其比具有"复杂的一致性"的德语等语言更易于学习,而且英语的自然性而非语法性特点使它比罗曼语言更易于使用。在英语使用者的脑海里,"美丽、多彩、丰富、纯粹、准确、合乎逻辑、有节奏、愉悦、教养、卓越、精致和贴心"等特征与英语紧密关联。"它的语法要比其他语言

---

① Eco, Umberto, *The Search for the Perfect Language*, Oxford: Blackwell Publishers, 1995, p. 331.
② Baugh, Albert C. and Thomas Cable, *A History of the English Language*, 4th Edition, London: Routledge, 1993, pp. 9–13.

简单","英语没有太多的词尾变化,我们不需要记住阳性、阴性和中性的区别,所以学习起来就更加容易","……词尾和助动词的简洁和精确,表达上威严、活力和丰富性的毫不逊色,充分表明英语似乎非常适合于有组织地推广"。①

不过,英语如此广泛传播的真正原因,并不仅仅因为它语言体系的优势,而在于19—20世纪英语世界在社会、经济、科技和政治领域取得的发展成就。

(二) 英语的传播

英语的传播得益于两大主要的历史机制,首先是英国17、18世纪的殖民扩张,其结果是在世界许多地区都有了英语人群的定居点,这是英语被接纳为通用语迈出的重要一步。19—20世纪,英语作为工业革命中居于领导地位的英国的官方语言持续得到传播。19世纪末20世纪初,美国凭借其经济优势和政治主导地位,接过了英语传播的接力棒。20世纪下半叶,由于美国的技术优势,英语深深植根于各大领域。这样一来,英语作为全球通用语的地位就得到了加强。

作为一门广泛传播和广泛使用的语言,英语在发挥为每个国家所认可的特殊作用的同时逐渐取得了真正的全球地位。英语全球地位的基础主要在于:①以英语作为母语(L1)使用,这样的国家有英国、美国、加拿大、爱尔兰、澳大利亚、新西兰、南非、加勒比海的几个国家,以及许多别的国家;②作为母语的补充,英语已经获得了官方地位(L2),这样的国家有70多个,如加纳、尼日利亚、印度、新加坡、瓦努阿图等;③英语作为外语被广泛教授,这样的国家有100多个,如中国、俄罗斯、德国、西班牙、埃及和巴西等。在其中的大部分国家和地区,英语正在以主要外语的身份逐渐取代其他语言,例如,它在20世纪70年代的中国学校里取代了作为唯一或主要外语的俄语,在前法国殖民地阿尔及利亚取代了法语。作为学校里的一门学科,英语现在已经在世界范围内取得了中小学教育第一外语的地位。在前两种情形中,英语正式用于政府、法院、媒体和教育系统;在第三种情形下,英语被作为学生未来在科学、技术、商业、研究、医疗等

---

① 参见 David Crystal, *English as a Global Language*, Cambridge University Press, 1997, pp. 5 – 6。

领域国际交流中使用的重要工具进行教学，尽管不一定都在官方场合使用。由此导致的结果是，今天讲英语的人口数量在20世纪90年代后期已经达到了12亿—15亿人。由于第一语言使用者、官方语言使用者和外语使用者三管齐下的发展，英语已经成为首屈一指的全球通用语。

（三）国际领域的英语

由于上述两方面因素，英语深深渗透进政治生活、商业、安全、交际、娱乐、媒体和教育等国际领域。美国在经济领域的主导地位是国际商贸的一块磁石，希望开拓国际市场的组织因此承受着与英语合作的巨大压力，旅游业与广告业尤其依赖英语，任何跨国公司都希望在主要的英语国家设立办事处。

第二次世界大战后，特别是20世纪80年代和90年代，风行于世界的计算机革命是由美国的技术引领的，计算机的语言自然而然地就是英语。基于这个原因，英语成为计算机的通用语言便是顺理成章的事，而且这一角色很可能还将继续扮演下去。因此，当今世界上绝大部分的科技资料、学术信息都是英文，电子检索系统中80%以上的存储信息都是英文。与此息息相关的是，西欧的哲学、文化、宗教和文学史都可以直接地或通过英文翻译获取。在学术出版领域，英语的使用十分普遍，德国顶尖的科学杂志出版商斯普林格（Springer）在20世纪90年代也已转用英语。芬兰博士维维安·库克的论文《英语教学的目的》中语言使用的统计数据特别具有说服力，这些数据充分说明二战带来的突然变化，即英语所占比例由1949年前的7.1%上升到了90年代的95%。这些数据似乎较为极端，但这种情形不为芬兰所独有（见表1）。

表1 芬兰博士论文语言使用变化情况

	芬兰语	瑞典语	德语	法语	英语	总计
1911—1929	8	1	7	—	2	18
1930—1949	28	6	28	—	4	66
1950—1969	19	6	10	1	96	132
1970—1989	52	5	11	1	457	526

续表

	芬兰语	瑞典语	德语	法语	英语	总计
1990—1997	24	—	—	2	456	482
总计	131	18	56	4	1015	1224

资料来源：Vivian Cook, "The Goals of ELT", in J. Cummins, C. Daviso (eds.), *International Hondbook of English Language Teaching*, 2007, Vol. 15, pp. 237 - 248。

在航海和航空通信方面，英语在一百多年前就已经战胜了所有的竞争者，而且在航空领域几乎从来就没有遇到过任何竞争。在信件、电话、电报和电子邮件中，由于英语世界一直掌控着所有类型的高密度通信传输设备，英语自然而然地占据了主导地位。

毫无疑问，英语已经成为"书籍、报纸、机场和空中交通管制、国际商业和学术会议、科学技术、外交、体育、国际赛事、流行音乐和广告的主要语言"①，即事实上的全球通用语。

四 英语面临的危机与挑战

作为全球通用语，英语不可避免地面临着各种挑战。尽管这些挑战单独地或暂时地不能动摇英语作为全球通用语的地位，但它们却也可能实实在在地逐渐瓦解英语的基础。

（一）实力

一门语言成为全球通用语的关键因素，是这个国家当前的全球影响力。正如人类历史所揭示的那样，语言是否欣欣向荣，存活或是消亡，完全取决于其实力的盛衰。罗马帝国的崩溃，直接导致拉丁语萎缩。英语现在是一门占据主导地位的全球通用语，这不仅仅因为它具有作为一门现代语言的优越性，还因为英语使用者几百年来的活动所产生的结果，这与他们国家的政治、经济实力关系极大。由于英帝国的强大，英语在19世纪下半叶赢得了主导地位。在整个20世纪，英语延续了这种主导地位并获得更加广泛的传播，这一切主要得益于美国的政治、经济、军事方面的实力，加之

---

① David Graddol, *The Future of English?* London: British Council, 2000, p. 2.

其流行文化的吸引力以及科技和学术的优势地位。

然而，世界从来就处于不断的变化之中。美国能否永久维持其超级大国的地位？答案是不能，尽管它在诸多领域（特别在科技和教育领域）仍然居于领先地位。自2008年美国次贷危机以来，美国经济持续低迷，而太平洋彼岸的中国却生机勃勃，一派繁荣景象。经济界普遍预测中国将在不久的将来超越美国，成为世界第一大经济体。试想，如果有朝一日美国的霸主地位旁落，英语还能继续充当全球通用语吗？英国语言学家克里斯托指出：

> 语言和实力之间的关系甚为紧密。一旦美国的军事或经济实力受挫，其语言的全球地位终将不保。为了接近新的实力，数以百万计的英语学习者将另寻他处，而且（假设新的政治中心使用英语以外的语言）他们很快就会建立新的语言忠诚。①

从近处说，美国文化基因中的霸权主义思维所导致的霸权主义行径在第三世界国家和地区产生了严重的负面影响。这些国家和地区"对英语和英语国家所持的负面的社会态度势必对英语的传播形成阻力"。②

在反对美国和英语盟国的经济、文化和军事力量的组织中，对英语的态度可能会更加负面。像"基地"组织这样的恐怖主义组织在发布公开声明时通常不会使用英语，因为这是敌人的语言，尽管在某些情况下英语能够起到促进网络目标和行动的通用语的作用。③

黛维斯称，英语不仅可以用来削弱西方势力，最终还能削弱英语本身。因为如果今天最强大的英语国家（美国）需要不断抵御恐怖袭击，久而久之就会丧失其全球影响力；如果关闭了许多在海外的派驻机构，英语的传播就可能变得不可持续。④

---

① Crystal, *English as a Global Language*, Cambridge University Press, 1997, p. 117.
② S. L. McKay, *Teaching English as an International Language*, Oxford University Press, 2002, p. 16.
③ S. L. McKay, *Teaching English as an International Language*, Oxford University Press, 2002, p. 20.
④ 参见 Diane Davis, *Varieties of Modern English: An Introduction*, Pearson Education Limmited, Longman, 2005, p. 149。

（二）人口

语言是人们用来满足交际需要的工具，其生命力存在于人们的日常生活中。用户人数越多，语言的影响力就越强。因此，人口也是成就全球通用语的一个重要因素。在诺曼人征服英国时期，法语始终未能取代英语，只因诺曼人的占比不及盎格鲁-撒克逊人。故而，法语只限于上流社会使用，大多数人依旧讲英语。诺曼人撤退后，保存完好的英语立刻又繁荣起来。在19世纪初英国成为世界主要的工业和贸易国家时，人口就在1700年时500万人的基础上翻了一番还多。在整个19世纪，英国国民生产总值的年增长率超过平均水平，达到2%。① 这在当时来说，根本没有哪个国家能够望其项背。长期以来，英国拥有丰富的人力资源来满足其海外扩张的需要，传教士、士兵、商人和教师的走出去促成了其语言的广泛传播。美国今天是世界第三人口大国，拥有人口约2.6亿人，占英语母语人数的较大比例。根据恩科模型和"世界语言数据库"② 提供的数据，第一语言使用者人数达百万人的主要世界语言如表2所示。

表2　第一语言使用者人数达百万人的主要世界语言

语言	恩科模型	世界语言数据库
汉语	1113	1123
英语	372	322
印地语/乌尔都语	316	236
西班牙语	304	266
阿拉伯语	201	202

资源来源：笔者根据相关资料整理制作。

据称，今天在全世界范围内，英语母语人数的占比正在下降（显然是因为英语母语国家的出生率低于其他语言国家）③，首次被非英语母语人群超越。英语的竞争者主要是印地语（也许为英语母语人数的两倍）和汉语

---

① 参见 David Crystal, *English as a Global Language*, Cambridge University Press, 1997, p.71.
② http://www.ethnologue.com/13/.
③ P. Trudgill, and J. Hannah, *International English*. London, Edward Arnold, 1982, vii.

普通话（可能是三倍）。克里斯托在测算以英语为母语的人数时写道，应该正确评估讲新式英语的人口数量。以印度为例，自1960年以来，人口翻了一番，到2000年预计将超10亿人。这是继中国之后的世界第二人口大国，但其人口增长率高于中国（20世纪90年代初期为1.9%，而不是1.3%）。①

有一点值得注意，印度的主要官方语言是印地语，尽管英语仍然被用作官方工作语言。自独立以来，他们在多个地区传播印地语的努力已经取得了骄人的成就，英语的空间因此受到挤压。在印度，英语已经失去了作为一种主导语言的地位，人们使用的仍是泛印度语。② 如克里斯托所言，一旦印度有朝一日成为超级大国，谁能确保它还会坚持使用英语？

（三）抵制

抵制不仅来自英国前殖民地（如印度），也来自一些西方国家，这是国家认同的问题，绝非单纯的语言问题。确实，有的英国语言学家往往会以胜利者的语气来评价他们自己的语言，而忽视（有时甚至羞辱）他人的语言。英国语言学家威廉·罗素在他的著作中写道：

> 如果在亚洲和非洲的不同地区建立学校，免费教授当地人，由英国制造商向最有价值的学生颁发各种奖金，英国人就能初步获得商业、观点和宗教方面的广泛认同。这将有助于征服心灵和情感；这种征服远比枪炮更加有效；对于征服一个野蛮的国家，在导师书籍奖金上投入一千英镑所产生的功效远远强过在火炮、弹药上投入四万多英镑。③

虽然这本书是两个世纪前写的，但这对前殖民地的人民来说依然十分敏感。过去的阴影似乎一直笼罩在他们心头。

罗伯特·菲利普森（Robert Phillipson）甚至进一步延伸了这一"英语

---

① David Crystal, *English as a Global Language*, Cambridge University Press, 1997, p.133.
② L. M. Khubchandani, *Plural Languages, Plural Cultures: Communication, Identity, and Sociopolitical Change in Contemporary India*. Honoolulu: University of Hawaii, for East-West Center. 1983, p.5.
③ https://max.book118.com/html/2018/0118/149415118.shtm.

语言帝国主义"观念：

> 英语语言帝国主义的惯常定义是，建立和不断重建英语和其他语言之间结构上的和文化上的不平等，从而维护英语的统治地位……
> 结构上和文化上的不平等确保了继续把更多的物质资源分配给英语而不是其他语言，并使那些精通英语的人受益。
> 不论在英国、北美、南非、澳大利亚，还是在新西兰，英语的进步都必然地以其他语言的牺牲作为代价。①

菲利普森认为，主要英语国家通过将英语作为外交政策工具的积极推动，使英语获得了现有的"主导地位"②。他将世界英语的发展归因于英、美两国的帝国主义统治，认定这是帝国主义的一种语言形式，或者归因为一些人对另一些人的征服和压迫，将原有的语言与其他的一切（政治、经济、文化）统统取而代之。

当然，也有学者并不认同这样的观点：

> 词典对沙文主义的定义是"对自己的性别、群体或种类的优越性的偏信"，我将把这一定义扩大到"对其他文化和社会群体的无知"。作为国际社会的一分子，我们需要不断拓展我们的国际视野，厘清国家、文化、文明与语言之间的关系，同时还需要努力获得对我们赖以生存的世界更多的了解，增强我们对自身利益和其他国家关切之间关系的意识。这在商业领域和在政治领域是一样的……和平、经济和全球和谐的问题取决于加强不同文化的人们之间的联系。我们一贯认为，所有的语言（以及其对应的文化）都是值得学习的，我们必须教会美国人其他民族的语言，同时把我们的语言教给那些想学习的人。③

---

① Robert Phillipson, *Linguistic Imperialism*, Oxford University Press, 2000, p. 47.
② Robert Phillipson, *Linguistic Imperialism*, Oxford University Press, 2000, p. 1.
③ L. M. Khubchandani, *Plural Languages, Plural Cultures: Communication, Identity, and Sociopolitical Change in Contemporary India*. Honoolulu: University of Hawaii, for East-West Center. 1983, p. 65.

语言属于文化的范畴。每个国家都需要拥有自己的文化认同，而语言就是与这种文化认同对应的符号。对于一个国家而言，增进向外理解的需求和维护自身认同的需求常常将自身拽向相反的方向。前者激励学习他国语言（大多数情况下英语是首选），后者激发对民族语言的坚守。其实，这种冲突的产生往往是同时将两种立场推向极端的必然后果。实际上，民族主义只是一种历史现象，其历史不过短短数百年。从长远来看，可以预见的是，随着全球化趋势的加强，民族主义终将为全球主义所取代；就眼下来说，一个国家既需要保持自己的文化认同，也需要参与各种国际事务。国际联系越紧密，对全球通用语的需求也就越强烈。那么，为了让不同文化背景的人们在国际交流中达成通用语言（或承认全球语言）的共识，应该做些什么呢？

　　语言终归是人们相互交流思想的工具，其用途在于增进人们相互了解、促进人类社会的文明进步。在全球通用语的构建中，世界各国都应该胸怀全局、放眼未来、互相尊重、紧密合作：以英语为母语的人群应该摒弃文化上的自我优越感，将英语视为全人类的资产（一门全球性语言），与其他民族一道重新构建；其他国家的人民应该采取积极开放的态度，在保持民族语言认同的同时，接纳这一国际交际媒介，享有由此带来的各种红利。我们的心胸越宽广，世界就会越和谐，全球通用语就能更好地造福于我们。

（四）标准化

　　语言的标准化首先是被包括政治的和商业的在内的各种需求激发出来，并以各种方式加以促进的。这种标准化涉及书面的文字系统和口头的言语系统两方面的内容。文字系统的标准化往往比较容易实现，但口语的标准化就很难实现了，因为完全标准化的语言是没有活力的语言，是死的语言。因此，我们不妨将标准化视为一种意识加以抽象化，把标准化语言看作思想概念而不是现实概念——一套与实际使用或多或少相吻合的抽象的规范。

　　按照常理，如果某种语言的形式没有得到某家或某些权威机构的确认而给予合法地位，那么这种语言就会分裂成若干方言，这些方言会逐渐地变得难以理解而最终演变成不同的语言，如罗马帝国崩溃后拉丁语后来的命运。随着中央权威的消失，拉丁语分裂成若干方言，这些方言又渐渐演化成各种罗曼语言（法语、意大利语、西班牙语、葡萄牙语、罗马尼亚语、加泰罗尼亚语、弗留利语、罗曼什语等）。标准化的意识不仅要求不列颠群岛的英语尽可能地统一，而且还要求世界其他地方的英语实现统一。这种意识不仅影响到北美和澳大利亚，还影响到新加坡英语（实际上与英国英语相差甚远）和加勒比英语。大多数人认为，近年来传媒的影响，对于减少英语的多样性和实现统一，具有强大的作用。但这只是一种信念，而非事实。赞成者可能会合理地认为，偏远农村的方言正在相当迅速地消亡；反对者则认为，虽然60多年来人们经常能从广播和电视上听到标准英语的"标准发音"（RP）[1]，但是英国人口中只有3%—5%的人能真正说出这种"标准发音"，而且在向前殖民地传播的过程中还不断出现多样性现象，即使到了最近，新的英语种类仍在不断涌现。[2]

相比之下，书面英语标准问题倒并不那么严重。在克里斯托（1999）看来，今天标准英语"的全球性现实仅仅局限于书面语言，可能将它称为'世界标准印刷英语'（WSPE）会更妥帖一些"。他指出，"世界标准印刷英语"在全球范围内大体上是一致的，"除了少数涉及地区性方言的文学和幽默实例以及偶尔出现的美国和英国的拼写变异之外"，并没有明显的区域性特征。尽管世界各地有各式各样的英语，如英国英语、美国英语、澳大利亚英语、新西兰英语、南非英语、加勒比英语、南亚英语、非洲英语、太平洋英语，但是时至今日，来自世界不同地区的人们并不难理解高品质的英语报纸，不论这样的报纸是哪里出版的，也不论它具有什么样的特色，如偶尔使用其他语言的词语。

但是，英语口语的情况则不然。来自世界不同地区的人们虽然都在说英语，但口头上经常会出现理解障碍。在英伦三岛，英格兰南部的人就很难听懂来自苏格兰地区的人说的话，甚至在英格兰本地也存在着明显的发音差异。诚然，这些种类的英语（或称方言）并不算太难理解，但是圈内英语人士与圈外英语人士遭遇理解困难的事确实经常发生，尽管这些困难

---

[1] 参见 P. Trudgill and J. Hannah, *International English*, London: Edward Arnold, 1982。

[2] 参见 James Milroy and Lesley Milroy, *Authority in Language*, 2nd edition, London and New York: Routledge, 1991。

最终都可以得到解决。而且，有充分的证据表明，英语已经开始根据多民族和多语言环境中使用者之需求逐步形成了明显的特征。在非英语母语人士使用英语作为通用语的同时，英语已经出现了众多的种类。克里斯托（1999）预见到将会出现所谓的"世界标准英语口语"（WSSE），他将其描述为"区域中立的、作为全球口语多样性稳定力量的国际口语标准"[①]。克里斯托认为，这将用于多方言世界的国际交流。英语使用者将有三种方言可供选择，一种语言或方言用作当地认同的标识，一种作为用于国家传播和代表国家认同的受过教育的标准方言，另一种作为国际传播标准的第三种方言（WSSE），其中两种具有"教育标准地位"。

目前，尚没有任何形式的权威机构来处理英语标准的问题。为了提高世界范围内的理解效率，迫切需要制定一套英语标准，因为"标准意识能够刺激语言解决方案的推出，致力于语音、拼写、语法以及语义唯一规范之原则的确立。但是，迄今为止，这些确立口语标准用法的努力尚未取得完全的成功，在发音和语法方面就更不成功了。将一种统一的方言凌驾于其他方言之上的初衷是取得一致性，如果用法取得了一致，交流的效率就会大为提高，错误理解的概率也就随之大为降低"。[②] 在中国，有一个权威的"国家语言文字工作委员会"来确立并推广标准的汉语。来自不同地区的人们依照该委员会确立的规范，在口头上或书面上都能很好地实现交流，这种做法足以为英语国家乃至世界提供一个良好的参照。从国际层面看，作为当下全球通用语的英语，其标准的确立和推广就有赖于通过联合国教科文组织（UNESCO）设立一个专门的权威机构来完成此项工作。

结　语

作为当今全球通用语的英语，其实是机遇与危机并存，如何获得更加广泛的认同乃是它面临的一个重大而紧迫的课题。

通过数百年的推广，英语已经成为一种全球性语言，来自世界不同地

[①] A. Burns, and C. Coffin, (eds.), *Analyzing English in a Global Context: A Reader*, London and New York: Routledge, 2001, p. 58.

[②] 参见 James Milroy and Lesley Milroy, *Authority in Language*, 2nd edition, London and New York: Routledge, 1991。

区的人们都（暂时）别无选择地将它用作交流的工具，但在内心里又确实存在一定的抵触。这种抵触主要来自文化。从趋势上看，弱势语言的消亡是不可逆的。但这并不意味着一种语言可以被允许用来绞杀另一种语言。物竞天择，适者生存，语言的选择和使用是一个内在需求的问题。"……在这之下是半自觉的信念，即语言是一种自然的成长，而不是我们为我们的目的而塑造的工具。"① 如果我们采取务实的态度，顺应全球化发展的总趋势，让语言的更替以一种自然和理性的方式进行的话，抵触的问题就会迎刃而解。

世界早已进入了全球化时代，通信和交通的革命性进步使得我们这个世界变得越来越小，人与人之间的联系越来越紧密。全球化意味着越来越多过去在国家或地区层面开展的活动（商业、学术、出版、政治、合作等）现在正在转入国际层面进行。这些活动开展的最终结果将促进人类的文化趋同，在整个过程中，语言将扮演关键性角色。因此，解决对全球通用语建构和认识的问题自然就成了当务之急。目前，英语毫无疑问地充当着全球通用语的角色。作为全球通用语，英语在未来如何发展当然也就成为当今人们的重大关切。笔者认为，实力的、语言的、人口的、标准的问题都不难解决，问题的症结在于文化的，确切地说是美、英等国家的帝国主义和霸权主义思维。英语要延续它作为全球通用语的神话，必须对世界人民产生亲和力，并能给他们带去精神的和物质的红利。为此，美、英等国家就需要不断地与时俱进，彻底摒弃那些早已不合时宜的思想理念，虽然难度一定不会小。

---

① 参见 George Orwell Horizon, *Politics and the English Language*, Vol. 13, 1946。

论工业革命前后英国消费社会的兴起与现代社会转型*

曹瑞臣

(菏泽学院人文与新闻传播学院)

"光荣革命"后的英国日益成为现代国家。18世纪①以来的英国各种消费活动在社会生产和人们的日常生活中所扮演的角色愈加重要，也日益成为英国工业革命启动和经济增长的重要推动力。学者麦肯德里克等认为，18世纪英国消费革命的发生和消费社会的出现与工业革命和工业社会的出现同等重要，18世纪晚期至19世纪初的英国成为第一个真正迈入近代消费社会的国家。②近年来国内学者对近代英国消费相关问题进行了诸多研究，现代消费社会的源起等问题越来越成为史学工作者关注的重点，他们以消费为视角，以消费史为主线，重构了18世纪以来英国经济与社会史，做了

---

* 本文系笔者主持的国家社科基金项目"全球化视野下英国消费社会兴起与变迁研究（1700－1900）"（16BSS038）阶段性成果。

① 本文对英国18世纪的界定为广义的和漫长的18世纪，具体为1689—1815年，此间英国初步完成从传统农业社会向现代工业社会的过渡，其政治、经济、思想、观念、文化与社会面貌等都发生了巨大变化，这一关键的转型时期为19世纪英国全面领先世界潮流，为世界工厂、日不落帝国和全球霸权的形成奠定了坚实的根基。参见刘金源、李义中等著《英国通史》第四卷《转型时期——18世纪英国》，南京：江苏人民出版社，2016年，第99页。而英国历史学家 J. C. D. 克拉克把1660—1832年看作漫长的18世纪，认为这一时期存在突出的一致性和完整性，英国正是在这一时期通过君主、贵族、教会的密切配合形成了现代意义上的国家。J. C. D. Clark, *English Society, 1660－1832: Religion, Ideology, and Politics during the Ancient Regime*, New York: Cambridge University Press, 2000, p. 42.

② J. Neil McKendrick, John Brewer, J. H. Plumb, *The Birth of a Consumer Society: Commercialization of Eighteenth Century England*, Indiana University Press, 1982.

一些有益的探索,开辟史学研究新路径,推动了近代英国史研究的深入。①研究英国消费社会的兴起和消费对经济与社会发展的重大推动作用,不仅让我们更加全面、客观地审视英国崛起历程,而且也能更加深入地勾勒出18世纪以来英国社会民众衣食住行用等日常生活史,揭示出人的现代化和人们消费观念、消费行为背后的价值取向对社会变迁的重大影响。

一 现代社会与消费社会的兴起

"光荣革命"以来,英国在政治、经济、思想和文化等领域都发生了前所未有的巨大变化,昭示了传统社会逐渐褪色,现代社会色彩日益浓厚。而英国现代消费社会的诞生正是在这些社会变革的大背景下实现的,同时也伴随着英国自传统社会向现代社会的转型。

(一)制度上,现代型政府和现代国家公共财政体系确立

"光荣革命"和《权利法案》的颁布,确立了英国君主立宪制的宪政框架,之后又陆续通过《王位继承法》等一系列法案,逐步确立议会主权地位,限制了君权,促进了英国议会民主、内阁制、责任制政府和政党政治的兴起,现代政府的出现为漫长的18世纪英国政治的稳定打下了坚实的制度根基。

18世纪英国现代政府的成功很大程度上在于现代财政体系的确立。以

---

① 近年来国内学者开始关注近代英国消费史,主要研究成果有:李新宽:《18世纪英国奢侈大讨论》,《世界历史》2016年第6期;李新宽:《18世纪英国文化消费的繁荣及其原因》,《光明日报》2016年2月6日;李新宽:《17世纪末至18世纪中叶英国消费社会的出现》,《世界历史》2011年第5期;曹瑞臣:《18世纪英国消费社会的兴起》,《中国社会科学报》2017年10月16日,"历史版";曹瑞臣:《论海外奢侈品消费对近代英国社会的推动》,《史学理论研究》2015年第2期;曹瑞臣:《工业革命前后英国工人阶层消费状况研究》,《江南大学学报》(人文社会科学版)2015年第1期;曹瑞臣:《近年来西方学界对英国消费社会兴起问题的研究》,《世界历史》2014年第6期;曹瑞臣:《论现代性与英国消费社会的兴起》,《东方论坛》2014年第4期;王洪斌:《18世纪英国服饰消费与社会变迁》,《世界历史》2016年第6期;王洪斌:《消费社会的兴起与工业化的勃兴》,《天府新论》2015年第1期;舒小昀:《18世纪英国个人消费分析》,《淮阴师范学院学报》(哲学社会科学版)2007年第5期;舒小昀:《谁在养活英国:英国工业革命时期食物研究》,《学术研究》2008年第8期;欧阳萍:《伦敦对18世纪英国消费革命的促进作用》,《湖南科技大学学报》(社会科学版)2008年第1期。主要博士学位论文有:吴冠中:《现代消费社会的起源:17、18世纪英国消费问题研究》,南京大学,2014年;王洪斌:《17世纪末期到18世纪中后期英国消费社会的兴起研究》,华中师范大学,2014年。

新的信用工具国债的创制、现代税制和英格兰银行的创立为标志，国债使公共借贷能够有力地满足紧急需要，关键的是使议会负责偿还债务，而以地产税、消费税和关税为核心的税收成为政府收入的重要保障。到18世纪中后期，英国型政府运行模式已经被证明是现代社会最有效的政府，为欧洲其他国家所借鉴。[①] 18世纪初英国政府逐步确立的现代税制使得英国由传统封建领地型国家转为现代资本主义税收型国家，使英国财政由王室财政向国家财政转变，是国家治理现代化的重要推动力量，奠定了现代国家发展的重要基石。17世纪90年代英国"财政革命"或"金融革命"（Financial Revolution）主要体现为三步走：第一步，1693年议会通过法案，授权出售终身年金公债票，是为英国永久性公债的开端；第二步，1694年英国第一家股份制银行英格兰银行（Bank of England）的成立，巩固了永久性公债办法，意味着英国财政方面的巨大革命。英格兰银行获得议会法案授权，可以发行货币、出售股票、吸收存款和发放贷款，并在此后数年里保持了发行币值的稳定，成为政府向社会筹集资金的最重要来源和渠道；第三步，成立证券交易所，并由议会对政府债券经纪人进行登记管理，专营公司股票买卖和政府债券活动，创立现代资本交易市场。[②] 经历了"金融革命"洗礼的英国在确立现代公共财政制度后，迅速成为欧洲各国财政体系最完备和发挥作用最大、最有效的国家。

"金融革命"或"财政革命"保障了英国作为现代国家在政治和经济上的稳定与快速发展。英国政府通过国债制度和现代税收制度，募集了大量的社会资本，使得政府财政有了长期稳定的收入，也成为18世纪英国海外争霸战争不断取得胜利的重要保障。国债制度的创设，是现代财政国家崛起的重要标志，1688年英国国债发行仅仅100万英镑，十年后的1698年便达到1500万英镑，但是到1750年英国发行国债7800万英镑，1790年达到2.4亿英镑。[③] 就解决财政危机和增加政府收入而言，18世纪的英国是欧洲

[①] 〔美〕威廉·麦克尼尔：《世界史》，施诚等译，北京：中信出版社，2013年，第330页。

[②] 〔美〕克莱顿·罗伯茨、戴维·罗伯茨、道格拉斯·R. 比松：《英国史（下册）：1688年—现在》，潘兴明等译，北京：商务印书馆，2013年，第4—6页。

[③] Roderick Floud, Paul A. Johnson, *The Cambridge Economic History of Modern Britain*, Volume 1: *Industrialization*, 1700–1860, Cambridge: Cambridge University Press, 2004, p. 215.

国家中最为出色的，现代财政金融体制的确立和完善，现代的商业组织形式和经济形态，推动了英国资本市场的繁荣，也孕育出现代的财富观和消费观念，进一步刺激了现代性价值理念——经济主义、物质主义和消费主义的扩张和蔓延，对于推动英国资本主义的发展、繁荣，向消费社会转向起了重大作用。

（二）产业结构上，工商业逐渐占主导地位

工业革命的发生彻底改变了英国的经济与社会结构，历史学家普遍认为工业革命是传统社会与现代社会的分水岭，费边主义者和马克思主义经济史学家把工业革命称为"根本的社会变革"。工业革命彻底改变了人们的生活方式和精神面貌，人们对工业社会的赞美多过批评。[1] 1801年英国第一次官方人口普查显示，从事贸易的人口大约占11.2%，加上工业人口，工商人口比重超过40%，第一次超越了农业部门人口比例。[2] 18世纪英国消费社会的兴起离不开英国商业和贸易的繁荣，更加离不开长期以来制造业的发展和工业革命的发生，繁荣的商业社会为消费社会创造了新的商品营销模式、销售技巧和新的消费场所，发达的制造业日益将英国带入产品丰裕的物质社会。而城市化的快速发展，不仅扩大了消费市场，而且促成了英国中产阶级力量的不断壮大，他们良好的经济地位和较强的购买力成为消费社会兴起的中坚力量。

（三）思想、文化、社会风气的现代转向与民众读写能力的提升

18世纪英国现代性的诸多特征已经显现，英国人日益向"现代人"转变。经济与社会的剧烈变革促使英国人在思维方式、价值观念、生活方式和行为方式日益从"传统人"转向"现代人"，即美国学者英格尔斯眼中"人的现代化"。他认为现代化的核心是人的现代化，社会的变迁离不开作为主体的人的积极参与，而人的观念的进步与变革对社会现代化尤为重要。

---

[1] J. C. D. Clark, *English Society, 1660 – 1832: Religion, Ideology, and Politics during the Ancient Regime*, New York: Cambridge University Press, 2000, p. 64.

[2] H. T. Dickinson, *A Companion to Eighteenth-Century Britain*, Oxford: Wiley-Blackwell, 2006, p. 127.

学者克拉克也曾在著作中这样描述 18 世纪英国"人的现代化":在朴实的社会中人们满怀雄心壮志,为迈入上层社会而努力奋斗,日益成为现代人;而企业家们则积极进取,力求在事业上获得巨大成功,他们渴望在农业、商业和工业领域采用新工艺和新技术,为推动社会进步而大显身手;普通民众愈发对观察、实验、科学探索等新事物感兴趣,理性知识广为传播;人们尽情享受自己创造的物质福祉生活以及商业休闲娱乐带来的精神愉悦;人们日益显示出对传统权威和教会的愤世嫉俗,社会日益世俗化;即使是社会下层的那些粗俗之人也认同那些靠技艺奋斗的成功人士,英国人为实现工业化、民主化的社会而不断努力;等等。[1]由此可见,18 世纪之后英国人的思想观念和行为方式日益摆脱传统社会的束缚,以经济主义、物质主义和消费主义为核心的现代价值理念日益主导人们的观念和行为,人的现代化加速了社会的现代化,社会的现代化则全面推动了社会转型。

大众文化得以重塑。著名历史学家彼得·伯克(Peter Burke)在其《现代早期欧洲的流行文化》(2006)中指出 18 世纪英国现代社会发展趋势的一个重要特征是大众文化得以重塑,发生了两种转型:第一,人们从世俗的观念对人生目标和意义重新界定,而不是从原先的宗教观念出发思考问题。与之相关的新风气是人们越发不相信那些巫术,更多地从自然科学等方面进行解释。第二,社会公众越发对国家政治感兴趣。这一点与 18 世纪英国新闻报刊业的扩张和发展有关,新闻阅读等文化消费兴起,不仅增加了知识和信息的传播渠道,而且促进了民众对国家事务的参与,关心国家大事。[2]伯克所谈英国大众文化的转向意味着英国人思想观念的重大变化,日益摆脱中世纪式、受宗教观念束缚的世界观和人生观,迈向现代社会,为消费社会的兴起提供了思想和文化基础。

18 世纪以来英国民众的读写能力有了大幅提升。欧洲自印刷术大规模应用以来,书籍成本费用大大降低,加速了知识由社会中上层向社会下层

---

[1] J. C. D. Clark, *English Society, 1660 – 1832: Religion, Ideology, and Politics During the Ancient Regime*, New York: Cambridge University Press, 2000, p. 42.

[2] Robert C. Allen, *The British Industrial Revolution in Global Perspective*, New York: Cambridge University Press, 2009, p. 257.

传播和普及,越来越多的人培养了读书看报的习惯。① 18 世纪以来英国商业和贸易的繁荣使得民众更有条件接受教育和学习实用知识,在 17 世纪内战前后,英国男性中大约 1/3 的人能够阅读,而女性仅为 10%,然而 17 世纪末之后,英国人的读写能力才真正有了质的飞跃,50% 左右的男性已经具备读写能力,具备读写能力的女性比例已经提高到 25% 左右,显示了社会的巨大进步,民众读写能力的提高,使得文化阅读消费成为可能。18 世纪是英国书籍、报刊、手册、杂志等印刷业发展的黄金时代,为大众阅读提供多样化的选择。大众阅读消费的兴起对民智的开启、公民社会孕育和现代消费社会的兴起具有重要意义。

二 消费社会何以兴起

英国在都铎王朝时期,有利于商业资本主义发展的现代民族国家和各种经济制度的创立,为近代英国实现大国崛起、经济腾飞和现代社会转型提供了强大助推器。而中世纪晚期以来以消费为导向的英国经济结构的转型为 17—18 世纪英国向商业化社会与现代社会转向提供了坚实的物质基础。在培育消费市场、引领消费时尚方面,首都伦敦以其无与伦比的独特优势获得了政治、经济、商业、文化、宗教、港口中心地位,也自然成为全国最大的商业中心、消费中心和时尚之都,伦敦在推动和引领英国人消费观念、消费风气、消费行为、消费主义文化形成方面产生了不可忽视的影响。

(一) 商业化社会的形成

都铎王朝时期,英国推行重商主义基本国策。在重商主义基本国策的强力推动下,英国以贸易为主的外向型经济显著发展,社会逐渐向现代商业社会转向。以英国东印度公司为代表的诸多皇家特许公司的成立,成为英国海外贸易发展的重要引擎,对繁荣英国经济、增加社会财富、推动全球经济和文化交流、丰富人们的饮食营养结构和促成消费观念转型等做出了重大贡献。

商人阶层力量的崛起促成了商业化社会的形成。自 17 世纪中晚期开始,

---

① 〔英〕科林·A. 罗南:《剑桥插图世界科学史》,周家斌、王耀杨等译,济南:山东画报出版社,2009 年,第 212—213 页。

英国通过商业战争和制定《航海条例》来打击最大的竞争对手荷兰,进入18世纪英国逐渐取代荷兰的商业霸权地位成为头号商业强国。英国贵族在贵族精神的熏陶下,积极履行社会责任,投身于农业、商业和工业领域。为此哈蒙德夫妇指出:"英国在18世纪是一个强有力的商业化的贵族统治的;……英国的大人物们并不以经商为耻,本世纪中的首要大臣……虽然对于商业成就的原则意见分歧,却一致看到商业的重要性,把商业当作政治的最高目标。"①对于"商人"(merchant)的概念,一般认为是那些专营工商活动的群体,包括贸易商、企业主和银行家等。而在时人眼中,英国商人范围更加广泛,除了少数大商人和银行家外,更多的是许许多多的店主、小商小贩和独立手工业者。英国商业和贸易的扩张,城市的发展和消费的增长,从事商品批发的中间商在人数上大量增加,壮大了商人队伍,而且在批发商之外,活跃着大量零售商人,他们经营着遍布城乡的各类商店和小制造厂,成为18世纪英国一大特色。②19世纪初期英法争霸时拿破仑曾经讥讽英国为"小店主国家",但正是这些小店主成长为第一代企业家,培育了最早的企业家精神,英国经济腾飞离不开小店主这些中产精英。随着商人阶层力量的崛起,商人在国家政治和经济生活中的影响力日益重要,18世纪晚期激进主义者詹姆斯·伯格就要求给予金融、商业和制造业者利益集团在议会更多的代表权,并特别倡议促进商业集团的利益:商人们的利益对国家利益贡献如此之大,以至于在议会中有再多的商人都不嫌多……毫无疑问,每一个在议会中的商人都将有可能投票支持最有利于他们集团利益的提案。③

(二) 制造业的崛起

18世纪英国崛起的秘密在于一直以来有着比较成功的制造业,保持了

---

① 舒晓昀:《分化与整合:1688—1783年英国社会结构分析》,南京:南京大学出版社,2003年,第384页,转引自《英国通史》第四卷《转型时期——18世纪英国》,南京:江苏人民出版社,2016年,第182页。
② 刘金源、李义中等:《英国通史》第四卷《转型时期——18世纪英国》,南京:江苏人民出版社,2016年,第183页。
③ 〔英〕H. T. 狄金森:《十八世纪英国的大众政治》,陈晓律、宋涛等译,北京:商务印书馆,2015年,第60页。

"英国制造"的核心竞争力。自都铎王朝以来的历代君主和政府都致力于争夺海权、发展对外贸易和航运事业来增强国家经济实力和国际竞争力,但是英国政府长期以来推行保护关税政策以保护本国制造业,尤其是毛纺织业长期以来都是国家的支柱产业。在现代大工业出现之前,所谓的工业包含这样一些部门:纺织业(以毛纺织业为主,此外还有丝织业、编织业等);工具、器具制造业(刀具、家具、器皿、制陶、车辆、首饰等行业);初级产品加工业(酿酒业、食品加工业等);采矿、冶金、建筑、造船和修理行业等。①18世纪初期英国就以发达的制造业闻名欧洲,其中两大出口产品毛纺织品和金属制品占据了大部分出口份额,是英国制造的象征,为英国赢得了国际声誉。据统计,1700年英国出口产品中有85%的份额由毛纺织品占据;1800年毛纺织品出口份额被新兴棉纺织品超越,但传统毛纺织品出口份额仍占22.4%,棉纺织品占出口总额的35.4%,棉纺织业成为第一大出口行业。同时期金属制造业产品一直居于出口产品前三位,1750年占出口额的9.2%,1800年上升为15.2%,仅次于毛纺织品和棉纺织品。②英国长期以来重视和发展制造业使得英国在工业化前夕就已经成为名副其实的欧洲制造业强国,为英国经济腾飞和崛起奠定了坚实的根基。

工业革命和工业社会的到来,结束了产品匮乏时代,极大刺激和推动了消费社会的兴起。以伯明翰和谢菲尔德等城市为代表的金属制造业中心兴起,为英国社会提供了种类繁多、样式齐全的日用生活品和五金产品,满足了人们的消费需求。机械大工业不仅带来生产效率的极大提高,而且带来日益低廉的产品,将人们的消费逐步推向19世纪晚期20世纪初期的大众化消费时代。产品的丰富多样,消费品工艺的不断改进,款式和种类的新潮时尚,商品营销手段的不断翻新出奇,报刊业的发达,使得商品无时无刻不处在各类商业广告的宣传和视觉冲击中,不断诱导人们去消费,人们日益陷入商品的汪洋之中。

---

① 刘金源、李义中等:《英国通史》第四卷《转型时期——18世纪英国》,南京:江苏人民出版社,2016年,第134—135页。
② Maxine Berg, *The Age of Manufactures, 1700 - 1820: Industry, Innovation and Work in Britain*, London: Routledge, 1994, p. 120.

（三） 社会各阶层收入、购买力显著提高

18 世纪以来英国经济与社会发生剧烈变迁，各阶层分化整合剧烈，逐渐形成以贵族、中产阶层和社会下层为主体的三层式社会结构。工业革命前后英国经济繁荣，商贸发达，主要食物谷类、肉类价格等处于较为稳定和低廉的水平，刺激了人们的消费欲望，人们收入水平的大幅提高是消费社会兴起的强大物质基础。

在三大阶层中，贵族处于上流社会，其收入与消费能力惊人。贵族不仅日常生活消费铺张奢华，而且在重要节日庆典、婚嫁丧葬仪式、府邸修建、家仆开支、大陆游学、娱乐休闲上花费巨大。通过在衣食住用行等各个领域的奢侈消费行为和方式，不仅满足了物质上的享受，而且通过符号化的奢侈消费构建一种贵族文化和等级差异，从而实现高贵、卑贱身份有别的社会分野。

中产阶级的崛起与强大的消费能力。处于贵族与社会下层之间的中产阶级既努力向上仿效贵族奢侈的生活方式，追求时尚而体面的生活，热衷于购买各类时尚新潮商品，又区别于社会下层，形成自己独特的消费行为和模式，炫耀性消费风气盛行。中产阶级日常生活消费也明显带有一种符号化趋势，是维持中产阶级地位和文化认同的重要手段。对于大部分中产阶级而言，年收入一般为 50—2000 英镑，其中中等收入者在 80—150 英镑。然而，随着商业、贸易的扩张与繁荣，像伦敦、布里斯托尔这样的大都市的上层人士收入一般会超过 1 万英镑，主要分布在长途贸易、批发、金融、房产、工业等行业，而那些最富有的商人阶层收入甚至超过了一些贵族，年收入高达 10 万英镑。[1]

社会下层人数庞大，收入低下，消费能力有限。根据金和科伦霍恩统计，1688 年社会下层人口占家庭人口总数的 67.1%，而其社会财富仅占 26.9%，到 1803 年社会下层人口占家庭人口总数的 67%，而其社会财富仅占 24.9%。[2]

---

[1] Margaret R. Hunt, *The Middling Sort: Commerce, Gender and the Family in England, 1680 – 1780*, Berkeley: University of California Press, 1996, p. 15.

[2] Harold Perkin, *The Origins of Modern English Society 1780 – 1880*, London: Routledge & Kegan Paul, 1969, p. 21.

社会的最下层是劳工（labouring people）和役工（outservants），在田间劳作，受雇于自耕农和农民，大约有364000户，每户年收入大约为15英镑。这些农民和雇工生活艰辛，但并非不堪忍受。他们吃小麦面包多于吃黑麦或大麦面包，每星期至少吃两次烤肉，而且当牛肉价格低于2.5便士一磅、羊肉价格低于2便士一磅的时候，吃肉的次数会更多。他们还没有学会喝咖啡和饮茶，但是喝的啤酒却多得很，每天2—4品脱，他们的村居干净整洁，常使外国人为之赞叹。①丹尼尔·笛福（Daniel Defoe）在《完美的英国商人》(The Complete English Tradesman, 1726, chapter XXII) 中这样描述英国社会下层民众的生活："英国制造业工人经常可以吃肉，喝糖水，而且住的还不错，日常伙食标准很高，是那些欧洲其他国家贫困劳动者所不能达到的；同样的工作，英国工人薪水更高，这样他们就能花费更多的钱来支撑他们的日常生活。这样的情况是其他国家无法比拟的。"② 社会下层中收入较高的泥瓦匠和工匠，会有比较充足的谷物面包供食用，牛奶、黄油、肉类等高营养食物也能摆上餐桌，而且对于中产阶级以上阶层才可以消费得起的蔗糖和茶叶，他们也有一定的购买力，模仿上层社会饮茶，每周偶尔喝上一两次茶，享受体面的生活。

（四）交通运输业变革为消费社会的兴起创造了便利条件

18世纪来自马路、运河、内河航运等交通运输业的变革带来的全国性高效运输网络推动了伦敦和地方消费中心、全国统一消费市场的出现。18世纪中后期英国交通运输发生革命性变革，以收费马路和运河修建为主体的道路网络将全国各主要矿区、生产中心和消费市场紧密联系起来，极大地推动了工业社会的发展。18世纪30年代，是收费马路（Turnpike）发展的辉煌时期，全国规模的收费马路网络建立。自17世纪90年代起，议会通过一系列私人议案，创设信托组织（Trust）经营收费马路，规定信托组织修筑和维护马路，并在马路尽头设置收费站（Toll House），可向驾驶客货马

---

① 〔美〕克莱顿·罗伯茨、戴维·罗伯茨、道格拉斯·R.比松：《英国史（上册）：史前—1714年》，潘兴明等译，北京：商务印书馆，2013年，第501—503页。
② Robert C. Allen, *The British Industrial Revolution in Global Perspective*, New York: Cambridge University, 2009, p. 25.

车、骑乘马匹以及徒步旅行的过路人等收费（Toll），而且一些大的路政信托组织还能雇佣工程专家，大多数收费马路是高效便捷的，但是也有部分收费马路并不尽如人意。如今在英国一些乡村地区仍旧可以看到一些当时留下来的哥特式建筑风格的收费站。①在19世纪50年代后二十年，议会先后通过870项收费马路法案，由信托公司负责修建、维护和获得马路经济收益，到19世纪30年代，全国大约有1100家收费马路信托公司，而且还延伸出大约4000项个人法案，控制了全国大约22000英里的收费马路。②收费马路和马路信托公司的出现，是18世纪英国交通史上的重大事件。虽然是为解决当时路况差、交通不便问题之举措，但是这一探索是在英国工业革命前后大规模开展并获得成功的，日益现代化的运输网络和物流体系对于工业社会、消费革命、消费社会的兴起具有重大意义。此外，运河运输在大宗货物方面较公路运输有着天然的优势，所以修建运河势在必行。1750—1820年，在原有的1000英里航道基础上，新修航道3000英里（以运河为主），总计耗资1700万英镑。③运河竣工后将主要的原料产地、生产与消费中心紧密联系起来，并通达各主要港口，不仅大大降低了运输时间和产品成本，而且对培育地方消费市场和全国性的消费市场具有重大意义。

三 英国消费社会兴起的重大意义

18世纪至19世纪初，英国向现代社会转型过程中，不仅生产领域发生工业革命，迈向工业社会，而且在消费和需求领域发生意义重大的消费革命，逐步转向消费社会。消费社会的兴起是英国现代社会的重要特征之一，对英国经济与社会发展产生重大影响。工业社会与消费社会的互动，共同推动英国现代文明社会的到来。

首先，消费观念的变革推动社会进步。"光荣革命"以来英国经济与社

---

① Jones R. Ben, *A Political, Social and Economic History of Britain 1760 – 1914*: The Challenge of Greatness, London: Hodder and Stoughton, 1987, p.20.

② Trevor May, *An Economic and Social History of Britain, 1760 – 1970*, London: Longman, 1987, p.33.

③ 〔美〕龙多·卡梅伦、拉里·尼尔：《世界经济简史——从旧石器时代到20世纪末》，潘宁等译，上海：上海译文出版社，2009年，第172页。

会的转型和社会消费领域的这种深刻变化,折射出了一种现代价值理念和文化,从重视人们道德伦理、习俗和公平的传统"道德经济学"向追求自由市场法则和个人利益最大化的现代政治经济学转向。英国社会内部通过金融、农业、商业以及工业领域的变革来加速本土经济的发展,不断扩大社会产品供给,同时帝国的形成保障了海外丰富的物产源源不断地输往本国,以满足社会各阶层日益增长的消费需求。英国东印度公司在18世纪大部分时间里主导了最繁荣的亚洲贸易,从而使香料、咖啡、茶叶、棉织品、丝织品以及瓷器、漆器等带有浓厚异域情调的亚洲物产极大地丰富了英国人的日常生活需求,尤其是满足了上流社会贵族和中产阶层的消费欲望,极大地刺激了英国消费主义的扩张和消费革命的发生。

其次,消费促进了社会的文明化。18世纪,在社会中上阶层中广泛存在的消费主义行为,对于形成本阶层的文明礼仪和消费文化具有重要意义。英国中产阶级力量日益壮大,中产阶级文化被广泛认同,源自贵族阶层的奢侈与高雅艺术逐渐影响到社会中下阶层,刺激了人们对文明礼仪和优雅品位的追求,而这种追求与消费主义的蔓延和消费社会的兴起关系密切。社会中上阶层出于对异域文化和消费品的热爱,将之融入本国文化和艺术风格之中,深深影响了英国人的饮食文化、行为方式、精神风貌、社交礼仪等。如英国贵族对中国庭园建筑艺术的钟爱,通过豪华府邸的修建,将中国建筑风格融入本国的建筑风格和艺术之中。再比如英国各阶层对中国茶叶和咖啡饮料的钟爱,形成了独特的咖啡馆文化和茶文化等,所有这些对塑造英国国民性都产生了重大影响。

结　语

消费主义在18世纪及19世纪以后更加盛行。无论是贵族还是中产阶层,抑或社会下层,都渴望更加舒适的生活,努力摆脱传统生活方式物质上的匮乏和生活上的单调。当时的人们普遍认为消费主义带给人们物质的享受、精神的快乐和生活福祉,是人们对美好生活的追求和向往。主导18世纪英国消费社会兴起的经济主义、物质主义和消费主义崇拜,与工业革命一样,是现代性价值理念的重要胜利,消费革命和工业革命将人类带入消费社会和工业社会,展现了现代社会的巨大进步。但是,进入20世纪后消费社会所带来的消费主义的泛滥、物质主义和商品崇拜日益阻碍现代文明的健康发展。面对全球性的生态危机，放弃过度的消费主义、物质主义的生活方式，走更加理性、尊重人与自然和谐相处的生态文明之路或许是人类社会面向未来的最美好愿景。

撒切尔时期社区费政策的形成过程及其问题

黄小东

（全国总工会）

地方税历经近四个世纪的演化，是英国地方财税体制的基础与核心。随着经济社会发展和地方支出变化，地方税的问题也逐渐累积显现，引起了广泛的关注。撒切尔夫人执掌保守党后，不断宣示要取消住宅地方税，改革地方财税体制。撒切尔政府上台后，推行了一系列地方财税改革措施，并最终推出了以社区费为核心的地方税改革方案。遗憾的是，社区费政策本身和形成过程中存在各种问题，改革最终未能取得预期效果，社区费不得不退出历史舞台。

一　社区费改革的背景原因

长期以来，地方税是英国地方政府唯一的税种，在英国地方治理现代化中发挥了重要作用。地方税的课税对象是不动产，包括针对居住房产的地方税和针对工商业房产的地方税，是地方政府最重要的自主性财政收入。但是，随着地方职能扩大，特别是福利国家建设的推进，公共支出膨胀带来的问题日益严重，地方税制度的不平衡和矛盾也开始显现，改革地方税的呼声日益高涨。

（一）地方税制度存在的矛盾

首先是国家税纳税人与地方税纳税人之间的不平衡。地方税和中央拨款是地方政府的两大收入来源，战后地方支出日益膨胀，中央拨款占地方支出比例越来越高，国家纳税人的税负越来越重。1964—1974 年，归属中央的收入税与归属地方的住宅地方税之比由 5.3∶1 上升为 7.1∶1，住宅地方税总额从 4.73 亿英镑增加到 13.23 亿英镑，而收入税从 25.22 亿英镑增加到 94.38 亿英镑。①

其次是工商地方税纳税人与住宅地方税纳税人的不平衡。地方税的课税对象包括住宅和经营性房产，受住宅地方税减免等政策影响，非住宅地方税增速快于住宅地方税，很大部分税负转嫁到工商业部门。从 1966 年到 1974 年，地方税总额增长了 120%，其中住宅地方税只增长了 80%，而非住宅地方税增长了 150%。② 高昂的地方服务支出大多用于住宅地方税纳税人，税负却由许多非住宅地方纳税人承担。

再次是不同地区之间的不平衡。随着公共服务和社会福利的均等化，在地税补助拨款机制下，富裕地区和群体要缴纳更多的税来补给相对贫困的地区和群体。比如，大伦敦地区的税收和拨款要在所属自治市间进行统筹，自治市肯辛顿和切尔西收取的 10 先令 3 便士（指税率，以下同义）地方税里，只有 3 先令 2 便士属于自用，还不到 1/3；剩余部分都转移给了其他地方。而哈克尼自治市收取的地方税中，有 5/6 用于自身开支。③

（二）地方税制度影响政党政治

地方税的税负原则之一是富人多交税，穷人少交税。由于对低收入者实行住宅地方税减免制度，英格兰、威尔士、苏格兰全额缴纳住宅地方税的住宅业主只占业主人数的 2/3 左右。④ 与此同时，地方事务大臣肯尼思·贝克曾于 1984 年撰文称：非住宅地方税纳税人负担了全国一半以上的地方税，这些份额都没有对应的选票，而许多手握选票的人得到减免甚至完全

---

① C. D. Foster, *Central Government's Response to the Layfield Report* (Policy Series 1), London: Centre for Environmental Studies, 1977, p. 49.
② Jacques Lagroye and Vincent Wright, *Local Government in Britain and France: Problems and Prospects*, London: Allen & Unwin, 1979, p. 169.
③ Donald L. Foley, *Governing the London Region: Reorganization and Planning in the 1960's*, University Of California Press, 1972, pp. 137–140.
④ Stephen J. Bailey and Ronan Paddison, *The Reform of Local Government Finance in Britain*, London: Routledge, 1988, p. 79.

不用缴税，他们所承担的地方净支出占比不到 1/4。①

地方税制度影响了政党选举利益。保守党的支持者多为城乡富裕群体、中产阶级和工商业主，而工党支持者多为城市中下层和工人群体，增加开支和地方税减免使工党支持者受益更多，成本却由保守党的支持者承担。结果是，倾向增加支出的工党往往不会因地方税上涨而丢失选票，倾向紧缩支出的保守党也未必会因为省钱而更受选民欢迎。内阁大臣詹金认为这不公平，一些大城市只有 1/5 选民是缴纳住宅地方税的业主，在这种情况下，根本谈不上地方责任。②

此外，地方税税基重估也会影响政党利益。保守党票仓集中在更为发达的英格兰南部和东部地区，税基重估往往导致该地区纳税人税负加重。可以说，地方税与保守党的利益、立场和目标格格不入。保守党不断强调，地方税制度缺乏公平且专断随意，地方支出与选民责任之间的关联弱化，地方民主受到了损害。因此，有必要改革乃至废除旧的地方税制度。

（三）地方税体制难以适应新形势

旧体制加重了中央财政压力。长期来看，地方收入中地方税比例逐步下降，中央拨款比例不断提高，中央财政渐渐不堪重负。比如，英格兰地区用于经常性支出的收入中，地方税比重从 1958/1959 财年的 32.7% 降到 1975/1976 财年的 23.9%，中央拨款比重上升了 10 多个百分点，1975/1976 财年达 46.8%。③

旧体制难以约束地方支出。有关研究显示，从人均支出每高出 10 英镑所对应的地方税率涨幅看，1974/1975 财年为 3.6 便士，1977/1978 财年减少到 1.9 便士，地方税纳税人对地方税率波动敏感性越来越低。④ 这就陷入了一种怪圈，中央对地方拨款越来越多，控制地方支出却越来越难。保守

---

① "Wrecking? It's Really A Rescue", *The Times*, 14 November, 1984.
② "Finance Review into Local Councils" (Minister's Statement to Conference), in *Conservative Newsline*, November 1984. (PUB 125/1)
③ Tony Travers, *The Politics of Local Government Finance*, London: Allen & Unwin, 1986, p. 211, Table 7.
④ Richard Jackman and Mary Sellars, "Why Rate Poundages Differ: The Case of Metropolitan Districts", *Centre for Environmental Studies Review*, Vol. 2, 1977, p. 26.

党认为，地方财税制度弱化了地方政府和选民的支出责任。

旧制度不利于经济发展。地方税制难以约束地方支出快速增长，地方公共开支对私有部门产生了挤出效应，严重影响了英国经济效率。20世纪70年代中期，迫于财政压力，中央政府开始尝试控制公共支出。到了撒切尔时期，地方财税制度与保守党的新思想格格不入，保守党希望通过减税来刺激经济，而地方税制度加重了国家纳税人和地方工商业主的负担。

1974年大选期间，保守党宣称要取消住宅地方税制度。1978年2月，桑尼克罗夫特在给撒切尔夫人的报告中，再次申明取消住宅地方税的原因：该制度基础不公平，不能反映纳税能力，1600万名地方选民缴纳地方税，而另有1900万选民不缴税，多数人弄不懂地方税制度，应税价值重估经常滞后过时，地方税不够支撑地方服务等。[①] 在保守党看来，用新的税收制度来取代地方税势在必行。

二　关于地方税的探索

地方税改革的必要性受到广泛承认，英国各界也有不少方案建议甚至实践探索，但由于种种原因，长期未能形成共识和可行方案。撒切尔政府对地方税改革目标坚定不移，在多种因素影响下，最终推出了社区费方案，其形成过程充满曲折，其政策内容充满争议。

（一）英国朝野关于税改方案的探讨

地方税问题在战后初期刚刚显现，改革还不是很迫切。与此同时，关于地方税的改革探索并不鲜见，但各种方案建议都有弊端。比如，对不缴纳地方税的家庭成员征收人头税看起来粗鲁倒退且难执行；对燃气电力消费征税也是倒退，并会对工业造成打击；对汽车征税牵涉财政部的收入损失和复杂的地区政策。这样就只剩下地方销售税、收入税或者工资税，但这些方案也都存在问题。20世纪60年代，艾伦报告推动了地方税的减免，却没有提出深度改革方案，地方税得以继续保留。

---

① Lord Thorneycroft, *Letter to Mrs. Thatcher about Local Government Conference 1978*, Westminster: Conservative and Unionist Central Office, 1st February 1978 (THCR5/12/166).

在各种讨论甚至争议中，地方税制度保持相对稳定。总体上看，在 20 世纪 70 年代地方政府重组改革之前，地方税制度并未遇到严重挑战，一方面在于改革紧迫性不足，另一方面在于替代方案缺失。总之，地方税制度成型已久、运转稳定、成本较低、易于征收，公众业已习惯，继续维持相对容易，贸然改革要冒风险。70 年代初期，地方政府重组提供了改革地方财税的契机，但中央政府发布的重组方案，并未一揽子地考虑地方财税问题。

整个国家没有综合性改革方案，各种研究报告和方案建议却不少。比如，费边社的报告就曾提到多个税种方案和改革建议。① 20 世纪 80 年代初，自由党组建了地方政府财政问题工作小组，提出的建议包括：实行地方收入税，以全国性的土地价值税来取代地方的非住宅地方税，对工商业部门使用地方服务实行收费等。② 其他国家也有很多可资借鉴的地方税种，最常见的包括地方收入税、地方房产税和地方商品税。但所有地方税种都有其劣势，无论是现有税种还是新税种，作为地方政府收入都会引发议论。

在各种方案提议中，最有吸引力的是地方收入税。收入税可以随着地方收入增长而增长，与纳税能力相结合，此前免缴地方税的人也要缴纳。作为中央税种，英国的收入税历史也很悠久。但是，英国收入税遭到的批评也很多，比如效能不足、影响纳税人的选择、会造成各种不公平、管理比较复杂、避税空间较大等。③ 从实行地方收入税的国家来看，比如丹麦，其税制效果并不理想，甚至还不如英国地方税。④ 此外，收入税不利于鼓励劳动和形成市场激励，征收成本也会高于现有地方税。

（二）保守党关于税改方案的探索

长期以来，保守党都是地方税改革的坚定支持者。1973 年英国进行地

---

① *New Revenues for Local Government* (*Fabian Research Series* 295), London: Fabian Society, June 1971.
② L. Grimond, etc., "Local Government Finance in Britain: A Liberal Party View of Possible Rreforms", *Environment and Planning: Government and Policy*, Vol. 1, No. 3, 1983, pp. 357 – 370.
③ Cedric Sandford, Chris Pond and Robert Walker (eds.), *Taxation and Social Policy*, London: Heinemann Educational, 1980, pp. 164 – 165.
④ Michael Goldsmith and Søren Villadsen (eds.), *Urban Political Theory and the Management of Fiscal Stress*, Aldershot: Gower, 1986, pp. 100 – 101.

方税税基重估,当时通胀高企,再加上世界经济萧条、地方政府重组的影响,地方税显著上涨并引起民怨。撒切尔和一些党内同僚明确呼吁取消住宅地方税,并在1974年相关文件中表示,要取消住宅地方税制度,代之以基础更广、与人们纳税能力相关联的税收,并考虑给予商店业主和小商人特殊对待。① 然而,保守党未能赢得1974年大选。

在野期间,保守党关于地方税的探讨从未停止。1977年9月,保守党地方事务发言人在演讲中重申了取消住宅地方税的承诺。1978年,时任影子环境大臣的赫塞尔廷撰文探讨地方税问题,探讨内容包括人头税、地方收入税以及增加地方服务收费等。② 诸如增值税、消费税等方案也曾被纳入讨论,但都未成为可行选项。保守党对取消地方税的难度有着充分估计。1979年上台前后,保守党将重建激励和振兴经济作为首要任务,降低收入税和削减支出成为优先选项,地方税改革目标被暂时搁置。

保守党上台之初,也出现了一些新的思路。有的设想与后来社区费制度框架颇有相似之处。比如,1980年,保守党新右翼智库经济事务研究所出版的书中提出将非住宅地方税转变成国家税,使住宅地方税作为地方税种。③ 此时,由于一些地方不断超支,关于增强地方政府支出责任的观念不断强化,办法就是让所有选民都缴税。20世纪80年代早期,虽然各政党、政府和议会机构一再拒绝人头税方案,但人头税理念却在保守党智库中不断萌发。

1981年12月中旬,保守党政府发布了《住宅地方税替代方案绿皮书》,分析了五种替代方案,即改良的住宅地方税、地方销售税、地方收入税、人头税以及组合新税种。这份文件有一个非常重要的变化,那就是所考虑方案中包括了人头税,但内阁认为,各种方案都无法完全替代住宅地方税。这是因为,一方面没有可供实施的替代方案,另一方面撒切尔政府工作重

---

① *Policy for Housing and Reform of the Rating System*, Summary prepared for the Rt. Hon. Margaret Thatcher MP, 23rd September, 1974(THCR 1/17/35).
② Michael Heseltine, *Rates*, London: Conservative Research Department, 21 June 1978(CRD 4/8/11).
③ David Neden King, *Town Hall Power or Whitehall Pawn*? London: Institute of Economic Affairs, 1980, p.138.

点是缩减拨款，由此地方税改革归于平静，但"沉睡并不是死亡"。①

(三) 社区费出台前的地方税改革

虽然取消地方税被暂时搁置，但地方财税改革并未停滞。二战之后，英国地方公共支出快速增长，地方税收入独木难支，中央财政不堪重负。从20世纪70年代中期开始，中央政府采取了控制地方支出等改革措施，但只是缓解了矛盾与压力。撒切尔夫人执政初期，推行了拨款相关制度改革、设定地方支出目标、减少地税补助拨款、对超支地方实行拨款撤回和处罚等政策。其中，取消地方征收补充性地方税的权力，是这一时期关于地方税的重要改革。这些改革取得了一定效果，但远未达到撒切尔政府的目标。

地税封顶是撒切尔时期的重要财税改革措施。1983年5月，内阁通过了环境部提出的方案，即有选择地和普遍地限制地方税。实施地税封顶，既是为了严格控制地方支出，也是因为中央未能兑现取消住宅地方税的承诺，又没找到现实可行的替代方案。根据1984年地税封顶法案，国务大臣有权选定一些支出较高的地方，在下一财年对其地方税率施加限制，法案还要求地方议会须就税率和支出问题与非住宅税地方税纳税人进行咨商。该法案授权限制地方税，第一次使国务大臣有权直接影响严重超支者的支出水平。

地税封顶给中央地方关系带来了基础性变化，地方议会自行决定地方税率的时代某种程度上宣告终结，其意义涵盖财政、宪法和政治层面。地税封顶共计实施了四个财年，这是推出社区费之前撒切尔政府力度最大的地方财税改革措施。该政策引发各界批评争议，一些受罚的工党控制地区，曾联合发起反对运动，但以瓦解失败告终。不过，地税封顶不是撒切尔政府的终极手段，推行新的地方税种、重塑地方财税体制才是最终目标。

(四) 社区费方案的最终形成

自宣布取消住宅地方税以来，保守党青睐的备选方案不断变化。在各

---

① Nigel Lawson, *The View from No. 11*, London: Transworld, 1992, pp. 568 – 569.

界进行争论探讨的同时,内阁也正热火朝天地工作。在撒切尔夫人授意下,1984年10月,一些专家和官员组成了专项工作组研究地方财税问题。该小组由威廉·沃尔德格雷夫直接向撒切尔夫人汇报,沃尔德格雷夫邀请希思时期的中央政策评估专员维克多·罗斯柴尔德参与,然而,这成为一个"致命的邀请"。[1]

1985年,苏格兰地区进行地方税税基重估,这被视为人头税改革的"催化剂"。[2] 苏格兰地区税基重估导致住宅地方税大幅上涨,保守党在地区选举中受到严重影响,而传统工党控制区大多都能从中受益。部分保守党人担心,英格兰和威尔士地区可能会面临相同的危险。此时,地税封顶政策正遭遇工党控制地区的挑战,撒切尔夫人一边要对付持续罢工的煤矿工人,一边要对付大城市里的工党大佬,彻底改革地方税看起来迫在眉睫。

1985年3月31日,撒切尔夫人召集会议,几乎有一半的内阁成员参加,威廉·沃尔德格雷夫在会上解释了人头税方案。刚从苏格兰回来的威利·怀特劳的介入,在促使撒切尔夫人迅速做出决策方面发挥了关键性影响。[3] 1985年5月20日,内阁会议讨论了人头税方案,撒切尔不理会党内高层劳森等人的反对,使人头税方案获得压倒性支持。1985年5月,保守党刊物发表文章历数了地方税的缺点,认为需要彻底取消地方税,呼吁"富有变革精神的政府大胆地重新构想财政支持地方服务问题"。[4]

1985年秋天,关于税改的绿皮书草案在不同部门间流转审议,新税种的正式名称也一再变化,从"居民费"变成了"社区费"。这一命名的意义很重要,表明这是一种地方社区服务费,听上去似乎不是一种税。圣诞节前夕,绿皮书在内阁下属委员会获得通过。1986年1月9日,内阁全体会议讨论社区费改革方案,由于此前已经过审查讨论,内阁批准只是履行手续,绿皮书在十几分钟内就获得通过,但该方案远没有三年后实施的方案那么激进。

---

[1] Nigel Lawson, *The View from No. 11*, London: Transworld, 1992, p. 570.
[2] Arthur Midwinter and Claire Monaghan, *From Rates to the Poll Tax: Local Government Finance in the Thatcher Era*, Edinburgh University Press, 1993, p. 66.
[3] David Butler, Andrew Adonis and Tony Travers, *Failure in British Government: The Politics of the Poll Tax*, Oxford University Press, 1994, pp. 68–70.
[4] Doreen Miller, "We Must Get Rid of the Rates!" *Conservative Newsline*, May 1985 (PUB 125/1).

三 社区费方案的出台实施

(一) 社区费方案的正式推出

颇具戏剧性的情景伴随着税改方案的形成过程,使其被不祥之兆笼罩。1986年1月28日,关于社区费改革的绿皮书静悄悄地发布,恰逢美国"挑战者号"发射爆炸成为新闻热点,撒切尔夫人的"挑战者号"并未引起什么热议。按照绿皮书提出的社区费方案,纳税人范围将迅速扩大。如果中央政府认为哪个地方社区费过高,还可以像对待地方税那样对其进行封顶。

社区费方案一经推出,就开始不断加码加速。在环境大臣里德利的鼓动下,社区费方案出现了明显变化,比如地方税到社区费的"双轨制"过渡期由十年减少到四年,里德利实际上主张三年,财政部代表梅杰主张五年,最后折中为四年。① 在1986年10月的保守党大会上,里德利宣布人头税改革位居议程首位。经过大会讨论和部分人士影响,撒切尔政府相信应改变渐进分步实施计划,立即推行新的社区费政策。

社区费改革迅速列入保守党政府日程。转眼间到了1987年大选,社区费方案被纳入了保守党大选宣言,"地方选民必须决定他们想要什么水平的服务,以及他们准备付出的成本和代价。"②当年议会选举结果令人惊讶,不是因为保守党的胜利,而是因为胜利的程度,保守党超过百席的优势为社区费立法提供了保障。1988年地方财政法案正式取消住宅地方税,代之以社区费,并建立了国家非住宅房产税制度和新的地税补助拨款制度,这给地方政府带来了前所未有的震动。

(二) 以社区费为核心的税改内容

1988年地方政府财政法案主要包括三项内容:一是用社区费取代住宅地方税;二是用国家非住宅房产税取代原来的非住宅地方税,使用单一通用税率;三是用收入补助拨款取代原来的地税补助拨款。按照社区费实施

---

① 〔美〕撒切尔:《唐宁街岁月》,李宏强译,北京:国际文化出版公司,2009年,第595页。
② *Conservative Menifesto for Wales 1987*, Published by the Conservative Central Office for Wales.

的相关规定，所有年满18岁的成年人都要缴纳，但一些群体可获得减免，如无家可归者、长期住院的病人、狱中囚犯等予以免交，穷人和学生不需要全额缴纳，低收入者可以得到很高比例的税收返还。

中央还对非住宅地方税进行了基础性改革，推行了全国性的统一商业房产税，在全国范围内按照中央政府确定的统一税率计征，使非住宅地方税从一个地方税种变成了国家税种，不过仍由地方政府征收，然后按程序上交中央政府，由中央政府依据各地成年人口数量按比例再分配，对于地方政府来说，这种分配和原来的中央拨款方式没什么区别。[1] 但统一商业房产税对中心城区和拥有较多非住宅地方税收入的地区影响较大，这进一步扩大了地区间税收收支差距。

通过新税制及配套的新拨款制度，中央加强了对地方收支的控制。随着非住宅地方税变成中央税收，地方财政中来自中央转移支付的收入占比提高到80%—85%。新机制不仅增强了中央控制，还提高了社区费税率的敏感度，也就是说地方预算略有变化，地方社区费税率就会发生很大变化。不仅地方支出变化会导致地方社区费税率波动，每年拨款分配模式的技术调整也会引起变化。

（三）社区费改革的实施与失败

按照社区费实施方案，除了内伦敦等个别地方分步实施外，英格兰其他地区都要在1990年取消住宅地方税，苏格兰地区则提前于1989年4月开始实施社区费制度。

开征社区费遭到了大范围反对。许多人误以为选民登记和社区费登记相关联，一些人索性就不进行任何登记。苏格兰多个地方在执行政策时迁延拖沓，反对党则发起了反对新税制运动，一些地方和国会议员及团体支持不纳税运动。工党控制下的苏格兰洛锡安议会预计，将有至少10万拒不纳税者被诉至法庭。[2] 许多过去享受地方税减免的人也要缴纳社区费，一些中下层的多口之家税负迅速增加，一些住着豪宅的富人的税负却大幅下降，

---

[1] Attiat F. Ott, *Public Sector Budgets: A Comparative Study*, Aldershot: Elgar, 1993, p.209.
[2] *Beating the Poll Tax*, Anarchist Communist Editions (ACF), March 1990, p.8.

新税制带来的税负变化激起了广泛反对。与此同时，税基重估和国家非住宅房产税加重了部分小工商业者的税负，特别是英格兰南部地区的工商业主。

许多反对者开始采取有组织行动。英国社会出现了很多反人头税组织，并于1989年11月成立了全英反人头税联盟。随着社区费在全国范围内开征，越来越多的人参与抗争。1990年3月伦敦反人头税骚乱导致340人被捕和45名警察受伤，成为英国20世纪最严重的骚乱。对抗行动严重影响了社区费缴纳，从1989年到1993年，地方许多应缴税款逾期滞缴，数额大约占到30%。[1] 反对社区费的人数占选民比例不断攀升，1988年2月为54%，1989年10月上升至63%，到1990年早些时候超过了75%。[2]

结局正如奈杰尔·劳森所言，经济失败极可能导致失去执政地位，但仅有经济成功并不能确保执政地位。[3] 撒切尔的一系列改革确实取得成效，但不等于任何改革都能成功。面对社区费改革引发的汹汹民意，加上关于欧洲事务的矛盾，保守党内出现严重裂痕，撒切尔夫人不得不辞职下台，社区费改革最终退出历史舞台。

四 社区费方案形成过程中的问题

地方财税改革贯穿整个撒切尔时期，社区费成为"最后一次和最具灾难性的永久解决这个困局的尝试"。[4] 人头税在英国历史上声名不彰，曾经引发起义等严重后果。将这样声名狼藉的税种作为改革"旗舰"，是撒切尔夫人的重大误判，也是保守党政府的历史败笔。抛却税制本身存在的严重缺陷，仅从税改方案形成过程来看，主要存在以下几个问题。

（一）社区费方案的形成过于封闭仓促

一是保守党内部酝酿不够充分。作为一项影响重大的决策，人头税方

---

[1] George Monies, *Local Government in Scotland*, Edinburgh: W. Green, 1996, p. 79.
[2] Gerry Stoker, *The Politics of Local Government*, Basingstoke: Macmillan Education, 1991, p. 185.
[3] Nigel Lawson, *The New Britain: The Tide of Ideas from Attlee to Thatcher*, London: Center for Policy Studies, 1988（PUB 110/2）.
[4] Nigel Lawson, *The View from No.11*, London: Transworld, 1992, p. 104.

案从正式提出到决定推出，只经历了短短几个月时间。对新方案的讨论不够充分，比如，1985年3月底，撒切尔夫人召集会议讨论方案，一项重大改革就此诞生，但有些重要相关人士并未参加会议，财政大臣奈杰尔·劳森以为这只是讨论而非决策，且不愿放弃周末休息，因此"愚蠢地"决定不参加会议。① 与此同时，地方政府相关人士和智库集团也未能参会。

二是各机构间缺乏理性细致的讨论。内阁并未真正仔细地考量此项事务，负责地方政府事务的环境部没有发挥应有作用。中央的很多官员没能提出像样的建议，也没有借鉴其他国家的经验，同时也没有与地方财政官员进行商讨。一些方案在讨论阶段保密，议会机制也未能发挥作用。工党则焦虑于与激进的地方工党控制的地方议会划清界限，不愿因社区费问题制造争端。作为政治家的大胆设想，社区费的问题很多，但都遭到忽略。②

三是对社区费的影响缺乏研判与准备。一方面是对社区费的受欢迎程度估计过高。撒切尔和里德利自信地认为，历史终将证明他们是正确的，从长远来看改革会受到欢迎，可以给地方支出"套上锁扣"。③ 党内活跃分子鼓动撒切尔加快步伐，从而使先天不足的政策进一步脱离了实际。另一方面是对税负变化等影响估计过低。对于新政策会给不同族裔、阶层群体和不同规模家庭带来的影响，撒切尔政府显然缺乏足够的预判与应对，结果税负不公和税负加重致使社区费遭到大范围抵制。

（二）社区费政策未获保守党内认同

一是方案酝酿时，党内自始就存在不同意见。自人头税方案讨论阶段开始，保守党内的反对者即不在少数。比如，1985年4月早些时候，内政大臣利昂·布里坦曾致信专项工作组，对人头税可能带来的后果进行警告、提示。④ 1985年5月，财政大臣奈杰尔·劳森告诫撒切尔，认为人头税将导

---

① Nigel Lawson, *The View from No. 11*, London: Transworld, 1992, pp. 570 – 571.
② Martin Daunton, *Just Taxes: the Politics of Taxation in Britain, 1914 – 1979*, Cambridge University Press, 2002, pp. 358 – 359.
③ Gerry Stoker, *The Politics of Local Government*, Basingstoke: Macmillan Education, 1991, p. 185.
④ David Butler, Andrew Adonis and Tony Travers, *Failure in British Government: The Politics of the Poll Tax*, Oxford University Press, 1994, pp. 76 – 79.

致"令人惊骇的"后果。① 然而，这些意见都被撒切尔夫人选择性地忽略。随着赫塞尔廷等人的离去，党内的反对意见和理性声音进一步被边缘化。

二是政策立法时，党内高层裂痕不断加深。保守党的议会优势能确保社区费立法通过，但党内分歧分裂却日益加深。根据工党的统计，在社区费立法过程中，有六十六名保守党议员投票反对或者弃权，其中十九名保守党议员至少三次投票反对立法。反对者包括十二位前政府大臣，其中有四位前内阁大臣和四位前环境大臣。② 除了前首相希思等人公开反对社区费，还有些人虽不反对社区费，但因担忧其政治后果而滋生不满，撒切尔的领袖地位开始动摇。

三是决策实施时，政治优势助长冒进盲动。1987年大选后，保守党在议会拥有超过百席的多数，这有利于强推改革，但选民投票并不意味着支持社区费。有分析认为，保守党赢得大选主要是由于工人队伍衰减、人口向南迁徙、有房业主增多等长期的社会变化。③ 然而，政治优势催生了政治自负，盲目决策导致改革步入迷途。最初的社区费方案是双轨制的，地方税将分阶段逐步退出，但党内活跃分子以为社区费会很受欢迎，促使决定毕其功于一役，偏离了双轨制渐进式路径，事实证明这是个错误。④

（三）社区费未能获得公众的理解认可

一是未与公众进行充分沟通互动。社区费改革是地方财税体制的全方位系统性改革，但政府宣传过于强调个体纳税义务以及新税制对地方支出的约束作用。社区费的危险之处在于政治家与广大选民的认识隔着一道鸿沟，只有架起桥梁，新制度才不会招致诸多毁谤、攻击。⑤ 然而，对于这场重大改革，公众的很多误解未能及时消除，人们津津乐道的是很难产生好

---

① Jim Pickard and Barney Thompson, *Archives 1985 & 1986: Nigel Lawson Warned of Poll Tax Catastrophe*, Ft-Politics & Policy, December 30th, 2014.
② *On the Record: A List of Conservative MPs Who Have Voted against Poll Tax Legislation*, The Labour Party, May 1990.
③ David Denver, *Elections and Voting Behaviour in Britain*, Hertfordshire: Philip Allan, 1989, p. 140.
④ Brendan Evans, *Thatcherism and British Politics, 1975 – 1999*, Stroud: Sutton, 1999, p. 102.
⑤ Oliver Knox, *Of Dukes and Dustmen: Cautionary Rhymes on the Community Charge*, London: Centre for Policy Studies, 1989 (PUB 110/18).

感的"人头税"。迎合民众可能会损害原则,但没有公众理解支持,政策也难以落地生根。

二是未能与各类机构充分咨商。20世纪70年代建立的地方政府财政咨商理事会,总体上推动了中央与地方对话,减轻了地方财税改革的阻力。但到了撒切尔时期,理事会从磋商平台变成了督导平台,中央政府渐趋青睐于行政法律手段。1985年,中央政府与英国工业联合会进行讨论,除了就工商业房产税讨价还价,联合会还提出,可以按户征收社区费或者按市价征收地方服务费,但提议遭到了明确拒绝。① 事实上,后来替代社区费的市政税,就是基于房产价值按户征收。

三是未能通过舆论进行理性讨论。1986年初绿皮书发布时,各大媒体表明了态度,但总体上支持意见并不明显。媒体报道倾向于使用"人头税"这样的标签用语,从1986年到1991年,关于社区费的全国性报道中,只有29%使用了"社区费"的名称,地方媒体报道中只有33%使用了该名称。② 虽然社区费制度本身存在严重缺陷,但这种舆论显然无助于新税制获得民意支持,也不利于进行理性深入的讨论。

作为一项重大财税政策,不仅要在经济上可行,还要在政治上可行。社区费曾被形容为撒切尔改革的"旗舰",可惜一开始就驶入了危险水域。地方税改革有其合理之处,但社区费方案基于政治需要,政策理性不足,朝野缺乏共识,实施过于激进,最终成为"二战后英国政府在财政体制改革方面最大的失败"。③ 1991年3月下旬,社区费被宣布寿终正寝,最终被新的市政税取代。

---

① *Local Government Brief* (*No. 40*), Conservative Research Department, November 1987 (PUB 145/4).
② David Deacon and Peter Golding, *Taxation and Representation: The Media, Political Communication and the Poll Tax*, London: J. Libbey, 1994, pp. 111 – 115.
③ Martin Daunton, *Just Taxes: The Politics of Taxation in Britain, 1914 – 1979*, Cambridge University Press, 2002, p. 359.

近代英国海外布道会研究综述*
——以伦敦布道会为中心

傅 政

(浙江大学外语学院跨文化与区域研究所)

一 英国海外布道会兴起的背景

保罗·科恩指出:"传教活动要得以实现,必须具备某些历史前提,如经费资助,组织指导,克服长途跋涉的技术障碍等。英国当时无论从物质基础、思想基础和传教组织形式和策略等方面都有了坚实的基础和准备。"[①] 18 世纪以来英国工业革命的爆发和社会经济的发展,为英国海外传教创造了物质条件,海外传教组织成为 19 世纪新教传教运动的先驱和主导力量。以海外布道会为组织,以传教士为主体的一场前所未有的基督教扩张运动在全球兴起。据统计,截至 1900 年,在欧洲以外的海外地区传教的英国传教士达到 1 万人。从 19 世纪二三十年代开始,热衷于海外传教成为不列颠教会的普遍特征。

布道会(Missionary Society)又称差会,起源于当时遍布英国的"宗教会社",这些会社是一些基督徒为了某些特殊的目标而在一起工作的组织,其中"布道"是重要的一部分,目的为皈依教徒。布道会经费主要由其国内的教友和信徒捐献,国内董事会负责日常管理工作,如制定传教政策,征募、培训和考核传教士等。到 19 世纪末,几乎每个教会或宗派都致力于通

---

* 本文得到"浙江大学 2018 通识选修课程教学改革项目"资助。
① 保罗·科恩:《1900 年以前的传教事业及其影响》,费正清、刘广京编《剑桥中国晚清史(1800—1911)》,北京:中国社会科学出版社,1985 年,第 529—574 页。

过建立布道会向全球传播"基督福音"。①

从 18 世纪 90 年代起,英国主要有以下五个被公认规模和影响较大的传教组织:(1)基督福音传播会(Society for the Propagation of the Gospel);(2)浸礼会(Baptist Missionary Society);(3)伦敦会(London Missionary Society);(4)大英圣公会(Church Missionary Society);(5)卫斯理循道会(Wesleyan Methodist Missionary Society)。

二 关于英国海外布道会的研究

目前,国内外对英国海外布道会的研究成果都从不同的角度揭示了英国海外布道会成立、发展、衰退的历程,并记录其在海外各国和地区传教状况,分析其特征,试图揭示布道会和英国海外扩张的关系。1965 年,英国大英圣公会的秘书长沃伦(Max Warren)博士在《现代历史中的英国传教运动》一书中梳理了从 18 世纪到 20 世纪英国传教史,并探讨了商业活动和殖民帝国主义对传教运动的影响:"基督教和商业、殖民帝国主义紧密相连,密不可分。"基于这一观点,他也探讨了传教运动的动机、基督教和大英帝国的关系,分析了传教运动对亚洲、非洲西方化以及新兴宗教的兴起和发展的影响。这一著作被认为是 20 世纪研究英国传教运动较为权威的著作。②

波特(A. Porter)在《牛津大英帝国史:19 世纪》一书中,撰写了"宗教、传教士热情和帝国"(Religion, Missionary Enthusiasm, and Empire)一章,追述了 19 世纪英国海外布道会在世界各地传教的基本情况,特别介绍了传教士所倚重的"教育布道"策略,以及它们和英国殖民扩张之间的紧密关系③;他的另一著作《宗教还是帝国?英国新教传教士和海外扩张,1700—1914》(*Religion Versus Empire? British Protestant Missionaries and Overseas Expansion, 1700 - 1914*)全面记载了英国传教士在 1701—1914 年逐步

---

① K. S. Latourette, *A History of Christian Missions in China*, London: Society for Promoting Christian Knowledge, 1929, p. 206.
② M. Warren, *The Missonary Movement from Britain in Modern History*, SCM Press Ltd., 1965.
③ A. Porter, "Religion, Missionary Enthusiasm, and Empire", in A. Porter, ed., *The Oxford History of the British Empire: 19th Century*, Oxford University Press, 1999, pp. 222 – 246.

开始拓展传教事业、成立海外布道会、建立海外传教基地的历程，也重点分析了传教士和英国海外扩张的关系，其中特别指出了传教士活动最为重要的特征是通过办学等教育活动对传教事业的贡献。①

1996 年，由比克斯（R. A. Bickers）和西顿（Rosemary Seton）编写的《传教士遭遇：来源和事件》（Missionary Encounters: Sources and Issues）一书介绍了学界基于各项英国新教海外传教会的史料所做的研究，其中涉及英国浸礼会、伦敦会等，地域范围包括亚洲、非洲等。该书试图揭示不同领域的学者在不同时期如何利用该领域丰富的史料（包括来往信件、报告、照片、图片和实物等）进行研究，突出了史料对该项研究的重要性，并认为这样的研究是历史学家、人类学家和史料之间的一种"交流"。编写者在介绍中指出："传统的多卷本的教会史，如 Lovett 的伦敦会史，Stock 的圣公会史，是海外传教事业处于高峰时期的巅峰之作，他们对于传教历史的内涵及其得失的解读显然已经落后。现代的世俗社会对当代传教或者传教历史关注不多。在基督教领域之外，并无学者关注传教的成功、教会的发展历程以及各基督宗派的宣传。代之而起的是社会、人文领域学者的跨学科交叉研究，他们发现了和其他领域相结合的丰富的传教史料。"②同时，编写者也指出："传教会史料日益受到关注，其重点并非基督教的扩张，而是揭示了西方传教士和传教区域宗教信仰、文化和社会习俗的交流与碰撞。"这部著作揭示了海外传教会研究的新趋势：从史料出发，超越传教事业本身，更多地探讨异质文化之间的交流与碰撞。

林（Oi Ki Ling）的著作《英国在华新教传教士的角色嬗变：1945—1952》（The Changing Role of the British Protestant Missionaries: 1945—1952）把 1807—1945 年英国传教士的活动划为四个阶段——1807—1907 年、1908—1928 年、1929—1937 年、1938—1945 年，并对每一阶段基督教在华传播的特征和传教士的角色进行了阐述。③

---

① A. Porter, *Religion Versus Empire? British Protestant Missionaries and Overseas Expansion, 1700 - 1914*, Manchester University Press, 2004.
② R. A. Bickers and Rosemary Seton, eds., *Missionary Encounters: Sources and Issues*, Curzon Press, 1996.
③ Oi Ki Ling, *The Changing Role of the British Protestant Missionaries in China, 1945 - 1952*, Associated University Press, 1999, pp. 25 - 46.

美国学者考克斯（Jeffrey Cox）的著作《1700年以来的英国传教事业》揭示了英国传教事业在1700—1945年的发展历程，他把这段历程划分为四个阶段：（1）1700—1800年——大英帝国国教的宗教危机；（2）1800—1870年——海外传教运动的兴起；（3）1870—1945年——两次世界大战前后传教事业的发展和困境；（4）1945年之后——后殖民时期的英国海外传教事业。他列举了以上各个阶段英国布道会在印度和中国、非洲和加勒比地区的传教活动及其所兴办的传教机构。①

三 英国海外布道会研究个案——伦敦布道会

伦敦布道会（简称"伦敦会"）是近代新教历史最为悠久的海外布道会之一，它的活动范围遍布亚、非、拉，培育了众多著名的海外传教士。伦敦会最早对华派遣传教士，1807年，该会派遣罗伯特·马礼逊（Robert Morrison）前往中国传教，随后米怜（William Milne）、麦都思（Walter Henry Medhurst）、理雅各（James Legge）、杨格非（Griffith John）、赫立德（Lavinton Hart）等多名传教士先后被派往中国，主要在港澳、广东、上海、厦门、重庆、武汉、北京、天津、河北等地活动。该会历经中英关系和晚清政府基督教政策的演变，并且逐步涉足文字出版、教育、医疗等领域，在风云变幻的中国近代史上留下了自己的印迹。对于伦敦会的研究基本反映了目前国内外学界对英国海外布道会的一些重要视角，主要有如下几类。

1. 通史类研究

埃利斯（William Ellis）1844年出版的《伦敦布道会历史》（*The History of the London Missionary Society*）主要介绍了伦敦会的创建概况，如创始人和成立初期部分传教士的功绩，其中较为详细地介绍了马礼逊、米怜等人的活动②。

拉维特（R. Lovett）的《伦敦布道会百年史（1795—1895）》（*The History of the London Missionary Society, 1795–1895*）③和顾达尔（N. Goodall）的

---

① J. Cox, *The British Enterprise Since 1700*, Routledge, 2008.
② W. Ellis, *The History of the London Missionary Society*, London: John Snow, Paternoster Row, 1844.
③ R. Lovett, *The History of the London Missionary Society, 1795–1895*, London: Henry Frowde, 1899.

《伦敦布道会史（1895—1945）》（*A History of the London Missionary Society 1895 - 1945*）①两本著作追溯了伦敦会从18世纪末成立到20世纪中期的发展轨迹，拉维特的著作介绍了伦敦会成立的背景、组织架构、管理模式以及伦敦会19世纪在世界各地的活动；顾达尔的著作较为详尽地构建了伦敦会从1895年到1945年在印度、中国、马达加斯加、南太平洋地区、巴布亚岛、西印度群岛等地的活动概况，内容涉及传教站概况、医学和教育布道等多方面，还着重探讨了伦敦会教育和医疗布道有关策略的制定和演变过程。总之，这两本著作较为全面地展示了伦敦会创立后150年的历史。

此外，还有一些著作从各方面反映伦敦会的历史状况，如莫里森（John Morrison）的《伦敦会的奠基人和创始者：纪念刊》（*The Fathers and Founders of the LMS：A Jubilee Memorial*）在简要介绍伦敦会创办概况后，对伦敦会创始者的功绩都做了记录，也提供了很多关于伦敦会的重要史料，如当时几位创始人的重要文章和发言等，有助于我们了解伦敦会成立的指导思想及其特点②；又如，霍恩（Silverster Horne）的《伦敦会百年故事》（*The Story of the L. M. S 1795 - 1895*）、哈里斯（J. C. Harris）的《基督的信使：伦敦会的先驱》（*Couriers of Christ：Pioneers of the LMS*）③、詹姆斯（Alfred Thomas Stephen James）的《伦敦会二十五年：1895—1920》（*Twenty-Five Years of the L. M. S：1895 - 1920*④）都从不同角度记录了伦敦会在不同时期的发展概况，为后人研究提供了很多宝贵的史料和参考资料。

2. 伦敦会在华活动研究

法国学者帕克特（Jean Paquette）1987年出版的《不妥协之地——伦敦布道会在华活动史：1807—1860》（*An Uncompromising Land：The London Missionary Society in China, 1807 - 1860*），介绍了伦敦会成立和来华传教的有关背景，主要以传教士为中心，描述他们了从1807年到1860年期间在华"传播福音"的经历，特别论述了他们在传教过程所遇到的种种障碍和冲突

---

① N. Goodall, *A History of the London Missionary Society 1895 - 1945*, Oxford University Press, 1954.
② J. Morrison, *The Fathers and Founders of the LMS：A Jubilee Memorial*, Fisher, Son, Co., 1844.
③ J. C. Harris, *Couriers of Christ：Pioneers of the LMS*, London Missionary Society, 1931.
④ A. T. S. James, *Twenty-Five Years of the L. M. S：1895 - 1920*, London Missionary Society, 1923.

及其原因。① 鲁宾斯坦（Murray A. Rubinstein）的著作《英美在华传教事业的起源（1807—1840）》（*The Origins of the Anglo-American Missionary Enterprise in China 1807 – 1840*），较为详尽地介绍了伦敦会初期传教士马礼逊等人在华活动以及英美教会合作事业的开端。②

国内学者撰写的相关著作对伦敦会在华活动也有所涉及。例如，吴义雄的著作《在宗教与世俗之间：基督教新教传教士在华南沿海的早期活动研究》介绍了 19 世纪新教传教士在华南沿海的活动，对伦敦会等差会传教士马礼逊、郭士立等人的医务教育、文字著译等活动做了详尽的描述，对他们在中外文化交流、西学传播中的影响进行了深入的探讨。③ 赵春晨等的著作《基督教与近代岭南文化》详细地介绍了伦敦会在广东、香港等地的教育、出版、医学、中学西传等活动，并分析了基督教在岭南地区的影响以及基督教和岭南文化之间的冲突与交融。④ 俞强的著作《近代沪港双城记》记录了早期伦敦会来华传教士在上海和香港两地的活动，探讨了伦敦会在华传教政策和方式的演变，并分析了传教士在中西文化交流中的角色⑤。

伦敦会在华传教机构主要包括所办教会学校、印刷机构等，这方面目前较为系统的研究集中于马六甲英华书院（Anglo-Chinese College），其中哈里森（Brian Harrison）的著作《等待中国——马六甲的英华学院和 19 世纪早期的中国传教》（*Waiting for China：Anglo-Chinese College at Marlacca, 1818—1843, and Early Nineteenth-Century China Missions*）详细介绍了马六甲英华书院的缘起以及马礼逊、米怜等传教士的办学业绩，是迄今为止对英华学院研究最为系统、史料最为翔实的著作。⑥ 国内出版的《近代来粤传教

---

① J. Paquette, *An Uncompromising Land：The London Missionary Society in China, 1807 – 1860*, U. M. I, 1987.

② M. A. Rubinstein, *The Origins of the Anglo-American Missionary Enterprise in China 1807 – 1840*, Scarecrow Press, Inc, 1996.

③ 吴义雄：《在宗教与世俗之间：基督教新教传教士在华南沿海的早期活动研究》，广州：广东教育出版社，2008 年。

④ 赵春晨等：《基督教与近代岭南文化》，上海：上海人民出版社，2001 年。

⑤ 俞强：《近代沪港双城记》，北京：宗教文化出版社，2008 年。

⑥ B. Harrison, *Waiting for China：Anglo-Chinese College at Marlacca, 1818 – 1843, and Early Nineteenth-Century China Missions*, Hong Kong University Press, 1979.

士办学活动》也介绍了马六甲英华书院的办学概况，包含创办背景、师资、课程设置等，也肯定了其对中国社会的积极影响。①

3. 伦敦会传教士研究

目前关于传教士的研究较多地集中马礼逊。除了他夫人艾莉莎·马礼逊撰写的《马礼逊回忆录》（Memoirs of the Life and Labors of Robert Morrison）外②，其他西方出版的著作主要有 1890 年出版的汤生（William John Townsend）的《马礼逊：在华传教士的先驱》（Robert Morrison：The Pioneer of Chinese Missions）③、1927 年出版的海恩波（Marshall Broomhall）撰写的《传教伟人马礼逊》（Robert Morrison：A Master Builder）④、1957 年出版的琳赛（Lindsay Ride）的《马礼逊：学者和人》（Robert Morrison：The Scholar and the Man）⑤。谭书林 2002 年出版的《马礼逊与中西文化交流》从汉语研究及辞书编撰、《圣经》汉译及其影响、传教事业、文化教育活动、近代中外文报刊的创办等方面探讨了马礼逊在中西文化交流中做出的贡献，认为他"在对近代中国影响重大的西方文明和中国传统文化碰撞交融这个具有历史意义的过程中，理应占有显著的位置"；⑥顾长声的著作《从马礼逊到司徒雷登》对从晚清开始来华的 32 位较为著名的新教传教士逐一进行了评析，⑦他的另一著作《马礼逊评传》对马礼逊在华活动做了较为深入的介绍，特别肯定了他在中西文化教育交流中的作用。⑧上述著作都从不同视角介绍了马礼逊的《圣经》翻译、《英华字典》和《华英字典》的编辑、英华学院创办等在华主要活动。

---

① 夏泉：《明清基督教教会教育与粤港澳社会》，广州：广东人民出版社，2007 年。
② E. A. Morrison, *Memoirs of the Life and Labors of Robert Morrison*, Longman, Orme, Brown, and Longmans, 1839. 中文译本为：艾莉莎·马礼逊：《马礼逊回忆录》第 1 卷，北京外国语大学中国海外汉学研究中心翻译组译，郑州：大象出版社，2008 年。另一中文译本为马礼逊夫人编《马礼逊回忆录》，顾长声译，桂林：广西师范大学出版社，2004 年。
③ W. J. Townsend, *Robert Morrison：The Pioneer of Chinese Missions*, F. H. Revell, 1888. 中文译本为：吴相译《马礼逊：在华传教士的先驱》，郑州：大象出版社，2003 年。
④ Marshall Broomhall, *Robert Morrison：A Master Builder*, Livingstone Press, 1924. 中文译本为：海恩波译《传教伟人马礼逊》，香港：基督教文艺出版社，1987 年。
⑤ L. Ride, *Robert Morrison：The Scholar and the Man*, Hong Kong University Press, 1957.
⑥ 谭树林：《马礼逊与中西文化交流》，北京：中国美术学院出版社，2004 年，第 319 页。
⑦ 顾长声：《从马礼逊到司徒雷登》，上海：上海书店出版社，2005 年。
⑧ 顾长声：《马礼逊评传》，上海：上海书店出版社，2006 年。

菲利普（Robert Philip）的著作《米怜生平和思想》（*The Life and Opinions of The Rev. William Milne*）以收集到的米怜书信和日记为基础，勾勒了米怜一生的活动及其重要思想。①

杨格非为伦敦会华中地区传教活动的开创者，1855年被派往中国，在汉口创办了博学书院。汤姆森（R. W. Thompson）撰写的《杨格非：在华五十年》（*Griffith John: The Story of Fifty Years in China*）详细记录了杨格非在华50年所从事的传教活动。② 罗伯森（William Robson）撰写的《杨格非：华中汉口传教站的创建者》（*Griffith John: Founder of the Hankow Mission Central China*）侧重于记叙其在汉口地区所从事的文字、医学和教育布道事业。③ 华德恒（Nelson Bitton）的著作《杨格非：华中传道人》（*Griffith John: The Apostle of Central China*）也记述了杨格非在华的活动经历。④

理雅各之女海伦（Helen Edith Legge）于1905年撰写的回忆录《理雅各：传教士和学者》回顾了理雅各的一生，特别是其在华传教、办学和从事中国经典翻译的情况，书中收录了理雅各的大量书信，有较高的史料价值。另一位香港学者黄文江（Wong Man Kong）用英文撰写的著作《理雅各：东西交汇地的先锋》（*James Legge: A Pioneer at Crossroad of East and West*）介绍了理雅各在教育、翻译等方面的贡献。⑤

美国学者吉瑞德（Norman J. Girardot）的著作《朝觐东方：理雅各评传》详细介绍了理雅各在华传教生涯，侧重介绍了他的翻译成就⑥，对他在华的各种活动做了多维度解读，基本反映了作者对理雅各多方面贡献的褒赏：（1）异端者：打通儒教与基督教；（2）阐释者：从中国经典中找寻"圣经"；（3）比较者：描述并比较中国宗教；（4）开拓者：翻译佛教和道

---

① R. Philip, *The Life and Opinions of The Rev. William Milne*, Philadelphia: Herman Hooker, 1840.
② R. W. Thompson, *Griffith John: The Story of Fifty Years in China*, New York: A. C. Armstrong and Son, 1906.
③ W. Robson, *Griffith John: Founder of the Hankow Mission Central China*, London: S. W. Partridge & Co. Ltd, 出版年不详.
④ N. Bitton, *Griffith John: The Apostle of Central China*, London Missionary Society, 出版年不详.
⑤ W. M. Kong, *James Legge: A Pioneer at Crossroad of East and West*, Hong Kong Educational Publishing Company, 1996.
⑥ 吉瑞德：《朝觐东方：理雅各评传》，段怀清、周俐玲译，桂林：广西师范大学出版社，2011年。

教经典；（5）教育者：高扬人的完整责任。他界定了理雅各的双重身份：传教士和学者。

美国学者费乐仁（Lauren F. Pfister）1990 年发表《19 世纪欧洲最著名的汉学家学术成就简述：理雅各》这一长文，首先提出了世人对理雅各存在的七方面误解，又提出了理雅各研究存在的一些障碍，而后从七个方面介绍了其学术成就：（1）学术训练；（2）苏格兰遗产；（3）教育哲学；（4）使命感和责任感；（5）不从国教的价值观；（6）常识性的哲学观；（7）浸润于儒家哲学。① 1998 年，他在《理雅各的遗产》一文中指出理雅各属于第二代传教士，对中国古代文化传统持"通融"的态度，试图寻找基督教和中国传统文化之间的连接。②

英国学者达文（Delia Davin）撰写的论文《19 世纪在华英国女性传教士》（British Women Missionaries in Nineteenth-Century China）介绍了 19 世纪来华大英圣公会、伦敦会等教会女性传教士的特点、传教活动及其贡献。③ 2003 年李颖的博士论文《基督拯救中国——伦敦会传教士麦嘉湖研究》较为深入地研究了麦嘉湖（John MacGowan）在华传教活动，以及他对中国社会生活、语言文字的相关研究。

4. 伦敦会传教士文献研究

英国新教传教士很多为多产作者，他们留下了大量日记、报告、信件、回忆录、教材、中国语言、历史文化研究专著等。据伟烈亚力记载，到1867 年，来华传教士共有 338 人，而出版物有 787 部。④ 这些文献不仅向中国人介绍基督教、西方历史、文化，而且记录了他们当时对中国社会历史、文化的研究成果，反映了近代西方传教士对中国的初步解读。为了赢得母国对他们在华传教事业的支持，他们必须传递有关中国的情况，特别是

---

① L. F. Pfister, "Clues to the Life and Academic Achievements of One of the Most Famous Nineteenth Century European Sinologists-James Legge（Ad 1815 – 1897）", *Journal of the Hong Kong Branch of the Royal Asiatic Society*, Vol. 30 (1990), pp. 180 – 218.

② L. F. Pfister, *The Legacy of James Legge*, International Bulletin of Missionary Research, 1998.

③ D. Davin, "British Women Missionaries in Nineteenth-Century China", *Women's History Review*, Vol. 1, No. 2, 1992.

④ S. W. Barnett & J. K. Fairbank, *Christianity in China: Early Protestant Missionary Writings*, Harvard University Press, 1985, p. 1.

"中国如何需要基督教文明的熏陶"。①同时,他们也需要了解中国社会的传统价值观、思想,以便能更好地找到传播基督教信仰和中国传统思想的契合点,以皈依信徒。赖得烈曾经指出:"西方世界所掌握的中国非基督教的哲学和宗教思想,得到最为肯定和公正评价的研究文献来自传教士。"②

伦敦会一直鼓励其传教士留下文字记录,包括日记、年度报告以及来往的正式信件等。因此,从19世纪早期的马礼逊、米怜、高大为、基德(Samuel Kidd)、麦都思到中后期的理雅各、伟烈亚力、艾约瑟(Joseph Edkins)等,都留下了大量的译作和著作,他们不仅撰写著作介绍西方世界,特别是基督教思想,而且也致力对中国古典文献的译介以及对中国文字、历史、宗教等的研究,这增进了英国等西方国家对中国社会的了解,客观上促进了中英文化交流。对这些文献的研究也日益得到学术界的关注,如1985年,美国学者巴奈特(Suzanne Willson Barnett)和费正清等编写了重要研究文集《基督教在中国:早期新教研究文献》(*Christianity in China: Early Protestant Missionary Writings*),介绍了伦敦会传教士米怜的基督教小说《双友记》(*The Two Friends*)、伦敦会最早的中国信徒梁发的《劝世良言》、麦都斯的著作等,费正清在前言中指出:"传教士不仅向世界传递中国形象,而且在构建中国的世界观。他们的个人目的是在宗教上影响中国,但是他们的历史功绩却是在双向交流的轨道上传播思想和形象。"③

澳大利亚学者约翰斯顿(Anna Johnston)的专著《传教士文献和帝国,1800—1860》(*Missionary Writing and Empire, 1800 - 1860*),基于伦敦会的档案,以传教士文献为中心,探讨了伦敦会在印度、波利尼西亚、澳大利亚等英国殖民地的活动状况,分析了这些文献所展示的殖民地文化的复杂性。她指出:传教士文献对于了解在大英帝国之下的跨文化碰撞是至关重要的,因为他们阐明了三种因素——帝国主体、白人殖民主体、非白人殖民主体互为交融的模式。她认为殖民地文化对英国的帝国主义理论和本土

---

① E. L. Malcolm, "The Chinese Repository and Western Literature on China 1800 to 1850", *Modern Asian Studies*, Vol. 7, No. 2 (1973), pp. 165 - 178.

② K. S. Latourette, *Christianity in China*, Annals of the American Academy of Political and Social Science, Vol. 152, China (Nov., 1930), pp. 63 - 71.

③ S. W. Barnett & J. K. Fairbank, *Christianity in China: Early Protestant Missionary Writings*, Harvard University Press, 1985, p. 4.

文化都有影响，而传教士文献改变了19世纪文化的关键要素的表达方式。①

结　语

综上所述，目前英国海外布道会研究有以下特点和趋势：（1）研究者以两类人——基督教领域的传教士和专业研究人员为主。很多传教会研究文献由前者撰写，如重要的传教会通识类著作圣公会（Church Missionary Society）史、伦敦会史都由传教会人员撰写，虽然由于本身的信仰，或者直接参与传教活动，他们的著作含有重要的原始资料，叙述也较为翔实，但往往会过多掺杂个人情感因素，甚至也有宣教的因素存在，影响其著作的公正性、客观性。近年来，以专业历史研究人员为主体的团队开始建立，他们开始以新的批判性的视角来审视这段历史；（2）目前的西方传教历史研究更注重跨学科的结合，如史学和社会学、人类学等学科的合作，试图超越对传教事件本身的研究，而更注重传教会、传教士和在异质文化环境中传播基督教、皈依信徒过程中所遭遇的文化差异、冲突，这些研究试图摒弃以往以西方为中心的范式，把两类人置于较为平等的地位进行研究；（3）注重挖掘现有的传教会史料，特别是传教士文献的文本。从文本研究中推断当时传教士在各地传教的状况，特别是当地的社会、历史、宗教概况。这方面研究又注重于传教士所前往的当时文明程度较高的国家，如印度、中国等地。不少研究试图从这些文本中推断出传教士对所在国家文化、历史和宗教的态度以及他们在不同文化交流中所处的困境。

英国海外布道会的传教活动伴随着英帝国的崛起和衰退持续了一个多世纪，传播教义、皈依信徒是其重要的思想、价值观输出。由此，理性、客观地分析这一历史事件，对于我们深刻认识近代英帝国的崛起和发展具有重要意义。

---

① A. Johnston, *Missionary Writing and Empire*, *1800 - 1860*, Cambridge University Press, 2003.

想象天主教徒：英格兰伊丽莎白时期新教民族认同的构建

孙 超

(山东师范大学历史与社会发展学院)

伊丽莎白时期，英格兰新教与爱国情感相结合，成为英格兰民族认同的主要表现形式。① 这时的英格兰对外交往也不断扩大，但在欧洲格局中处于不利的地位。国内天主教威胁依然存在，而大陆上教宗势力和西班牙国家的威胁不断加深。在国际天主教阵营的威胁下，这一时期出版的许多文献中，新教英格兰人对天主教形象进行了细致的描述，构建了一种"反天主教"的意识形态，从而对新教英格兰的"民族自我形象的塑造"有了更加清晰的认识。格林布拉特认为，这种"自我塑造的完成是把某物看作异域的、陌生的和充满敌意的来实现的。这种威胁的他者必须被发现或者创造出来，以攻击之和摧毁之"。② 天主教便成为这种"发现或者创造"出来

---

① 格林菲尔德的研究认为英格兰是"世界上第一个民族国家"，并且新教是英格兰民族主义形成的重要因素。但是以16世纪中期为界，学者对英国民族国家形成的时间存在诸多争议。比如，库马尔认为19世纪世俗的、工业的社会来临前，英格兰并不存在真正的民族主义，而帕特里克·沃马德则认为8世纪比德的《英吉利教会史》是英格兰民族认同形成的关键。Liah Greenfield, *Nationalism: Five Roads to Modernity*, Cambridge: Harvard University Press, 1992; Krishan Kumar, *The Making of English National Identity*, Cambridge: Cambridge University Press, 2003, pp. 101 - 103; Patrick Wormald, "The Venerable Bede and the 'Church of the English'", in Geoffrey Rowell, ed., *The English Religious Tradition and the Genius of Anglicanism*, Nashville: TN, 1992, pp. 13 - 32. 笔者认为，与民族主义这个复杂概念不同，民族认同、民族意识的确是16世纪的一个重要特征，也是英格兰民族国家建立过程中的重要时间段。国内关于英格兰新教与民族认同的介绍，参见胡琦《新教与近代早期英格兰民族认同》，《历史教学》2012 年第18 期。

② Stephen Greenblatt, *Renaissance Self-fashioning: From More to Shakespeare*, Chicago: University of Chicago Press, 2005, p. 9.

的"他者"形象。16世纪后期是塑造天主教"他者"形象集中发展的时段。当时社会危机不断出现，大量的反天主教文本也不断印制出版，而每一次危机都是对之前反天主教想象和记忆的叠加与再塑造。在这个过程中，英格兰逐步将天主教排除在自己国家的地理、种族范围之外，同时也塑造出了英格兰"受上帝恩宠的、自由的和帝国的"自我形象。20世纪70年代以来，宗教改革修正派开始关注天主教群体，但他们的论述缺乏对天主教群体与新教国家关系的深入发掘。而本文则借助于新教对天主教的想象这一路径，来重新看待新教民族认同形成的过程。

一

1569年，北方天主教贵族诺森伯兰伯爵和威斯特摩兰伯爵密谋发动叛乱。在北方叛乱开始时，教宗并未参与其中，而且大多数英国人可能直到1571年才知道这一诏书的内容，但是英格兰出版的著作却将教宗看作北方叛乱的发起者。另外，教宗的绝罚诏书虽然没有明确要求民众刺杀女王，却暗含这一层意思。大主教加里奥就说："无论是谁凭借衷心侍奉上帝的虔诚目的，特别是凭借庇护五世的那神圣回忆（即诏书）把她杀死，他都是没有罪过的。"① 加里奥的这段话无疑鼓励了后来诸多刺杀女王的阴谋的发生。想象与现实交织在一起，新教徒认定教宗是各种阴谋的制造者。爱德蒙·穆迪在1582年出版的一本小册子中写道："北方的叛乱完全依靠教宗的指导。"并且，他认为是教宗指使人将绝罚诏书贴在伦敦主教住处的门上，"教宗这么做影响了一些人的行为，北方的贵族就在此列：他们维护教宗的权威，在这个诏书秘密传播到国外（英格兰）以后，他们就开始明目张胆地叛乱。"② 教宗成为英格兰反天主教话语的中心。

1570年和1573年两次再版的约翰·福克斯的《殉道书》是这一时期塑造教宗形象最重要的作品。福克斯通过12幅"骄傲的教宗"的木版画刻画了教宗篡夺罗马帝国权力后压迫王权的过程。他描绘了衣着褴褛的罗马主教从被君士坦丁皇帝接纳到后来地位不断提高的过程，而伴随着的是主教开始变得

---

① Arnold Meyer, *England and the Catholic Church under Queen Elizabeth*, London, 1916, p. 271.
② Anthony Munday, *A Discoverie of Edmund Campion*, London, 1582, B3 – B3v.

专横并充满野心。① 福克斯还回顾了约翰王与罗马主教斗争过程后，用六幅画展现了天主教士毒杀约翰王的过程。② 所以，福克斯无疑暗示了罗马天主教威胁王权、迷信和阴谋的特征，同时教宗是这一行为的幕后黑手。

更重要的是，福克斯把王权与教权的斗争看作有形的、正确的教会与无形的、错误的教会之间的斗争。福克斯对历史的解释最终落脚在末世论上，而教宗代表着反基督的邪恶教会。福克斯把世界历史划分为五个时代，其中第四个时代就是反基督的时代。在这个时代，教宗篡夺权力，"教会衰败，横跨四百年。这个时代（教会的）信条和正直的生活湮没无闻，罗马的主教们成为西方教会的统治者和领导者"，这四百年"到威克里夫和约翰·胡斯时代结束"。福克斯意在表示中世纪宗教改革先驱威克里夫和胡斯遭受的迫害开启了下一个时代："第五个时代……真正的教会开始成长。"福克斯认为目前处于第五个时代，但罗马教会对王权依然形成挑战。③ 宗教改革是真宗教力量增强的表现，而罗马的威胁在末世论者眼中正是最后决战中正邪对抗的标志。他在《殉道书》第一页开头一个大写的字母C内描绘了伊丽莎白女王手持正义之剑，脚踩被击倒的教宗的形象。由此可见，在全书一开始时福克斯就希望向读者传达王权领导的宗教改革将取得正邪决战的胜利。

福克斯作品中插图比文字更直观地影响了英格兰社会对天主教的想象。在新教英格兰人眼中，这些图像反映的历史足以将以教宗为代表的罗马天主教推到新教的对立面，罗马天主教变成一个时刻想重新征服新教英格兰的"他者"。福克斯所塑造的专横的、邪恶的教宗形象，末世决战的思想以及王权"帝国"形象成为新教的象征符号、话语特征的框架。1580年，伊丽莎白统治进入第二个时期，国内外局势发生了较大的变化。这一年，耶稣会士爱德蒙·坎皮恩（Edmund Campion）和罗伯特·帕森斯（Robert Persons）抵达英格兰传教。耶稣会迅速被认定为教宗派遣打入英格兰内部的间

---

① "骄傲的教宗"相关的12幅图分布在《殉道书》第六册最后一部分中。John Foxe, *Acts and Monuments of the Church*, 1570, pp. 946-957. 文本关于福克斯的作品引文皆来自 John Fox's Acts and Monuments Online, http://www.johnfoxe.org/.

② Foxe, *Acts and Monuments*, p. 343.

③ Foxe, *Acts and Monuments*, p. 26.

谍组织,并且英格兰政府认为这些教宗主义者(papist)将从内部威胁王权和国家政治安全。同一时期,欧洲局势发生变化,尼德兰地区反抗西班牙,支持荷兰新教起义者的伊丽莎白与西班牙关系破裂。在内外部压力剧增的情况下,新教民族主义更加求助于敌人形象的再塑造来维持民族认同,这时话语模式发生了新的变化,外国敌人的形象从教宗个体发展为西班牙、罗马和耶稣会的"三位一体"。三者的融合催生了此后二十年反天主教想象的一个高潮。

二

16世纪80年代,外敌入侵的危险加大。1588年无敌舰队之战就是这场斗争的高潮。在入侵英格兰的问题上,虽然当时西班牙国王与教宗矛盾重重,而且教宗也没有尽心支持西班牙国王,但英格兰的宣传书册认为教宗是支持无敌舰队入侵的主谋。1588,新教作家安东尼·马滕就认为,"尽管西班牙国王最近携重兵驶向这个王国(英格兰)并意图侵略它,但他只是教宗的代表,国王拥有教宗赐予他的(权力),国王的确拥有这些权力,就像当年查理以西西里国王身份占有安茹和普罗旺斯那样。你现在该明白谁是这些痛苦的制造者,发明者和推动者了吧"。[1]

无敌舰队后来在北海遭遇风暴损失惨重,在新教眼中,这一"神风"的到来是上帝奇迹干预的结果。马滕就把这一胜利看作"上帝自己猛地一击,你们只是在一旁观看"。天主教势力之所以发起进攻,是因为"我们的女王,真正的宗教光明所在,改革了她自己王国的宗教",引起了天主教的愤怒。[2] 同时,新教是唯一能够"让我们拥抱基督徒的统一与合作的因素,这样面对敌人时我们将无往不胜"。西班牙入侵给了英格兰合作抗敌的机会,所以"上帝把我们英格兰人放到一个共同体中,一个教会中和一艘船上"。[3] 新教与爱国主义合为一体,在面对天主教威胁时,上帝对新教国家的天意所眷的内涵凸显出来。英格兰也变成了新"以色列",1588年的胜利

---

[1] Anthony Marten, *An Exhortation*, London, 1588, p. 5.
[2] Anthony Marten, *An Exhortation*, pp. 1, 7.
[3] Thomas Tymme, *A Preparation against the Prognosticated Dangers of this Yeare*, London, 1588, B4v – B5r, B7r.

后来成为新教的节日,每年予以庆祝。英格兰也成为上帝的"选民国家"(Elect Nation),甚至"上帝是英格兰人"的口号也广为人知。①

15世纪以来,许多预言家对未来的灾难进行预言,而1588年的胜利成为这些末日预言具有正确性的一个脚注。中世纪就有星相学家把1588年作为重要的时点,而当1588年胜利"果真"到来后,预言仿佛得到"验证",这进一步激发了英国人对末日决战的想象热情。乔治·吉福德在布道时认为,耶稣会士在无敌舰队入侵时散布到英格兰各地,引诱英国教徒堕落,"这些龙,这些野兽,这些伪预言家,派出了他们的信使,甚至派出了同青蛙一样的邪恶的灵魂来到这个国家,让他们去肆意破坏。这些歌革和玛各统治下的军队只是部分受损",而英格兰人正面临他们再次聚集与上帝战斗的威胁。②如果说福克斯对末日决战持不可知论③的话,这一时期的神学家们则纷纷开始计算决战到来的日期。约翰·纳培尔(John Napier)认为决战"最后的号角于1541年吹响,结束于1786年"。④ 1588年也成为一种计算周期的节点。例如,马滕虽然没有指出明确的时间,但也提醒读者如果不认为敌人马上到来的话,就"将激怒上帝,进入诅咒之境"。⑤ 这种时刻的紧迫感提醒着英格兰人正邪对抗的大幕正在拉开,而这种末世的意识形态也增强了英格兰人团结的民族意识。

这场战斗提升了女王作为新教国家保护神的角色。在托马斯·塞西尔的雕刻画中第一次出现女王身穿国王战衣领导抵御西班牙入侵的情景。而且,画中女王的战马脚踩一条象征教宗的毒蛇,这与福克斯《殉道传》中女王的形象一致,新教化的女王形象深入人心。⑥ 1588年之后,女王进一步

---

① John McKenna, "How God Became An Englishman", in Delloyd Guth and John Mckenna., eds., *Tudor Rule and Revolution*: *Essays for G. R. Elton from his American Friends*, Cambridge: Cambridge University Press, 1982, pp. 25 – 43.
② Richard Bauckham, *Tudor Apocalypse*, Oxford: Sutton Courtenay Press, 1978, p. 3
③ 福克斯在书中明确表示决战到来的时间"只有上帝知道"。Foxe, *Acts and Monuments*, p. 26.
④ John Napier, *A Plaine Discovery of the Whole Revelation of Saint John*, Edinburg, 1593, p. 14.
⑤ Anthony Marten, *A Second Sound*, *or Warning of the Trumpet unto Judgement*, London, 1589, p. 23.
⑥ 在英格兰的传统中,女王并不具备领兵打仗的职能。在现实中,伊丽莎白女王也从未真正带兵,所以塞西尔的这幅雕刻画反映了英国人对女王想象的一个变化。Donald Stump and Susan Felch, *Elizabeth I and Her Age*, New York: Norton Company, 2009, p. 391.

被"神话"。斯宾塞在他著名的《仙后》一诗中说:"人们目睹了伟大的故事/死亡中实现完美的归宿/崇拜她,尊敬她/正如她这偶像制造的伟大奇迹。"而且,女王胜利的记忆在她死后依然被继续制造:"她的统治是光荣的晨星,……她是所有王公中的明珠,……她使强大的敌人西班牙感知到她胜利的统治中蕴含的力量,……她是帕拉斯、弥涅尔瓦、贝娄娜。"① 诗人除了用古代神话中的战神、智慧神形容以外,还用月光和彩虹来比喻女王给英格兰带来的和平。新教国家神化女王的过程含有神授王权的意义,而接受神圣权力的女王的重要使命是保卫英格兰免受反基督者的侵害,1596年的一副女王画像中,女王手持宝剑放在《圣经》上,背后是英格兰地图上外国船只正欲入侵。王权捍卫新教与保卫国家在这里达成了统一。新教的王权的形象在与反基督者的斗争中不断得到构建和加强,这是伊丽莎白女王崇拜成功建立的原因。

三

16世纪的马基雅维利把帝国理想与民族主义联系起来,海外扩张就成为巩固民族认同的必要条件。② 伊丽莎白时代的"帝国传统"继承了马基雅维利对帝国概念的诠释,英格兰的帝国观突破了固守于不列颠岛的"孤立"帝国状态,开始追求扩张。当英格兰人环球航行时,他们发现占领美洲和亚洲的西班牙依然是英帝国理想的最大障碍。一种对天主教西班牙进行"蛮族化"想象的模式出现,从中英格兰获得了民族扩张的思想资源和话语基础。

英格兰人认为,西班牙帝国没有资格占有美洲。1583年,理查德·哈库利特(Richard Hakluyt)翻译了西班牙修道士拉斯·卡萨斯的《西班牙的征服》,其中包含大量关于西班牙人残忍杀害土著印第安人的情节。哈库利特还记录了英国船长约翰·霍金斯的一次失败远征的故事。1586年,霍金斯的船在风暴中受到严重损害,他被迫停靠西班牙殖民地圣胡安乌鲁亚。

---

① *The Life and Death of Queene Elizabeth, from the Wombe to the Tombe, from Her Birth to Her Buriall*, London, 1639, pp. 15 – 16.
② Francis Yates, *Astraea: The Imperial Theme in the Sixteenth Century*, London: Routledge and Kegan Paul, 1975, pp. 1 – 28.

想象天主教徒：英格兰伊丽莎白时期新教民族认同的构建

霍金斯对西班牙殖民者表示自己没有恶意，只是希望停靠休整。但第二天，他却受到西班牙船只的暗中攻击。由于英格兰人不占优势，经过激战，只有两只船逃出。霍金斯的失败被哈库勒特看作西班牙邪恶又背信弃义的证据。① 哈库利特记载的这些攻击和屠杀事件在英格兰首先以小册子的方式广泛传播，这给英格兰人一种印象：西班牙人将东方与西方都纳入自己的统治阴影之中，这造成了之后英国民族心态中的反天主教和反西班牙情绪。在1588年之后，西班牙的形象又发生了改变，变成了一个无能与软弱的敌人。在英格兰牧师罗伯特·格林看来，无敌舰队的失败说明他们的"宗教以及他们的（作战）能力是同样的水平：一个是虚伪的，一个是虚弱的。他们无论做什么，都不会显得卓尔不群，他们是一群乌合之众：西班牙人在战争中会假装成反叛的英军去包抄敌人，或者通过一些军事作战削弱敌人，可一遇到勇敢的抵抗，他们的作战勇气就冷却了，他们也不怎么敢，或者根本不敢再发动新的进攻"。② 这种明显带有吹嘘成分的宣传，在天意恩眷英格兰的喜悦中并没有显得特别突兀，因为在此后每当英格兰与西班牙作战时，西班牙残忍却又懦弱的话语就会反复被提及。

在新教英格兰人眼中，西班牙的"蛮族化"使其不具备基督教国家扩张的资格。在美洲征服过程中，西班牙传播天主教的热情高涨，有不少美洲土著居民转信天主教。但英格兰在弗吉尼亚殖民地对促成印第安人转信新教缺乏热情。天主教以此证明传教的胜利是真教会的标志，因为基督教会负有像使徒时代那样普世传教的使命。此时，西班牙传教士何塞·德·阿科斯塔的著作被翻译成英文，这给英格兰新教想象带来了新的话语。阿科斯塔与拉斯·卡萨斯类似，他长期在西班牙美洲殖民地工作。他认为天主教与美洲土著宗教有着相似性，这让天主教能够顺利传播。为了进一步推动土著真正接受天主教，阿科斯塔提出可以将土著仪式加以改造后与天主教仪式融合。③ 新教英格兰把阿科斯塔的妥协提议加以夸张，认为天主教

---

① Richard Hakluyt, *The Principal*, *Navigations*, *Voyages*, *Traffiques and Discoveries of the English Nation*, Glasgow: James MacLehose and Sons, 1904, X, pp. 64 – 74.
② Robert Greene, *Spanish Masquerado*, London, 1589, C4.
③ Gregory Murry, "'Tears of the Indians', or Superficial Conversion? Jose De Acosta, the Black Legend, and Spanish Evangelization in the New World", *The Catholic Historical Review*, Vol. 99, No. 1 (2013), pp. 44 – 45.

圣餐礼与美洲印第安的食人制度具有相通性。早在1581年卢普顿就写道："如果食人族因为吞吃与之作战的敌人的肉受到厌恶，难道你们不应该更加反感那些用嘴和牙去吞吃基督身体之人，这样做难道不是没有廉耻吗？"这种将食人习惯与天主教圣餐礼中的变体论联系起来的方式将新教信仰与天主教信仰分离开来，天主教信仰成了非基督教的"他者"，而西班牙也由于吃人行为已经被降到"非人"的野兽的地步。英格兰人通过把天主教与印第安人一同看作"蛮族"的方式表现出对西班牙传教行为的不屑。

西班牙帝国的这些不足成为英格兰占领美洲的理论依据。英格兰理想中的帝国应该有别于西班牙。在新教英格兰的想象中，西班牙征服美洲是借助于从美洲掠夺来的金银，这是西班牙帝国崛起的关键。对于同样追求"世界帝国"的英格兰来说，它则要建立贸易-商业帝国。英格兰不仅在美洲的贸易是正当的，而且它可以与世界上的任何国家交往，哈库利特的书中收录了当时伊丽莎白女王给中国皇帝的一封信，其中就谈及英格兰要"与所有国家诚实和合法地进行贸易交流"。[①] 16世纪的"自由贸易"原则只是针对西班牙保护自己势力范围提出的。英格兰反对西班牙式的"领地帝国主义"，构建起自己的商业民族主义。[②] 同时，英格兰"帝国"的思想中也包含着对领土扩张和贵族荣耀的追求。当时的探险家罗伯特·洛利（Robert Raleigh）所主导的殖民远征就被哈库利特赞誉为"英雄般的追求，我们的王子，我们的贵族，我们的教士，我们的骑士般的尝试"，并认为"你们目前神圣的和充满德行的严肃的冒险（为了你们热爱的国家）是很重要的，我希望他们将给国家带来好处，给这片土地带来荣耀。我们贵族们也将帮助和推动你们达成这一目的"。[③] 国家利益成为统合贵族和商业阶层的结合点。可以说，16世纪英格兰建立商业帝国的理想进一步为英格兰民族认同找到了一个共同点。

[①] Richard Hakluyt, *The Principal, Navigations, Voyages, Traffiques and Discoveries of the English Nation*, Vol. 11, p. 420.

[②] Richard Helgerson, *Forms of Nationhood: The Elizabethan Writing of England*, Chicago: Press of Chicago University, 1992, p. 187.

[③] Richard Hakluyt, *The Principal, Navigations, Voyages, Traffiques and Discoveries of the English Nation*, Vol. 2, p. 242.

四

伊丽莎白时期,许多英国人来到罗马和西班牙等天主教国家学习,他们在成为耶稣会士后返回祖国传教。但他们受到英国政府的严重猜忌,政府认为他们回国是为了担任外国入侵者的帮凶。新教国家批评他们丧失了"英格兰性",他们已经变成了"外国人"。

近代早期种族概念不仅强调血缘上的继承,还认为外在的地理、语言、文化以及政治上的影响也能够构建民族性。① 坎皮恩在前往大陆变为耶稣会士后,他的同事哈默表达了"你是个英格兰出生的人,不要让你的属性发生改变"的希望,但哈默也知道这种担忧已经不可避免变成了事实。在哈默看来,当坎皮恩变成耶稣会士,他就是屈服于罗马天主教,也就是屈服于外国的权力,他将勾结天主教反对自己的君主:"你的屈服,(作为一个英格兰人)把你自己和你的生活方式完全交给了外国的、陌生的上帝的敌人,却发誓反对你的女性君主,荣耀和尊贵的女王陛下。"②

耶稣会士学习到的阴谋诡计还应用在引诱新教徒转宗上。他们引诱民众反对国王,巴宾顿之所以密谋叛乱就是"被耶稣会士迷惑和怂恿",以至于他还以为"这是一件神圣的事儿,以为这双暴乱的手被上帝祝福过";他们还引诱信徒脱离新教仪式、信仰,他们允诺追随天主教的生活可以免除他们的罪孽。③ 在新教国家看来,虽然耶稣会士强调自己不参与政治活动,但他们依然是反基督者派来的内奸,威胁国家宗教和政治安全。在1588年的危急时刻,威廉·塞西尔就强调:"任何明智的人都明白,当他发现住所有火烧起来的时候,不仅要扑灭明火,还要找出暗火。"④ 暗火就是潜入英国的耶稣会士,而塞西尔这段比喻为英国政府迫害耶稣会士提供了借口。

---

① Robert Bartlett, "Medieval and Modern Concepts of Race and Ethnicity", *Journal of Medieval and Early Modern Studies*, No. 31 (2001), pp. 35 – 39.
② Meredith Hammer, *The Great Bragge and Challenge M. Champion a Iesuite*, 1581, p. 8v.
③ Carol Wiener, "The Beleaguered Isle: A Study of Elizabethan and Early Jacobean Anti-Catholicism", *Past and Present*, No. 51 (1971), pp. 44 – 45.
④ Malcolm Thorp, "William Cecil and the Antichrist: A Study in Anti-Catholic Ideology", in Arthur Slavin and Malcolm Thorp, eds., *Politics, Religion and Diplomacy in Early Modern Europe*, Kirksville: Sixteenth Century Journal Publishers, 1994, p. 294.

耶稣会士流动传教的行为也成为英格兰人猜忌的原因。近代早期表现出"普通大众对陌生人和外来者的一种明显的偏见","耶稣会士作为外来流动者刺激起了地方社会对流动性人口深刻的不信任",① 因为地方社会担心耶稣会士的流动给地方秩序带来混乱,新教社会就在耶稣会士身上不断贴上标签加以"他者化"。在诺福克的色特福德,当地争夺地方官职的行为后来就转变成了一场"清教徒"与"教宗主义派"之间的斗争,这种互贴标签的结果引起了郡长官以及枢密院的注意,一些高层对所谓的"清教徒"表示支持。② "性道德不洁"的标签也常被贴到耶稣会士身上。当时英国天主教徒中女性占了很大比例,许多女信徒为了得到指导,便让耶稣会士住在家中,女性一直以来被认为在性上是脆弱的,她们更容易受到异端的引诱,许多对耶稣会士审判案中都会指控他们与女主人有通奸行为。著名的玛格丽特·克力瑟罗就曾隐藏神父约翰·穆什在家中,她由此受到指控并在1586年殉道。在她死后,连她的继父都指责她"在教士的床上挂上丝帘,教士们让她躺在他们的膝盖上教导她,他们(教士)需要她的身体时就可享用"。③

在新教英格兰人看来,耶稣会不但带来政治秩序与社会秩序的颠倒,动摇英格兰社会的稳定,还将改变整个英格兰的民族属性,即使英国人从"白色的欧洲人"变成"黑色的非洲人"。传说曾有盎格鲁奴隶在罗马市场被出售,教宗格里高利看到他们白色的皮肤,称他们为"天使"(Angle),并认为这个民族来自天上。在"盎格鲁中心主义"盛行的16世纪,英格兰人把白色的肤色看作英国民族身份认同的构成。英国人来到西班牙学习会晒黑他们的皮肤,这在新教英格兰人眼中代表着种族身份的丧失,他们虽然有着白人的外表,但内心变黑。雷伊(Leigh)谈到火药阴谋案时说:"你们这样的行为伤害了我们的灵魂。我们在其中看到了流血的痕迹,以及黑色的脸,扭曲的表情",而且耶稣会士的到来会造成整个英国人民变黑:

---

① Alexandra Walsham, *Charitable Hatred*: *Tolerance and Intorlance in England*, *1500 – 1700*, Manchester: Manchester University Press, 2006, pp. 141 – 142.
② J·Craig, *Reformation*, *Politics and Polemics*: *The Growth of Protestantism in East Anglian Market Towns*, *1500 – 1610*, Aldershot: Ashagte, 2001, pp. 133 – 151.
③ Peter Lake and Michael Questier, *The Trials of Margaret Clitherow*: *Persecution*, *Martyrdom and the Politics of Sanctity in Elizabethan England*, London: Continuum, 2011, p. 102.

"我们的皮肤已经变得像炉子一样乌黑。"①

结　语

  16世纪民族认同的发展与宗教想象紧密结合。天意拯救英格兰、对天主教的"他者化"以及对西班牙美洲帝国的批判构筑了新教英格兰民族认同的路径，为英国民族—国家构建了强大的话语基础，也成为英格兰民族面临国内外困境时的黏合剂。但是，到斯图亚特王朝时期，内外环境发生了变化：西班牙与英国签订和平协议，而英国国内天主教势力也明显不再能对国家构成大的威胁。可新教英格兰人对民族的未来依然存在深深的忧患意识。1605年的火药阴谋案、1623年西班牙国王求婚事件以及1678年教宗主义者阴谋案不断掀起反天主教浪潮。因为当这些天主教想象融入新教教育、历法和宣传中后，民族的记忆就不断进行自身文化的生产与再生产，最终成为民族潜意识中的重要部分。每当英国人认为民族面临"危机"时，这种潜意识就会重新浮出水面，即使它已经不符合国家的实际状况，即使它可能对国家的对外方针产生不利影响，这种民族潜意识也不可遏制地决定了天主教在新教英格兰想象中要继续扮演"替罪羊"的角色。

---

① William Leigh, *Great Britain Great Deliverance from the Great Danger of Popish Power*, London, 1606, Bv-B2, B4.

浅析17世纪末英国皇家非洲公司在西非沿海的活动

——以1683年塞康第商栈公务信件为视角

张 歌

(山西大学历史文化学院)

皇家非洲公司(Royal African Company)是1660年在查理二世的命令下,由英国王室与伦敦商人共同成立的旨在经营英国在西非商业利益的大型公司,成立时的领导人为约克公爵詹姆斯[①]。成立之初,皇家非洲公司即被英格兰王国政府授予在西非当地的商业专营权。1672年,皇家非洲公司经过了业务重组,正式将塞内冈比亚方面的业务与皇家非洲公司主体分割,改革后的皇家非洲公司经英国政府认可有权在西非沿海建立堡塞、商栈,可以拥有自己的武装力量,可以行使一定程度的司法权,此后皇家非洲公司成为英国在当地的唯一代表,业务进入扩张期。1683年正值公司业务的鼎盛期,整个80年代皇家非洲公司新建了许多商栈,开拓市场,塞康第商栈的复设即是在这一大背景下出现的。

一 塞康第商栈公务信件所见17世纪晚期西方人在西非的经营

17世纪末,桑海帝国崩溃后的战乱已持续将近一个世纪之久,传统贸易被迫开始寻求新的贸易渠道和对象。这种背景下,塞康第商栈的设立具有重要的象征意义:一方面,它扼住了上下几内亚沿海地区交通的

---

① 即后来的国王詹姆士二世。

浅析17世纪末英国皇家非洲公司在西非沿海的活动

咽喉，成为两地之间商路的交会点，从此上下几内亚之间的近海航线都要受到该商栈的牵制；另一方面，塞康第商栈的设置使皇家非洲公司的势力延伸到整个阿肯人活动的沿海地区，深刻影响到了日后英国与阿散蒂帝国之间的关系，并进一步影响到英国在下几内亚地区殖民地体系的布局。

根据皇家公司保留下来的1683年从塞康第寄往下几内亚海岸角公司总部的三十一封公务信函，可以一窥17世纪晚期英国皇家非洲公司内部的运转情况以及英国同其他欧洲国家在此地的商业竞争以及当地社会的历史情况。

（一）从1683年塞康第商栈信件所见皇家非洲公司组织结构

在怀廷8月18日发往总部的第十三封信件中，提到了公司在海岸角的最高负责人——总代理（the Agent-General）①，公司在各地设立商栈的建设以及就购买土地的相关事宜与当地人之间的价格谈判等都要由总代理来直接负责。从马克·贝德福德·怀廷（Mark Bedford Whiting）②发往总部的第一封和第二封信中我们可以看到当时海岸角总代理为休·谢尔斯（Hugh Shears）③。商栈的日常运营、进货种类及价格的确定、每月的财政状况等都要报知总代理，总代理下设公司事务委员会（the Council of Royal African Company），是辅助总代理工作的常设机构，委员会相关人事变动必须第一时间通知公司下属各商栈的负责人。怀廷在8月21日发往总部的第十四

---

① 原文译文为："需要通知您（现任总代理）的是，提卡多王国已经派人到达我这里，表示希望您能（为商栈房屋）购买土地，我已在之前的信中说明此事，我不清楚土地价格行情，他们说以前给布莱德利代理的报价一直都是25般尼……"信中提到的纳撒尼尔·布莱德利（Nathaniel Bradley），在对信件的注释40中提到，为1678—1681年的海岸角公司总代理。参见Robin Law (ed.), *The English in West Africa, 1681-1683, The Local Correspondence of the Royal African Company of England, 1681-1699, Part 1*, Oxford: Oxford University Press, 1997, p. 11. Letter No. 13, 1683. 8. 18。

② 1683年皇家非洲公司复设商栈时所设的商栈主管，这一年塞康第商栈发往总部的三十一封信件中除第一封由詹姆斯·帕里斯（James Parris）署名外，其他均为由怀廷署名发出，以下简称"怀廷"。

③ Robin Law (ed.), *The English in West Africa, 1681-1683, The Local Correspondence of the Royal African Company of England, 1681-1699, Part 1*, Oxford: Oxford University Press, 1997, pp. 2-3. Letter No. 1, Letter No. 2.

信即是回复前一日收到的公司通知委员会成员斯泰普勒顿先生（Walter Stapleton）去世消息的来信,① 同时信中还提到总代理将在塞康第购地事宜全权委托怀廷处理，他一并在信中对总代理的信任表示感谢。② 此外，为了更有力地对下属商栈实施监控，皇家非洲公司还设有监察官（Skeeper），根据怀廷与1683年6月30日发往总部的第六封信可以看到如下内容："您派出的约翰·邓尼斯（John Downes）已经到达，我向来自迪克基斯科伍（Dickiscove）的一位荷兰私商的船派出了一叶独木舟，同时向检察官（Skeeper）约翰逊（Johnson）传递了有关海盗私商的情报，当独木舟返回时，根据您的命令让它到您处通报情报。"③ 其中，公司总部派到塞康第的约翰·邓尼斯的职责不详，但可以肯定其负有监督塞康第商栈运营情况的义务，而下文中提到的约翰森则明确具有监察官头衔，并且负责传递有关海盗来袭这样的紧要信息。

总部下辖两个系统，一为分布在各地的商栈堡塞，二为直属总部的商船队。前者一般为设置在西非沿海的武装堡塞，作为公司在各地商业活动的桥头堡；后者则游动于西非沿海各商栈之间，同时在加勒比海地区、欧洲和西非之间有固定的航线。

除上述基本的责任层级外，皇家非洲公司还建立了一套严格的财政管理制度，公司收入一律以黄金的重量单位计价。此处列出根据塞康第商栈信件所给出的向总部定期交纳所收入黄金的情况：

怀廷在1683年7月12日发出的第九封信中指出："我现向您（总部总代理）汇去2盎司7盎格尔9塔科的黄金，再加上此前汇去的11马克7盎司7盎格尔6塔科的黄金，总计12马克1盎司15盎格尔3塔科，我这里收

---

① Robin Law（ed.）, *The English in West Africa, 1681–1683, The Local Correspondence of the Royal African Company of England, 1681–1699, Part 1*, Oxford: Oxford University Press, 1997, p. 11. Letter No. 14.
② Robin Law（ed.）, *The English in West Africa, 1681–1683, The Local Correspondence of the Royal African Company of England, 1681–1699, Part 1*, Oxford: Oxford University Press, 1997, p. 11. Letter No. 14.
③ Robin Law（ed.）, *The English in West Africa, 1681–1683, The Local Correspondence of the Royal African Company of England, 1681–1699, Part 1*, Oxford: Oxford University Press, 1997, p. 7. Letter No. 7.

支平衡。"①在 8 月 18 日发出的第十三封信中,怀廷提到:"我派詹姆斯·帕里斯(James Parris)带 4 马克 4 盎格尔黄金到您那里,连同此前已由马斯特先生(Mr. Master)收讫的 5 马克 7 盎司 13 盎格尔,共计给您带去 10 马克 1 盎格尔。"② 此外,在第二十六封、第二十七封、第二十八封信中,怀廷也反复提到向海岸角公司总部汇去黄金或提供商栈账目,并强调自己汇去的黄金是手头仅有的现款,这些记录表明当时公司总部对各商栈财务控制极为严格,也体现了公司总部和各商栈之间上下级式的财政管理监察关系。

商船的指挥官为船长(Captain)。根据怀廷发往总部的第六封信中对于私下运送奴隶牟利的船长处罚决定中相关文字的表述,我们可以明确知道这些商船都有武装:"阿特维尔(Attwell)以他个人的名义运抵巴巴多斯 40 名奴隶,……他对此表示忏悔,……他船上的炮手已被转移到帕里斯船长的船上……"③ 在下几内亚沿海活动的公司商船游动于各个商栈所覆盖的区域,出售自己船上所运载的货物,但是商船和商栈之间并无上下级隶属关系,从塞康第商栈信件中可以看出,二者在维护公司利益上有合作,④但更多的时候是各自独立进行贸易活动。怀廷曾多次提到,公司商船在塞康第售货时,他便不再售卖货物,可能是以此来保证公司商品的价格,防止内部竞争。

(二)皇家非洲公司在西非沿海的竞争者

虽然皇家非洲公司从英王处获得了在西非进行商业活动的特许权,但从塞康第商栈的信件中我们可以看到,其他欧洲国家的商业公司、私商和

---

① Robin Law (ed.), *The English in West Africa, 1681 – 1683, The Local Correspondence of the Royal African Company of England, 1681 – 1699, Part 1*, Oxford: Oxford University Press, 1997, p. 9. Letter No. 9.

② Robin Law (ed.), *The English in West Africa, 1681 – 1683, The Local Correspondence of the Royal African Company of England, 1681 – 1699, Part 1*, Oxford: Oxford University Press, 1997, p. 11. Letter No. 13.

③ Robin Law (ed.) *The English in West Africa, 1681 – 1683, The Local Correspondence of the Royal African Company of England, 1681 – 1699, Part 1*, Oxford: Oxford University Press, 1997, p. 7. Letter No. 6.

④ Robin Law (ed.) *The English in West Africa, 1681 – 1683, The Local Correspondence of the Royal African Company of England, 1681 – 1699, Part 1*, Oxford: Oxford University Press, 1997, pp. 2, 3, 4. Letter No. 1, No. 2, No. 4.

海盗和公司存在激烈的竞争。

荷兰西印度公司（Dutch West India Company）的组织架构和皇家非洲公司类似，它的总部设在埃尔米那［Elmina，荷兰方面称为"圣乔治堡"（São Jorge da Mina）］，最高主管为总经理（Director-General）①，下设公司事务会议（Resolution of Council）②和财务主管（Fiscall），后者是荷兰西印度公司在埃尔米那的二号人物。③它在各地同样分设商栈，也有公司直属的商船。由于双方业务范围高度重合，所以荷兰西印度公司与英国皇家非洲公司之间存在激烈的商业竞争。塞康第商栈的发往总部的信件中写道：从一开始，塞康第商栈的复设就受到了荷兰人的坚决阻挠，被迫从当年的4月延迟到6月。④此后英荷各自在当地王国和部落中展开外交活动，尽力拉拢当地人转向自己一边。在1683年6月到10月不到半年的时间里，各种外交谈判和拉拢活动频繁，直到英方第三十一封信发出时，类似活动仍没有结束。从最后七封信的内容看，形势上似乎英方稍占上风，但还远没有控制塞康第周边的局势。

除这种大型商业公司外，广泛活动于下几内亚沿海的私商也是皇家非洲公司的主要对手，双方之间的关系随形势变化而变化，时而互利、时而竞争。私商的来源很复杂，既有英国人，也有荷兰人，还有来自欧洲其他国家的人。他们大都以自己的商船为单位，灵活机动地出没在西非沿海，不向任何国家或拥有特许权的商业公司效忠。塞康第商栈发往海岸角的信件说他们经常来到塞康第商栈，既销售自己的商品，也和商栈交换情报，

---

① Robin Law (ed.) *The English in West Africa*, *1681–1683*, *The Local Correspondence of the Royal African Company of England*, *1681–1699*, *Part 1*, Oxford: Oxford University Press, 1997, p. 2. Letter No. 1.

② Robin Law (ed.) *The English in West Africa*, *1681–1683*, *The Local Correspondence of the Royal African Company of England*, *1681–1699*, *Part 1*, Oxford: Oxford University Press, 1997, p. 3. Letter No. 1.

③ Robin Law (ed.) *The English in West Africa*, *1681–1683*, *The Local Correspondence of the Royal African Company of England*, *1681–1699*, *Part 1*, Oxford: Oxford University Press, 1997, p. 3. Letter No. 1.

④ 第一封署名为詹姆斯·帕里斯的信件发出的日期为1683年4月25日，内容记述了皇家非洲公司在塞康第商栈复设时的情形，英方在当地插上了英格兰王国国旗，但随后和当地的荷兰西印度公司发生了冲突，在谈判未果的情形下，英方被迫撤退。当年第二封自塞康第发出的署名为怀廷的信件称终于成功建立商栈，但此时已是6月12日。

具体情况如表1所示。

表1 私商活动情况一览

信件编号	私商身份	交易情况	和黄金的比价
No. 6	来自巴巴多斯的帕里斯船长	半价向塞康第商栈出售半弗京动物油脂	3 盎格尔
No. 6	荷兰私商	在塞康第出售了大量布料（sheets）、火枪（snap pan）	价格不详
No. 7	荷兰私商	在塞康第地区出售布料、火枪和动物油脂	Sheet 每般尼30 匹；火枪每般尼8 支；动物油脂半弗京3 盎格尔
No. 23	两位荷兰私商、一位英国私商	两位荷兰私商、一位英国私商要去舒马（Shuma），路经塞康第商栈。荷兰私商求购火药，至少买了35桶	每桶出价5 皮兹2 盎格尔
No. 24	荷兰私商	停留在塞康第商栈的荷兰私商生意很好，他们出售布料（sheets, gingham）、串珠以及火药和火枪，商品卖得一大笔钱	火药每桶 5 皮兹；火枪每般尼9 支
信件编号	私商身份	交换情报	备注
No. 6	荷兰私商	迪克基斯科伍的荷兰私商派一只独木舟来到塞康第，向监察官约翰逊通报有关海盗的情况	
No. 7	荷兰私商	来自迪克基斯科伍的荷兰私商通报由范·霍姆（Van Home）船长指挥的海盗船即将到来	
No. 8	荷兰私商	一位荷兰私商在公司船长达拉普（Captain Draper）的陪同下来到塞康第，通报有海盗要来	塞康第商栈主管怀廷认为不可信
No. 10	疑似丹麦私商	丹麦人带来瓦格船长（Captain Waugh）的信	
No. 12	疑似葡萄牙私商	怀廷在向公司总部汇报中提到在迪克基斯科伍有一个葡萄牙人	
No. 18	疑似英国私商	一艘船到达了阿克西姆（Axim），听当地黑人说这是一艘英国来的大船	
No. 20	荷兰私商	一艘荷兰人的船停靠在阿伯尼（Aboni）	

续表

信件编号	私商身份	交易情况	和黄金的比价
No. 20	不明	一艘小帆船经过了塞康第	怀廷无法得知它的身份标识

资料来源：Robin Law (ed.), *The English in West Africa, 1681–1683, The Local Correspondence of the Royal African Company of England, 1681–1699, Part 1*, Oxford: Oxford University Press, 1997。

表 1 中还提到了来自欧洲的第三类势力——海盗。他们专以在沿海劫掠为能事，造成的破坏很大，因而是当时西非沿海各公司、私商以及当地人一致的敌人。从表 1 中可见，在第六封、第七封、第八封信中都是荷兰私商率先向英方商栈通报了海盗将要来临的情报，尽管情况并不总是十分可信①，但是有关范·霍姆来袭的消息千真万确，引起了很大的恐慌②。

然而，基于政治和经济利益，海盗有时也会和某一方合作，③这展示了

---

① 对于第六封信中有关海盗的情报，怀廷做出如下分析："我询问帕里斯船长是否有船顺风而来，他说并没有，他问过之前停留在迪克基斯科伍的荷兰私商，后者说他们并没有看到任何海盗。" Robin Law (ed.), *The English in West Africa, 1681–1683, The Local Correspondence of the Royal African Company of England, 1681–1699, Part 1*, Oxford: Oxford University Press, 1997, p. 7. Letter No. 6. 同样在第八封信中，怀廷写道："德拉普船长昨日到达此处，带来了一个荷兰私商，他坚称一艘海盗船正顺风而来，但我认为他在说谎。" Robin Law (ed.), *The English in West Africa, 1681–1683, The Local Correspondence of the Royal African Company of England, 1681–1699, Part 1*, Oxford: Oxford University Press, 1997, p. 8. Letter No. 8.

② 原文译文为："来自迪克基斯科伍的荷兰私商刚刚到达，我派独木舟登船，询问他们有关海盗的事宜。他们告诉我一艘装备有 40 门火炮的海盗船顺风而下，他们认为这是范·霍姆的船，但不是十分确定。这些私商从阿施内（Ashinee）到阿克西姆一直都在被海盗追逐，这之后海盗离开了他们顺风继续航行，在阿施内短暂停留后再度顺风而下。公司停靠在迪克基斯科伍的商船应该是菲尼船长（Captain Phenney）的小船，我已经警告他不要沿海岸线航行。荷兰私商昨晚告诉他不要待在那里（迪克基斯科伍），要径直到海岸角（荷兰人称为 Cabo Corsoe）躲避，那里的船只已经做好了战斗准备。公司的船驶往迪克基斯科伍主要是为了购买木材和淡水，船在夜间通过了阿施内，所以我想他们应该已经躲过了海盗。这些私商离开荷兰已经 7 个月了，途中碰到了其他海盗，他们在莱斯图斯（Lestus, 今利比亚沿海）海域曾被海盗追逐。私商说范·霍姆要洗劫许多国家。" Robin Law (ed.), *The English in West Africa, 1681–1683, The Local Correspondence of the Royal African Company of England, 1681–1699, Part 1*, Oxford: Oxford University Press, 1997, p. 8. Letter No. 7.

③ 原文译文为："一艘来自阿克西姆的独木舟刚刚到达，通知我们荷兰水手已在指定地点和法国海盗接头，后者强迫两艘商船停靠荷兰人的堡塞所在地接受保护。因此我向您建议请不要让谢尔斯先生（Mr. Shears）冒险过来，这一消息千真万确。尽管荷兰人已经向埃尔米那发送了消息，但他们肯定不会给您任何建议，因此我也不会信任他们……" Robin Law (ed.), *The English in West Africa, 1681–1683, The Local Correspondence of the Royal African Company of England, 1681–1699, Part 1*, Oxford: Oxford University Press, 1997, p. 5. Letter No. 4.

浅析 17 世纪末英国皇家非洲公司在西非沿海的活动

现实中西非沿海各方势力之间关系的错综复杂。

二 从塞康第公务信函所见皇家非洲公司的商业活动

17 世纪末期，由于贸易的发展，从塞内加尔沿海到喀麦隆沿海欧洲人修筑的商栈、堡塞多达 42 座，仅在黄金海岸（加纳）即有 32 座，其中大多数属于英国皇家非洲公司与荷兰西印度公司。[①]此外，当地还有法国、丹麦、瑞典、勃兰登堡以及葡萄牙等国的商人和商栈的活动。欧洲人在当地的商业活动如此密集的重要促因是从当地得到黄金，[②]这也同上文所述当时西非本土的历史发展紧密联系在一起。

以英国为例，根据皇家非洲公司档案的记载，当时它在同当地的贸易中黄金是公司最重要的所得。[③] 甚至在双边贸易交往中，黄金成为最重要的货币等价物。根据交易情况，黄金的重量在公司的记录中被分为盎格尔（angle 或 angel）[④]、般迪（bendy）[⑤]、克拉克拉（cracra）[⑥]、马克（mark）[⑦]、盎司（ounce）[⑧]、皮兹（peaze）[⑨]与塔科（tacco）[⑩]。计价单位的细致繁多反映了当时双边贸易中黄金交易量之巨大，以及黄金在双边贸易中作为货币媒介的重要性。

为了能够从当地获得尽可能多的黄金，西方人想尽办法向当地输送、销售各种商品。以塞康第商栈复设的 1683 年为例，英国皇家非洲公司和当

---

① B. A. 奥戈特主编《非洲通史第五卷：十六世纪至十八世纪的非洲（第一版）》，中国对外翻译出版公司译，北京：中国对外翻译出版公司，2001 年，第 317 页。其中，A. A. 博亨撰写第十四章"下几内亚海岸的国家和文化"。

② B. A. 奥戈特主编《非洲通史第五卷：十六世纪至十八世纪的非洲（第一版）》，中国对外翻译出版公司译，北京：中国对外翻译出版公司，2001 年，第 317 页。其中，A. A. 博亨撰写第十四章"下几内亚海岸的国家和文化"。

③ Robin Law (ed.), *The English in West Africa, 1681-1683, The Local Correspondence of the Royal African Company of England, 1681-1699, Part 1*, Oxford: Oxford University Press, 1997, p. xviii.

④ 1 盎格尔约合 1/16 盎司，5 标准先令（shillings sterling）。

⑤ 1 般迪约合 2 盎司黄金，折合 8 标准英镑（pound sterling）。

⑥ 无固定重量标准，一般指折合成零钱的小碎金块。

⑦ 1 马克约合 8 盎司黄金，折合 32 标准英镑，为当时英国皇家非洲公司在当地对黄金的最大计重与计价单位。

⑧ 1 盎司约合 4 标准英镑。

⑨ 1 皮兹约合 1/4 盎司，等于 4 盎格尔，20 标准先令。

⑩ 1 塔科约合 1/12 盎格尔。

地之间存在多种商业贸易往来，其中包括火药、火枪贸易，其他商品贸易以及奴隶贸易。

（一）火药与火枪

火药与火枪是欧洲人向西非沿海出售的最大宗的商品——17世纪40年代，燧发滑膛枪和黑火药开始在欧洲广泛使用，欧洲人随即开始向西非沿海大量出售火器与火药。17世纪50年代，火器在西非沿海已经大卖，据当时荷兰人的报告："只有滑膛枪卖得上好价钱……当地人在战场上带的枪数以千计……"① 1600年，荷兰撤销对武器出口禁令，开始向西非沿海大量出口火器与火药。这种商业竞争态势亦刺激了英方的相关出口。② 据统计，1673—1704年三十年间，英国皇家非洲公司向西非运送了6.6万支火枪和9000余桶火药。其他欧洲各国私商、荷兰西印度公司的销量也十分巨大，这些用于交换黄金的火器大都被运往了黄金海岸。③

1683年，塞康第商栈发往海岸角公司的公务信函中有大量求购火枪、火药的内容。火枪相对耐用，火药的日常消耗量则要大很多。

1683年4月25日，从塞康第商栈发往总部的第一封信中即提到塞康第的宗主国阿多姆不理会荷兰人的警告，向英方订购了一支短步枪（Carbine）。④ 同年6月12日，塞康第商栈在克服荷兰人阻挠之后正式设立，在发往总部的第二封的信件中，主管怀廷在罗列商栈所需的进货清单中提到了火药⑤。同月26

---

① B.A. 奥戈特主编《非洲通史第五卷：十六世纪至十八世纪的非洲（第一版）》，中国对外翻译出版公司译，北京：中国对外翻译出版公司，2001年，第319页。其中，A.A.博亨撰写第十四章"下几内亚海岸的国家和文化"。
② B.A. 奥戈特主编《非洲通史第五卷：十六世纪至十八世纪的非洲（第一版）》，中国对外翻译出版公司译，北京：中国对外翻译出版公司，2001年，第319页。其中，A.A.博亨撰写第十四章"下几内亚海岸的国家和文化"。
③ B.A. 奥戈特主编《非洲通史第五卷：十六世纪至十八世纪的非洲（第一版）》，中国对外翻译出版公司译，北京：中国对外翻译出版公司，2001年，第319页。其中，A.A.博亨撰写第十四章"下几内亚海岸的国家和文化"。
④ Robin Law (ed.), *The English in West Africa, 1681-1683, The Local Correspondence of the Royal African Company of England, 1681-1699, Part 1*, Oxford: Oxford University Press, 1997, p. 2. Letter No. 1.
⑤ Robin Law (ed.), *The English in West Africa, 1681-1683, The Local Correspondence of the Royal African Company of England, 1681-1699, Part 1*, Oxford: Oxford University Press, 1997, p. 3. Letter No. 2.

号,在寄往海岸角的第四封信中,怀廷写道:"我们急需大量火药,请速用独木舟运来,当地人对火药的需求量很大,我已将价格抬到了 3 马克……当地城镇的财力足以购买 100 桶火药……火药运抵后需要注意安全,以防在岸边被抢走。阁下运输时可半桶装一部分,整桶装另一部分……"① 与此同时,怀廷也密切留意荷兰人在当地售卖商品的种类——"没有火药",②从而间接证明双方在火药的售卖中存在竞争关系。塞康第商栈复设过程中,公司派谢尔斯先生运送货物,协助相关事宜,同时他也销售自己船上所带的货物。怀廷在第四封信的附件中罗列了谢尔斯销售货物的清单和价目表,从中可以一窥当时英国皇家非洲公司销售火药所对应的黄金重量(价格):"1 盎司 8 盎格尔一桶,仍需大量进货。"③附件中给出的当地人对商品的还价价目表中提到,当地人为每桶火药支付 1.5 盎司,同意了谢尔斯先生给出的价位。④同一封信中,怀廷也对当地的火枪销售给出了很乐观的报告:"我相信火枪⑤在本地市场的需求量很大,本地人为此不惜远行至阿科达(Accoda)勃兰登堡⑥人的商栈去购买,每支火枪在勃兰登堡人的手中卖到了 5

---

① Robin Law (ed.), *The English in West Africa, 1681–1683, The Local Correspondence of the Royal African Company of England, 1681–1699, Part 1*, Oxford: Oxford University Press, 1997, pp. 4–5. Letter No. 4.
② Robin Law (ed.), *The English in West Africa, 1681–1683, The Local Correspondence of the Royal African Company of England, 1681–1699, Part 1*, Oxford: Oxford University Press, 1997, p. 5. Letter No. 4.
③ Robin Law (ed.), *The English in West Africa, 1681–1683, The Local Correspondence of the Royal African Company of England, 1681–1699, Part 1*, Oxford: Oxford University Press, 1997, p. 6. Letter No. 4.
④ Robin Law (ed.), *The English in West Africa, 1681–1683, The Local Correspondence of the Royal African Company of England, 1681–1699, Part 1*, Oxford: Oxford University Press, 1997, p. 6. Letter No. 4.
⑤ 原文中称为 snap pan,即当时欧洲流行的燧发滑膛枪。
⑥ 勃兰登堡公国,当时神圣罗马帝国境内大选帝侯的领地,日后普鲁士王国的前身。Accoda 更常用的拼写是 Akwida,该地位于迪克斯科夫(Dixcove)以西、三点角(Cape Three Points)的中点,此处所说商栈应该是勃兰登堡非洲公司(Brandenburge African Company)于 1682 年建立的商栈堡塞大弗雷德里希堡(Gross Friedrichsburg),但地点有误,该堡位于三点角的最西边。勃兰登堡非洲公司后来在 Akiwda 建立了第二个商栈堡塞,但那是在 1684 年以后,怀廷信件中此处商栈的具体情况和位置仍不明。

盎格尔一支……"①

但英国皇家非洲公司并不能垄断当地的火枪、火药的销售，私商群体对公司的业务造成了很大的冲击。在第四封信发出后仅仅过去四天，怀廷即在6月30日发出的第六封信中指出："私商在这一带销售了大量的火枪。"②在7月2日的第七封信中又指出："在本地，荷兰私商出售……火枪八支换一般尼黄金。"③受到私商倾销自己货物的影响，公司的火枪、火药被迫降低了销售价格，怀廷在7月9日发往海岸角总部的第八封信中指出，公司由德拉普船长（Captain Draper）指挥的商船在塞康第销售的火药价格每桶为1盎司3盎格尔。④不过尽管价格有所波动，但是公司的总体销量并未受到大的冲击，怀廷在7月23日发出的第十封信中再次提到："我需要更多的火药，我卖得只剩下了一桶（的存量）。"⑤ 在8月12号发出的第十二封信中，怀廷明确提出："我已恳请您（指海岸角公司总代理）发送火药，请您给我们发送12桶火药，以应提卡多（Tickadoe）王国之需。该国十天前派人来求购火药，我怕持续的缺货会让他们空手而归……"⑥在9月15日发出的第十九封信中提到："城中（塞康第）还有大量黄金，但都是只求购火药，布罗维船长（Captain Browe）（的货量）不能满足他们的要求，他（布罗维）顺风沿海而下，卖出了所有火药……当地人对火药的大量求购对我

---

① Robin Law (ed.), *The English in West Africa, 1681–1683, The Local Correspondence of the Royal African Company of England, 1681–1699, Part 1*, Oxford: Oxford University Press, 1997, p. 5. Letter No. 4.

② Robin Law (ed.), *The English in West Africa, 1681–1683, The Local Correspondence of the Royal African Company of England, 1681–1699, Part 1*, Oxford: Oxford University Press, 1997, p. 7. Letter No. 6.

③ Robin Law (ed.), *The English in West Africa, 1681–1683, The Local Correspondence of the Royal African Company of England, 1681–1699, Part 1*, Oxford: Oxford University Press, 1997, p. 8, Letter No. 7.

④ Robin Law (ed.), *The English in West Africa, 1681–1683, The Local Correspondence of the Royal African Company of England, 1681–1699, Part 1*, Oxford: Oxford University Press, 1997, p. 8, Letter No. 7.

⑤ Robin Law (ed.), *The English in West Africa, 1681–1683, The Local Correspondence of the Royal African Company of England, 1681–1699, Part 1*, Oxford: Oxford University Press, 1997, p. 9, Letter No. 10.

⑥ Robin Law (ed.), *The English in West Africa, 1681–1683, The Local Correspondence of the Royal African Company of England, 1681–1699, Part 1*, Oxford: Oxford University Press, 1997, p. 10, Letter No. 12.

是一个极大的困扰,他们把带来的所有黄金都用来购买火药……我估计城中(塞康第)有20马克的黄金是要用来购买火药的……"①

1683年9月底,荷兰人开始试图复设塞康第商栈,他们和英国人之间展开了激烈的商业竞争,但荷兰人的活动似乎并没有影响到英国皇家非洲公司在当地的火枪、火药的销售,而且在同荷兰人的商业竞争中,英方显然扩大了自己的销量,来自北方阿肯人著名的产金国瓦萨(Wassa)的商人也来到塞康第购买火药。怀廷在10月15日寄往海岸角总部的第二十八封信中说道:"我们急需大量的火药和铜盆,这些瓦萨人的需求量非常大,城中有100般尼的黄金用来求购这两种商品。……如果您能供给更多的火药,我可以筹集能购买30桶火药的黄金现款,……"② 10月22日,怀廷在发出的第三十封信中提出请总部从阿克西姆"派独木舟运……火药来",③ 五天后第31封信中,怀廷又说到,已收到总部发来的"10桶火药……20支火枪,火药和其他货物我在岸边即已售完",④同时提到,枪在随后卖给了提卡多王国。⑤

(二) 其他商品贸易

除火药、火枪之外,当地还存在着对欧洲人买卖的日常生活用品的巨大需求,日常用品的种类十分驳杂,其中仅布匹就多达十余种,此外还有各种日常金属制品甚至奢侈品等。在1683年6月26日发往海岸角总部的第四封信件的附件中,怀廷曾给出了在塞康第活动的由谢尔斯先生指挥的公

---

① Robin Law (ed.), *The English in West Africa*, *1681–1683*, *The Local Correspondence of the Royal African Company of England*, *1681–1699*, Part 1, Oxford: Oxford University Press, 1997, p. 13. Letter No. 19.
② Robin Law (ed.), *The English in West Africa*, *1681–1683*, *The Local Correspondence of the Royal African Company of England*, *1681–1699*, Part 1, Oxford: Oxford University Press, 1997, p. 13. Letter No. 19.
③ Robin Law (ed.), *The English in West Africa*, *1681–1683*, *The Local Correspondence of the Royal African Company of England*, *1681–1699*, Part 1, Oxford: Oxford University Press, 1997, p. 20. Letter No. 30.
④ Robin Law (ed.), *The English in West Africa*, *1681–1683*, *The Local Correspondence of the Royal African Company of England*, *1681–1699*, Part 1, Oxford: Oxford University Press, 1997, p. 20. Letter No. 31.
⑤ Robin Law (ed.), *The English in West Africa*, *1681–1683*, *The Local Correspondence of the Royal African Company of England*, *1681–1699*, Part 1, Oxford: Oxford University Press, 1997, p. 20. Letter No. 31.

司商船所售货物的价目表以及供需情况的说明，可以作为对这一时期英国皇家非洲公司在黄金海岸一带所售货物种类的重要参考，日用商品种类如表 2 所示。

表 2 英国皇家非洲公司在黄金海岸一带所售日用商品种类

商品名称	详细说明	和黄金重量的比价
Sheet	一种广泛用于制作衣料及被单、床单的布料	28 匹 1 般尼
Narrow Niccanees	一种印度产棉布	每匹 3.5 盎格尔
Long Cloath	长尺码的印度棉布	每匹 10 盎格尔
Perpetuano	英格兰产耐磨羊绒哔叽布	蓝色每匹 10 盎格尔 绿色每匹 9 盎格尔 红色每匹 8 盎格尔
Welch Plain	威尔士平纹布	蓝色每匹 10 盎格尔 绿色每匹 9 盎格尔 红色每匹 8 盎格尔
Paper Brawl	呈碗状单位包装的纸张	每个 2.5 盎格尔（公司定价），每个 2 盎格尔（塞康第商栈建议售价）
Guyney Clout	更常见的写法为 Guinea Cloth，一种印度出产的布匹，主要针对几内亚沿海市场而制造	24 匹 1 般尼
Sletia course	一种粗制亚麻布，原产于西里西亚地区，英格兰和荷兰也有生产	每匹 5 盎格尔（无法按公司定价出售）
Iron Barr	铁棒	24 根 1 般尼
2lb Bason	两磅重铜盆	每个 1 盎格尔（无法按公司定价出售）
4lb Bason	四磅重铜盆	每个 2 盎格尔（无法按公司定价出售）
3lb Bason	三磅重铜盆	公司定价不详，无法按定价出售，但每个可以按 1.5 盎格尔出售
Sayes	优质呢绒，产于荷兰与英格兰	每匹 15 盎格尔，在塞康第本地销路不畅
Firkins of Tallow	动物油脂，以弗京（Firkin）为计量单位，一弗京约合英制 9 加仑	半弗京 4 盎格尔（无法按公司定价销售）

资料来源：商品种类及与黄金的比较，散见于 Robin Law（ed.），*The English in West Africa, 1681-1683, The Local Correspondence of the Royal African Company of England, 1681-1699, Part 1*, Oxford：Oxford University Press, 1997, pp. 4-21, Letter No. 4-No. 31。

此外，散见于信件中不见于上一附件表格的百货商品见表3。

表3 散见于信件中的百货商品

商品名称	详细说明	和黄金重量的比价
tapsell	一种棉丝混纺的印度产布匹，出现在信件 No.3、No.6、No.26 中	小尺寸无法按公司定价的每匹5盎格尔销售，建议改为每匹4盎格尔①
blew pautka	一种印染为蓝色的印度棉布，出现在信件 No.4、No.13、No.16 中	价格不详
Scarlett and blew cloath	拥有深红色与蓝色两种款式的某种布匹，出现在信件 No.4 中	价格不详
bead	串珠，具有多种颜色，出现在信件 No.4、No.9、No.25、No.26 中	荷兰人低价甩卖给英方塞康第商栈，7磅共4盎格尔
brandy	白兰地，出现在信件 No.4 中	
boysado	产于英格兰与荷兰地区的一种呢绒，出现在信件 No.8、No.11、No.17、No.18、No.19、No.20 中	每匹10盎格尔②
knife	小刀，按打出售，一打12个，出现在信件 No.8 中	每打1盎格尔③
gingham	一种加入染色丝线的印度产棉布，出现在信件 No.26 中	每匹5盎格尔，9匹2皮兹④
brass pann	铜制平底锅，出现在信件 No.31 中	没法高于每磅7塔科，按这一价格一共卖了3般尼⑤
Chayre hatt	椅子、帽子，提卡多国王订购	价格不详

资料来源：Robin Law (ed.), *The English in West Africa, 1681–1683, The Local Correspondence of the Royal African Company of England, 1681–1699, Part 1*, Oxford: Oxford University Press, 1997。

---

① Robin Law (ed.), *The English in West Africa, 1681–1683, The Local Correspondence of the Royal African Company of England, 1681–1699, Part 1*, Oxford: Oxford University Press, 1997, p. 7. Letter No. 6.

② Robin Law (ed.), *The English in West Africa, 1681–1683, The Local Correspondence of the Royal African Company of England, 1681–1699, Part 1*, Oxford: Oxford University Press, 1997, p. 8. Letter No. 8.

③ Robin Law (ed.), *The English in West Africa, 1681–1683, The Local Correspondence of the Royal African Company of England, 1681–1699, Part 1*, Oxford: Oxford University Press, 1997, p. 8. Letter No. 8..

④ Robin Law (ed.), *The English in West Africa, 1681–1683, The Local Correspondence of the Royal African Company of England, 1681–1699, Part 1*, Oxford: Oxford University Press, 1997, p. 17. Letter No. 26.

⑤ Robin Law (ed.), *The English in West Africa, 1681–1683, The Local Correspondence of the Royal African Company of England, 1681–1699, Part 1*, Oxford: Oxford University Press, 1997, pp. 20–21. Letter No. 31.

布匹的产地大致可分为欧洲与印度两地,其中欧洲以英格兰与荷兰产布匹为多。除布匹外,其他商品包括火药、火枪虽未特别说明产地,但应该都是欧洲本土可以生产的商品。由此可知,当时英国皇家非洲公司的进货渠道主要有南北两支,分别是欧洲和印度,再加上驶向加勒比诸岛和美洲的奴隶贸易航线,日后以英国为代表的西方资本主义全球市场网络在17世纪末已初见端倪。

(三) 奴隶贸易

17世纪中叶以降,奴隶日渐成为包括英国人在内的西方世界同西非当地贸易体系中重要的一环。此前,在当地特别是阿肯人的社会中也存在奴隶,但只用于当地的黄金开采,[1]但随着时局的变化,奴隶开始大量用于和西方人交换商品,日后规模巨大的罪恶的奴隶贸易于是兴起。奴隶贸易的历史在塞康第商栈重设的1683年也得到反映,在发往海岸角总部的31封公务信函中,明确提到奴隶买卖的有三封。

在6月30日发出的第六封信中,怀廷提到:"帕里斯船长(Captain Parris)通知我,纳斯船长(Captain Nurse)经过五个月的航行已经到达巴巴多斯,诺斯船长(Captain North)也已经到达牙买加。阿特维尔以他个人的名义运抵巴巴多斯40名奴隶,他的属下有人举报了他,在(公司)审查后,他对此表示了忏悔,并被处以罚金,他船上的炮手已被转移到了帕里斯船长的船上,后者的船正停靠在巴巴多斯,阿特维尔和他的同伙都丢掉了工资。"[2] 从中可以看出这是一次明确的奴隶贸易,在经过漫长的跨大西洋航行之后,这40名奴隶被运到了巴巴多斯,等待他们的很可能是被拍卖,之后被押运到各个甘蔗种植园劳作。相比于18世纪和19世纪奴隶贸易中一艘商船的运量来说,这艘船40名奴隶的运量并不算多。但如文中所述,他们属于一起被查获的公司人员监守自盗的走私贸易,所以运量并不大,很

---

[1] B. A. 奥戈特主编《非洲通史第五卷:十六世纪至十八世纪的非洲(第一版)》,中国对外翻译出版公司译,北京:中国对外翻译出版公司,2001年,第319页。其中,A. A. 博亨撰写第十四章"下几内亚海岸的国家和文化"。

[2] Robin Law (ed.), *The English in West Africa, 1681–1683, The Local Correspondence of the Royal African Company of England, 1681–1699, Part 1*, Oxford: Oxford University Press, 1997, p. 7. Letter No. 6.

可能同船还有其他以公司名义运送的奴隶，在审查中并没有特别提出。从中我们可以看到在当时皇家非洲公司所经营的奴隶贸易中，还存在一套监察体系以防止公司人员进行监守自盗的走私营生，相关处罚也是严厉的——涉事商船被解除武装、涉事船长被处以罚金并要表示悔过、涉事人员被扣除工资，这从侧面反映出当时公司奴隶贸易运营的严密性。

10月22日发出的第三十封信中记载了单独一个奴隶的交易，怀廷在信中写道："提卡多方面送来了一个精壮的男性奴隶，并承诺如果您愿意购买，他们将会送来更多的奴隶。这个男奴他们要价7皮兹，但我倾向给他们6皮兹，如果您同意的话，我诚恳地建议您运来火枪用以支付这个男奴的售价，除此之外，他们不愿意接受其他商品。"① 虽然这只是一个奴隶的小规模交易，却直接指出了当时西非奴隶贸易中最直接的等价交换体系，即用火枪交换奴隶。不过在五天后即10月27日发往海岸角的信中他又说道："……至于您运来用于交换奴隶的火枪，我在此需要解释一下，这个奴隶已经被瓦萨人赎走了，他们在火枪运抵之前用1般尼黄金从阿多姆人（Adom，信中写作Addomes）那里赎走了他，这笔赎金连同卖火枪所得总共8般尼黄金，枪已经卖给了提卡多人。"② 这笔交易体现出在当时的奴隶贸易中欧洲人和当地人之间存在特殊的交流渠道，某些具有特定身份的人在被卖为奴隶之后，存在交纳赎金换回自由的可能。而这种交易中火枪是重要的等价交换物，这再一次证明了当时西非奴隶贸易形式的复杂性。

大概由于塞康第商栈在复设的第一年贸易未能全面开展，同荷兰人、当地人之间的关系还需要较长时期加以梳理，因此当年奴隶贸易规模有限，但相关内容中有关奴隶贸易的一些要素已经有所体现，展现出在这一历史事件中欧洲人与本地人各自扮演的角色。

---

① Robin Law (ed.), *The English in West Africa, 1681–1683, The Local Correspondence of the Royal African Company of England, 1681–1699, Part 1*, Oxford: Oxford University Press, 1997, p. 20. Letter No. 30.
② Robin Law (ed.), *The English in West Africa, 1681–1683, The Local Correspondence of the Royal African Company of England, 1681–1699, Part 1*, Oxford: Oxford University Press, 1997, p. 21. Letter No. 31.

三 塞康第信件中所见英国皇家非洲公司与西非沿海社会的互动

从塞康第商栈信件中可知,双方围绕着商业贸易、地产交易、对待荷兰人态度等问题有着广泛的交往,从单纯的黄金易货贸易到复杂的外交谈判,多种形式的交往反映出当地社会结构日益复杂。而在这一大背景下,一批当地人为皇家非洲公司所雇佣,作为西方与当地社会的中介人,发挥着重要作用,标志着近代西非社会中一个新的阶层的崛起。

(一) 皇家非洲公司与当地国家间的关系

在1683年8月6日发出的第十一封信中,怀廷提到在荷兰人暂时从塞康第撤出之后,"……塔加尔达(Tagarda)大酋长来到此地(塞康第商栈),表示希望公司能够在本地落脚,荷兰人在本地不再受欢迎,……"① 以此为开端,在随后的第十二封信中,事态有了进一步发展:"塔加尔达大酋长明天将抵达这里(塞康第),我希望您(公司总代理)能派人过来长驻与他们接洽谈判,他们表示荷兰人已完全离开这里,此后他们将站在英国人一边。"② 塔加尔达的态度刺激了周边的阿肯人王国,"阿多姆也派人来表示希望我们在此地建立一个堡塞,但要求我们首先要购买土地,本地人将协助我们建设堡塞,他们很高兴英国人带火炮来此地长驻。当他们确信英国人会长驻此地时,在平时的谈判中他们反复要求我向您确认此事"。③

在随后的第十三封信中,怀廷写到提卡多随后希望英方能在其领地

---

① Robin Law (ed.), *The English in West Africa, 1681 – 1683, The Local Correspondence of the Royal African Company of England, 1681 – 1699, Part 1*, Oxford: Oxford University Press, 1997, p. 10. Letter No. 11.

② Robin Law (ed.), *The English in West Africa, 1681 – 1683, The Local Correspondence of the Royal African Company of England, 1681 – 1699, Part 1*, Oxford: Oxford University Press, 1997, p. 10. Letter No. 12.

③ Robin Law (ed.), *The English in West Africa, 1681 – 1683, The Local Correspondence of the Royal African Company of England, 1681 – 1699, Part 1*, Oxford: Oxford University Press, 1997, p. 10. Letter No. 12.

内购买土地,随后双方开始就土地价格讨价还价,①最终达成了协议,在这封信中提卡多一方的代表亲笔画十字表示认可已达成的协议。此后,皇家非洲公司邀请提卡多国王亲赴海岸角公司总部继续进行上述商务谈判,国王担心自己被英方扣押,所以开始时拒绝前往,只是在后来得到英方保证由公司高层代表考菲同行之后才同意前往。②此后双方互派代表往来,反复就商业条约内容进行谈判,提卡多一方要求英方在商品价格上再给予 25% 的优惠折扣,③ 英方塞康第商栈为此派出由考菲、阿塔（Atta）和萨穆埃尔·钱博斯（Samuell Chambers）组成的代表团赴提卡多王国就商业条约最终签字进行谈判,原则上同意提卡多一方的要求。④此后,随着荷兰西印度公司重回塞康第,事态又有了新的进展,为防止荷兰方面的阻挠,塞康第商栈派上述三人再赴提卡多重申此前的商业条约有效,要求当地人驱逐荷兰人,否则将按照条约处以 100 马克的罚金。⑤

英方的态度对当地社会造成了压力,⑥提卡多的宗主国阿多姆要求提卡多国王和其余酋长撤退至内陆的瓦萨王国,以防止英方势力在当地的深入。

---

① 提卡多方面要求英方付款 25 般尼,约合 6.25 马克,但当时塞康第商栈一月的毛利润为 40 马克,英方表示报价太高,不能接受,于是提卡多方面同意可以先付一半黄金,剩余的在商栈工程结束之后再以货款偿付,同时为了防止英方有其他企图,提卡多在土地中埋下了自己一方的产权标记。Robin Law (ed.), *The English in West Africa, 1681–1683, The Local Correspondence of the Royal African Company of England, 1681–1699*, Part 1, Oxford: Oxford University Press, 1997, p. 11. Letter No. 13.

② Robin Law (ed.), *The English in West Africa, 1681–1683, The Local Correspondence of the Royal African Company of England, 1681–1699*, Part 1, Oxford: Oxford University Press, 1997, pp. 13–14. Letter No. 18, No. 19.

③ Robin Law (ed.), *The English in West Africa, 1681–1683, The Local Correspondence of the Royal African Company of England, 1681–1699*, Part 1, Oxford: Oxford University Press, 1997, p. 15. Letter No. 23.

④ Robin Law (ed.), *The English in West Africa, 1681–1683, The Local Correspondence of the Royal African Company of England, 1681–1699*, Part 1, Oxford: Oxford University Press, 1997, p. 15. Letter No. 23.

⑤ Robin Law (ed.), *The English in West Africa, 1681–1683, The Local Correspondence of the Royal African Company of England, 1681–1699*, Part 1, Oxford: Oxford University Press, 1997, p. 15. Letter No. 24.

⑥ 三人代表团中考菲与阿塔都是出身当地社会王族的皇家非洲公司雇员,而萨穆埃尔则是白人,当地人将萨穆埃尔深入内地谈判的行为视为英方态度强硬的表现,这引起了当地人对英荷对立形势的忧虑。

随后阿多姆代表随萨穆埃尔返回塞康第了解之前英方同提卡多之间的谈判细节，过程比较顺利，随后阿多姆表态将支持英方在塞康第的利益，并派人通知提卡多自己的态度。① 此后事态向对英方有利的方向发展，虽然有荷兰人对当地人的威胁，荷兰西印度公司持续的商品倾销政策，② 甚至莫名发生了塞康第纵火事件，③ 但荷兰始终无法动摇英方塞康第商栈的稳固地位。在双边条约的影响下，阿多姆另一个属国曼坡（Mampoe）仿照提卡多方面的条约式样也在同英方缔结的条约上签了字，承诺驱逐荷兰人，同英国人友好相处。④ 打通阿多姆辖地的商业网络之后，皇家非洲公司和其北方的邻国瓦萨王国也建立了直接联系，⑤ 而瓦萨是阿肯人诸国中著名的黄金产地。⑥ 这种双边关系的建立更加强化了皇家非洲公司在下几内亚黄金海岸地区的商业优势地位。

（二）皇家非洲公司中的本土雇员

在皇家非洲公司下几内亚沿海地区的商业活动中，一些出身本土社会的非洲人扮演了重要角色，他们往往在当地有深厚的社会基础。考菲是提

---

① Robin Law (ed.), *The English in West Africa*, 1681 – 1683, *The Local Correspondence of the Royal African Company of England*, 1681 – 1699, Part 1, Oxford: Oxford University Press, 1997, pp. 16 – 18. Letter No. 26.

② Robin Law (ed.), *The English in West Africa*, 1681 – 1683, *The Local Correspondence of the Royal African Company of England*, 1681 – 1699, Part 1, Oxford: Oxford University Press, 1997, pp. 16 – 18. Letter No. 26.

③ Robin Law (ed.), *The English in West Africa*, 1681 – 1683, *The Local Correspondence of the Royal African Company of England*, 1681 – 1699, Part 1, Oxford: Oxford University Press, 1997, p. 18. Letter No. 27. 火灾为人为纵火，纵火者身份不明，英荷双方都遭受了损失，荷兰一方损失更重，其仓库发生爆炸，还有人员伤亡。

④ Robin Law (ed.), *The English in West Africa*, 1681 – 1683, *The Local Correspondence of the Royal African Company of England*, 1681 – 1699, Part 1, Oxford: Oxford University Press, 1997, pp. 18 – 19. Letter No. 28.

⑤ Robin Law (ed.), *The English in West Africa*, 1681 – 1683, *The Local Correspondence of the Royal African Company of England*, 1681 – 1699, Part 1, Oxford: Oxford University Press, 1997, pp. 19, 19 – 20, 21. Letter No. 28, No. 29, No. 31.

⑥ B. A. 奥戈特主编《非洲通史第五卷：十六世纪至十八世纪的非洲（第一版）》，中国对外翻译出版公司译，北京：中国对外翻译出版公司，2001年，第315页。其中，A. A. 博亨撰写第十四章"下几内亚海岸的国家和文化"。

卡多国王的儿子，① 而曾参与塞康第商栈与阿多姆王国谈判的汉萨科（Hansacoo）则是当地另一个阿肯人国家费图（Fetus）国王的侄甥，② 他和协助商栈、告诫提卡多王国不要与英国私商交易的洋基（Yankey）都具有"卡巴什"（Cabasheer）的头衔，这是欧洲人对在当地酋长以上地位的人以及公司高层的称呼③。考菲和汉萨科等人选择加入皇家非洲公司，利用自己在当地的资源谋得一个高层职位，当然这其中个人的能力因素也十分重要。考菲在塞康第商栈信件中出现频率之高仅次于商站主管怀廷本人，在总部和商栈以及当地社会三方之间，考菲来回奔走，为公司利益发挥着重要作用。其本人也被称为船长，具有独立指挥商船的权限。此外，在交付账目、商务外交谈判、工程监督等事务中都能看到他的身影。而汉萨科和洋基根据信件内容则专门负责处理公司与本地王国间的商务谈判，涉及私商的商务纠纷等棘手问题，在第四封信中出现的协助考菲采购提卡多国王订购椅子的格里芬（Griffin）则同时具有医生④的头衔，可见除商业事务外，公司的本土雇员中也有人掌握了稀缺的专业技术。

塞康第商栈信件中可见的公司本土雇员的活动情况见表4。

---

① 原文为"他为提卡多国王儿子们中的一个"，Robin Law（ed.），*The English in West Africa, 1681-1683, The Local Correspondence of the Royal African Company of England, 1681-1699, Part 1*，Oxford: Oxford University Press，1997，p. 12. Letter No. 16。

② Robin Law（ed.），*The English in West Africa, 1681-1683, The Local Correspondence of the Royal African Company of England, 1681-1699, Part 1*，Oxford: Oxford University Press，1997，p. 11 注解42中对汉萨科身份的说明。Letter No. 15。

③ Cabasheer可能来源于葡萄牙语的cabeceira，原意为头，后用来专指下几内亚沿海地区非洲王国中的酋长以及欧洲商栈的高层雇员，该词在第十三封涉及双方土地交易的信的末尾签字中也出现过，作为当地酋长的头衔使用。"Cabesheer Obeen", in Robin Law（ed.），*The English in West Africa, 1681-1683, The Local Correspondence of the Royal African Company of England, 1681-1699, Part 1*，Oxford: Oxford University Press，1997，p. 11. Letter No. 13. 而作为公司高层雇员的考菲在商栈信件中则没有使用这一头衔，可见卡巴什并不必然和公司高层雇员身份相联系，可能更多的时候是对雇员在当地拥有的酋长地位的一种肯定。

④ Doctor这一头衔在塞康第商栈信函中出现过两次，分别用于指称格里芬和为商栈人员治病的梅德（Doctor Meade），含义明确，专指医生。关于格里芬，参见Robin Law（ed.），*The English in West Africa, 1681-1683, The Local Correspondence of the Royal African Company of England, 1681-1699, Part 1*，Oxford: Oxford University Press，1997，p. 5，信件正文及注解22. Letter No. 4。关于梅德从海岸角赴塞康第出诊，参见p. 12. Letter No. 17。

表 4　塞康第商栈信件中可见的公司本土雇员的活动情况

信件编号	人物	所涉及事务
No. 1	考菲	受命作为英方皇家非洲公司全权代表同荷兰西印度公司代表托马斯·亨德里克（Thomas Hendrick）及塞康第当地人进行谈判，要求他们认可英方在当地复设商栈
No. 3	考菲	阿多姆派人来求购商品，考菲代表商栈负责接洽，提出希望能在此地建筑房屋
No. 4	考菲	关于提卡多国王向商栈求购的椅子和帽子，考菲认为身在海岸角的格里芬可以提供椅子，但是帽子很难搞到
No. 4	格里芬	事情经过同上
No. 4	考菲	阿多姆和瓦萨王国派出百人商团来到塞康第商栈进行商务谈判，商栈主管怀廷和考菲负责接洽谈判事宜
No. 10	考菲	据传阿多姆和阿奎法（Aquiffa）两国将联合南下，考菲和塞康第本地代表赴海岸角总部通知公司相关局势
No. 10	考菲	代表塞康第商栈向公司总部上交 2 马克黄金
No. 11	考菲	带回总部致塞康第商栈的回信
No. 15	考菲	负责接收提卡多王国一方为订购商品交纳的作为押金的黄金
No. 15	汉萨科	负责与阿多姆一方的谈判事宜，并被要求向总部提供一份谈判纪要
No. 16	考菲	受命向总部交付此前提卡多一方为订购的商品交纳的作为押金的黄金
No. 16	考菲	塞康第商栈与阿多姆就购置土地的谈判中，阿多姆不打算降低地价，考菲受命前去总部汇报阿多姆一方的立场和谈判情况
No. 18	洋基	告诫塞康第本地人不要与到达的英国私商的大船进行贸易。怀廷在向总部的汇报中特别提到考菲对洋基很了解，因而公司可以信任洋基
No. 19	考菲	受命陪同提卡多国王前往海岸角总部进行商务谈判，并代表塞康第商栈向总部交纳 3 马克黄金
No. 23	汉萨科	汉萨科陪同提卡多国王来到塞康第，并参与商栈与提卡多就签订商业合约举行的谈判
No. 23	考菲，阿塔①	作为赴提卡多进行谈判的代表团成员前往提卡多。
No. 24	考菲，阿塔	作为代表团成员在提卡多与对方谈判，称如果国王不遵守条约，将被处以 100 马克罚金
No. 25	汉萨科	常驻总部，向总部汇报塞康第当地的局势情况
No. 25	考菲	怀廷强调在信发出的下周，将被派往总部交纳黄金

---

① 阿塔（Atta）也被称为 Attah、Atta Barba，是皇家非洲公司中的另一位本土雇员。

续表

信件编号	人物	所涉及事务
No. 26	考菲	怀廷继续强调在下周将派考菲赴总部交纳黄金和商栈收支明细
No. 29	考菲	怀廷请求总部速派考菲返回以监督商栈建设工程，怀廷称考菲对商栈建筑的设计结构十分熟悉，可以高效监管工程的进行。
No. 31	考菲	考菲在从总部返回塞康第商栈时也给商栈带回两船舱货物

资料来源：Robin Law (ed.), *The English in West Africa, 1681–1683, The Local Correspondence of the Royal African Company of England, 1681–1699, Part 1*, Oxford: Oxford University Press, 1997。

结　论

由于时代的不同，17世纪末的英国还没有足够的实力在西非建立直接统治的殖民地体系，以皇家非洲公司为代表的商业公司在商业贸易活动中还要面临来自其他欧洲国家商业公司、私商的各种形式的竞争，来自当地国家的讨价还价甚至是海盗的袭扰。为确保自身利益，对付各种外部威胁，皇家非洲公司发展出一套结合西非沿海社会特色的运营管理体系：建立从总部到地方的层级责任体系，建立自己的商船队，建立监察制度，严格实行财政审核。所有这些措施保障了公司的正常运转，并在同其他商业公司的竞争中稳步扩大自己的利益。塞康第商栈的复设本身是皇家非洲公司业务在下几内亚沿海地区进一步扩大的结果，在1683年商栈复设的历程中，正是公司制度的行之有效使其最终顶住荷兰人的压力，并且在和当地王国的谈判中获取了较大的利益。这些公司运营的经验成为英国海外商业公司处理类似事务的积累，从而奠定了18世纪英国在加勒比海地区和印度等地大型商业公司运作的基础，深刻塑造了近代英国资本主义全球经济体系的特质。

皇家非洲公司的活动对西非沿海当地社会也产生了深远的影响。从塞康第商栈信件中可以看出，公司在处理同当地国家的各种交往联系中，已经涉及具有外交性质的谈判、条约签订等具有行政事务性质的活动，类似的交往形式，为后来英国在当地殖民地行政体系的运转提供了经验参考。而在同英方交往中，日益扩大到奴隶贸易和其他类型的商业贸易也推动了当地社会的发展变迁。塞康第商栈复设不到20年，阿肯人诸国即开始走向统一中央集权的发展历程，日后强大的阿散蒂帝国呼之欲出。另外，众多当地人投身皇家非洲公司的商业活动，甚至凭借自己的资源和能力在公司谋得高位，类似的群体成为日后殖民地时代本土豪商阶层的滥觞。种种迹象表明，西非沿海在巨变的转型时代，本身也做出了很多主动的改变，这种内在的主动与以英国为代表的西方势力在当地活动互相影响交合，进一步呈现出早期经济全球化历史发展中复杂的一面。

安茹时期英格兰国王特权城市的民主及其限度问题

陶 芳

(中国人民大学历史学院)

随着 12 世纪和 13 世纪国王和领主通过特许状把特权赐予"borough","borough"逐渐具备了特权城市的内涵,从而使其逐渐区别于一般市镇。到了 13 世纪晚期,尽管情况不总是这样,但"borough"越来越被更严格地限制于拥有特权的地方。① 到了 13 世纪末,特权城市开始向议会派代表,斯塔布斯(William Stubbs)就此指出:"'borough'拥有来自国王或是其他领主的种种特权,它会向议会派代表……也正因如此才被称为特权城市。"② 与之相对应的是,特权城市还要承担一定的义务:向国王缴纳各项税款;受王室法庭法律的管辖,为巡回法庭提供陪审员,执行揭发、调查等事项,收集罚金,协助缉盗,看管犯人;向国王履行军事方面的义务;管理商务以及执行各种临时任务;等等。③

尽管王室拥有绝对控制权,但是英格兰特权城市的市民享有丰富的日常权利、特许权以及豁免权。④ 市民等级的特殊法律地位是由一系列特权组

---

① Susan Reynolds, *An Introduction to the History of England Medieval Towns*, New York: Oxford University Press, 1982, pp. 111 – 112;持相似观点的还有: Frederick Pollock & Frederic William Maitland, *The History of English Law*, Vol. 1, London: Cambridge University Press, 2010, p. 703。
② William Stubbs, *The Constitutional History of England*, Vol. 3, Oxford: Clarendon Press, 1873, pp. 448 – 450。
③ 马克垚:《英国封建社会研究》,北京:北京大学出版社,2005 年,第 230—232 页。
④ 〔德〕马克斯·韦伯:《经济与社会》下卷,林荣远译,北京:商务印书馆,1997 年,第 630 页。

成的。与市民权利同时成长起来的是丰富的民主精神，然而在实际运行中，这种精神可能并未达到特许状规定的那种程度。下文就将从契约精神、城市的政治运行、城市法规这三个方面，并结合社会学家爱弥尔·涂尔干的"社会整合"理论专门对国王特权城市的民主及其限度问题展开讨论。

一 契约精神

契约精神包含两个重要内容：一是私人交易间的私人契约精神，这对商品经济的发展起着至关重要的作用；而当私人契约精神上升至公法领域成为社会契约时，就会在实现人权和构筑民主等方面发挥重要的作用。从政治视野看，契约精神主要由自由精神、平等精神、权利至上精神等要素构成。这三个要素是相互联系、相互影响的。①

有学者认为，特许状正是对契约精神的反映，如伯尔曼（Berman）就曾指出：尽管城市特许状反映的不是近代意义上的契约，即并不是双方当事人经讨价还价、各方由此同意在特定期间提供周到行为的凭证，但却是近代政府契约理论产生的主要历史渊源之一。② 国王与市民之间权利和义务的互动渗透到后来的国家学说中，把市民阶级在私法领域解决个人与个人之间权利义务问题的契约关系运用到公法领域解决个人与社会、个人与国家之间的权利义务问题，近代社会契约理论在此基础上应运而生。③

但不可忽视的是，国王明显处在强势地位，可以根据个人好恶随时收回特许状；国王与市民的权利义务也明显不对等，这就使得双方的关系不具备平等性和稳定性。如亨利三世就曾四次没收伦敦的特权。④ 爱德华一世更是以打击城市而闻名：1290 年，由于缴纳货币不全，许多城市受到了中止特权的处分，包括伊普斯维奇、诺里奇、约克、林肯、坎特伯里、诺丁

---

① 董晓波：《中世纪西欧城市市民精神与近代宪政》，博士学位论文，南京师范大学，2008 年，第 61 页。
② 〔美〕哈罗德·J·伯尔曼：《法律与革命》第一卷，贺卫方、高鸿钧、张志铭等译，北京：法律出版社，2008 年，第 384 页。
③ 董晓波：《中世纪西欧城市市民精神与近代宪政》，博士学位论文，南京师范大学，2008 年，第 18 页。
④ Frederick Pollock & Frederic William Maitland, *The History of English Law*, Vol. 1, London: Cambridge University Press, 2010, p. 703.

汉、北安普顿和格罗斯特等；1292年，纽卡斯尔和约克又被掌握在国王手中达5年之久；至于伦敦，1239—1259年曾10次被国王取消自治权。① 因此，我们不能过高估计特许状所反映的契约精神，也就因此不能高估这种契约精神在民主建构上发挥的作用。

除了因接受特许权利与国王产生的权利和义务的互动，市民之间具有突出意义的一个行为，从整体上标志着新的城市团体出现的就是市民的共同誓约。② 在1200年伊普斯维奇市政官员选举活动的最后阶段，市民们宣誓尊重、协助、服从执政官、督察官和市政会官员，并且竭力维护和保持城市的荣誉及权利。③ 在封建社会，援助和"友谊"誓约是高低等级的人们之间的契约，它使一个人服从于另一个人。相反，这种特权城市市民间的誓约的显著特点是将平等之人联合起来。他们为欧洲社会生活贡献了一种新的因素，相互援助誓约取代了服从誓约，与严格意义上的封建精神格格不入。④ 可见，特权城市的出现体现了一种人与人之间新的交往方式：特权城市团体不是对人的自然亲缘关系的进一步发展，而是对亲缘关系的超越，也不是对依附关系的巩固而是挑战。但是，市民间的誓约反映出的这种平等精神，在现实生活中却未必如此，这一点在特权城市的政治生活中就可以体现出来。

二 政治运行

谈到特权城市政治运行中的民主及其限度问题可以从两个角度进行探讨，一为团体内部政治生活的民主，二是在参与国家政治生活上的民主。

（一）内部政治生活

关于团体的内部民主，最突出的表现就是"涉及众人之事需众人同

---

① 马克垚：《英国封建社会研究》，北京：北京大学出版社，2005年，第233页。
② 〔法〕马克·布洛赫：《封建社会》下卷，李增洪、侯树栋、张绪山译，北京：商务印书馆，2007年，第578—579页。
③ Carl Stephenson, *Borough and Town: A Study of Urban Origins in England*, Massachusetts: The Mediaeval Academy of America, 1933, p.175.
④ 〔法〕马克·布洛赫：《封建社会》下卷，李增洪、侯树栋、张绪山译，北京：商务印书馆，2007年，第578—579页。

意"。特权城市在官员选举和城市管理方面都体现了这一原则。1189 年,国王在授予北安普顿的特许状上规定:每年市民可以根据自己的意愿选举合适的人作为城守。同年,诺丁汉的特许状也授予了市民按照自己的意愿在年末选举城守的权利。① 1276 年,贝德福德的特许状授予市民及其后代每年或是在他们认为合适的时间选举执政官的权利。② 尽管在 13 世纪晚期之前国王鲜有正式批准城市拥有市长一职,但国王约翰已经开始承认市长的存在和权威。③ 1199 年,国王约翰授予伦敦市民五个特许状,在第四个特许状上就出现了这样的陈述:应市长和市民的要求,从即日起城市中不应有织工行会。④ 市长——这一对伦敦首席长官的称呼首次出现在国王的特许状中。到了 1215 年,国王约翰授予伦敦市的贵族每年从他们当中选举值得信任、谨慎又称职的人当选市长的权利。年终,贵族们有权另选新市长,同一人可获连任。⑤ 1284 年,爱德华一世授予诺丁汉市民在每年圣米迦勒节的全体市民大会上,按照自己的意愿从他们当中选举市长的权利。市长的当选需要市民共同同意,凡涉及特权城市的管理和利益,市长就要负责管理执政官和其他市政官员。⑥ 我们可以看出,市长不同于城守和执政官对国王负有财政和行政责任,他们从一开始就是象征着城市的纯粹的市政官员。⑦

因此,有学者认为在很大程度上安茹时期国王实现国家治理依靠的是臣民而不是完善的官僚体系。国王为了自身的利益而在政府中广泛地利用民众,长久地把负担与责任加在民众身上。这不仅教会了臣属参与政治,

---

① Adolphus Ballard, *British Borough Charters 1042 – 1216*, New York: Cambridge University Press, 2010, pp. 244 – 245.
② Adolphus Ballard & James Tait, *British Borough Charters 1216 – 1307*, New York: Cambridge University Press, 2010, p. 354.
③ Susan Reynolds, *An Introduction to the History of England Medieval Towns*, New York: Oxford University Press, 1982, p. 109.
④ Henry Merewether & Archibald Stephens, *The History of the Boroughs and Municipal Corporation of the United Kingdom*, Vol. 1, London: Stevens & Sons, Bell Yard, pp. 383 – 384.
⑤ Adolphus Ballard, *British Borough Charters 1042 – 1216*, New York: Cambridge University Press, 2010, p. 247.
⑥ Adolphus Ballard & James Tait, *British Borough Charters 1216 – 1307*, New York: Cambridge University Press, 2010, pp. 364 – 365.
⑦ Susan Reynolds, *An Introduction to the History of England Medieval Towns*, New York: Oxford University Press, 1982, p. 109.

而且无意识地让臣属相信他们自己能够获得他们希望的那种类型的政府，大大有助于民众产生"英国人政府"的感觉与具备这方面的能力。①

但在事实上，无论是安茹时期还是后来的选举都存在我们不可忽略的寡头政治的一面。第一，存在一人身兼多职的现象：在1200年的伊普斯维奇，负责监督执政官的四位督察官中有两位就是执政官；此外，伊普斯维奇12位市政会成员中，8人占据着城市及各行会的14个职位。第二，间接选举的民主性值得怀疑：1200年，伊普斯维奇的12位市政会成员是由执政官和督察官选出的代表通过选举产生的，这些由城市上层选举产生的代表能否反映民意我们不得而知。1309年，类似的间接选举再次发生在伊普斯维奇。此类间接选举可能发生在英格兰的很多城市中，比如埃克塞特和温彻斯特。② 第三，即使是市民直接参与官员选举，也没有证据能够证明市民的投票是平等且有效的，或是投票过程有多么民主。第四，我们同样不能忽视国王对选举结果的干预，比如，城守要对国王的租金负责，若城守触怒了国王，则国王可根据自己的意志将其罢免，届时市民就要另选新城守。③ 第五，随着时间的推移，市民甚至逐渐失去了选举市长的权利。高级市政官员和市议会逐渐成为封闭的组织，市政管理成员终身享有其职，通过指派填补空缺，到了15世纪这一转变基本结束。④ 愈到中世纪后期愈发明显的特权城市寡头政治出现，但我们不能认为情况总是这样，民主总是遭到挫败。总之，过高或是过低地对选举进行估计都有欠妥当。⑤

除了市政官员的选举，安茹时期特权城市的管理与运作也需要广大市民的参与和协作，这既是市民的权利也是市民不可逃避的义务。诺维奇市

---

① A. B. White, *Self-government at the King's Command: A Study in the Beginnings of English Democracy*, Minneapolis, 1933, pp. 1–2; J. C. Holt, *Magna Carta*, London: Cambridge University Press, 1965, pp. 41–42.

② Carl Stephenson, *Borough and Town: A Study of Urban Origins in England*, Massachusetts: The Mediaeval Academy of America, 1933, pp. 175–177.

③ Adolphus Ballard, *British Borough Charters 1042–1216*, New York: Cambridge University Press, 2010, pp. 244–245.

④ Mrs. J. R. Green, *Town Life in the Fifteenth Century*, Vol. 2, London: Macmillan & Co., 1894, chapter xi–xvi.

⑤ Susan Reynolds, *An Introduction to the History of England Medieval Towns*, New York: Oxford University Press, 1982, p. 122.

法第 45 条规定：召开市民大会是为了城市的利益，由于一些市民缺席，有时许多事务无法得到解决。因此，以后由管家的差役（sergeant）负责传唤与会者……差役应记录下那些不能够参加会议的人。缺席者应该在第二天到市长面前，并由其他城市的市民做担保，说明他缺席的理由，如生病或当时不在城市。如果他给不出适当的理由，将被处以 2 先令的罚款，罚款一半归市长，一半归城市。① 但实际上，我们不能确定的是这种参与会在多大程度上起作用。尽管在细节上存在差异，市长、高级市政官员和市议会（common council）成为市政管理的普遍形式。有时，为了使自己的行为获得普遍的同意，市长和高级市政官员组织市议会。② 如爱德华一世（Edward I）统治时期，国王开始授予市民征收任意税（tallage）的权利，城市中的显贵会想方设法使自己免除任意税，这样负担就都落在了平民身上。城中平民怨声四起："不止一两次了，市长和市政官员在未接到国王的特别要求或是未经集体同意的情况下就向我们征收任意税，他们纵容权贵却压榨平民……"③ 在爱德华二世统治下，当时反对商人的小资产阶级抱怨说："有权势者要求较贫穷的市民特别是行会宣誓服从，并且依仗这种篡夺的权力，强行征税。"④

（二）参与国家的政治生活

至于特权城市在国家政治生活中起到的作用，就涉及团体与国家关系的问题。这是社会学研究的重要课题之一，因此，我们不妨借助社会学三大奠基人之一爱弥尔·涂尔干的理论，从"社会整合"的角度对这一问题进行探讨。涂尔干反对直接民主，强调介于个人与国家之间的中间团体的作用。他认为国家一定是来源于个人，同时又必须超越个人的，因此要加入法团这一中间结构，法团就会用权威压制他们，消除自私自利的念头，

---

① http://users.trytel.com/~tristan/towns/norlaws.html.
② J. R. Green, *Town Life in the Fifteenth Century*, Vol. 2, London: Macmillan & Co., 1894, pp. 280-281.
③ Frederick Pollock & Frederic William Maitland, *The History of English Law*, Vol. 1, London: Cambridge University Press, 2010, p. 697.
④ 〔德〕马克斯·韦伯：《经济与社会》下卷，林荣远译，北京：商务印书馆，1997 年，第 615 页。

将所有心灵都纳入共同的轨道。同时，法团不仅可以预防个人吞噬国家，而且可以防止国家对个人的专制。①

同时，涂尔干又十分警惕法团对个人权利的侵犯。他认为群体会以唯我独存的态度对待其成员，将集体精神强加给个人，对一切个性产生压抑的效果。避免这种集体特殊主义的方法就是建立与个别集体相对的国家，国家的主要功能就是解放个人人格。但是为了避免国家这种集体力量的暴政，以及国家在考虑个人利益问题上条件的不足，国家要想解放个人又需要次级群体，于是，我们再次看到了次级群体存在的意义，它们构成了个人解放的根本条件。② 由此我们可以看出，涂尔干对中间团体的态度是二元的：既肯定其对私利的超越、对国家专制的预防、作为个人解放的条件，又警惕其对个人的吞噬，反对充分自治的次级群体，因而强调国家对团体的控制。

特权城市通过向议会派代表使城市和国家深深地联结在一起，"市民—特权城市—国家"这一结构恰好对应了涂尔干的"个人—次级群体—国家"的设计。早在1265年，叛乱的大贵族西门·孟福尔（Simon de Montfort）为了寻求政治上的支持，就曾邀请东南五港和其他城市的市民代表参加议会。爱德华一世统治期间，召开的最著名的一次议会就是1295年的"模范议会"，出席议会的除大贵族、教士外，每郡还有2名骑士代表，每个大城市有2名市民代表。1297年《大宪章确认令》宣布：今后未经大主教、主教、修道院院长和教会的其他成员、伯爵、男爵和其他自由人同意，国王不能再擅自征收协助金和动产税。③ 其中，"其他自由人"即骑士和市民，这意味着骑士和市民开始拥有批准动产税的权利。特权城市在安茹时期已经参与到国家的政治生活中去。

那么，依照涂尔干的理论，市民不是直接与国家对话，而是通过派代表间接参与到国家的政治生活之中，从而使市民因受到特权城市团体的约

---

① 〔法〕爱弥尔·涂尔干：《职业伦理与公民道德》，渠东、付德根译，上海：上海人民出版社，2001年，第110—111页。
② 〔法〕爱弥尔·涂尔干：《职业伦理与公民道德》，渠东、付德根译，上海：上海人民出版社，2001年，第66—67页。
③ C. Stephenson & F. G. Marcham, *Sources of English Constitutional History: A Selection of Documents from D. 600 to the Present*, New York: Harper & Brothers, 1937, p. 165.

束，避免了狭隘的个人主义。再次，市民受特权城市的保护，防范了国家对个人的专制。最后，在国家的控制下避免特权城市对成员的暴政，成为解放个人的条件。

但从史实出发，我们无法高估这种结构在安茹时期保障个人权利和推动民主方面的作用。第一，我们无法确定选举者能否代表民意。在伦敦，选举大会的成员包括市长、行会领袖以及每个区派出的代表，他们一起组成选举团体，或者直接选出 2 名议员，或者选出主席团，由主席团选出议员。① 由此可见，选举代表的成员就已经是包括市长和行会领袖在内的城市上层。而每个区的代表又为何人？代表谁的利益？他们的产生过程能否保证公平民主？第二，我们也不能确定参加议会的市民代表的身份。由城市上层和我们不能确定身份的区代表选举产生的市民代表为何人？代表谁的利益？第三，虽然通过向议会派代表巩固了特权城市的团体地位，但并不意味着市民团体的地位上升。随着特权城市的分化，特权城市中的富商、手工工场主、大土地所有者、高级教士、小部分行东等把持市政，成为"城市贵族"。同时，随着国王公共权威的加强和国家政治体制的健全，国王势必加强对特权城市的控制，把其纳入国家的管理系统当中。国王与城市贵族结盟，城市上层通过与国王结盟，甚至获得了贵族的头衔，国王则通过城市贵族压榨市民。可见，涂尔干保障个人权利又预防个人暴政的设计忽视了两个重要的问题：一是次级团体并非铁板一块，内部极可能产生阶层或是阶级分化，实现上层对下层的专制；二是次级团体分化出的上层与国家团体的上层结盟，这就使得次级团体中的个人被套上了双重枷锁，他们的权利不仅被特权城市吞噬，而且淹没在国家这一强制机构当中。

三　城市法规

伯尔曼认为，民主性是城市法律制度的特点之一。他的观点可主要归纳为：通过特许状，城市政府的权力和王室的特权受到了限制。在司法方面，以等同公民裁判的理性的审判程序取代神明裁判和决斗裁判；未经法律程序，不得进行任意的逮捕和监禁；在理论上，富人和穷人受到同样的

---

① 陈日华：《中古英格兰地方自治研究》，南京：南京大学出版社，2011 年，第 149 页。

审判。典型的市民特许状还使市民被免除许多封建劳役和赋税，并对其他多种劳役和赋税进行了严格限制。城市法的民主性还体现在市民有参与城市管理的权利。①

伯尔曼的观点固然有一定的道理，但仍然有需要商榷的地方。第一，文本与现实是有差距的，伯尔曼依据的主要是以特许状为根据的城市法律，从内容上看特许状的确包含了丰富的民主因素，但在实际运行上却很难保证如此。第二，由于特许状的制定者毕竟为国王，其作为统治阶级的代表，权利给予的最终目的是巩固而非削弱自身的统治。第三，除了特许状，特权城市法律还来源于城市章程、行会法章程和习惯判例等，它们的民主程度也是有待商榷的。首先，从法律制定者的角度看，1189年伦敦市的第一部建筑条例是由城市中严谨的人制定的，②但我们很难从文本上了解到所谓"严谨的人"究竟为何等身份，代表谁的利益。而即使我们在文献中明确地看到市政官员和市民团体共同制定了城市条例，也很难判断市民在条例制定的过程中究竟发挥了多大的作用，是否只是流于一种说辞。其次，从法律内容上看，随着城市贵族的发展壮大，他们通过篡改行会章程来排斥等级较低的商人或工人，以保证自己对行会的控制权：师傅的儿子不仅入会费比一般工人少得多，晋升的条件也较为宽松；师傅滥用学徒条例，延长学徒期限；行会还会拒绝把公民权给予那些不承认这些规章的人，使行会越来越成为一个封闭剥削的组织。因此，城市立法受到行会利益的支配，成为普遍不满的根源。③

综上所述，与安茹时期特权城市团体同时产生的是丰富的民主精神。无论是特许状、市民誓约，还是市民获得对城市官员的选举权及对城市的管理权和参与议会的权利，抑或城市法规，都包含了对封建等级、依附关系的突破，同时也包含了对民权的肯定。特权城市在不同程度上维护着共同体成员的共同利益，体现着共同体成员共同的价值观念。特权城市形成

---

① 〔美〕哈罗德·J·伯尔曼：《法律与革命》第一卷，贺卫方、高鸿钧、张志铭等译，北京：法律出版社，2008年，第387—388页。

② Harry Rothwell, *English Historical Documents 1189 – 1327*, London: Eyre & Spottiswoode, 1975, p. 849.

③ 〔美〕汤普逊：《中世纪晚期欧洲经济社会史》，徐家玲译，北京：商务印书馆，2009年，第562—564页。

过程中的任何一个具体的个人，正是通过联合成为团体中的一员，才成为一个有力量的个人。但通过上文的分析，我们不能夸大这种民主精神在实际生活中发挥的作用，依然存在诸多问题：特许状中所体现的国王与市民权利的不对等，国王可以根据个人好恶随时收回；市政官员选举中可能存在的舞弊问题以及到后来市政管理成员的终身制，城市贵族组成的市议会的专权；国王与城市贵族的结盟；城市贵族为了扩大特权利益对城市法规的篡改；等等。正如苏珊·雷诺兹指出的，所谓共同体，并不意味着共同体成员之间是平等的关系，等级、不平等是中世纪社会的某种规范，它们与各种共同体有机结合，使其有着更多的等级性和强制性。① 统治权与共同体的结合实在是中世纪社会的一个内在特点，也是中世纪人们固有的价值观念，用后中世纪的观念体系对应它们其实是一种时代上的混乱。② 通过上述对国王特权城市的分析，她的这一观点不无道理。因此，特权城市团体并不是一个挣脱了封建制度和权力强制的自由、平等的小社会，对其在民主方面的影响程度，我们只能采取谨慎的态度。

---

① Susan Reynolds, *Kingdoms and Communities in Western Europe*: 900 – 1300, Oxford: Clarendon Press, 1984, p. lxv.
② Susan Reynolds, *Kingdoms and Communities in Western Europe*: 900 – 1300, Oxford: Clarendon Press, 1984, pp. xlvii – xlviii.

文献和论著选译
Translation of Documents and Treatises

New World History

近代早期英国社会对健康与环境关系的认知*

〔英〕安德鲁·韦尔（Andrew Wear）
（伦敦大学学院历史学院）
赵秀荣　译
（中国人民大学历史学院）

今天，人们关注环境影响我们健康的方式。这个问题即使在近代早期也有意义，虽然在这一问题上宗教和世俗的意义并不明显。尽管政府努力创造卫生的环境，清扫街道、控制食品市场、清理排水沟和控制人口，英格兰仍旧还是一个拥挤的、肮脏的、臭气难闻的、不卫生的国家。也许人们已经习惯了这种环境，因为我们很少读到与此相关的文献。[①]但有人认为这种环境对健康有害，提出了更健康的选择。笔者首先从一般意义上讨论环境和人口的相关性，其后探讨人们如何理解环境影响健康。

---

* 此文出自 Andrew Wear (ed.), *Medicine in Society*: *Historical Essays*, Cambridge University Press, 1992, pp. 119-147。因篇幅限制，译者在征得作者同意后，在翻译过程中有所删减。
① 内科医生亨利·布鲁克（Henry Brooke）是对环境满意的人。在 *YFIENH, Or A Conservatory of Health*（London, 1650）第67-68页，他写到许多体格并不是最强壮的人，长寿而不生病。"炼油者、制皂者和蜡烛制造者在恶臭和难闻的气味中工作"，还有那些处理"垃圾、清理海滩和厕所"的人，健康并不会受到影响，因为他们长久以来已经熟悉了这些气味，忘记了这些气味对他们身体的影响。布鲁克还强烈地谴责那些过于敏感的人，他们因为恐惧假想的危险而生病："然而"，对他们来说最好强调空气的选择……因为空气会影响他们的身体（情绪），他们会认为自己生病了。这样的想象使人心中持续充满疑惑和困惑，并因害怕生病而使自己病倒。

健康和环境

英国人,至少是那些爱国者,认为英格兰是世界上最适合英国人生存的地方。威廉·哈里森(William Harrison)在《英格兰掠影》(1577年)一书中和威廉·卡姆登(William Camden)在《大不列颠》一书中(第一版是拉丁语,1586年)都认为——带有强烈的民族感情——英国有最适宜的温度,不冷也不热。① 卡姆登认为:"英格兰有优良的空气和土壤,物产丰富、气候温和。"② 哈里森也认为英国人高大强壮,比住在赤道附近的人更白皙、更有勇气,而热带地区的人瘦弱、胆小、畏惧、更黝黑。③ 这种把国家及其人民联系起来的说法并不客观,但经常被用来宣传和激发爱国主义。

从健康的角度来看,许多人都认为自己出生的国家最好,最适合居住,这种观点特别适合当今的民族国家。一个人的体格或者体液的平衡受到他出生国家特点的影响,因此两者之间紧密相关。威廉·沃恩(William Vaughan)是威尔士的一位作家,他曾试图向纽芬兰移民,但没有成功,他在《健康指南》一书中提到什么是最好的空气的时候说:"人们经常呼吸的、本国的空气是最好的。"正如一个诗人所说,"水是故乡甜"。④

对美洲的殖民迫使人们开始思索如何判断一个地方是否健康。北美殖民地提供了一个很好的例子判断健康与环境的关系。16世纪末17世纪初的许多信件、小册子、书籍等都非常乐观地报道了纽芬兰、新英格兰和弗吉尼亚——努力吸引富有的殖民者,旨在让他们对未知的土地安心。这些文献经常提到,人们认为他们出生地的环境是最健康的。在《种植园主的申请》(1630年)一书——这是一部鼓励发展新英格兰定居点的著作中,作者赞美殖民地的空气。空气——理查德·惠特伯恩(William Whitbourne,纽

---

① William Harrison, *The Description of England*, ed. George Edelen, Ithaca, NY, 1968, pp. 428 – 429; William Camden, *Britannia, or a Chorographical Description of...England, Scotland and Ireland*, London, 1637, p. 2.
② Camden, *Britannia*, p. 2
③ Harrison, *Description of England*, pp. 445 – 446.
④ William Vaughan, *Directions for Health*, 5th edn, London, 1617, p. 4.

芬兰殖民地的促动者)称之为"生命的养分"①——也许是判断一个地方是否健康的最重要的条件。《种植园主的申请》一书中写道:"没有一个地方比新英格兰的空气更适合我们的体格,经验证明,一些在英国总是生病和虚弱的人到了新英格兰变得强壮和健康,一是由于空气清新,二是气温很少忽冷忽热。"②因此就体格与气候的关系来说,新英格兰比英国好很多。

  人们与他们自己国家之间的联系在许多其他背景下也被讨论。英国的作家,如尼古拉斯·库尔佩伯(Nicholas Culpeper),在17世纪中叶倡导在本地采摘廉价草药用于穷人。再如,威廉·哈里森赞扬本国的草药,因为他不喜欢任何国外的东西,③他们都认为人们与自己出生国家的关系密切。此外,库尔佩伯谈到上帝的拣选和智慧,上帝不仅为人类创造了食物,而且为不同的国家的人民创造了相应的治疗方法。例如,库尔佩伯在《医学园地》(1659年)一书中写道:"地球被称为万物之母,不仅创造了万物,而且为其准备了养分。"④而且,他说:"动物们具有了解药物的本能,如果它们生病了,它们不会去印度或阿拉伯,而是在附近找药吃,造物主给我们人类的更多。"⑤

  关于健康和疾病的观点反映了特殊社会群体的不同目的。大多数学术的、受过大学教育的并且收费高昂的内科医生通常为患者开价格昂贵的外国药。但是除了伦敦和其他一两个大城市外,这样的医生并不多,因为对大多数人来说,他们收费太贵。⑥正如罗伊·波特(Roy Porter)指出的,当时的家庭成员、邻居、牧师以及他们的妻子偶尔都可以承担医生的角色,他们都可能免费给予患者建议。其他医者,如女巫、验尿师、占星术士、

---

① Richard Whitbourne, *A Discourse and Discovery of New-Found-Land*, London, 1622, in Gillian T. Cell (ed.), *Newfoundland Discovered*, Hakluyt Society, London, 1982, p. 165.
② *The Planter's Plea*, in Peter Force (ed.), *Tracts and Other Papers Relating Principally to the Origin Settlement and Progress of the Colonies of North America*, 4 vols., New York, 1836 – 47; reprinted New York, 1947), 11, tract 3. p. 13.
③ Harrison, *Description of England*, pp. 266 – 268.
④ Nicholas Culpeper, *School of Physick*, London, 1659, p. 7
⑤ *Ibid.*, p. 8. Culpeper was drawing upon, sometimes word for word, Timothie Bright's *A Treatise Wherein is Declared the Sufficiencie of English Medicine*, London, 1580.
⑥ 参见 Margaret Pelling and Charles Webster "Medical Practitioners", 载 Charles Webster (ed.), *Health, Medicine and Mortality in the Sixteenth Century*, Cambridge, 1979, pp. 164 – 235。他们认为尽管医学毕业生少,但各种医疗实践者的人数很多。还可参见 Doreen G. Nagy, *Popular Medicine in Seventeenth Century Medicine*, Bowling Green, Ohio, 1988。

江湖医生和药剂师等，他们收费低。当时医疗行业的特点是治疗基本在家中进行，并且任何人都可以参与。正是由于这种特点，自己采草药治病具有更重要的意义，特别是对那些穷人来说有济贫的特点。库尔佩伯去世后出版的自传中这样写道："对穷人，我只开便宜并且有益健康的药——我们这个时代许多人都这样做，让他们的身体消化药物，而不是他们的钱包，不让穷人到东印度群岛去买药，而让他们在自家的花园中采药。"①

乡村和城市

到目前为止，人们一直在讨论人口与环境（他们的祖国）之间的关系，二者密不可分。不同的是其他民族、其他国家和他们的气候，以及疾病和治疗。这样讲不仅是出于爱国宣传的目的（暗含一种归属性和排他性），而是为了表达一种关于药物的政治观点，并且有说教的目的，如自然和非自然的分类。例如，托马斯·泰伦（Thomas Tryon）是17世纪素食主义的倡导者，认为用外国药物是从一种纯粹自然状态的退化。②

但环境并不总是被看作一个无差别的整体，如果它是自己的国家，那就是爱国主义的理想化，如果是外国的话，会被怀疑地嗤之以鼻。当人们详细地观察英格兰时，他们看到了许多不同类型的环境。

乡村和城市之间的差异是目前讨论健康与环境论著以及文学作品的主题。乡村被认为比城市健康得多，现代的历史人口统计学也支持这一观点。伦敦的人口从1550年的120000人增加到1700年的490000人，如果不是外省大量人口的涌入，伦敦本地的人口会由于高死亡率而减少。③ 约翰·格朗特（John Graunt）认识到这一点，他的《对死亡率的自然和政治观察》（1662年）是第一本研究人口统计学的书。他是基于伦敦教区编纂的死亡周报表进行的统计分析，其中包括一周死亡数字和死亡原因的记载。书中的计数方法符合皇家科学院的"新科学"（的方法），也标志着开始把死亡与

---

① In Culpeper, *School of Physick*, sig. C4.
② Thomas Tryon, *The Way to Health, Long Life and Happiness*, London, 1697, pp. 382 – 388.
③ See R. Finlay, *Population and Metropolis: the Demography of London 1580 – 1650*, Cambridge, 1981; Roger Finlay and Beatrice Shearer "Population Growth and Suburban Expansion", in A. L. Beier and Roger Finlay (eds.), *The Making of the Metropolis. London 1500 – 1700*, London, 1986, pp. 37 – 60.

死亡类型与环境原因关联起来,并且进行数量上的分析。但是,格朗特认为引起疾病和死亡原因的环境因素的观点是传统的。

格朗特观察到伦敦的人口在1603—1644年,埋葬(死亡)的人数(363935人)超过了洗礼(出生)人数(330747人)。他推论道:"从这个观察我们就可以看出,伦敦的人口在减少,而相反的情况是我们看到建筑物却在增加,并且一些大的住宅被转化成小租户。所以,可以确定的是伦敦不断地从其他外省吸纳人口,这些来自外省的人口不仅补充了伦敦死亡的人口,而且根据增加的住房可以看到伦敦的居民在不断增加。"① 格朗特讨论了伦敦与乡下这种不平衡的原因。他说,育龄妇女在伦敦比乡下少。② 但他也认为伦敦不如乡下健康,虽然那些"季节性"的人(他们的身体经过一段时间适应了伦敦的环境)可能活得长一点:"虽然人们可能认为'季节性的身体'(外地来伦敦的人——译者注)可能适应了伦敦的环境,但新来的人还有孩子还是不适应,因为烟雾、臭味和不流动的空气使伦敦不如乡下健康,不然为何生病的人都去乡下疗养?老年人也选择乡下养老?"③ 格朗特认为(伦敦的高死亡率)既是因为压力也是因为他们呼吸的空气,他写道:"我认为一个城市随着人口的增加会变得越来越不利于健康,伦敦现在比以前更不健康了,一方面是由于人口的增加,另一方面是由于60年前伦敦几乎不烧煤,而现在煤被普遍使用。我听说纽卡斯尔是更不健康的城市。伦敦的烟雾令人无法忍受,不仅让人感到不舒服,而且令人窒息。"④ 托马斯·肖特(Thomas Short)是18世纪格朗特观点的继承者——他的人口研究包括整个英格兰,他也认为人口密度过高会造成健康问题。令人窒息的城市有助于解释教区登记簿上的数字:在拥挤的城市中房子越来越密集,房屋又矮又窄,街道狭窄,窗户狭小,人口越来越多,环境越来越不健康,几个城市都是这样。⑤

---

① John Graunt, *Natural and Political Observations... upon the Bills of Mortality*, London, 1676, pp. 57 – 58.
② Graunt, *Observations*, p. 62.
③ Graunt, *Observations*, p. 63.
④ Graunt, *Observations*, pp. 94 – 95.
⑤ Thomas Short, *New Observations on City, Town and Country Bills of Mortality*, London 1750, ed. Richard Wall, London, 1973, p. 65.

格朗特认为伦敦的空气带来贫瘠（指出生率低——译者注），与其带来比乡下更多死亡和疾病的原因是一样的。①但是他与近代早期的作家一样，把身体与思想联系起来，认为城市生活会带来心理障碍，妨碍人们的自然活动："伦敦人更多地想着生意，而乡下人多从事体力劳动和运动，这些都有助于受孕，而焦虑的心态妨碍受孕。"②

乡村生活才是正常的，而城市生活远离自然，这就导致了健康的风险。这一时期出版了许多关于健康方面的书籍，③建构健康和环境的关系，使用传统的"六种非自然的方法"的标题（空气、食物及饮料、睡眠和走路、停滞和排泄、锻炼和休息、热情）。这些书面向的读者是久坐的人，例如，商人、教士及用功的人，书中赞扬了乡村的空气、食物及锻炼（而那些构成人口大多数的不识字的人对健康和环境基本没有什么概念，这个时期人们如何看待健康和环境的问题的历史要基于文献记载）。例如，托马斯·科根（Thomas Cogan）的作品《健康的避难所》（1584年）和伦纳德·莱苏斯（Leonard Lessius）的《卫生》（1634年）的英文译本都强调了乡下人因为经常劳作，所以寿命更长。正如科根（一位内科医生及牛津大学奥利尔学院的成员）所说："农夫和工匠大多数情况下都比绅士和学识渊博的人寿命更长，更健康……"④ 即使乡村的绅士生活在乡下，享受乡村的空气，但还是与城里的绅士一样遭受疾病。乡村的空气、经常的劳作、简单的食物以及奢华的缺失，是乡村生活的方式，都有益于健康。社会中的富有者，"那些王国中财富增加的人"（据1688年乔治·金的计算，有一半的人口）⑤ 被告知，贫穷的人们，如果住在乡下，会比他们更健康。

---

① Graunt, *Observations*, pp. 63 – 64.
② Graunt, *Observations*, p. 64.
③ 参见 Paul Slack, "Mirrors of Health and Treasures of Poor Men: the Uses of the Vernacular Medical Literature of Tudor England", 载 Charles Webster（ed.）, *Health, Medicine and Mortality in the Sixteenth Century*, Cambridge, 1979, pp. 237 – 273。
④ Thomas Cogan, *The Haven of Health*, London, 1636.
⑤ Peter Laslett 引自 *The World We Have Lost - Further Explored*, London, 1983, 第 32 – 33 页。拉斯莱特小心地挑战金的数字的准确性，参见 p. 298 note 4。Keith Wrightson, *English Society 1580 – 1680*, London, 1982, p. 148 则说明了金的数字的价值："在他看来，1688年至少有一半的同胞几乎无法为家人提供足够的维持生存的费用。穷人已成为英国社会中一个庞大而持久的组成部分。"

威廉·布雷恩（William Bullein）在《健康的管理》（1558 年）中用对话体写下了这样一段话：

> 约翰：我发现我的身体很不舒服，而我的仆人和雇农他们却生活得很好，我们呼吸同样的空气。
> 汉弗莱：在农田、牧场和林地劳作的仆人非常健康是因为他们经常劳动，而忧虑不安主要是因为无所事事，缺乏劳动，大部分有钱人本质如此。①

约翰的仆人如何看待他们自己的生活与他们主人的区别，我们无从得知，因为没有留下任何关于这些社会下层人士的记载，但社会中最穷的人等同于健康的公式，暗示不需要改变他们生活条件。这也许解释了为何 16 世纪和 17 世纪的英国社会政策——没必要改善穷人的命运。②

整个近代早期都在强调健康的乡村与不健康的城市之间的区别，许多人觉得自己可以表达关于健康与环境之间关系的权威观点，许多观点都是很传统的，基于长期的经验或者权威，例如盖伦的权威。有时是基于个人的经验或者观察，这在整个 16 世纪和 17 世纪越来越受关注，如在天文学、医学和自然哲学领域都强调观察，这被认为是真理的保证。这种观点在社会中也很流行。美洲定居者们也努力使英国的读者相信新大陆有健康的环境和富裕的生活。一位作家断言新英格兰气候的温和性质是"由经验证明的，是所有主张的最可靠证据"。③ 清教徒弗朗西斯·希金森（Francis Higginson）向未来的移民者强调他作为一个布道者不可能撒谎，他据事实讲话："我亲眼所见，部分听说，并且询问了许多非常虔诚和诚实的宗教人士，他们在此地居住已久，对那里的情况非常了解，这些人的话我深信不疑。"④

---

① William Bullein, *Government of Health*, London, 1591, p. 31V.
② 参见 Paul Slack, *Poverty and Policy in Tudor and Stuart England*, London, 1988，讨论了政府对穷人及其救济的基本态度。
③ G. Mount (pseudonymous), *An Historicall Discoverie and Relation of the English Plantations of New England*, London, 1627, sig. D2v.
④ Everett Emerson (ed.), *Letters From New England. The Massachusetts Bay Colony, 1629 – 1638*, Amherst, 1976, p. 30.

任何人都可以是健康与环境方面的专家，因为每个人都有自己的经验并可以依据传统知识进行解释。这也说明任何人都可以认为自己是当时医学的权威。

尽管每个人对环境与健康的理解不同，但近代早期的人们关于健康和疾病的概况基本可以得出一致的意见。构建健康之地要有水和空气，并且在健康之地人们会有健康的体魄。1576 年威廉·伦巴第（William Lombarde）在他的书《肯特漫步》中评论罗姆尼沼泽区人口稀少，因为"那些人还记得博尔奇乌斯·加图，住在浑浊空气中的人一定会发疯"。①（现代历史人口统计学学者也证实了低洼的沼泽区人口的死亡率高）② 托拜尔斯·文那（Tobias Venner）是巴斯地区的医生，他在关于养生的书《长寿的正确方法》（1628 年）中就低洼沼泽地区与健康的题目曾写过一篇长文："所以那些想居住在健康环境中并活得长久的人，必须住在环境适宜的国家，或至少生活在一个没有脏水和泥泞的地区，因为一个人的灵魂每日受到污浊空气的污染，就无法保持健康，活得长久。"③

沼泽地的空气会产生"危害大脑和肌肉的所有类型的疾病，如痉挛、中风、关节疼痛等，总之，会造成思想和身体的麻木"。④文那详细解释了思想是如何受到影响的，"那些住在环境适宜之国的人机智、敏捷、宽宏、能干"。但是，他警告道："相反，住在潮湿的沼泽地带的人们，由于空气恶劣，有着粗鲁、浅薄的特点，大多数的人呆板、懒惰、卑鄙、世俗、不信神，甚至一些人更甚，不虔诚、不诚实、撒谎、恶毒、蔑视。"

从环境决定论的角度出发，文那说："总之，那些机智、慷慨、渴望心灵和肉体上完美的人，一定想尽办法住在干净、健康的空气（环境）中。"⑤

17 世纪后半期，一种更科学地报告一个地区的气候、健康和自然史的方法出现了。在约翰·克莱顿（John Clayton）给皇家学会的《弗吉尼亚的

---

① William Lambarde, *A Perambulation of Kent*, London, 1576, p. 159.
② Mary Dobson, "'Marsh Fever': A Geography of Malaria in England", *Journal of Historical Geography* 6, 1980, pp. 359 – 389, and idem, "The Last Hiccup of the Old Demographic Regime: Population Stagnation and Decline in Late Seventeenth and Early Eighteenth-Century England", *Continuity and Change*, 4, 1989, pp. 395 – 428.
③ Tobias Venner, *Via Recta ad Vitam Longam*, London, 1628, p. 8.
④ Tobias Venner, *Via Recta ad Vitam Longam*, p. 3.
⑤ Tobias Venner, *Via Recta ad Vitam Longam*, p. 9.

几个观察》（1688 年）的信件中可以看到一种新的培根式的、皇家学会关于观察的准确性和报告的详尽性的意识的体现。类似的著作还有约翰·雷（John Ray）的《穿越低地国家、德国、意大利和法国的观察》（1673 年），汉斯·斯隆（Hans Sloane）的《马德拉群岛、巴巴多斯、涅韦斯、圣克里斯托弗和牙买加的航行以及最后的自然史》（2 卷，1707 年、1725 年），威廉·希拉里（William Hillary）的《关于天气的主要变化以及伴随的流行病的描述：从 1726 年到 1734 年底出现在里彭和约克郡的周边地区》（1740年），以及托马斯·肖特（Thomas Short）的《对城市、城镇的新观察和国家死亡率》（1750 年）。

但是，尽管有这种新的写作方法，17 世纪早期基本没有重要的变化。托马斯·肖特不再认为英格兰有着世界上最健康的气候，① 但他同意乡下是宜居的最健康的地方，他从乡村登记簿着手，写道："由于乡村生活是人的最初状态，乡村是最健康之地，那里有最真实的快乐：乡下仍旧具有（除了宽敞、富裕、豪华的住房）美德、节制、淳朴、简单等优点，有着人之初、性本善的本真。"②

肖特用来自教区登记簿关于出生、婚姻和死亡的信息得出关于流行病学的结论，这与一百多年以前基于共同的经验与传统的结论没什么两样，肖特从数据中得出的结论是："干燥、开阔、高度适中的环境，既不像高山之巅，也不像沼泽之谷，是最健康的地方，那里的居民呼吸着自由、纯净、清新的空气。"③

最不健康的地方是"低地，特别是硬土地区、沼泽地区，或者接近海洋、河流、湖泊或臭水之地。这些地区是最糟糕之地，空气潮湿，人们呼吸着有害的空气"。④ 也有一些关于创造最好环境的建议。例如，应该在哪里建房子。加瓦斯·马克汉姆（Garvase Markham）在他写给英国一些新贵的《英国农夫》（1635 年）一书中写道："别把房子建在大河或小沟附近，因为夏天可能会很惬意，但冬天则会很严酷，最好让河流流过你的田地，但不要接近你的房子，并且河流可能还会释放污浊的空气，让人容易患上

---

① Short, *New Observations*, pp. 1 – 2.
② Short, *New Observations*, p. 1.
③ Short, *New Observations*, p. 13.
④ Short, *New Observations*, p. 19.

疟疾，不利于身心健康。"①

罗伯特·伯顿在《忧郁的剖析》（1621 年）一书中写道："清新的空气使人精神愉悦、精神振奋，厚厚的黑色烟雾使人暴躁、萎靡、易怒。因此，我们要注意什么时候散步，我们如何规划窗户、灯光和房子，我们如何让空气流通。"②

人们在多大程度上听从了这种建议，还不清楚。当弗吉尼亚詹姆斯敦的死亡率达到极高时，人们计划把定居点从沼泽地移至高地，因为人们认为是沼泽地的环境导致高死亡率。这种举动在当时还不多见。罗姆尼沼泽地带尽管名声不佳，但没被弃绝。伦巴第说："整个地区的人们都知道这里沃野千里、土壤肥沃""即使不能提供健康，也可以提供财富。"③ 如果一个地方在经济上吸引人，那么不健康的因素就会被忽视，这对英格兰人口最多的地方（伦敦）来说尤其如此。

正如我们看到的，一个地方人口过度密集是疾病及死亡的隐患（这种观点也适用于今天）。政府部门认识到了人口过度集中的危险。1580 年的王

---

① Gervase Markham, *The English Husbandman*, London, 1635, p. 22.
② Robert Burton, *The Anatomy of Melancholy*, ed. by Floyd Dell and Paul Jordan-Smith, New York, 1938, p. 435.
③ Lambarde, *A Perambulation of Kent*, p. 158. 威廉·斯特拉奇（William Strachy）在 1610 年对詹姆斯敦的健康条件进行了描述，需要在山上建居所，并与英格兰进行类比，证明这一章的一些要点："是的，我可能不会排除我们的堡垒，或称之为詹姆斯敦，因为这里的空气不健康、恶劣，因为它处于肮脏的地带，低矮、平坦的河流流过，并没有淡水泉为城市提供水源，除了从一个 6－7 米深的井里汲水（我们没有别的办法），一条咸水河流过这里，我真的认为，这条咸水河是造成我们的居民遭受的许多疾病的罪魁祸首，他们因为流感和疟疾而遭受了极度的折磨；每个特定的季节（因为与先来的定居者接触的关系）也有特别的疾病，所有这些（如果我们的运气好，居住在山上，喝着新鲜的泉水、呼吸着清新的空气，就像当地的土著人一样）我们可能逃避：有一些经验（我们必须说服我们自己相信）可能是这样，去年，当船队到来时，在弗朗西斯·韦斯特（Francis West）船长的领导下，大约 400 名男人，其中有一些年轻力壮的人，他们定居在瀑布附近；还有 100 人在船长约翰·马丁（John Martin）的指挥下，在南苏丹德斯（Nansumundes）的海岸（位于我们河的南侧）定居，那里也没有一个人流产，很少或几乎没有人生病。而在詹姆斯敦，同样的时间，同一个月 100 人生病，并且 50 人已经死亡；尽管如此，正如我们在英格兰不会因为一个名为普拉姆泰德（Plumsted）的小镇而遭责肯特——虽然流感和疟疾不断侵袭那里的居民（特别是新成员）；同样，我们也不应该再把所有的坏名声都归咎于弗吉尼亚州了，因为我们定居的小城区（鲁莽轻率地选择的）似乎是不健康的，并受到许多恶劣空气的影响，类似沼泽。"威廉·斯特拉奇所写的"托马斯·盖茨爵士的生病和救赎的真实报告；在百慕大群岛的岛屿之间：他来到弗吉尼亚（见到）那片殖民地的情形之后……1610 年 7 月 15 日"。见 Samuel Purchas, *Hakluytus Postumus or Purchas His Pilgrimes*, 20 Vols, 1625; reprinted Glasgow, 1905, xix, pp. 58－59。

室法令试图限制伦敦新建筑物的增加，禁止超出一户以上的家庭住在一栋房子里（与其他类似的立法一样，这个法案也没有成功）。王室法令宣称，疾病特别是瘟疫在人口拥挤的条件下更容易传播。

> 许多人挤在一所小房子里，大多是穷人，他们拥挤在一起，许多家庭的孩子、仆人挤在小房子或小公寓里，空气让人窒息，如果任何瘟疫或流行病爆发，那么非常容易在这些地方传播，并会迅速传遍全国，死亡率必将极高。①

尽管人们恐惧瘟疫，尽管人们了解伦敦患病和死亡的高风险，但人们还是从健康的乡下涌进伦敦，使这个城市不断膨胀。即使在今天，健康的风险不足以改变人们的行为——如果那里有吸引人的经济机会和社会引力。

对环境知识的理解

近代早期的医学理论起起落落——盖伦的体液说、炼丹术、化学疗法、化学、物理疗法，变化容易察觉。托拜尔斯·文那用传统的盖伦的方法解释了沼泽地区的空气有害，"因为不干净的、恶劣的空气对人们的精神和体液都有害"。② 大约一百年以后，托马斯·肖特敦促那些住在城里、镇里的父母，如果可能，把孩子送到乡下。他用当时物理和化学的语言——这类语言取代了体液说——论证了他的观点。城镇或城市"空气污浊，那里的空气被硫黄和其他气体稀释，因此不能使我们的肺扩张，不能压缩血管、冷却血液，不能吸收新鲜的氧气，因为城市的空气中充满了排泄物（从死的和活的动物的身体）和有害物质，以及来自生病和健康的躯体的物质，人们不知不觉地呼吸着带病毒的空气，并且排出不健康的气体。"③ 大体来说，体液的和物理的解释都承认一个事实——城市的空气有害，但他们用不同的方法解释为何如此。

除了学术医学、化学和自然哲学理论，还有一些其他的方法来理解环

---

① Cited in Lawrence Manley, *London in the Age of Shakespeare*, London, 1986, pp. 184–185.
② Venner, *Via Recta*, p. 8.
③ Short, *New Observations*, p. 63.

境与健康的关系。近代社会如何判断环境是否（或食物和饮料）有害呢？人们用他们的感官，如嗅觉是非常重要的。① 气味不仅可以判断某地健康或不健康，还可以让人保持健康少生病。在瘟疫暴发时，通常人们都会拿一些芬芳的鲜花和草药来消除臭味或瘴气（传染性的空气——来源于污水坑，通常被认为是瘟疫产生的原因）。托马斯·穆菲特（Thomas Muffet）在他去世51年后出版的《健康的改进》（1655年）一书中建议可以通过"燃烧沉香木、黑檀木、樟木或刺柏，还可以烧橘子皮、柑子和柠檬皮、没药和玫瑰花（来驱散瘴气），穷人可以烧浆果香、迷迭香和金雀花。"②

罗伯特·伯顿赞扬"人造空气"的优点，说这是用"用艺术改变自然"，这使空气"变得温暖潮湿、香气扑鼻、清爽适宜，人们可以用玫瑰花、紫罗兰装点窗户，也可以手捧花束"。③ 约翰·伊芙林（John Evelyn）在《防烟》（1661年）一书中列举了一些应对伦敦恶劣空气的办法，他认为空气污染在于烧煤、墓地的恶臭，停尸房、杂货商和屠夫（产生的气味）。④ 因此，应该大量种植树木、灌木及植物来绿化伦敦。⑤ 伊芙林说，"伦敦的空气使许多人因虚弱而死亡，这一点我们可以从每周的死亡统计表中看出"，"伦敦一半的人口都是死于肺结核或者肺部疾病，正因为如此，伦敦居民总是受咳嗽和风湿病的困扰，吐出令人作呕的痰，对于治疗来说，最有效的方法是让患者换一下环境，移居乡下。"⑥

在这一计划背后，似乎存在一个有着伊甸园的气味和景象，以及充满异国情调的世界。献给查理二世的《防烟》一书对那个时代来说也许是夸大其词，但这是一个奇怪的新世界。伊芙林写道："（我的建议）不仅会使

---

① For a slightly later period see Alain Corbin, *The Foul and the Fragrant*, Leamington Spa, 1986.
② Thomas Muffet, *Health's Improvement*, London, 1655, p. 25. 穆菲特在第26页中又说道："但是这里出现了一个很大的问题，是甘甜的气味驱散了瘴气，还是这种气味沁入心脾？为了确定答案，我召集伦敦布里克·贝瑞（Bucklers Berry）的所有居民给出他们的判断：只有这些街道（因为这些街道铺满了药物、香料，并且在瘟疫期间每天都因捣碎香料、融化树胶、为他人制造香水而一直充满香味）避免了从纽黑文带来的巨大瘟疫——在纽黑文有很多人死于瘟疫，几乎没有任何家庭没有（被瘟疫）光顾。"
③ Burton, *Anatomy of Melancholy*, p. 436.
④ John Evelyn, *Fumifugium or the Inconvenience of the Aer and Smoak of London Dissipated*, London, 1661, pp. 56, 21.
⑤ John Evelyn, *Fumifugium or the Inconvenience of the Aer and Smoak of London Dissipated*, pp. 24 - 25.
⑥ John Evelyn, *Fumifugium or the Inconvenience of the Aer and Smoak of London Dissipated*, pp. 12 - 13.

陛下您的宫殿,而且会使整个伦敦变成世界上最美丽最宜人的城市,而且花费极少;只是改进那些城市周围被瘴气、沼泽环绕的林地,在这个朦胧、阴郁和潮湿的土地上您的影响最大……由此,释放的空气会净化周围的地区,使那里空气清新,好像具有某种吸引力或魔力,会像阿拉伯半岛一样,充满快乐,因为那里鸟语花香。"①

笔者认为乡村小镇背后的理念是伊甸园②——天堂花园,那里鸟语花香,没有疾病、死亡。在某种意义上说,伊甸园是衡量其他环境的一个绝对标尺。这一时期基督教的力量使伊甸园成为一个潜在的象征,伊甸园也是社会中完美的代表,虽然当时社会缺少今天的设备——这些设备可以让我们测量污染的程度(例如水中化学成分和细菌含量)。

伊甸园的完美程度是我们人类不可企及的。正如约翰·帕金森(John Parkinson)在他关于植物的《阳光下的人间天堂花园》(1629年)一书中写道:"任何人想把艺术与自然、人间花园与伊甸园进行比较都是徒然,就如人们想把螨虫的爬行与大象的步幅相比较,把雄鹰的翱翔与蚊子的乱舞做比较。"但是,托马斯·肖特认为:"乡村生活在某种程度上仍旧代表了人类的原始状态。"如今完美并不存在,但我们还是可以从乡村一瞥其从前的样子。人们对于世上发现的一些与伊甸园有细微相像之处的地方是由自然创造还是由人类创造还有争论。美国的弗吉尼亚通常被比作伊甸园,高贵的印第安人享受着与那里相适的健康。③

从另一方面来说,自然也可以被看作有害的,需要人们对其改造。制图师约翰·诺登(John Norden)在他的《勘探者的对话》(1610年)一书中讨论了英格兰不同农业类型的土地。他觉得,如果不对自然加以任何改造,"最好的牧场、最绿的土地在人类努力对其清理和改造之前都会长满杂草、抛荒,

---

① John Evelyn, *Fumifugium or the Inconvenience of the Aer and Smoak of London Dissipated*, sig. A3r.
② 关于环境、花园、伊甸园和动物治疗的更广泛的文化背景,请参阅 Keith Thomas, *Man and the Natural World. Changing Attitudes in England 1500 – 1800*, Harmondsworth, 1984,这是关于此题目的最好的著作。另见 Raymond Williams, *The Country and the City*, London, 1985。
③ 参见 H. C. Porter, The Inconstant Savage, *England and the North American Indian 1500 – 1660*, London, 1979; C. Clacken, *Traces on the Rhodian Shore*, Berkeley, 1976; Peter Hulme, *Colonial Encounters. Europe and the Native Caribbean 1492 – 1797*, London, 1986。

人类了解土地的用途,用肥料培育它,人类试图改变自然,带来这些变化"。①

在人类堕落之后,虽然人们希望并仍在努力,却再没有自然的伊甸园。在《勘探者的对话》中,勘探者谈到了萨默塞特的堂迪(Tandeane)——英国的伊甸园,既是自然之果,也是人为之果,"人们精心耕耘、播种,改善那里的土地"。②

伊甸园也一度被认为在美洲的特拉诺瓦(Terra Nova),那里有高贵的野蛮人(指未被文明"污染"的原住民——译者注)和伊甸园般的花园,直到传染病、饥荒、土壤改良以及掠夺印第安人的土地改变了那里的土地和印第安人的看法,把那里变成了敌视和荒凉的代名词。伊甸园也可以在乡下发现一些遗迹——或者是自然的,或者是需要加以改进的——从未被人类染指之地。由于人类的堕落,人类的环境,如人类一样,都有了污点,在某种程度上总是不完美的。

用伊甸园和人类堕落解释乡村是一个健康之地的说法也适用于宗教的解释。人类堕落的故事也对医疗的需求做出了圣经上的解释——应对死亡和疾病。上帝给予了改善人类堕落之后种种痛苦遭遇的办法,但人类永远不可能恢复到原初状态。托拜尔斯·惠特克(Tobias Whitaker)——一位诺维奇和伦敦的医生,1638年在一部论述饮酒有利于健康的书中写道:"如果亚当从未犯罪,他的身体一定会由于健康的饮食得到保养,(饮食)是医学的一部分。但他堕落以后,他的身体开始受到死亡和自然衰老的威胁。他必然求助于医药,因此上帝给予医生以荣耀,并称之为怜悯天使。"③

环境不仅是人们的居所(无论是城市、高山还是沼泽),而且也提供饮食。正如一个健康的地方养育健康的人口,因此健康的地方也会有健康的动植物以及纯净水,就会生产健康的食物和水。安·贝恩(Ann Behn)(可能是阿芙拉 Aphra)支持托马斯·泰伦关于素食的呼吁,指出亚当和长寿的族长从不吃肉,但他同时也赞美黄金时代的环境——"清澈的小溪"和"富足的森林"提供纯净的水和健康的食物。④

---

① John Norden, *The Surveiors Dialogue*, London, 1610, p. 184.
② John Norden, *The Surveiors Dialogue*, pp. 191 – 192.
③ Tobias Whitaker, *The Tree of Humane Life or The Bloud of the Grape*, London, 1638, sig. A3r.
④ In Thomas Tryon, *The Way to Health*, sig. A 4r.

伊甸园给人们一个基准来判断环境及其产品是否健康,但对日常人们应该选择什么样的东西吃喝指导意义不大。整洁与肮脏、自然与人造、明亮与黑暗、运动与懒散是影响健康和非健康食物之外的其他因素。这在当时保健的书中随处可见,从这类书出版的数量可知,这类书在受过教育的人中非常流行。① 医学与食物的关系在今天依旧密切(如饮食与心脏病、癌症的关系);在近代早期,建议如何判断健康或者水、鱼、肉是否新鲜的书很多。19世纪和20世纪官方开始对食物、水进行质检。近代早期的消费者不得不自己进行这些判断。并且,医学与饮食有着密切关系。希波克拉底的观点认为内科医学就是饮食的另一种专业形式,因此准备饭食就是在准备药物。② 16世纪和17世纪的医生处方经常包括食物,正如托马斯·科根写道:"一位博学的内科医生在许多方面都是或者应该是一位好厨师。"③

动物与人一样被判断是否健康(是否是健康的食物)。正如在乡下劳作的农夫被认为是健康的,比城里的商人、学生活得长久,同样,野生的动物和鱼也被认为是健康和纯净的。托马斯·文那认为"吃鱼会让人咳嗽、吐痰",因此会引起痛风、肾结石、麻风病、坏血病和其他皮肤病。他建议在选择鱼的时候,不要有难闻的味道、硬骨头。文那建议健康的环境才能出产健康的鱼,"所以海鱼,在纯净的海洋里游泳,在大海的风浪中搏击,因此鱼肉鲜美、纯净、没有杂质,容易消化"。④同样,在净水里生长的鱼也是最好的,"这些鱼在新鲜的水里游泳,而在那些脏水塘里、壕沟里养的鱼,因为水脏,因此鱼也不健康"。⑤

这样的概念(语言)可以在许多作家那里发现,16世纪的托马斯·埃利奥特(Thomas Elyot)在他的畅销书《健康之堡》(1534年)中写道:"盖伦的观点认为,最好的鱼是那些在纯净大海里游泳的鱼,它们在风浪中搏击,水越静,鱼越坏。那些在泥塘里生长的鱼气味难闻,那些在沼泽地生长的鱼最糟糕。"⑥

---

① See note 38 above.
② A point made in the Hippocratic treatise *On Ancient Medicine*.
③ Cogan, *Haven of Health*, p. 112.
④ Venner, *Via Recta*, p. 69; see also Cogan, *Haven of Health*, p. 161.
⑤ Venner, *Via Recta*, p. 70.
⑥ Sir Thomas Elyot, *The Castell of Health*, London, 1580, p. 32v.

正如鱼会被污染，水也会被污染。最好的水是雨水或泉水，这些水流动急促。威廉·沃恩说，好水至清、明亮、透明、一眼能望到底、如水晶一般从高处流下（他还讲道，为了测试水的清洁程度，一些人把纸巾放到水里，如果有任何脏东西沾到纸巾上，就证明水不干净）。① 静止的池塘、沼泽地的水质量不佳，河里的水也可能质量不佳，正如文那写道："河水流过沼泽地、人口较多的城镇，可能会被混合物污染，因为流经地的各种污秽物或人们向河里扔的废弃物使河水变臭，水质恶劣。"② 文那说，城里的居民要自己找"那些流过小溪、岩石、干净土壤的水源，因为流过这些地方的水受到的日照较少，甘甜、纯净"。③

这些解释的背后有共同的因素。这是看待环境及其产品的整体方法。环境不仅影响生命体以及环境自身的物质，如水，并且对理解环境、植物和动物的道理是一样。正如我们上文谈到的，运动是健康的鱼和水的关键。科根清楚地表达了这一观点："流水不腐，静水易败。身体也是同样的道理，动则活，静则衰，如果一个人无所事事则易患病。"④ 也有更普遍和一致的解释。地球本身可以被看作是类人的，与人一样需要呵护。约翰·诺顿按热、干、冷和湿描述土地——世界和身体也有这四种状态，⑤ 他建议农夫应该很好地保护他们的土地："因为土地就如人体，如果不吸收足够的营养物质，不用最适合的方法保护，它将退化、丧失肥力，正如人体，如果没有休息，就不能再创造，身体会僵硬、发胖。"⑥

农夫也应该看待动物的生病与受伤如人的生病与受伤一样。亨利·贝

---

① Vaughan, *Directions for Health*, pp. 25 – 26. Burton, *Anatomy of Melancholy*, p. 397, described the sensory qualities of good water: "Pure, thin, light water by all means use, of good smell and taste, like to the air in sight, such as is soon hot, soon cold…"
② Venner, *Via Recta*, p. 10.
③ Venner, *Via Recta*, p. 11.
④ Cogan, *Haven of Health*, p. 2. 通常认为缺乏运动会导致疾病。理查德·霍金斯爵士（Sir Richard Hawkins）认为这是导致坏血病的原因之一，"无论人还是物质都需要运动，就像在风浪中一样。如果不是风浪、潮汐和洋流的力量推动海洋流动，海洋将腐蚀整个世界"。他建议"使同伴进行一些身体上的活动，包括工作、运动、休闲、跳舞、使用手臂，这些都会预防生病"。"The Observations of Sir Richard Hawkins, knight, in this Voyage into the South Sea, An. Dom. 1593", in Purchas, *Hakluytus Postumus* XVII, pp. 76 – 77.
⑤ Norden, *Surveiors Dialogue*, p. 196.
⑥ Norden, *Surveiors Dialogue*, p. 76.

斯特（Henry Best）是约克郡艾米斯维尔的一个农民，在他的《农夫书》（1641年）中有一段关于羊的健康的描述，其中一段是这样的："最经常的是羊，有时是小猪和小羊，它们的体液从头涌到眼睛也会使它们变瞎。许多牧羊人会用放血的方法治愈这些小羊，牧羊人还需嚼常春藤的叶子，然后在早上和晚上把汁涂到小羊的眼睛上，如果可能，需要一天三次。"①

体液说、放血疗法、其他不同的治疗方法是典型的人类的医疗实践。用同样的方法和理论治疗动物（就像人一样）一定有助于产生相关性。这种相关性把人与环境联系在一起，在准哲学的解释中被表达出来：微观（人体）是宏观（宇宙的大世界）的微缩品，在后者那里发生的事情影响前者。②

并且，环境、活的有机体，如动植物和人类的统一性也表现在食物的循环中。动物依赖于他们所吃的食物，我们依赖于我们所吃的动物。正如科根指出的，"食物是血液的根源，血液是生命的根源"。③ 他继续说，我们的健康赖于我们所食，动物也是同理。"好的牧场生产优质奶；坏的牧场生产劣质奶，正如食物是血液的根源，牛奶是血液的根源。"④

由于有机世界与非有机世界的联系，毫不奇怪，运动有益健康的观点适用于各种个体和生物。在这些特殊的观点上，人们接受一些对立（二分）的观点：城市与乡村，短命与长寿，健康与不健康，衰落与活力，停滞与运动，黑暗与光明，拥挤与宽松，驯服与野生（第一对反义词中"乡下不健康的地方"可以用"城市或城镇"替代）。这些不仅仅是反义词，例如城镇与每对词组相关联，城镇可以说是被驯服的，有不流动的水和空气，充

---

① David Woodward (ed.), *The Farming and Memorandum Books of Henry Best of Elsmwell*, 1642, British Academy Records of Social and Economic History, New Series Ⅷ, 1982. 在16世纪，威廉·特纳（William Turner）认为除了人类的药用浴之外，应该在巴斯为动物建造药用浴。William Turner, *The Rare Treasor of the English Bathes*, in Thomas Vicary, *The Englishmen's Treasure*, London, 1586, p. 108.
② 对此问题的说明见 Henry Whitmore, *Febris Anomala Or, The New Disease that Now Rageth Throughout England*, London, 1659, 第126页。在此，作者指出新的疾病开始"出现并慢慢褪去，如果我没记错的话，是11月末，当天气转凉，在宏观世界发生的变化也使得人的身体这个微观世界出现显著变化"。
③ Cogan, *Haven of Health*, Epistle Dedicatory.
④ Cogan, *Haven of Health*, Epistle Dedicatory, p. 176.

满黑烟，人口拥挤，不健康等。这样的对比在猪身上看得最清楚。

人们怀疑猪肉（是否健康），但是如果猪是在野地里放养，吃自然的食物，猪肉就会健康。科根写道："最好吃放养的猪的肉而不是圈养的猪的肉，因为盖伦说，圈养的猪吃了过多的垃圾食物，缺少运动，并且与那些放养的猪相比，它们生活在充满瘴气的地方。但在英格兰我们都是在家繁育猪，除了极少的情况——橡树果实落下时，这个时候猪在树林里放养，根据我的判断这种放养是最健康的。因此，长期圈养喂食的猪绝不是健康的，即便是小猪的肉。除此之外，它很难消化（正如经验证明的那样），由于缺乏运动，它一定会在体内产生不良物质，这是为何我们通常在吃圈养的猪的肉时喝烈酒以帮助消化。"① 而在国外，猪主要在森林里喂养，这是最健康的猪，可以提供最健康的猪肉。

托马斯·富勒（Thomas Fuller）在《英格兰财富史》（1662年）一书中赞扬汉普郡的猪肉最好，因为"这里的猪在森林里放养，那里有许多的橡树果实，它们出去的时候很瘦，回来的时候变得肥胖。主人们根本不用花钱费力。它们吃从树上掉下的果实，行动自由，不受限制，因此肉食非常鲜美"。

托马斯·穆菲特也认为："如果猪在野外散养，吃自然的食物，如草、树根、果实，会更加健康，那些圈在家里，用厨房的残羹剩饭喂养的猪不会健康。"② 托马斯·泰伦在这个世纪末也表达了同样的观点："用坚果和玉米棒子喂养的猪，可以自由跑动，猪肉更健康、可口、容易消化，而那些圈养的猪缺乏运动，不能提供健康的猪肉。"③

尽管理论基础有所变化，新鲜空气、新鲜食物和自由跑动对猪有利的观点一致持续到今天（对人也是一样）。这些观点在今天的"绿色"（组织）、环境运动及其他人群中仍然可见。这种"自然"观点的一个典型的特点是可以运用于其他许多不同的情况。托马斯·穆菲特在谈到养肥家禽的时候，他用另一个基本的概念表达了同样的观点，（家禽）缺乏运动会产生不健康的食物，我们所吃肉食的质量（心理的和身体的）与我们自己身体

---

① Cogan, *Haven of Health*, Epistle Dedicatory.
② Thomas Muffet, *Health's Improvement*, London, 1655, p. 68.
③ Tryon, *The Way to Health*, p. 67.

有密切关系：

> 但是这里人们可能会问一个问题，圈养的鸟类——缺乏活动，剥夺它们的光线，以及经常用奇怪的肉类喂它们——的肉不会对我们身体不健康吧？我对这个问题的回答是，填喂鸡或者任何一只鸟，并剥夺它们所有的光线，对它们和我们来说都是不利的：因为虽然它们的身体发胖，但它们的肉不是自然且有益的；这一点可以从它们的褪色和腐烂的肝脏（得到证明）；而在宽敞开阔的玉米地喂养的母鸡和公鸡拥有大而红润、密实的肝脏……不要把它们关进鸡笼或密闭的空间（喂它们），因为那样空气中会充满鸡粪的味道，要把它们放在一个宽敞的空间里，足够它们活动；不要把它们关在黑暗的地方或蒙住它们的眼睛，因为这将导致它们胆怯或困倦：两者都对它们的身体不利，因此也对我们的身体不利。①

尽管医疗行业发生了很大的变化，但关于健康环境和健康产品的观点基本没有变化。这些观点在某种程度上表达了社会的取向：蔑视今天的发展，渴求一种自然的世界——这个世界干净、清新、自然、放松等。这些即使在今天毫无疑问也是有积极特点的。也许人类学家会利用这些积极的特点及我们前面列举的"反义词"建构一幅典型的社会图景。一个研究医疗社会史的学者在小心地告诫了那些观念的局限性后，指出在近代早期英格兰已经发展出一系列关于环境的健康的知识。因此当城市不断扩大，变得越来越不健康的时候，一系列价值（理论）被呈现出来，这起到了抗衡作用，一些受过教育的阶层可以参考，虽然他们并不经常这样做。［正如菲利普·科廷（Philip Curtin）在他的关于热带地区死亡率的研究中证明的，当在山上建营地的观点被接受以后，欧洲军队的死亡率降低了，因为那里空气流通好，清洁的水也在19世纪被投入使用。］②

---

① Muffet, *Health's Improvement*, pp. 43 – 44. Thomas, *Man and the Natural World*, p. 189，当讨论熟知的养鸡的残忍性时，也部分地引用这些文献。

② Philip Curtin, *Death by Migration. Europe's Encounter with the Tropical World in the Nineteenth Century*, Cambridge, 1989.

学术动态
Academic Updates

评《英国人：国家的形成，1707—1837 年》*

陈晓律

（南京大学历史学院）

琳达·科利的大作《英国人：国家的形成，1707—1837 年》，其中文译本终于由商务印书馆出版了。

摸着厚厚的书脊，我不禁感叹，文字的转换真是一项艰难而神奇的工作，中文译本比英文原著至少大了一圈，厚度增加了几近一倍。不过我相信，如果将中文的著作翻译成英文，其文本同样会膨胀不少。这是因为，语言文字的转换，并不仅仅是一个技术活，同时也是一个思想和文化的深入理解和交融的过程，正因如此，翻译本身就是一个不断学习、对原作者的思想进行消化和解读的艰苦过程。所以，首先应该向周玉鹏、刘耀辉二位译者表示敬意。

坦率地讲，本书的翻译难度是相当大的。仅从书名 Britons: Forging the Nation, 1707–1837 的翻译就可以品味出来。略微了解英国史的同仁都知道，BRITON 既可以理解为英国，也可以直译为大不列颠，同时，它虽不等于 ENGLAND，但两者也有很大程度的重合。在地理概念和学理上，既有交融，又有区隔，而这种微妙之处，用一个"英国人"是很难完全表述出来的。然而，不翻译成"英国人"，又能怎样处理呢？所以，转了一圈，还是只能这样了。而 NATION 翻译成"国家"，又是一个令人头痛的事情。英文原意的 NATION，按照英语词典的含义，至少也包括三个大类的意思：国

---

* 本文是社科基金一般项目"16–18 世纪英国地方志研究"（项目编号：17BSS031）、中央高校基本科研业务费专项资金资助的阶段性成果。

民、国家、民族，甚至还有种族的内容。所以，这里的 NATION，究竟应该强调其何种意蕴，不仅要厘清作者的思路，还要联系上下文，才能"如实"翻译，所以也是一个细活。

不过，该书最引人注目的，当然不仅是翻译的难度，而且是其思想的高度和理解的难度。这是因为，作者探讨了一个很难精确界定的东西——英国性。所有人都知道，但凡涉及国民性一类的问题，都十分唬人，要么大而无当，要么云里雾里，要么以偏概全，要么无病呻吟，似乎说清了什么，却又往往等于什么都没有说。最关键的是，即便有一些精当的分析，也很难服众，成为学界或者社会的某种共识。如鲁迅先生对中国国民性的分析，可以说入木三分，令人叫绝，中国人的麻木、愚昧、阿 Q 精神等所谓的国人劣根性令人印象深刻，尽管这种劣根性刺痛了我们，但也不能否认，我们在日常生活中依然还会时不时遇到类似的情况。但梁漱溟先生在分析同样的问题时却认为，西洋人从身体出发而中国人理性早启，所以，中国人比较不自私，当然，中国人也分两类，一类偏于自私，一类偏于不自私，而不像西洋人大致总差不多。① 两者观点完全不同，而且双方都能找到足够的证据来支持自己的看法，这样的分歧甚至延续至今，目前对"中国人"的评价两极分化或许也与此有关。所以，探讨这一类的大问题，难度确实太大了。

不过，琳达·科利却通过另一种视角探讨了这个十分头痛的问题，那就是历史的视角，这再一次显示了历史学的优势。她一步一步地描述了英国的 ENGLAND 如何与今天所说的英伦三岛的四个部分凝聚成为一个国家 GREAT BRITAIN 的过程。正因其视角的独特，一经出版便引起轰动，1992 年初版后，不到 20 年竟然已经再版五次，这在同一类的学术著作中，应该说是相当罕见的。当然，这或许也与当代英国人的某种无名焦虑有关，当前英国的脱欧在一定程度上也是这种焦虑的反映。那就是，我们是谁？我们的身份如何界定？我们的未来向何处去？

这样的一种焦虑和反思，在一个民族志得意满之时，是很难出现的，只有在其风雨飘摇、江河日下之时，才有可能成为全民族关注的大事。当然，问题的提出与问题的起源一样，都必须找到一个原点。这样一个包容

---

① 梁漱溟：《中国文化要义》，上海：学林出版社，1987 年，第 330 页。

性的,在世界历史上一度极其成功的民族,其崛起的初心——宗教性,也就是新教,构成了某种意识形态的原点。其时,英国的新教徒占人口的比例竟然高达90%,这一史实尽管不是什么新发现,但重新提及这一点,在当今世界无疑具有特殊的含义,那就是宗教在世俗化的西方虽然没有当时的影响力,但却构成了一个宏伟帝国的底色,忘记这一点,也就忘记了很多可以简单回答的问题的本源。

宗教的纷争,不仅仅是教派的教义分歧,更重要的是代表着一种新的国家意识和国家利益,当然也包括特定社会阶级的利益。17世纪40年代的英国内战,通常也被称为清教战争或清教革命,可见宗教因素在社会变革中的作用。但经历了惨烈的战争之后,英国人终于开始具有了现代的宗教观念,那就是教派之间的分歧是可以商榷的,不必是零和博弈,现代的意识应当是宗教宽裕而不是哪一个教派的绝对胜利。尽管英国的新教依然对天主教抱有敌意,但就其本质而言,并非对其基本教义的敌意,而是与国家利益相关。所以,英国虽然是以新教为主体构建的国家,但在其掌权之后并没有发生大规模迫害天主教的运动,也未将天主教徒逐出英国。然而,作为一个新型的国家,"他者"总是需要的,因此新教成为一个划分"敌我"的标准,成为构建新型国家的一面旗帜。

从这个角度看,英国这一时期的教派纷争,并不是简单的信仰问题,而是一个自我身份界定的问题。它从另一个角度也证明,名不正则言不顺,GREAT BRITAIN既然是一个构建中的新兴国家,那么,它就需要一种"说法",因此,新教成为这种说法最重要的"初心"。当然,我们也可以设想,如果没有新教,英国人或许也能找到一个其他的"说法",不过一个国家从历史中能够寻找的资源总是有限的,没有新教,在当时还能利用什么历史资源呢?这的确是一个很有趣的问题,但历史不能假设,我们也无法继续深究。然而,有一点是没有争议的,那就是新教只是一面旗帜,虽然也包含有宗教的成分,但它并不表明这个国家是一个政教合一的国家,理解这一点尤为重要——因为社会的变革需要这面旗帜来凝聚人心。当这面宗教旗帜已经充分发挥作用之后,1689年,临时议会解决了宗教问题并通过了《宽容法令》。法律将英格兰教会确认为国教,但同时规定,没有皈依国教的新教徒拥有宗教信仰自由,他们还可以在地方治安法官允许的情况下建立教堂,举行宗教活动。这是一次非常有限的改革,由于没有废除《宣誓法案》,罗马天主教徒没有得到充分的宗教信仰自由,甚至新教徒也没有享受到充分的政治权利。尽管如此,这依然是一个重要的变化,因为这是英国第一次接受部分臣民可以不参加国教。统一的宗教不再强制执行,并且接受了宗教的多元化,这一趋势在1689年之后得到了持续发展。换言之,宗教宽容才是这个国家真正的现代性内核。认为新教是这个国家的灵魂和初心,固然不错,但如果坚持认为其是一个宗教型国家,则完全与其所主张的现代性背道而驰。

在琳达·科利关于英国性形成的各种历史事件中,每一件对英国性的界定都自有它的道理,比如光荣革命的妥协,帝国扩张的红利,美国独立的影响,英国的统治精英及英国国王以及王室形象和角色的变化,英国与法国的争霸战争,女权运动的起源,废奴运动,天主教徒解放运动,乃至1832年的议会改革法案等,都对形成GREAT BRTAIN具有十分重要的意义。琳达的分析,显然十分精到,其描述和梳理也是一般读者十分关心的内容。然而,这样一些历史过程,对于大多数涉及世界历史和英国历史的人而言,毕竟还是太熟悉了,所以,此书最能使人眼前一亮的,是这样一个观点——投资民族国家——的提出。

原文为"investing in the nation",中文译本为"对国家投资",固然不错,但就笔者管见,我认为,翻译成"投资民族国家"似乎更符合作者的原意。从历史的角度看,这是一个全新的国家,而不是历史上任何一个王朝国家的再版。这个新型的国家,其实质就是现在人们常常称为"民族国家"的东西。而且,在英国这块土地上,这样一个民族国家有着浓浓的商业气氛和自愿组团发财的特点,因此,法国人轻蔑地将其称为"小店主国家",不是没有道理。这一点,从当时英国众多的爱国协会的活动就可以看出来。这些爱国协会的使命都是公共性的,它们有意对外,并意在改革国家政府。一些商人建立的俱乐部的目标也非常商业化,那就是赚钱:"为了我们的国家,通过讲理和举例来阻止消费法国的农产品和工业品,并反过来鼓励消费英国的农产品和工业品。"[①]而一旦某些协会具有将爱国热情与经

---

① 〔英〕琳达·科利:《英国人:国家的形成,1707—1837年》,周玉鹏等译,北京:商务印书馆,2017年,第122页。

济利益结合在一起的动力,协会的存在及运作方式就会发生改变:"由此,英国人的热情与英国人的仁爱相结合,会在整个王国传播真正的爱国主义精神……如果我们教导这些年轻人敬畏上帝,同时教导他们的手和手指为国家、为真实而重要的美德而战,我们就可以期待,这种行为能令上天垂青这个国家。"①

的确,各种爱国协会都增加了商人与政府高官相识的机会,但更重要的是,他们的商业活动需要政府的支持,尤其是海外贸易需要皇家海军的支持。哈弗沙姆勋爵的话十分直白:"阁下的舰队和贸易之间关系密切,它们互相影响、不可分离;你的贸易是你海员的母亲和护士;你的海员是你舰队的生命,而你的舰队是你贸易的安全和保障,这两者一起,又是英国财富、力量、安全和荣耀之所在。"② 所以,为皇家海军贡献自己的力量,既是一种热心为公的姿态,也能确保其获得应有的回报。显然,投资爱国主义,希望这样的用词不至于让人们产生某种误会,但英国人的确将爱国主义也作为一种投资看待(的的确确有很浓的小店主味道),那么,其物质的回报也是实实在在的。这样一个国家的政策是保护其成员的利益的,尤其是商业的利益。但这样的一种关系也表明,在这个社会,乃至任何一个社会,积极的爱国主义,很容易汇聚成要求更广泛的公民权和政治变革的洪流,因为人们要确保自己的投资不至于随时被喜怒无常的统治者卷走。

而自由和获得认可的急迫心情,是人们在朦胧中构建一个新型国家的潜在欲求,正如书中所说,对于很多小人物而言,加入各种爱国团体是获得某种影响力的路径,作为个体,过去他们很难获得这样的机会,这样一种方式的存在也使得大不列颠成为一个更符合商人需求和喜好的国家。或许,下面的这段话表达了当时资产阶级爱国者的心声:"你们是自由民的儿子,尽管贫穷,但你们是生而自由的英国人的儿子;记住,真正的自由在于表现出色……"③ 真是精妙!真正的自由在于表现出色!这不仅是对自身价值观念的评估,对任何一个行业来说也是如此。因为这些人相信,个人成功和国家利益永远相辅相成。

---

① 〔英〕琳达·科利:《英国人:国家的形成,1707—1837 年》,第 125 页。
② 〔英〕琳达·科利:《英国人:国家的形成,1707—1837 年》,第 97 页。
③ 〔英〕琳达·科利:《英国人:国家的形成,1707—1837 年》,第 131 页。

很多学者认为,这个在 1707 年由于合并法案,并由汉诺威王室建立起来的国家,社会与政治的基础都非常狭隘,几乎是完全依靠军事力量才得以延续的。18 世纪的大多数时间英国的政治被一部分辉格寡头控制,被统治的人们几乎没有多少选择。然而,这些观点忽略了一个问题,即这个几乎是人工制造的民族,由一小部分土地贵族统治,富有侵略性的盎格鲁寡头,能够吸引比他们自身基础宽泛得多的民众来支持自己的国家,因为这个国家,本质上就是世界上第一部金融军事帝国机器。① 保持这部机器的有效运转,就能为以工商阶级利益为主导的英国社会提供十分广泛的利益。

各种类型的从事贸易的人总是支持这个国家机器中最显著的人群,部分原因是他们巨大的数量。或许在 18 世纪的英国,五个家庭中就有一个依靠贸易和分配为生,他们是那些从国内和国外的贸易中获取利润的农夫和制造业者中最突出的一个社会群体。② 同样重要的是,这些与贸易有关的人比一般的英国人更需要政府。国内的贸易商,即便是小贩,也十分依赖一个好的社会秩序以保证商业和信贷能够安全便利地流通。从事海外贸易的商人,则要求国家的海军在危险的航线上保卫自己的安全,尤其是在战争时期。当然,不是所有的商人都是爱国者,尽管如此,在紧急时刻,这些人都有最强烈的理由支持政府,并对国家忠诚。一个简单的理由就是,国家带来收益。

英帝国的实力有赖于贸易,保护这项贸易需要一个强大的国家,但是商业自由怎样才能同"强大的统治力量调和起来,也就是说为了维持一个庞大的、分散且充分多样化帝国所必不可少的统治力量如何同各个地区必须享有的自由与安全相一致呢"?③如果不用这样一些文绉绉的词语,用通俗的话说,就是这样的一个新型国家,本质上就是一个股份公司,股东们来此投资就是想要盈利。那么,公司如果要想盈利,就必须有清晰的投资方向和盈利目标。这个目标,很快就确定了,那就是打击主要的商业竞争对手法国。一旦确定了主要的敌手,其他一切都围绕这一中心点运作,事

---

① Philip Harling, *The Modern British State*, Polity Press, Britain, 2001, p. 32.
② Julian Hoppit, *Risk and Failure in English Business, 1700 – 1800*, Cambridge University Press, 1987, p. 4.
③ 〔英〕哈里·狄金森:《"光荣革命":第一场现代革命?》,姜锋译,《英国研究》,2011 年。

情就好办多了。

因此，英国学者认为，从这个角度看，"光荣革命"最重要和直接的影响不是宪法决议，例如《权利法案》或者意识形态的辩论，而是决定同法国开战。有了共同作战的对象，有了共同的敌人，一个新型国家民众的凝聚就不是问题了。之后，英国与法国断断续续地进行了六次战争，直到1815年的滑铁卢战役。所以，一些史学家将其称为第二次英法百年战争。英国的政治家也许会就怎样最好地击败法国进行争论——是集中力量在欧洲，还是在海外和帝国殖民地进攻，但共同点是，他们一致认为英国自由的法律、独立、经济的繁荣以及殖民地的扩张都取决于对法战争的胜利。

1689年开始同法国的长期战争意味着，英国在同一个在资源和人口上远胜于它的国家开战。英国不得不第一次召集一支庞大的军队，同时花更多的钱组建世界上最大的海军，这导致了昂贵的战争成本。英国还不得不雇佣军队，并且为那些没有财力同法国单独作战的欧洲盟友提供资助。君主无法利用自己有限的收入承担这些昂贵的开销。因此，他不得不依赖游说议会同意征收重税来支持对法战争。这就意味着，议会不得不对落在自己和其他民众身上的税收进行投票。例如，其中一种主要的税是向精英征收的土地税。其他很多税收都是向制造商和贸易商征收的。"一个世纪之后，议会引入了针对富人的收入税。只有当国王经常召集议会并使议会在如何使用税收上发挥重大作用的前提下，议会才愿意大面积征税。因此，议会如果要通过政府需要的税收就不得不同意王室官员的政策。由于法国没有议会也没有让富人缴纳赋税以提高他们对法国政府政治影响的途径，法国人民从来没有像英国人那样乐意拿出他们部分财富缴纳赋税。此外，法国国王也缺乏一个可以接受的官僚税收系统使他的臣民缴纳更多的税收。所以，1688年之后，法国国王没有英国君主那样多的收入来维持战争。"[①]

1694年，受荷兰影响，议会同意成立英格兰银行作为国家银行。为了取得各种银行特权，银行领导人同意从其金融界和商界朋友那里为政府征集大量贷款。这些贷款不是以威廉三世个人名义进行的，而是根据《议会

---

① 〔英〕哈里·狄金森：《"光荣革命"：第一场现代革命？》，姜锋译，《英国研究》，2011年，第20页。

法案》进行并转变成了国债。因此，每年议会都会通过一个预算方案，规定了贷款、年利息支付和最终偿还金的方式。这样，由于战争因素，英国在1694年创立了国债，一直保持到了现在，因为这是政府最公平和最有效的借钱方式。

国债的形成对英国未来产生了巨大的影响。首先，富人更乐意将大量的钱以低于法国和欧洲其他主要国家的利率借给英国政府。就连荷兰和其他欧洲国家富裕的金融家和商人都准备借钱给英国政府，作为国债的一部分，因为他们知道这样利息较高并且能够收回本金。[①] 换言之，这个以民族国家的形式出现，实质上为一个国际股份公司的团伙，竟然能使敌手的臣民入股，打击自己的母国，其吸引力有多大，就可以想见了。而其对手相应地一个一个地战败，也就是顺理成章之事了。

不难看出，英国历史的运作自有其诡异的规律。这个以新教为旗帜、以牟利为基础的新型股份公司——民族国家，正是在与自己的敌手斗争的过程中，逐步发展壮大起来的。并且，也正是在这样一个历史进程中，逐步地完善了这一新型国家的构建。既然这样一个公司不是强制性的，而是自愿的，那么，所有投资者的利益就应该受到平等而公平的保护，因此，议会的权威逐步确立，国王逐步向虚君转变也就是一个自然的过程。同时，由于国债制度，帝国扩张，不断地在全球发动有利的战争，统治精英和英国王室也随之发生变化，进一步则是议会改革，这一切，当然是历史"发展的规律"，但也可以视作为这个庞大股份公司需要顺利运作的自然结果。

但是，一切高歌猛进的发展都是建立在这个公司盈利的基础之上的。因此，随着帝国的扩张和成功，一些潜在的隐患也开始显露出来。解放天主教徒虽然顺应了历史发展的潮流，也同时引发了社会的某种混乱。正如一个苏格兰议员所说，"国体伟大的原则是排外的原则；但我认为，相反，英国国体的伟大原则，是向共同体中举止良好、适合被祝福的每一个阶层传播所有的哪些祝福。"[②] 然而，宗教宽容固然是美好的，但对天主教的偏见却依然存在。正是新教给这个成功的国际股份公司以"说法"，将不同的

---

① 〔英〕哈里·狄金森：《"光荣革命"：第一场现代革命？》，姜锋译，《英国研究》2011年。
② 〔英〕琳达·科利：《英国人：国家的形成，1707—1837年》，第393页。

人尤其威尔士、苏格兰和英格兰人联系在了一起,并使他们产生了独特的"上帝选民"的优于其他人的意识,这种优越感和傲慢,也成为"英国性"的一个组成部分,而天主教徒的解放,虽在英国现代化进程的情理之中,却不可避免地在具有高人一等的民族心理中留下了某种阴影。或许,也正是这种难以言说的"区隔",最终导致了爱尔兰与 GREAT BRITAIN 的分手。

琳达·科利的著作止于 1837 年,真是一个好年份! 无论从哪一方面看,英帝国和 GREEAT BRITAIN 都处于一个即将达到顶峰的阶段,工业革命的任务即将全面完成,议会改革正在稳步推进,帝国的扩张无往不胜,英国人在自我认知方面,也处于一个自我膨胀的最佳时期。他们在心底将世界民族分为不同层次的类别:第一,站在顶峰之上的,当然是英国人,第二,法国人,第三,普鲁士人,第四,俄国人或意大利人,再其次,则为土耳其和其他人。其感觉之好,真是难以想象,当然,如果再有一口标准的伦敦音,那就是绝配了。

然而,顶峰之后即是帝国斜阳。二战后,无论是英帝国还是英国本身,都开始衰落。这是一个痛苦而无可奈何的过程,关于其原因,有很多学术专著进行了探讨,这里就不重复了。随之而来的就是,自由形成的合伙股份公司性质的 GREAT BRITAIN 和英国人,本身的认同开始受到了挑战。

股份公司合伙盈利之时,红利滚滚而来,人们上赶着与"英国人"勾肩搭背都来不及,身份问题的主要麻烦是甄别你是不是英国人的问题。日子不好过,潜藏的问题开始浮出水面。正如潘兴明所说,时至今日,英国国家的身份认同不仅没有得到很好的解决,而且无论在实践方面还是在理论方面都存在着一个"去英国化"(de-Britishization)的趋向。GREAT BRITAIN 由四个地区或部分,即英格兰、苏格兰、威尔士和北爱尔兰组成。其正式国号"大不列颠及北爱尔兰联合王国",大概是世界上国名构成最为繁复者之一。其国名简称"英国"更是多种多样,有不列颠(Britain)、大不列颠(Great Britain)、联合王国(United Kingdom 或 U.K.)、英格兰(England)等,不一而足,其中以"不列颠"指代"英国"最为普遍。在英国,对英国国家身份的认同在四个地区并不一致。英格兰最为坚定,苏格兰和威尔士的民族主义诉求日益强烈,北爱尔兰刚刚实现和平不久,国家认同问题尚未成为当地居民关注的主要问题,但北爱尔兰走上与苏、威两地的相同道路只是时间问题。而原先曾是英国一部分的爱尔兰更是在20世纪20年代就宣告独立，与英国分道扬镳。从表1中可以看出这一问题的严重性。

表1　国家身份认同情况（按地区，%）

（问题：我们有兴趣知道生活在［苏格兰、威尔士、英格兰］的居民如何看待自己的国家。以下选择中哪一个最能反映你的看法？）

答案选择	苏格兰	威尔士	英格兰
选地区而非英国	37	28	16
选地区多于英国	27	20	12
平均选地区和英国	25	30	43
选英国多于地区	4	7	10
选英国而非地区	6	14	15
未做选择	2	1	3
问卷人数	1664		5057

注：表中地区分别表示苏格兰、威尔士、英格兰。
资料来源：ICM/Rowtree Reform Trust, 1992。

2007年，英国《卫报》的一项民意调查表明：只有44%的英国人认为"英国（不列颠）身份"（Britishness）最能反映自己的国民身份，这个比例在十年前是52%。因此，"对于多数人而言，英国（不列颠）身份正在变得不那么重要"。[①]

于是，以自由和新教为旗帜的股份公司，随着新教氛围的淡漠和"自由"的无处不在，似乎要在"自由"的旗帜下逐步地萎缩下去了。琳达·科利的大作受到了英国社会如此广泛和热烈的欢迎，人们不难想象到其中的奥妙：一个民族，一个国家乃至一个公司，在迅猛发展和扩张之时，是否应该守住某些底线？如果要，那么，这些底线是什么？科利没有给出现成的答案，或许也没有人能给出权威的答案。我们只能重复一句套话：让历史告诉未来吧。

[①] "When British isn't always Best", *The Guardian*, Wednesday, 24 January, 2007, 转引自潘兴明《英国国家的身份认同：理论、实践与历史考察》，《英国研究》，2009年。

中国学者对英国史的研究

刘景华

(天津师范大学欧洲文明研究院)

范英军

(天津师范大学历史文化学院)

英国史学科是国内研究力量最强、学术积累最深厚、学术活动最活跃的国别史学科之一,学科建设始于20世纪50年代,研究热潮出现于80年代以后。迄今为止,中国发表的英国史研究论著不计其数。1982年,中国英国史研究会的《英国史论文集》出版,集中了一批优秀成果。① 蒋孟引教授主编的《英国史》② 是当时中国最有影响力的综合性英国史著作,参著者孔令平、张云鹤、辜燮高和王觉非诸先生,都是中国一流的英国史专家。近年钱乘旦、许洁明合著的《英国通史》,③ 有着广泛的学术影响和社会影响。钱乘旦主编的六卷本《英国通史》,体现了中国学术界研究英国史的最新成就。④ 60多年来,中国的英国史研究者在各自领域辛勤耕耘,提出了不少富有创见性的学术观点。

一 封建化和封建社会特征

对英国封建制度的起源,中国学者依据唯物史观理论给出了自己的理解和思考,并具有较高的专业水平。齐思和教授的兴趣集中于封建土地所

---

① 中国英国史研究会编《英国史论文集》,北京:生活·读书·新知三联书店,1982年。
② 蒋孟引主编《英国史》,北京:中国社会科学出版社,1988年。
③ 钱乘旦、许洁明:《英国通史》,上海:上海社会科学院出版社,2004年。
④ 钱乘旦主编《英国通史》(6卷本),江苏人民出版社,2016年。

有制问题。他批评英国封建土地所有制的罗马起源说于史无据；批评马尔克起源说失于片面；批评诺曼起源说将封建制与庄园制分割。他认为英国封建土地所有制形成是一个漫长的过程，自盎格鲁-撒克逊人进入时即已开始，到11世纪末诺曼征服时基本完成。其过程大体可分为三个阶段：（1）5世纪中叶到9世纪初，农村公社占统治地位但开始瓦解；（2）9世纪初到11世纪中叶，农村公社进一步瓦解，庄园制度产生和发展，自由农逐渐沦为依附农；（3）11世纪诺曼征服后的一百年，英国封建制度最后确立。①

孔令平对此有进一步发展。他认为10世纪《埃德加法典》等表明英国的封建依附农制开始向农奴制过渡。封建依附农制社会建立在土地私有制基础上，封建农奴制社会的经济基础是马尔克公社。他不认可梅特兰（F. Maitland）关于萨克森赐地是赐予统治权的观点，也不同意斯坦顿（F. Stenton）的赐地是赐予税收和劳役的看法，认为对教俗贵族、亲兵的赐地都是赐予私有权。孔令平有时也持与齐思和相反的观点。他一方面承认诺曼征服有利于英国建立封建政治军事制度，另一方面他又认为诺曼王朝推行诺曼法、重建马尔克公社制度，使不太自由的卡特尔或格布尔获得了维兰身份（此时维兰为自由身份），反而推迟了农奴化，英国维兰的农奴化迟至13世纪才完成。孔令平还认为英国典型的封建庄园不具有普遍性，指出各地庄园差别很大，所以只能结合各地情况进行具体分析。②

马克垚教授擅长于对英国封建社会做宏观研究。他于20世纪80年代呼吁要建立封建社会的政治经济学理论体系以研究世界范围内的封建社会问题。③他发现西欧（以英国为主要论述对象）封建制建立过程中阶级斗争只起了次要作用，发挥主要作用的是社会各阶层的合作与和解。④ 这一观点即使与欧美学者相比也颇具新意。马克垚认为英国封建社会还有如下特点：（1）作为英国封建社会典型结构的封臣制、庄园制、农奴制等，是根据法

---

① 齐思和：《英国封建土地所有制的形成》，《历史研究》1964年第1期。
② 参见蒋孟引主编《英国史》，第51—52、64、68—70、82—83、145页。
③ 马克垚的这一构想在《西欧封建经济形态研究》（北京：人民出版社，1984年）中有明确表达。
④ 马克垚：《西欧封建经济形态研究》。

律规定所形成的概念,实际情况很不相同,这些制度可否作为一种典型形态值得怀疑;(2)与东方相比,英国城市并没有太多独特性,它在政治上、经济上均属封建结构,受国家控制,俨如一级行政组织;(3)中世纪英国王权并不软弱,全国行政、财政、司法机关均相当发达,统治及于普通农民。中世纪议会是国家政权组成部分,并非第三等级等抗衡国王的组织,不能用近代代议制眼光看待它。① 孟广林依据从《大宪章》至"玫瑰战争"的政治演进,提出这一时期英国属于"宪政王权"阶段。②

二 农业和土地制度

英国农业和土地制度是中国学者研究较多的领域。1978年前,除齐思和外,耿淡如和蒋孟引均研究了圈地运动,他们在马克思主义指导下,都认为圈地运动是剥夺农民土地、破坏封建制度、推动资本主义的运动。③ 程西筠对圈地运动的相关情况曾有细致探索。④ 近年来出现的从社会心态角度研究圈地运动的趋向,则使研究走向深入。向荣指出,E. 盖伊等注重实证的学者认为圈地运动规模很小,而 R. H. 托尼等重视理论的学者则力证圈地运动规模、影响巨大,两者的认识形成鸿沟在于双方都忽视了与人的经济行为密切相关的心理因素。人文主义和宗教改革使基督教道德共同体(common wealth)成为一种影响巨大的社会思潮,它要求富人和统治者关心、爱护穷人。圈地是为一己私利而损害共同利益,因此自然受到共同体思想家夸大性的谴责。16世纪中叶英国容许出版自由,又推动了共同体思潮等传统道德的传播。共同体思潮抑制了圈地,但它并非完全是消极的,它改造了资本主义,减少了圈地运动可能造成的更大的社会罪恶,有助于英国土地制度朝着平稳和人道的方向发展。⑤

---

① 马克垚:《英国封建社会研究》,北京:北京大学出版社,1992年初版,2005年第二版,序言。
② 孟广林:《英国"宪政王权"论稿:从〈大宪章〉到"玫瑰战争"》,北京:人民出版社,2017年。
③ 耿淡如:《英国圈地运动》,《历史教学》1956年第12期;《蒋孟引文集》,南京:南京大学出版社,1995年。
④ 程西筠:《关于英国圈地运动的若干资料》,《世界史研究动态》1981年第10期。
⑤ 向荣:《茶杯里的风暴?——再论16世纪英国的土地问题》,《江汉论坛》1999年第6期。

侯建新在研究英国农业和土地制度方面成就突出。他通过中英比较，从农民尤其是约曼农个人劳动生产率提高等物质力量的积累和在法律、政治等精神力量的积累两个方面得出结论：农民个人力量的发展是英国借以迈入现代社会的第一基石，①也是英国首先出现资产阶级革命和工业革命的"最隐蔽的原因"。②这一观点结合了唯物史观关于劳动力是生产第一要素的理论和英国学者麦克法兰强调个人主义兴起之作用的观点。毕道村则从史实上对此提出质疑。他通过考察15世纪农民个人力量发展的黄金时期得出结论："封建农业劳动者的个人力量的发展不是封建自然经济解体的动力，而是它的加固剂。"③他认为英国城市经济发展及其所开辟的国际市场才是英国迈入近代社会的主要动力，农民个人力量的发展只是其结果，而不是相反。④侯建新的回应是："超过劳动者个人需要的劳动生产率，是一切社会的基础，特别是农业社会向工业社会转型的基础。"正是约曼农的崛起才推动封建庄园瓦解和向资本主义转化。⑤侯建新不断完善"农民个人力量积累说"学说，⑥影响日益广泛。与侯建新持相似观点的有徐浩等人。⑦文礼朋则赞同毕道村观点，并对英国农业资本主义兴衰做了深入探讨。⑧

敞田制得到了很多关注。孔令平认为敞田制是马尔克公社土地制度的重建，但只限于英国中部和南部。⑨赵文洪提出了公地（敞田）共同体概念，认为公地共同体"指实行公地制度的同一个村庄或者庄园内，享有对公共地的使用权（在大多数地方，这种使用权是以对耕地或者房屋的占有权为前提的）的人们（包括领主、领主的佃农和其他人）共同组成的生产和生活单位"。⑩他发现公地制下财产权利的公共性，不利于私人财产权利

---

① 侯建新：《现代化第一基石》，天津：天津社会科学院出版社，1991年。
② 侯建新：《个人的发展与英国农村阶级结构变迁》，《世界历史》1989年第1期。
③ 毕道村：《个人力量的发展是西欧封建经济解体的动力吗？》，《人文杂志》1993年第5期。
④ 毕道村：《从西欧农奴个人力量的双重性看农民动力说》，《世界历史》1992年第6期。
⑤ 侯建新：《中英劳动生产率及其在近代化的核心含义》，《世界历史》1994年第5期。
⑥ 侯建新：《社会转型时期的西欧与中国》，北京：高等教育出版社，2005年。
⑦ 徐浩：《农民经济的历史变迁——中英乡村社会区域发展比较》，北京：社会科学文献出版社，2002年。
⑧ 文礼朋：《近现代英国农业资本主义的兴衰——农业与农民现代化的再探讨》，北京：中央编译出版社，2013年。
⑨ 参见蒋孟引主编《英国史》，第103—104页。
⑩ 赵文洪：《欧洲公地共同体管理中的法治因素》，《史学理论研究》2008年第3期。

实现。① 另外，公地共同体公共事务的管理体现着一定程度的民主、平等和法治精神，它超越了早期资本主义政治的狭隘性，体现出一种内涵精神：以尽可能多的人参与为基础的公共政治。②

阎照祥考察了贵族大地产制，认为近代英国经济的特征之一是贵族大地产兴盛。从17世纪晚期到19世纪中期，少数贵族占据相当数量的地产，构成贵族大地产经济，这在整个欧洲都很突出。英国贵族大地产多采用资本主义经营方式，这使贵族地主有更强大的生命力。大地产制能够长期存在，在于17世纪革命推动了圈地运动和贵族对政治的控制，采取了有利于贵族的经济政策；具有封建主义特性的贵族财产等级制和长子继承制对维护贵族大地产制发挥了重要作用。③

三 城市及工商业发展

20世纪80年代前，中国学者研究中世纪西欧城市及工商业时，往往将英国当作例证剖析。对英国城市及工商业的专题性研究始于80年代。④ 此外，在研究西欧经济社会史及中西比较的大量论著中，也有一些关于英国城市问题的新认识。

马克垚指出，由于英国的发展晚于欧洲大陆，中世纪英国城市的兴起也晚于欧洲大陆。⑤ 侯建新强调，中世纪英国城市兴起的根本动因在于农业生产力的发展以及与此相联系的生产者要求自由劳动的解放运动。⑥ 刘景华认为，早期英国处于中世纪西欧国际贸易体系的边缘，因国际贸易发展而兴起的商业城市很少，英国中世纪城市的出现主要是本地自身社会经济发展的自然产物。⑦ 金志霖提醒在讨论英国城市兴起过程时不可抹杀封建主的

---

① 赵文洪：《公地制度中财产权利的公共性》，《世界历史》2009年第2期。
② 赵文洪：《欧洲公地制度的政治学遗产》，《学海》2011年第2期。
③ 阎照祥：《英国近代贵族大地产论略》，《史学月刊》2003年第8期。
④ 20世纪80年代的专题论文有郑如霖的《略论英国中世纪城市的特点和作用》，《华南师范大学学报》1984年第1期；刘景华的《15和16世纪英国城市劳动者和城市资本向农村的转移》，《世界历史》1986年第7期；《16、17世纪英国城市经济职能的变化及其意义》，《世界历史》1989年第6期。
⑤ 马克垚：《英国封建社会研究》。
⑥ 侯建新：《现代化第一基石》。
⑦ 刘景华：《城市转型与英国的勃兴》，北京：中国纺织出版社，1994年。

作用，中世纪城市都坐落于封建领地之内，各级教俗封建主都在不同程度上、以不同方式投身于城市复兴运动，其主要动力在于商品经济的吸引力。① 孟广林指出，英国城市的兴起与封建王权的形成和发展基本同步进行，大多数城市基本处于王权庇护之下，由此也逐渐受到王权的直接控制。即使取得了自治权的城市，也没有脱离封建王权政治体制。② 谢丰斋特别强调封建主对中小城镇兴起的作用，甚至认为英国中世纪城市多为"私人领主城市"。③ 徐浩乐观地估计 14 世纪英国的城市化水平应达 20%。④

马克垚认为不能高估英国城市对社会转型的作用。在他和他的学生们看来，中世纪英国城市在政治上和经济上都是封建体系的组成部分，是以"集体封土"形式被纳入封君封臣体系之中，城市颇像国王的"地方自治政府"或"集体封臣"。⑤ 吴于廑教授则指出，中世纪城市最初产生时，经济上是封建农本经济的补充，政治上是封建领主的附庸，而后逐渐转变成封建农本经济的侵蚀物和封建制度的对立物，英国和尼德兰的这种转变最早也最彻底。⑥ 刘景华提出过渡时期英国三层级城市出现了经济功能转型，因转型而整合的城市体系成为统一国内市场和民族经济的骨架：伦敦是国内市场核心，并与国际市场体系相接；地区城市日益商业化、专业化和开放化；中小城镇成为本地乡村连接国内市场的窗口。⑦ 陈曦文教授认为拥有较大财富的伦敦商人是英国新型资产阶级分子的重要成分。⑧ 赵秀荣则从总体上探讨了 16、17 世纪英国商业和商人的发展。⑨ 张乃和重点研究大航海时代的英国海外贸易，并与中国进行比较。⑩ 李增洪解剖了 13—15 世纪伦敦的社会结构，将其居民分为五个社会阶层。⑪ 江立华探讨了人口迁移与英国

---

① 金志霖：《英国行会史》，上海：上海社会科学院出版社，1996 年。
② 孟广林：《英国封建王权论稿——从诺曼征服到大宪章》，北京：人民出版社，2002 年。
③ 谢丰斋：《12—14 世纪英国小城镇兴起初探》，《世界历史》2002 年第 4 期。
④ 徐浩：《中世纪英国城市化水平研究》，《史学理论研究》2006 年第 2 期。
⑤ 马克垚：《英国封建社会研究》；孟广林：《英国封建王权论稿》。
⑥ 吴于廑：《世界历史上的农本与重商》，《历史研究》1984 年第 1 期。
⑦ 刘景华：《城市转型与英国的勃兴》。
⑧ 陈曦文：《英国都铎时代伦敦商人的财富和权力》，《世界历史》1993 年第 4 期。
⑨ 赵秀荣：《1500-1700 年英国商业和商人研究》，北京：社会科学文献出版社，2004 年。
⑩ 张乃和：《大发现时代中英海外贸易比较研究》，长春：吉林人民出版社，2002 年。
⑪ 李增洪：《13-15 世纪伦敦社会各阶层分析》，北京：中国社会科学出版社，2005 年。

城市发展的关系。①

工业革命后英国城市发展走向新阶段。刘景华认为原工业化时期英格兰西北部曼彻斯特、伯明翰等是近代自由工业城市的萌芽。工业革命使英格兰经济板块化：伦敦及附近地区发展商业、金融业和服务业；西北部则是工业革命发源地和工业化地区；两者之间的广大地区则发展商品化农业。三个经济板块的不同特征使各自城市发展方向大相径庭。② 这一看法引起了英国著名学者狄金森等人的兴趣，与刘景华进行了深入交流。③ 张卫良、陆伟芳对英国近现代城市进行了比较深入的研究。④

四 过渡问题与社会转型

与1978年后中国的改革开放和社会转型相联系，从封建主义向资本主义的过渡成为中国英国史研究的最重要领域。20世纪90年代后这一范式转换成"从传统社会向现代社会转型"。周广远率先从经济结构角度探讨英国从封建主义向资本主义过渡的问题。⑤ 吴于廑教授从世界全局角度，认为15世纪和16世纪是世界历史由分散走向整体的关键时期，也是由农本而重商最终催生现代工业的最重要时期。英国在这一过程中扮演了关键角色，主要在于：第一，英国经济是典型的农牧混合经济，畜牧业在农业中占据重要地位，畜牧业与毛纺业的关系使英国比较容易向工商业社会转变；第二，英国较早地建立起集权君主制，国家有着较为强大的力量，同时在不同时期实行了合适的政策；第三，吸收了大量外来移民，使英国能够吸收借鉴西欧各国成果，最终成为近代最强大的国家。⑥

---

① 江立华：《英国人口迁移与城市发展（1500~1750）》，北京：中国人口出版社，2002年。
② 刘景华：《工业革命时期英国的地区分工与城市发展》，中英英国史研讨伦敦会议发言，2012年9月。
③ 钱乘旦：《第二届"中英英国史学术交流研讨会"述记》，《世界历史》2013年第2期。
④ 张卫良：《工业革命前英国的城镇体系及城镇化》，《经济社会史评论》2015年第4期；陆伟芳：《近代英国城市群落和城市发展定位》，《世界历史》2004年第6期；陆伟芳：《20世纪新格局：行政区划分与英格兰城市化的深度发展》，《经济社会史评论》2017年第2期。
⑤ 周广远：《经济结构与英国封建主义向资本主义过渡的关系》，《世界历史》1982年第1期。
⑥ 吴于廑：《世界历史上的农本与重商》，《历史研究》1984年第1期；吴于廑：《历史上农耕世界对工业世界的孕育》，《世界历史》1987年第2期。

张云鹤教授认为英国封建社会的转折开始于14世纪。经济上，货币地租逐渐占主导地位，乡村呢绒业发展，城乡呢绒业都出现了资本主义萌芽。政治上，等级君主制日益巩固，议会权力加强和两院制确立。军事上，封建骑士制度到百年战争时已走向解体。文化上，英国出现了威克里夫倡导的西欧最早的宗教改革运动，英语成为法庭用语等。他不同意希尔顿（R. Hilton）的15世纪农村萧条说，认为这是工商业和农业上升的世纪，尤其是城乡都出现了明显的资本主义生产关系。16世纪是英国资本主义时代的开端，资本主义生产方式已经占支配地位，但是产业资本还未占据支配地位，因此依旧是从封建主义向资本主义的过渡时期，17世纪革命是这种过渡结束的标志。①

金志霖从行会演变角度透视。他认为14世纪以来行会合并为公会，并为商人所控制。商人掌握了原料和市场，工匠丧失了独立性，下降至类似于雇佣工人的地位。虽然手工业者的小作坊生产方式依然如故，但生产性质已经发生了变化，具有了资本主义因素。②

戚国淦教授以中国为参照，从英国政治制度演进的角度探讨过渡问题。他认为在过渡中起决定作用的是经济基础与上层建筑相互作用的原则，他按照这个原则考察了都铎王朝时期阶级力量的消长，认为旧贵族、以商人为主体的新兴资产阶级和具有资产阶级倾向的新贵族和乡绅都支持王权，从而使都铎王朝得以实行专制统治，并进行政府改革、议会改革和地方行政制度改革。改革促进了资本主义发展，推动了英国的近代化。戚国淦不同意埃尔顿（G. R. Elton）的"政府革命"说，而使用"政府改革"一词。③

沈汉、刘新成的《英国议会政治史》认为英国近代国家始于都铎王朝，完成于19世纪中叶工业革命结束。④刘新成认为都铎议会体现了不同政治派别间既对立又共生的特点，且合作多于斗争。议会与国王间的合作有助于各自地位的提高。这种特殊关系呈现出一种模糊状态，并孕育了近代议

---

① 参见蒋孟引主编《英国史》，第218、270、273页。
② 金志霖：《中世纪英国行会与资本主义生产》，《世界历史》1989年第5期。
③ 戚国淦：《16世纪中英政治制度比较》，《历史研究》1987年第4期。
④ 沈汉、刘新成：《英国议会政治史》，南京：南京大学出版社，1991年。

会民主的因素。①

钱乘旦认为百年战争和玫瑰战争是英国民族国家建立的前提,前者使英国退回到不列颠岛,此后只能按民族和地域原则行事;后者消灭了建立民族国家的最大障碍——封建领地军事贵族。这两次战争成为英国崛起的转折点,此后英国一直不自觉地走在现代化道路上。中世纪英格兰因而完成了从"从属时代"向"自我时代"的转变,获得了蓬勃生机。中世纪英国在各方面都很一般,经济发展落后于欧洲其他地区,但资本主义却在近代英国首先成长起来。所以资本主义形成的关键条件,不是经济发展,而是政治和社会条件,这些条件是在都铎王朝时逐渐形成的。钱乘旦认为组建民族国家对于实现现代化具有决定意义,都铎王朝是近代英国的开端,是英国历史的分水岭,它最大的功绩是组建并巩固了民族国家,从而把英国"推进到可以发动现代化的起点上"。②钱乘旦以宏观视野来看英国,得出了"身在此山中"的英国学者难以得出的看法。

向荣注意精神因素在过渡中的作用,认为父权主义是16世纪和17世纪英国多数人共同的政治态度,它为加强中央集权和君权提供了合法性依据,同时也抑制了暴君和暴政,因此是英国率先完成从封建主义向资本主义过渡的一个重要因素。③他还认为15世纪和16世纪英国已经跨进了资本主义门槛,但传统主义文化的加强带来了过多的节假日,懒散、挥霍、嗜酒等阻碍了资本主义进一步发展。1500—1650年英国经历的"移风易俗"改造传统文化运动减少了这些现象,推动了资本主义的兴起。④他认为宗教改革后英国啤酒馆急剧增加,与贫困、民间娱乐和交往密切相关,但带来一系列社会问题。啤酒馆问题反映了基督禁欲主义同传统习俗的冲突,新教个人主义同睦邻文化的冲突,新兴"中等收入者"的价值观念同传统价值观的冲突,折射出英国过渡时期思想文化方面的剧变。⑤

王晋新比较了15—17世纪的中英两国农村经济,指出中英在耕织两方

---

① 刘新成:《英国都铎王朝议会研究》,北京:首都师范大学出版社,1995年;《都铎王朝的经济立法与英国近代议会民主制的起源》,《历史研究》1995年第2期。
② 钱乘旦、许洁明:《英国通史》,第89、107、125页。
③ 向荣:《16、17世纪英国政治文化中的父权主义》,《史学月刊》2001年第1期。
④ 向荣:《移风易俗与英国资本主义的兴起》,《武汉大学学报》2000年第3期。
⑤ 向荣:《啤酒馆问题与近代早期英国文化和价值观念的冲突》,《世界历史》2005年第5期。

面都有相同和相异之处。耕织结构的内容不同，引发了产业结构、经营方式、耕作模式等不同，以致产生了向近代过渡的不同特点。① 刘景华认为，英国从中世纪落后国家，到近代崛起为第一个工业强国，虽然主要是内生因素，但也离不开外来因素的促进和推动。②

沈汉以土地制度史为视角，提出英国农业是三层式体系，认为英国经济在资本主义时代没有实现同质化，雇佣劳动关系没有在各业中全部形成，农业部类因其结构性质而更易于保留封建残余和非资本主义成分。③ 孙立田认为维兰土地权利稳固是其积累个人财富、扩大再生产的经济和制度基础。④ 黄春高则提出英国农业资本主义产生是相当不顺利的，富裕农民的存在并不直接导致资本主义。⑤

五　英国内战（革命）

1949—1978 年，英国革命成为中国最重要的英国史研究问题。林举岱教授和刘祚昌教授在 20 世纪 50 年代各出版了一部相关专著。受时代和马克思主义革命论的影响，二书所论确定了研究英国革命史的基本框架：17 世纪革命是一次不彻底的资产阶级革命，资产阶级披着宗教外衣与新贵族结盟成为革命领导者，人民群众是革命的主要动力。革命为英国发展资本主义扫除了政治障碍，开辟了世界资本主义发展的新时代，成为世界进入资本主义社会的标志，因此也是世界近代史的开端。⑥

随着西方有关英国内战史的研究传入中国，王觉非提出了既有别于 1978 年前又不同于西方史家的观点。他认为 16、17 世纪时英国社会等级概念没有严格界限，且社会等级具有流动性，绅士阶层尤其如此。这使多数人积极向上，同时也会努力排除遇到的障碍，这是英国革命发生的一个动因。王觉非认为托利派、辉格派、社会学派以及修正派史学家，围绕着

---

① 王晋新：《15-17 世纪中英两国农村经济比较研究》，东北师范大学出版社，1996 年。
② 刘景华：《外来因素与英国的崛起——转型时期英国的外国人和外国资本》，北京：人民出版社，2010 年。
③ 沈汉：《英国土地制度史》，上海：学林出版社，2005 年。
④ 孙立田：《中世纪英国维兰土地权利考察》，《世界历史》2006 年第 5 期。
⑤ 黄春高：《1350-1650 年英国农民经济的分化》，《首都师范大学学报》2004 年第 1 期。
⑥ 参见钱乘旦《中国的英国史研究》，《历史研究》1997 年第 5 期。

"乡绅问题""长期议会"议员政治与社会成分等问题争论不休，但又得不出公认的结论，原因在于英美史家大都忽视了革命时期中下层人民的作用。王觉非还注意到革命时期的平等派是民主派，代表城乡中下层群众利益，平等派失败的主要原因在于他们过于注重人民主权原则的理论及宣传斗争，忽略了独立的组织和领导权问题。①

程汉大认为，"光荣革命"只是英国国家政体的巨大变化，而没有引起国体和社会经济的变革，因此它不能称为"革命"，而是"一次建立二元君主立宪制的政治体制改革"。② 程汉大还运用博弈论方法，认为英国革命是一场典型的迭演博弈（repeated game），在从革命初期到"光荣革命"前的几十年中，国王、议会以及议会阵营各派的博弈过程总是以零和博弈或负和博弈结束。最后在"光荣革命"中，各派对各方利益要求理性地加以综合权衡，并适时地做出必要让步，终于取得了理想的正和博弈效果，完成了建立现代宪政的历史伟业。③

钱乘旦对于英国革命有新看法。他认为英国革命是可以避免的，但由于詹姆士一世和查理一世缺乏民族国家观念，相信"君权神授"，不懂得妥协，所以最终激化与议会的矛盾，导致革命。17世纪英国革命不是资产阶级革命甚至缺乏阶级斗争，因为此时资产阶级还没有产生；而从已有阶层来看，斗争双方社会阶层的分布情况类似，且各阶层比例相当，所以革命阵营与王党间不存在明显的阶级斗争。反而是革命阵营内部的长老派、独立派和平等派之间存在阶级斗争。17世纪革命主要还是政治化的宗教斗争或宗教化的政治斗争，革命的实质是推翻专制，确立议会主权，维护自由。他还认为复辟时期不是君主专制的复辟，而是整个土地阶级的复辟，而君主专制的复辟恰恰是复辟统治结束的原因。复辟时期不是倒退，而是向新制度过渡的一个阶段，并且取得了多方面成就。17世纪暴力革命在英国没有留下很深的印记，"光荣革命"却留下了丰厚的遗产，确立了议会主权，

---

① 王觉非：《近代英国史》，南京：南京大学出版社，1997年，第19、33—38、49—65页；《欧洲史论》，南京：南京大学出版社，1992年，第142—183页。
② 程汉大：《"光荣革命"与英国中央权力结构的变化》，《山东师范大学学报》1992年第5期。
③ 程汉大：《17世纪英国宪政革命的博弈分析》，《南京大学学报》2004年第1期。

开始了一个现代英国,此后和平和渐进的改革成为英国历史发展的特色。①

钱乘旦还认为,从5世纪到16世纪英国王权与欧洲其他国家相比大体一致,而真正的差异出现在16世纪以后,尤其是17世纪革命中英国王权比较成功地适应了近代社会转型。而法、德等王权则先后覆灭,这是英国历史上一个值得重视的独特现象,这说明英国王权具有强大的适应机制。②

六 政治制度演变及特点

近年来,中国学者日益关注英国政治制度的特性。阎照祥认为英国政治制度呈现出原创性、连续性、渐进性、灵活性、自然性、前进性的特点,整个英国政治制度史的主线是民主主义。这些特点形成的原因在于相对隔绝而舒适的地理环境,相对独立安定的社会人文环境。③ 程汉大也指出英国政治制度具有连续性、渐进性、经验性、灵活性的特点。④

研究英国政治制度特点最有代表性的是钱乘旦。他将对英国政治制度特点的研究上升到英国道路的高度,并与他一贯主张的现代化研究相结合。钱乘旦等人认为英国作为第一个现代化国家所走的道路是渐进改革的道路、民主与自由的道路、原创与平稳的道路。⑤

钱乘旦认为:"英国保守主义的可变异性质是英国始终可以走改革道路的重要原因。"英国人对变革抱一种顺应的态度,这是英国最早成为民主社会和工业社会的心态上的原因。美国独立后英国给予殖民地更大自主权也是这种心态使然。英国由君主专制向君主立宪制的转变,从贵族制向民主制的转变也无不是如此。因此,英国留给世界的不仅是工业化、民主化等现代化的有形标志,而且还创造出了通向现代化的有效方式,甚至是最成熟的方式:适时而变,和平渐进是社会变革的最佳选择。这一模式需要社

---

① 钱乘旦、许洁明:《英国通史》,第155、158—192页。
② 钱乘旦:《英国王权的发展及文化与社会内涵》,《历史研究》1991年第5期。
③ 阎照祥:《英国政治制度史》,北京:人民出版社,2012年。
④ 程汉大:《英国政治制度史》,北京:中国社会科学出版社,1995年。
⑤ 钱乘旦、陈意新:《走向现代国家之路》,成都:四川人民出版社1987年;钱乘旦、陈晓律:《在传统与变革之间——英国文化模式溯源》,杭州:浙江人民出版社,1991年;钱乘旦、杨豫、陈晓律:《世界现代化进程》,南京:南京大学出版社,1997年;钱乘旦、许洁明:《英国通史》。

会每一位成员都承担责任，要求各方的妥协，要求社会的共识，最终达成整个社会的利益平衡。①

钱乘旦作为中国的英国史研究领军人物，熟悉英国学界的研究状况，并善于在其基础上进行自己的提炼和思考。事实上，他对英国史的每一个重要领域都做了出色研究。他认为自"光荣革命"以来，英国就走上了和平、渐进、改革的道路，在这种发展模式中起着基石作用的是"英国宪政"。他认为英国政治制度的结构相对稳定，它依靠惯性运转，各个部分在不同时期表现出不同的重要性。在历史上英国国家的权力重心从国王转到上院，再从上院转到下院，然而从整体上看，这个结构似乎从来都没有改变，在表面上它始终是那同一个结构。②

程西筠论述了1832年英国议会改革，认为改革促进了英国议会制度的民主性，但无视了工人阶级的政治要求，继而引发了"宪章运动"。③ 钱乘旦则认为，1832年议会改革是资产阶级与土地贵族斗争的成果，是各种政治力量纠缠扭结的结果，体现了某种合力。改革开启了贵族政治瓦解的过程，证明改革在英国是可行的，从此英国资产阶级沿着改革的道路走下去，为英国现代民主制确立了方向。④ 他的这一论述，奠定了中国学者研究1832年议会改革甚至是整个英国议会史的总基调，即关注各方力量的斗争与妥协，并将英国议会史演变的方向假设为走向现代民主制；同时，开创了一种突破简单的二元对立思维、从多种力量博弈角度研究英国议会斗争的先河。辜燮高教授从阶级角度将推动议会改革的势力分为三种，即容易动摇的辉格贵族改革派、和平斗争的中产阶级激进派、走向武装斗争的工人阶级激进派，认为议会改革是土地贵族和金融寡头的让步，工业资产阶级是最大受益者，工人阶级出力最大却几乎一无所获。⑤

阎照祥认为研究英国政治体制应多注意它的阶级属性，这才是内在本质。他认为在1000多年历史中，就阶级属性而言，英国先后出现了原始部

---

① 钱乘旦、许洁明：《英国通史》，第335—336、360—361页。
② 钱乘旦：《20世纪英国政治制度的继承与变异》，《历史研究》1995年第2期。
③ 程西筠：《评英国1832年议会改革》，《世界历史》1982年第4期。
④ 钱乘旦：《试论英国各阶级在第一次议会改革中的作用》，《世界历史》1982年第4期。
⑤ 参见蒋孟引主编《英国史》，第492—501页。

落军事贵族、封建贵族、资本主义土地贵族、工商业资产阶级贵族和中产阶级"工党"贵族。① 在他看来,"光荣革命"后英国贵族集团是一批带有封建主义残余的资产阶级大地产者,稳居社会财富占有的顶层,所以能在政治上长期控制国家权力。② 他认为20世纪20年代和1945年贵族衰落的两个转折点,与两次世界大战的关系不大,贵族衰落主要是由于大地产制的衰落和瓦解。③ 此外,阎照祥认为英国历史上阶级斗争推动着政治变革,而英国阶级斗争的特点在于以法律为武器,始终在法律范围内,且在不断加强着法治化的趋势。④

钱乘旦认为,13世纪作为英国宪政的奠基时期,产生了《大宪章》和议会制度。《大宪章》产生是贵族开创了"自由"传统,也体现了英国政治的契约倾向,是后来洛克妥协性政治理论的传统渊源。⑤ 程汉大注意到了《大宪章》在从中世纪向近代社会转型中所发挥的持续不断的作用,认为《大宪章》自产生之日起从没有"沉潜",而是一直发挥着作为英国法治基石的作用。⑥ 这与主流意见颇为不合。程汉大还认为,13—15世纪议会产生、形成时,并不是与欧洲大陆完全相似的封建等级会议,而是在一定程度上具有代议机构的性质。因此,他称这一时期为"等级—代议君主制"而不是等级君主制。⑦ 沈汉、刘新成提出了判断议会形成的标准:议会拥有极大权力且定期召开,大贵族成为议会的主体,地方代表成为议会不可或缺的成员。⑧ 刘新成还著文进一步将议会的起点定位在14世纪20年代的政治改革时期。⑨ 程西筠教授对19世纪英国文官制度改革进行了阐述。⑩

---

① 阎照祥:《英国贵族阶级属性和等级制的演变》,《史学月刊》2000年第5期。
② 阎照祥:《"光荣革命"后英国贵族集团的若干特征》,《河南大学学报》1996年第6期。
③ 阎照祥:《20世纪英国世袭贵族的衰落》,《世界历史》2001年第3期。
④ 阎照祥:《英国政治制度史》,"前言"。
⑤ 钱乘旦、许洁明:《英国通史》,第72页。
⑥ 程汉大:《大宪章与英国宪法的起源》,《南京大学法律评论》2002年秋季号。
⑦ 程汉大:《英国政治制度史》,"前言",第3页。
⑧ 沈汉、刘新成:《英国议会政治史》,南京:南京大学出版社,1991年,第1—48页。
⑨ 刘新成:《再议英国议会的起源》,《世界历史》1991年第3期。
⑩ 程西筠:《由恩赐官职到择优录士——19世纪中叶英国文官制度的改革》,《世界历史》1980年第5期。

七 工业革命和工业化

工业革命是世界历史上最重大的事件之一,中国学者对工业革命的关注由来已久。早在1957年,林举岱教授就出版了简明扼要的《英国工业革命史》,① 该书研究工业革命的"原因—过程—后果"叙述范式,长期为中国史学界所追随,直至1988年才为钱乘旦所改变。钱乘旦认为"工业革命"有三重含义:其一,指工具改进和非生物动力运用于生产中;其二,意味着劳动组织、工业结构和经济活动模式的改变;其三,是整个社会的变革。② 钱乘旦还认为,随着工业革命进行和工厂制度确立,利益冲突日益明显,社会地位认同被经济利益认同取代,人们突然发现了"阶级"。最早形成阶级意识的是中等阶级;随之而来的是工人阶级,最初用激进主义来表达。③ 陈紫华提出,工业革命内容是丰富的,包括商业革命、农业革命、人口革命、科技革命、制造业革命、交通革命和生产组织革命等;制造业革命是核心的,推动了其他革命;反过来,其他革命又为工业革命创造了有利条件。④ 王章辉和孙娴也对英国工业革命进行了深入研究,并与法、德、俄、美等国进行了比较。⑤

工业革命前乡村工业的发展,被美国学者门德尔斯(Mendels)等称为"原工业化",是"工业化第一阶段",或"工业化前的工业化"。⑥ 中国学者最早关注英国乡村工业的,是吴于廑教授及其弟子们。吴于廑认为乡村工业是工业世界的胚芽。⑦ 刘景华提出乡村工业是英国资本主义成长的主要道路。⑧ 王乃耀详细考察了英国乡村工业。⑨ 张卫良探讨了英国乡村工业与

---

① 林举岱:《英国工业革命史》,上海:上海人民出版社,1957年初版,1979年再版。
② 钱乘旦:《第一个工业社会》,成都:四川人民出版社,1988年。
③ 钱乘旦:《工业革命与英国工人阶级》,南京:南京出版社,1992年。
④ 陈紫华:《一个岛国的崛起:英国工业革命》,重庆:西南师范大学出版社,1992年。
⑤ 王章辉、孙娴:《工业社会的兴起:欧美五国工业革命比较研究》,北京:人民出版社,1995年。
⑥ F. F. Mendels, "Proto-industrialization: The First Phase of the Industrilization Process", *The Journal of Economic History*, No. 32 (1972); P. Kriedte et al., *Industrialization Before Industrialization, Rural Industry in the Genesis of Capitalism*, Cambridge University Press, 1981.
⑦ 吴于廑:《历史上农耕世界对工业世界的孕育》,《世界历史》1987年第1期。
⑧ 刘景华:《乡村工业发展:英国资本主义成长的主要道路》,《历史研究》1993年第1期。
⑨ 王乃耀:《英国都铎时期经济研究》,北京:首都师范大学出版社,1997年。

现代工业起源的关系;① 杨豫以英国乡村工业为主要解剖对象,讨论了原工业化的基本特征、兴起条件和组织形式,探讨原工业化怎样为向工业化过渡做各个层面的准备。② 刘景华等人的研究则表明,原工业化不一定必然导向工业化:英国西部毛纺业是原工业化"先锋",但却在迈向工业化的门槛前止步;东盎格利亚乡村"新呢布"制造业曾十分辉煌,也没能导引本地区走向工业革命,最后仅转变为商品化农业区。③

对于工业革命为什么最先发生在英国,中国史学界的观点迭出。王荣堂等认为是因为英国具备最有利的政治、经济和技术条件。④ 也有观点认为,英国工业革命的原因应从市场贸易、文化状态、政府措施及精神因素来解释。杨豫认为英国独特的社会结构促使工业革命条件成熟。⑤ 许洁明提出,工业革命最先发生在英国是各种因素(社会、政治、文化、地理、科技和经济)交互作用的结果。⑥ 钱乘旦和陈晓律认为,工业革命的刺激因素来自人们对财富的追求,当利益驱动变成社会行动的理性目标时,就会产生工业革命的动力。⑦ 一种更普遍的看法是,除了工业革命的基本条件外,英国还具有许多别国所没有的条件,如财富积累、劳动力资源、外来移民、国内市场、自由竞争和发达的交通体系等。⑧

不少学者研究了工业革命所需的各种要素问题,即资本、市场、技术、交通、能源、劳动力和企业精神等。徐滨认为,工业革命前英国的资本积累并不充分,但它形成了一种独特的社会机制,在资本并不充足的条件下也能最有效地利用资源。⑨ 王章辉强调国内外市场的形成对英国工业革命的促进作用。⑩ 不少学者论述了与工业革命相关的问题,如人口、生活与工作

---

① 张卫良:《现代工业的起源——英国原工业与工业化》,北京:光明日报出版社,2009年。
② 杨豫:《欧洲原工业化的起源与转型》,南京:江苏人民出版社,2004年版。
③ 刘景华、范英军:《工业化早期英国西部毛纺业的兴衰》,《世界历史》2011年第6期;Liu Jinghua and Cui Hongjian, "The East Anglia Road: The Zigzag Path of the Transformation of a Traditional English Agricultural Area", *Social Science in China*, Vol. 34, No. 1, 2015.
④ 王荣堂:《世界近代史》上卷,长春:吉林人民出版社,1980年。
⑤ 杨豫:《英国的社会结构与经济起飞》,《世界历史》1986年第6期。
⑥ 许洁明:《工业文明为什么起源于英国》,《世界历史》1993年第2期。
⑦ 钱乘旦、陈晓律:《在传统与变革之间——英国文化模式溯源》。
⑧ 刘祚昌、王觉非主编《世界史·近代卷》,北京:高等教育出版社,1992年。
⑨ 徐滨:《英国工业革命中的资本投资与社会机制》,天津:天津社会科学院出版社,2012年。
⑩ 王章辉:《英国工业革命时期的国内外市场》,《世界历史》1992年第1期。

条件、阶级、妇女与家庭、童工、法制、教育与思想观念、手工工艺、文学等。如王章辉着重考察了工业革命对英国人口再生产模式和人口分布的影响。① 而陈利今则认为人口爆炸性增长延缓了英国工业革命的速度，使英国工业革命在时间上（100年）长于法国（70年）、德国（60年）和美国（50年）。②

八　对外殖民与英帝国

1949年前中国人对英国殖民史感兴趣，与中国的半殖民地处境有关。一些文章在分析英国入侵中国、英国殖民政策、英国与殖民地关系等问题时，颇有独到见解。如何炳棣教授的《英国与门户开放政策之起源》认为门户开放政策的真正起源在英国而不是美国。蒋孟引的博士论文《中英关系：1856—1860年》（1939年）和王绳祖教授的《马嘉里案与〈烟台条约〉》，都以大量中英文史料揭露和鞭笞英国对中国的侵略。③ 新中国成立后，英国殖民史仍是重点研究领域。蒋孟引的论文于1965年出版，书中认为英国发动第二次鸦片战争的借口是荒谬的，战争中存在着英国与法、俄、美等国的矛盾，英国最终撤退与中国人民的反抗有重要关系。英国普通人民是始终反对英国侵略中国的。④

蒋孟引考察了两次世界大战与英帝国的关系。他认为两次大战爆发的主要原因都是英德矛盾，两次大战前德国经济实力均超越英国，与英国争夺国际市场，而英国拥有最广阔的殖民地。双方围绕市场、殖民地、原料等的争夺成为英德关系的焦点，矛盾如此尖锐，最终促使大战爆发。蒋孟引还认为一战的挑起者是英国，英国娴熟地运用外交手腕诱使德国发动了战争。他还认为，英帝国的盛衰是符合社会发展规律的。英帝国衰落（"非殖民化"）的原因是其殖民统治引起了人民反抗，战后人民的觉醒和民族独立决心以及反英斗争起到了最重要的作用。大英帝国的衰落导致英国社会

---

① 王章辉：《英国工业革命中的人口问题》，《世界历史》1986年第4期。
② 陈利今：《英国工业革命时期的人口爆炸及其社会影响》，《湖南师范大学学报》1994年第6期。
③ 参见钱乘旦《中国的英国史研究》。
④ 蒋孟引：《第二次鸦片战争》，北京：生活·读书·新知三联书店，1965年，第274—276页。

风气恶化、社会秩序混乱、经济不振和开放程度降低。英帝国衰落使英国不再是政治大国和经济大国，但仍旧是文化大国。①

在"非殖民化"问题上，张顺洪的观点与蒋孟引相似，他还回应了西方关于去殖民化的一些主流观点。张顺洪不同意马歇尔等西方史家的"非殖民化"行为的发出者是西方人而不是殖民地半殖民地人民的观点，对此持相反看法。他也不认可威廉·罗杰·路易斯等将非殖民化视作从一种控制形式转向另一种控制形式的活动。他为"非殖民化"下了这样的定义："非殖民化"主要是指殖民国家在被迫撤出殖民地的过程中，采取的旨在尽可能维护自身利益的各种行动，包括各种撤退战略、策略与手法。这样一种以维护自身利益为目的、在被迫撤出殖民地过程中的主动行为与活动就是"非殖民化"的真正含义。② 张顺洪反对凯恩和霍普金斯的《英帝国主义》一书中"绅士帝国主义"这种美化帝国主义的概念。他还认为英国在不进行直接殖民统治的情况下仍在利用各种方式对落后国家进行控制和掠夺。③

钱乘旦认为"非殖民化"的主体应该依据时段和殖民地情况辩证地看，19世纪上半叶英国在工业革命中的强大和受自由主义经济理论的影响，英国产生了"自由帝国主义"，认为殖民地自治和建立责任制政府对母国更有利，所以在加拿大、新西兰等"移民型殖民地"先后推行"非殖民化"。这种"非殖民化"更多是英国的行为，殖民地的反抗也起到了重要作用，至少母国与殖民地在"非殖民化"行为中是平分秋色的。英国对印度等"土著殖民地"则执行了不一样的政策，尽管也采取了一些"放权"措施，但英国不愿意它们真正自治，这些地区最终独立主要还是因为开展了持续的民族主义运动。英国在第二次工业革命中落后及美德等国的崛起，使英国在19世纪70年代改变"自由帝国主义"政策，重新开始大规模扩张。④ 高岱

---

① 蒋孟引主编《英国史》，第652—793页。
② 张顺洪：《关于殖民主义史研究的几个问题》，《河南大学学报》2005年1期；张顺洪等：《大英帝国的瓦解——英国的非殖民化与香港问题》，北京：社会科学文献出版社，1997年。
③ 张顺洪等：《英美新殖民主义》，北京：社会科学文献出版社，1999年。
④ 钱乘旦、许洁明：《英国通史》，第292—311、347—352页。

的观点与钱乘旦相似。①

在钱乘旦看来，英布战争是英帝国史上由盛转衰的分水岭。与其他帝国相比，英帝国具有明显的"自由主义"色彩，它更注重生产性开发而不是纯粹地掠夺；殖民政策改变一般以商业利益为出发点；政治上引进了殖民地自治概念，缓和了殖民地和母国矛盾。这个特点是英帝国瓦解后仍能留下英联邦的重要原因。②

钱乘旦主编的《英联邦国家现代化研究丛书》③ 共13册，考察了英联邦几乎所有成员的现代化问题，也考察了英国殖民主义统治与各个殖民地现代化的关系，认为就整体而言，英国的殖民统治对这些国家的现代化有一定积极影响，而积极影响的程度则与各殖民地同母国的相像度有关。

姜守明从民族国家角度回答了英帝国形成问题，认为民族国家与帝国形成有必然联系，冒险精神在民族意识和民族国家发展中，在英帝国形成中具有突出地位。④ 张亚东的著作则将1689—1783年的英帝国称为"重商帝国"，认为重商主义思想渗透到了帝国政策的各个方面。⑤

在传统领域之外，不少学者奋力拓展研究视阈。如陈晓律对英国福利制度的发展有深入探讨，⑥ 吴必康注目英国科技政策，⑦ 刘城专注于英国教会史，⑧ 梅雪芹主要以英国为例研究环境史，⑨ 施诚和顾銮斋研究英国财政税赋史，⑩ 夏继果研究英国外交政策，⑪ 傅新球研究妇女和家庭史，⑫ 刘成研

---

① 高岱：《英国通史纲要》，合肥：安徽人民出版社，2002年。
② 钱乘旦、许洁明：《英国通史》，第290—311页。
③ 钱乘旦主编《英联邦国家现代化研究丛书》，成都：四川人民出版社，2002—2005年。
④ 姜守明：《从民族国家走向帝国之路》，南京：南京师范大学出版社，2000年。
⑤ 张亚东：《重商帝国》，北京：中国社会科学出版社，2004年。
⑥ 陈晓律：《英国福利制度的由来与发展》，南京：南京大学出版社，1996年。
⑦ 吴必康：《权力与知识：英国科技政策的起源和发展》，南京：南京大学出版社，1988年。
⑧ 刘城：《英国中世纪教会研究》，北京：首都师范大学出版社，1996年。
⑨ 梅雪芹：《"老父亲泰晤士"——一条河流的污染与治理》，《经济－社会史评论》第1辑，北京：生活·读书·新知三联书店，2005年。
⑩ 施诚：《中世纪英国财政研究》，北京：商务印书馆，2010年；顾銮斋：《英国中古前期的税收习惯》，《世界历史》2014年第6期。
⑪ 夏继果：《伊丽莎白一世时期英国外交政策研究》，北京：商务印书馆，1999年。
⑫ 傅新球：《英国社会转型时期的家庭研究》，合肥：安徽人民出版社，2008年。

究工党,① 等等。近些年博士生和青年学者在医疗社会史等新社会史领域有较多涉及。这些都丰富和扩大了中国学者的英国史研究内容和视野。

中国学者的英国史研究虽然存在着原始材料不多、研究选题较为空泛等不足，但也体现了善做中观研究、特有的理论视野、旁观者身份更客观的优势，因此中国学者的英国史研究越来越为国际学界尤其是英国学界所瞩目。在英国皇家历史学会、伦敦大学历史研究所和中国英国史研究会、北京大学历史学系的倡议下，中英两国的英国史研究专家近年来连续举行了三次学术对话会议，讨论的话题逐渐专深，从第一次会议的综合性到第二次会议研讨工业革命，第三次会议研讨《大宪章》,② 中国学者对英国史问题的认识深度和专业研究水平，得到了与会英国史学家的认同和好评。随着中英史学交流的扩大，借助现代网络技术和数据库所带来的获取资料的便利，随着留英史学人才带回西式学术思维和史学方法，随着大批博士生和研究生学位论文选题领域的扩大和专精，中国的英国史研究将会越来越细化，越来越原创化，越来越能与国际接轨，必将在国际英国史研究领域占有一席之地。

---

① 刘成：《理想与现实：英国工党与公有制》，南京：江苏人民出版社，2003年；刘成：《英国现代转型与工党重铸》，北京：生活·读书·新知三联书店，2013年。
② 三次中英英国史学术研讨会举行的时间和地点分别是：2009年，北京大学；2012年，伦敦大学；2015年，北京大学。

时代语境的嬗变与话语权的凸显
——钱乘旦教授主编的《英国通史》评介

邹 博

(中国人民大学历史学院)

一

我国世界史研究与国别史的编写是最初从近代大变革时期知识分子了解英国文明开始,整体上历经了鸦片战争、甲午战争、新中国成立到新世纪大国复兴四次语境转换。[①] 1840—1842年的鸦片战争深刻地改变了拥有千年文明与古老文化的中国,作为第一个打开古国国门的西方列强,英帝国用炮舰和商船揭开了中国近代屈辱史的序幕。随着战争的失败,接踵而来的是一系列不平等条约,这时的国人与清朝的士大夫如大梦初醒,纷纷开始思考曾经的"天朝"为何转瞬之间临近崩溃。为何昔日在康乾时代曾是"蛮夷小邦"的英国不到百年时间摇身变化为世界帝国。这种身份认同的骤然倒置,正是费正清所述的"西潮冲击—中国反应"的直接后果。不仅如此,其影响在后续半个世纪直达经济、政治、文化、社会、思想等各个领域。

早期的士大夫思想家如林则徐、魏源等认为夷人只是船坚炮利,在"器物"上有绝对的优势,在文化思想上与天朝相差远矣。所以,魏源在

[①] "剑桥学派"昆廷·斯金纳的"历史语境主义"与列奥·施特劳斯的"文本中心主义"是当代学术界理解世界历史进程与哲学思想发展的两个维度。斯金纳注重历史思想的嬗变是由历史语境决定的,注重历史文本的社会基础与文化背景。而施特劳斯认为文本是独立存在的,能够发掘文本中隐含的"微言大义"来索隐探幽,并且历史事件无法影响文本自身的性质。有关内容参见 Quentin Skinner, *Visions of Politics*, Cambridge University Press, 2002; Leo Stress, *Nature Right and History*, The University of Chicago Press, 1953。

《海国图志》中第一次提出了"师夷长技以制夷"的著名主张。1861年，冯桂芬将魏源的表达纲领化，提出了"中学为体，西学为用"的观点。但是早期思想家并没有预测到未来几十年里随着列强殖民化的加深，各种丧权辱国条约的签订以及甲午战争的战败，使许多中国思想家开始思考"中学是否能为体"的问题。他们认识到西潮冲击关键是思想文化上的渗透，是由"器物—制度—文化"[1]层层递进而来。文化上的入侵一定是为经济上的掠夺做铺垫。所以中国近代知识分子认识世界的过程恰巧伴随的是西学地位的不断上升。对西方文化的鄙夷到推崇影响到了近代史学家对英国的看法，其语境也随时代而嬗变。如魏源在《海国图志》中"志于英夷特详"，可见该著实际上是以英国为核心而著，对其政治制度、商业以及地理均有详细论述。但是魏源在当时却仍然以"夷"称呼英国，认为其长技有三：战舰、火器和养兵练兵之法。[2]再如徐继畬的《瀛寰志略》，虽然记载英国比魏源更加详细，也对英国政制有所褒奖，但却还是使用了大量旧观点，[3]依旧有着儒家文化上的优越感。可见虽然魏源和徐继畬等是当时观点较为先进的思想家，但是受到时代语境的限制，无法做出对英国较为公允的评断。

1895年甲午战争的失败，促使旧时代的知识分子开始完成由"器物"向"制度"与"文化"的转向，其中标志性的事件是严复翻译了英国生物学家赫胥黎（Thomas Huxley）的《进化与伦理》，中文名为《天演论》。伴随着《马关条约》的签订，时代语境再次发生变化，而《天演论》恰巧为这一系列失败提供了理论支撑，也象征着中西之间的文化竞争落下帷幕，中国未来至少半世纪之学问皆为西学所奴役。其中史学家编撰的1903年的《英国维新史》与1906年的《英国变政小史》皆为宣传英国"宪政"制度之优越、变革之光荣，对人类贡献之伟大。希望清末新政能够吸纳其精华，模仿其政制，更成为立宪派手中的工具。

由此，我们可以发现对国别史的编撰是根据时代语境来不断调整的，

---

[1] 罗志田：《权势转移：近代中国思想、社会与学术》，武汉：湖北人民出版社，1999年，第2页。
[2] 茅海建：《天朝的崩溃：鸦片战争再研究》，北京：三联书店，2005年，第579页。
[3] 茅海建：《天朝的崩溃：鸦片战争再研究》，北京：三联书店，2005年，第580页。

而时代语境是由物质以及经济基础决定的。在中国尚处于近代落后屈辱的年代,由于其经济与国力与英国尚有着巨大差距,在文化上就会一直处于劣势,那么就会影响到史学家思想上文化上的自卑心理,在编撰英国史乃至翻译英国史的同时不免会夸大英国成就,难以客观真实地反映史实。

这种语境的不断调整不仅影响到近代中国英国史的编撰,而且也影响到英国本民族的史学编撰。早至公元731年,被称为"英国历史之父"的不列颠地区教士比德(Bede Venerabilis)在《英吉利教会史》① 中将"英格兰"作为一个单独民族进行研究,但该书究其根本来说并不是建构英格兰民族的独特经历,而是讲述自奥古斯丁(Augustine of Canterbury)受命来到不列颠传教布道后的百年历史。在中世纪的神学语境之下,该书虽冠以"英吉利",但实际上是通过布道过程中"神迹"与"传说"来宣扬天主教会将英格兰从多神教体系中解救出来从而拥抱上帝荣光的功绩。同样,由阿尔弗雷德大帝在9世纪开始组织编写的《盎格鲁-撒克逊编年史》② 也是早期带有"国别史"特色,但实际语境受到时代限制的名著。由于中世纪编年史的撰写都是由教士完成,不免受到基督教神学思想的侵染,而编年史体裁正是基督教启示录风格的衍生,深受末日审判情绪的影响。③ 教士在编年问题上特别关注,是因为基督教将历史进程理解为上帝创世造人到耶和华道成肉身,最后末日审判的过程。正是这种思想动因使中世纪英国具有地域特色的史学编撰往往服务于神学语境。但是其中本质的内因无外乎是中世纪教权经济与物质基础强大,特别是主教教区的地方税收系统,近乎占有欧洲三分之一的土地资源以及地方法律事务上的部分司法权力构成了对整个西欧的经济和社会命脉的钳制。所以,当教会势力无所不在时,崇尚教权的时代语境也随之浮现,这正是凸显出唯物史观中经济基础决定上层建筑的又一图景。

在中世纪神学语境持续近千年后,欧洲进入了由封建社会向资本主义过渡的大转折大变革时代。在15世纪都铎王朝的亨利八世和其女伊丽莎白一世的推动下,整个英国进行了自上而下的宗教改革运动。教会的彻底独

---

① 〔英〕比德:《英吉利教会史》,北京:商务印书馆,1991年。
② 参见《盎格鲁-撒克逊编年史》,北京:商务印书馆,2004年。
③ Arnaldo Momigliano, "Time in Ancient Historiograph", *History and Theory*, 1966, p. 12.

立伴随的是英国民族认同的不断酝酿进而在 18 世纪最终形成统一的大不列颠语境。从史学角度切入，休谟（David Hume）的《英国史》①，麦考莱（Macaulay）的《英国史》② 以及屈勒味林（George Trevelyan）的《英国史》③ 都是在不列颠作为海上殖民帝国不断强大的语境下写作而成。当然，最突出的当属休谟，其六卷本的《英国史》不仅具有巨大的史学价值，而且也兼具深刻的哲理分析。休谟是一位经验主义者和保守主义者，他认为不列颠的强大来自盎格鲁－撒克逊人的习惯法和最终形成的普通法体系。传统的"宪政"是不列颠人的精神源泉，而传统法学体系的不断完善是不列颠最终形成统一的社会共同体的决定因素。这来自休谟所谓的"历史经验"决定论，与洛克（John Locke）的"社会契约"论形成了鲜明对比。随后这种思维不断发酵，最终在维多利亚时代被威廉·斯塔布斯（William Stubbs）的"牛津学派"发扬光大，由其著作《英国宪政史》④ 所建构的"辉格解释模式"致力于发掘和渲染中世纪议会君主制中的所谓"宪政"特征与意蕴。⑤ 显然，19 世纪维多利亚时代英国所取得的巨大物质成就孕育了鼓吹古代日耳曼"自由"传统与探寻帝国强大内因的时代语境。西方学者没有克服"用现代英国议会政治的眼光看古代事务"及用现代政府随意比附中古政府的倾向。

二

新中国成立后，我国属于社会主义阵营，所以在外国史编撰与研究上全面向苏联学习，其中借鉴最多的是苏联英国史专家塔塔里诺娃的《英国史纲：一六四〇年——一八一五年》⑥，这部著作对学界影响巨大，一度成为世界史学科的标准教科书。当然，1960 年至改革开放期间，一些重要的

---

① 参见 Hume David, *The History of England*, Liberty Fund, 1983.
② 〔英〕麦考莱：《英国史》，北京：北京时代华文书店，2014 年。
③ 〔英〕屈勒味林：《英国史》，北京：东方出版社，2012 年。
④ 参见 W. Stubbs, *The Constitutional History of England*, Oxford, 1896.
⑤ 孟广林：《英国宪政王权论稿》，北京：人民出版社，2016 年，第 1 页。
⑥ 参见塔塔里诺娃《英国史纲：一六四〇年——一八一五年》，何清新译，北京：三联书店，1962 年。

翻译著作也相继出版,如丘吉尔(Winston Churchill)的《英国国家史略》①,梅德利科特(W. N. Medlicott)的《朗曼英国通史》②,摩根(Kenneth O. Morgan)主编的《牛津英国通史》③ 以及勃里格斯(Athar Briggs)的《英国社会史》④。

改革开放后,我国学者为了突破西方和苏联国别史研究的窠臼,相继出版了一系列关于英国史研究的重要成果⑤。如程西筠、王璋辉合著的《英国简史》,陶松云、郭太风合著的《英国史话》,王荣堂的《英国近代史纲》以及王觉非主编的《近代英国史》。当然其中最重要的就是1988年由中国英国史研究的奠基人蒋孟引教授主编的《英国史》。该著内容非常丰富,涵盖了从史前时期到现代的历史全景,并且具有突破性质的是,第一次表达了英国史研究的中国观点,并成为国内高校的统一教材。进入新世纪后,钱乘旦和许洁明教授的《英国通史》可以说为本次六卷本《英国通史》打下了坚实的基础,阎照祥教授的《英国史》和高岱教授的《英国通史纲要》也为其提供了重要借鉴。可见,新观点与新思想是伴随着改革开放后我国日益强大的政治经济实力而不断酝酿提出的,这其中必然是要突破"西方中心论"的时代语境,克服对西方史学的"路径依赖",对一切西方史学成果进行批判性的借鉴。所以笔者坚信,新版六卷本的《英国通史》将成为在国别史编撰中建立健全"中国语境"的楷模。

《英国通史》共六卷,其内容之丰富是史无前例的。其中,第一卷《文明初起》阐述了从不列颠史前文化到早期盎格鲁-撒克逊七国时代的历史;第二卷《封建王权》涵盖了从诺曼公爵威廉征服英格兰到玫瑰战争结束之

---

① 〔英〕温斯顿·丘吉尔:《英语国家史略》,北京:新华出版社,1985年。
② 〔英〕W. N. 梅德利科特:《英国现代史(1914—1964)》,张毓文译,北京:商务印书馆,1990年。
③ 〔英〕肯尼思·摩根主编《牛津英国通史》,王觉非等译,北京:商务印书馆,1993年。
④ 〔英〕阿萨·勃里格斯:《英国社会史》,陈叔平等译,北京:中国人民大学出版社,1991年。
⑤ 改革开放后我国英国通史类著作有:程西筠、王璋辉:《英国简史》,北京:商务印书馆;1981年;陶松云、郭太风:《英国史话》,北京:中国青年出版社,1985年;王荣堂:《英国近代史纲》,沈阳:辽宁大学出版社,1988年;王觉非主编《近代英国史》,南京:南京大学出版社,1997年;蒋孟引:《英国史》,北京:中国社会科学出版社,1988年;钱乘旦、许洁明:《英国通史》,上海:上海社会科学院出版社,2002年;阎照祥:《英国史》,北京:人民出版社,2004年;高岱:《英国通史纲要》,合肥:安徽人民出版社,2002年。

间400年的中世纪历史；第三卷《铸造国家》勾勒了近代英格兰宗教革命以及民族国家兴起的过程；第四卷《转型时期》叙述了英国资产阶级革命的最终完成和日不落全球性殖民帝国的兴起；第五卷《光辉岁月》描述维多利亚时代最辉煌的成就与工业革命的重要转型；第六卷《日落夕阳》展示了帝国衰弱的悲凉以及新世纪仍作为强国的彷徨与挑战。史家在编撰过程中很好地运用了马克思主义阶级分析方法，并兼容并收了许多新史学的新方法，如计量史学、心态史学以及思想文化史等。除了论述传统的政治史，也在单独的章节里勾勒了经济史、社会史、宗教史以及文化史等内容。同样，在史料的运用上，与前人相比也有重大进步，例如大量引用了政府档案、文件、书信和演讲词等由于前人时代限制所不能引用的第一手文献，也兼具了许多近年来西方新出版的学术论著，并且在论述习惯上规避了西方话语中比较繁琐复杂的一面，以简短准确的句子审慎地进行历史叙事。所以，新版六卷本《英国通史》无疑是全面表达了中国观点的专业学术论著。

为了摆脱中国世界史研究长期"非主流"的状态，尤其不能对西方观点进行原样地复制或者再论述，必须试图融入中国本土学者对英国历史独有的见解。因为自近代以降，我国世界史研究已经有了长足的发展，特别是改革开放以来，随着国家政治经济实力的不断进步，越来越重视自身"文化软实力"的建设。进入21世纪以来，我国已成为世界第二大经济体，巨大的成就背后是"中国道路"中文化内生价值所蕴藏的强大生命力，能够对诸多发展中国家提供借鉴意义。这说明像西方国家特别是英国等大国的发展方式不一定是文明崛起的唯一途径。在我国不断向着"中华民族伟大复兴"的宏伟目标迈进的同时，时代语境再次发生变化，因为我们不再是近代所谓的"弱国"与"睡狮"，而是已经觉醒的具有强大文化辐射能力的世界大国。完全不同的社会经济基础与文化背景决定了在历史研究中我们能够摆脱西方语境的限制，以新的中国语境对英国历史进行全面与辩证的思考，新版六卷本《英国通史》无疑是这方面的楷模。

新版六卷本《英国通史》整体上采用了马克思主义唯物史观的史学方法，与西方传统史学过于重视法律文本和思想演变形成鲜明对比。逐一辨析各卷观点，比如第一卷中在论及早期英格兰部落王权时期，英国史学家往往过于强调七国时代"王权"的孱弱,但本卷指出"盎格鲁-撒克逊时期,尽管英格兰的王权一直受到来自贤人会议、日耳曼传统习俗以及基督教会的限制,但王始终居于国家统治体系的核心,王权一直向更强和更广泛的方向发展,其规模之大,是10世纪任何欧洲其他国家难以比拟的"。①在第二卷中在论及英国大宪章时,传统英国史学家特别是"牛津学派"习惯强调其"宪政"与"自由"的元素。但本卷明确指出大宪章本质上是一个封建文件,并不是否定王权实行宪政。而是"通过限制王权来维护贵族传统的特权,它从根本上体现了封建王权与世俗贵族的共同的根本利益"。②并且在论及议会问题上,指出"虽对王权形成某种限制,但它从根本上说是从属于王权、支持王权的",③ 并没有像英国史学家那样过于强调议会的独立与对王权的限制。在第三卷中在论及民族国家的转型时期时,特别强调了新君主制中议会权力的弱化,新君主如亨利八世、伊丽莎白一世利用宗教改革不断强化王权。最引人注意的是作者在论及17世纪光荣革命时期时,不像英国史学家那样认为革命是由于议会与普通法传统,而是明确地指出:"从长时段来看英国的宪政史,革命不是它的常态,而在很大程度上,17世纪革命可以说是由许多偶然因素综合作用的结果。"④ 在第四卷论述中,虽然英国在光荣革命后走向辉煌,但国家依旧是"旧制度"的,具体反映在"政党依旧不是现代意义的政党";⑤ "土地贵族牢牢控制着议会和政府";⑥ "宗教仍然是一个无处不在的因素,它渗透于整个社会生活之中,承担着诸多重要的社会职责。18世纪的英国教育停留在较为落后的传统阶段"。⑦ 并且在论及新的君主立宪制主权时,认为"这种主权并不牢固,王权与议会之间的关系不明确,需要用日后的发展来确定。政府仍然以旧日的方式在运作,现代政府并未出现,立法和司法都沿袭传统,一切都与过

---

① 钱乘旦主编《英国通史:第一卷·文明初起》,南京:江苏人民出版社,2016年,第256页。
② 钱乘旦主编《英国通史:第二卷·封建时代》,南京:江苏人民出版社,2016年,第63页。
③ 钱乘旦主编《英国通史:第二卷·封建时代》,南京:江苏人民出版社,2016年,第2页。
④ 钱乘旦主编《英国通史:第三卷·铸造国家》,南京:江苏人民出版社,2016年,第75页。
⑤ 钱乘旦主编《英国通史:第四卷·转型时期》,南京:江苏人民出版社,2016年,第1页。
⑥ 钱乘旦主编《英国通史:第四卷·转型时期》,南京:江苏人民出版社,2016年,第2页。
⑦ 钱乘旦主编《英国通史:第四卷·转型时期》,南京:江苏人民出版社,2016年,第3页。

去没有太大差别。社会是家长制主义的，贵族乡绅是天然的家长"，① 并未像英国史学家那样过于强调君主立宪制度的"现代性"。在第五卷中，与传统英国史学家不同的是，我国学者特别注意经济的驱动作用，所以将其放置在第一章，首先论述经济基础的变化对工业革命和政治改革的催化作用。在政治史编撰过程中与英国历史学家不同的是，特别注重"工人阶级"的崛起以及工党的创立对民主政党政治突破资产阶级寡头贵族制的贡献。在第三篇第一章中单独设立了"阶级对抗"这一单元，我国史学家认为工业革命不仅带来了阶级对立，而且改变了社会结构，随着传统的农业社会向工业社会转变，等级社会结构也在向阶级社会结构转变。在社会变化的过程中，两大阶级逐渐意识到利益的对立，磨砺了彼此的思想锋芒，厘清了阶级关系。② 在最后一卷中，钱乘旦教授否认英国二战后出现"断崖式"下滑以及如外界所传受到"英国病"的困扰，而是认为"在绝对的意义上，衰落是不存在的。从本书的陈述可以看出：几乎在每一个方面，20 世纪的英国都没有落伍，不存在倒退的问题"。③ 并且在此卷的编撰中创造性地将 21 世纪英国面临的问题与挑战纳入讨论范围，认为无论是脱欧，还是苏格兰独立，抑或是宗教冲突，仍然可以定性为："因为'多元文化主义'造成的文化认同超越了国家认同，使社会与国家的撕裂几乎难以避免。由此可以看出种族宗教冲突有多么严重的潜在破坏力，而英帝国的历史包袱所造成的多种族、多文化的人口现状，又使这种冲突已经是一个事实。加上少数种族在经济上的劣势地位，文化差异与阶级剥削交叉在一起，问题变得更加复杂"。④ 由此，可以从新版六卷本《英国通史》中看到，我国英国史研究出现了许多新见解，这些观点都具有本土特征，具体可以说是认为"经济基础"、"阶级关系"以及"实际政治实力的对比"依旧是影响英国历史进程的决定因素。

21 世纪以来，史学编撰形成了两种态势。一种是越来越整体化，比如全球史、星球史。另一种是不断碎片化，将个人生活、情感流变等纳入历

---

① 钱乘旦主编《英国通史：第四卷·转型时期》，南京：江苏人民出版社，2016 年，第 4 页。
② 钱乘旦主编《英国通史：第五卷·光辉岁月》，南京：江苏人民出版社，2016 年，第 193 页。
③ 钱乘旦主编《英国通史：第六卷·日落斜阳》，南京：江苏人民出版社，2016 年，第 3 页。
④ 钱乘旦主编《英国通史：第六卷·日落斜阳》，南京：江苏人民出版社，2016 年，第 535 页。

史学考察范围之内。但是，国别史与地区史依旧具有很重要的价值，它是国家传统文化和历史路径的集中体现。由此，对传统西方国家特别是英国学者历史视野的突破来自我国巨大的物质经济基础下"文化语境"的升华，这决定了我们必须探讨中国世界史发展的特殊道路，凸显本民族历史研究的话语权。英国"民主宪政"固然可以被定义为所谓的一种"成功"崛起模式，但改革开放以来我们完成了伟大的成就，我国的文化和制度也在万般锤炼中得到了很好的验证。所以新版六卷本《英国通史》不可能一律照搬，人云亦云，而是站在社会主义"文化自信"的高度来论证英国道路的优劣。所以，本次国别史编撰无疑是成功的，并且具有显著的学术价值。

中国英国史研究会 2017 年年会学术综述

赵秀荣　周金波

（中国人民大学历史学院）

2017 年 12 月 9—10 日，由中国英国史研究会主办、中国人民大学历史学院承办的"中国英国史研究会 2017 年学术年会"在中国人民大学隆重召开。来自北京大学、清华大学、北京师范大学、南京大学、中国社会科学院世界史所等 50 余家单位的 130 多位专家学者与会，收到学术论文 98 篇。本次会议围绕着"新视野下的英国文明史研究"这一主题，对自古至今各个时期英国文明史诸重大问题展开多层次、多角度的热烈研讨。

在西方世界，英国是最早告别传统社会而进入现代社会门槛的国家，它最先建构了资本主义的宪政体制，开启了启蒙运动与工业革命的进程。而且，它的政治制度、法律体系与思想观念随着"西学东渐"的浪潮对世界诸多国家和地区产生了重大而深远的影响。在整个世界现代化进程中曾经引领潮流的"英国样本"，而今逐渐褪去其艳丽的色彩，然而作为大国崛起、衰落的典型，其成功的历史经验与失败的教训，仍旧是史学界经久不衰的学术研究课题。我国的英国史研究自 20 世纪初就开始萌发，新中国成立后在以蒋孟引为代表的学术前辈的拓垦下开始渐成体系。自改革开放以来则不断深化拓展，如今已是我国世界史学界学术成果最为丰硕的研究领域。此次会议参会学者或者在传统领域提出新观点，或者在新的领域进行探索，并对殖民地研究做出新的贡献，充分诠释了"新视野"这一主题。

一　在传统领域的创新

从传统的政治史、经济史、宗教史、思想文化史角度来解读英国不同时期的文明是本次会议讨论的热点,这也是中国英国史研究的传统。在以往研究成果的基础上,此次会议的这一解读更加深入、更加广泛,学者们提出了许多值得审视的新问题和富有见解的新观点。北京大学钱乘旦教授以《评"布莱尔执政"》为题,着重探讨了布莱尔执政时期的执政思想、内外政策及其影响。他指出,通过修改党章、拉开与工会的关系,并着手进行上议院改革,布莱尔政府将工党变为了"保守党",这些举措使工党存在空间和合理性受到怀疑。同时,布莱尔执政期间给予苏格兰、威尔士较大权力,允许苏格兰、威尔士分别建立了地区议会,独立性增强,为后来苏格兰独立公投等分裂主义倾向埋下了祸根。此外,布莱尔第二次执政期间,"金钱换门路""金钱换爵位"等丑闻的曝光,打击了布莱尔政府的威信和公信力,加之伊拉克战争中英国外交政策的失败以及布莱尔和布朗关系的破裂,导致布莱尔被迫辞职,工党下台。这是国内学界首次对此问题进行论述。

天津师范大学刘景华教授从八个方面分析评议了早期中国学者对英国史的研究。他指出,早期学者研究功力深厚、视野广阔,他们的研究主要集中在八个方面,一是封建化和封建社会特征;二是农业和土地制度;三是城市和工商业的发展;四是过渡问题与社会转型;五是英国内战;六是政治制度演变及特点;七是工业革命和工业化;八是对外殖民与英帝国。同时,刘景华教授也指出,中国学者的英国史研究虽然存在原始材料不足、选题较为空泛等问题,但中国学者拥有独特的理论视野、局外人的身份以及更客观的优势,因此中国学者的英国史研究越来越为国际学界尤其是英国学界所瞩目。随着全球化的发展,中国的英国史研究的前景也将越来越好。

北京大学高岱教授对"英国资产阶级革命"概念问题的由来进行了追踪解读。早期,学界将17世纪的英国内战视为一场叛乱,而后在麦考莱与辉格派"清教革命"观点的影响下,将其定义为"清教革命"。一战后,"清教革命"的观点受到怀疑,后来卡尔·考茨基提出的"资产阶级革命"概念对苏联和中国史学界产生很大影响,但是在英国史学界,把17世纪英国内战称为资产阶级革命的人并不多。高岱教授认为分歧主要是因为中英学者对这一概念涉及的时间断限不同,如果按1640—1660年来界定,"内战"或"资产阶级革命"皆可；如果把长期的议会斗争等包括进来，可以将其理解为资产阶级革命。这是中国学者对原有概念新的解读。

南京大学的陈晓律教授结合《英国人：国家的形成，1707—1837年》这本译著的内容和特点，对该书进行了评述和分析。他指出，书中所提的"英国性"问题是一个很难的问题，但这本书从宗教、贸易等方面对"英国性"问题进行了令人信服的分析。陈晓律教授从这本书出发，阐释了英国的宗教性以及国家身份认同问题，并以此为基点，讨论了当今英国内部的分裂主义倾向和身份认同困惑，并指出一个民族、一个国家在迅猛发展和扩张之时是需要坚持某些底线的，至于底线是什么，需要历史告诉未来。这无疑对当今中国具有启发意义。

中国人民大学的孟广林教授通过对"抵抗文学""劝诫文学"等政治"文学"的几份典型历史文本进行剖析，重新解读了中世纪英国贵族的权益诉求和话语表达方式。孟广林教授指出，13世纪中期到14世纪是英国"抵抗文学""劝诫文学"作品最为集中产生的时代。孟广林老师认为，通过对《刘易斯之战颂》、《论国王的高贵、智慧和节俭》和《爱德华三世镜鉴》的文本解读和分析，我们可以看出这些文学作品是世俗贵族和王权剧烈冲突与本土"法治"传统交相激荡的产物。此文视角新颖，问题意识独特，为我们理解贵族阶层的权益诉求和话语表达方式提供了耳目一新的启发。

河南大学的阎照祥教授追溯了20世纪中后期以来英国工党修正主义发展的特点和趋势。他认为英国工党修正主义最初可以追溯到19世纪晚期的费边社和费边主义，其基本观点是避免使用暴力手段，采用"渗透"和"渐进式进化"方式，通过温和的社会改造和议会道路逐步建成社会主义。20世纪50年代英国修正主义进入了全盛期，到1995年工党的党章最终修定，确定了工党修正主义观点。阎照祥教授指出，英国工党修正主义作为党内意识形态的右翼思潮，在和左翼的理论斗争中呈现出相对宽容的特点，尽管双方有摩擦，但并不影响彼此和平相处，这很大程度上归因于大党之间和一党内部长期形成的政治传统。这些都为工党后来的发展提供了重要启示。阎照祥老师显然注意到了工党政策的连续性，以及其自我调节机制，这对于我们理解今天工党的作用无疑是有启发意义的。

复旦大学的刘成教授梳理了英国外交政策的历史脉络，并在此基础之上分析了英国孤立主义外交思想的历史逻辑,指出"孤立主义"是英国外交的一条主线,在不同历史时期有不同的表现特征,是一种可进退的外交理念,它与英国的历史地理、外部欲求相关,英国愈是强大,"孤立主义"可能愈是明显,甚至成为英国试图控制欧洲局势乃至世界局势的一种手段。

中国人民大学的许海云教授以英国卡梅伦政府启动英国脱欧和特雷莎·梅政府全力推进脱欧进程为切入点,深入剖析了英国社会"反智现象"的缘起、发展趋势和破解之道,他指出,尽管从传统、经验以及逻辑看,"反智现象"确有不尽合理之处,但就英国而言,这实际上也是以新的思想视角来看待和应对危机,是英国为摆脱欧盟现有的僵化机制和管理模式、谋求符合自身利益和发展需求的新举措,是一种"合理的反智现象"。刘成老师和许海云老师以中国学者独特的视角对当今英国政局做出了解读。

在区域自治问题上学者们也提出了新的观点。中山大学的蔺志强副教授对中古英国区域自治的起源问题进行了追踪研究和评述,分别介绍了边疆自治说、宗教起源说、传统和先例说、财政原因与政治因素说四种学说,借以回答为什么中古英国要设立自治领地以及自治领地是如何获得其各项特权的两个问题。蔺志强老师无疑注意到了英国历史上独特并且非常重要的问题,地方自治无疑影响了英国政权的运作,这是一个值得学界深入探讨的问题。天津师范大学的黄莉苹副教授通过对英国地方自治传统下行政建制单一管理区的发展历史进行梳理和分析,表明英国新的行政建制——单一管理区是在悠久的地方自治传统的基础上逐步建立起来的,其实质是将所有行政管理职能赋予地方政府,并由地方政府来负责地方服务,从而丰富和提高地方政府管理职能和管理效率。两位学者的研究不仅帮助我们理解英国的历史,而且对我国的行政制度改革和行政区划调整有启发和借鉴意义。

值得欣慰的是此次会议出席的中国学者对英国原始文献的研究。天津师范大学张乃和教授通过对文本的解读,比较了意大利人洛伦佐·瓦拉与英国人皮科克对《君士坦丁的赠礼》的批驳,指出皮科克的历史文献考据方法与瓦拉运用古典语文学方法针对"赠礼"文本的语言学研究相辅相成,为该文件的证伪画上了句号。这不仅有助于破除封建教会的权威,而且开创了近代西方历史文献学研究的先河。这种对文献的研究不仅对学者的素养要求很高，并且对学者的治学理念也有更高的要求，与会者都对张乃和老师这种扎实的研究表达了敬意。做出类似贡献的还有南京大学的陈日华教授，他从方志的角度来重新解读中古晚期到近代早期英国史。他提出方志是一个重要的史料来源，包括郡志、城志和教区志等内容，既是文本，也是时人对历史和当时的记载；既是微观史研究的内容，也涉及国家与社会，是一个新的研究角度和切入点。

经济史历来是我国英国史研究的一个重镇，也是此次大会研讨的一个重要领域。中国人民大学的徐浩教授在以往英国经济社会史研究的基础上，采用新的研究方法，从人口数量、谷物产量和食品价格三个方面追踪讨论中世纪欧洲农业是否可以基本上满足人口需求的问题，从而进一步探讨粮食分配及各阶层的收入和消费水平问题。通过以上三个方面的论述，徐浩教授认为，在中世纪早期，欧洲粮食的供需关系基本平稳；中世纪中期需求增长，粮食产量增长没有跟上，因此粮食价格上涨；而中世纪晚期新人口论者认为，粮食价格较前一段时间没有太大改善，但也有学者认为，中世纪晚期粮食价格水平下降了。

首都师范大学的施诚教授通过对伊丽莎白一世时期的财政机构、财政收入和支出的研究，分析了物价上涨对财政收支的影响，指出在伊丽莎白一世去世的时候实际上英国财政收支不平衡，存在大额亏空的现象，这一债务危机也可能是后来英国内战爆发的间接推动因素。施诚老师的研究数据翔实，结论令人信服。人民出版社的柴晨清老师从君主制视角出发，研究了近代早期英国"土地财政"产生的原因、过程和影响，他指出，近代早期英国"土地财政"对都铎王朝早期的政治结构、王权的强化和后来的内战爆发都产生了深刻影响。复旦大学的许明杰老师通过对 13 世纪英格兰的一个大领主群体——教会领主土地经营方式的研究，论证了这一时期教会领主在地产上所采取的具有鲜明市场化特征的农业生产与经营方式，维持了较高的农业生产率，带有一定的资本主义色彩，但由之并未发展出后来的农业资本主义。中国人民大学的姜启舟博士从买卖权、租赁权、遗赠权三个方面研究了中世纪英格兰市民不动产市场的产权基础。内蒙古农业大学的李士珍老师分析了在价格革命影响下，近代早期英国粮价大幅上涨对不同群体的影响以及政府的应对策略的有效性。涉及经济史研究的文章颇多，内容丰富，在此不一一赘述。

中国学者历来重视思想史的研究，中国社会科学院世界历史研究所的张炜副研究员探讨了自 20 世纪 50 年代以来英格兰宗教改革研究中出现的书籍史研究路径，并论证以上研究路径对全面准确地理解英格兰宗教的进程和性质都发挥了补充和校正作用。南京大学的张红副教授从"领主恩典""圣经至上""反变体"三个方面考察威克里夫神学思想对宗教改革的影响，指出以上三点是针对教权与王权的矛盾所提出的，并成为反对以罗马教皇为首的基督教会肆意滥用权力的一个利器，为宗教改革奠定了理论基础。山东师范大学的孙超老师从宗教角度阐述了英格兰伊丽莎白时期新教民族认同的构建，指出英格兰通过对天主教进行"他者化"的想象，映照了天主教的邪恶与危险，借此构建一个"受上帝恩宠的、自由的和帝国的"民族形象，为英国民族－国家的发展构建了强大的话语基础，也成为英国人面临国内外困境时的黏合剂。云南民族大学的李强老师论述了近代以来，由于宗教宽容带来的社会影响，基督教特别是清教思想对工业伦理的巨大推动作用。

这些探讨，代表了我国学者在传统领域的最新研究成果，推动传统史学问题研究有了新的进展。

二 对新领域的探索

除了在传统领域创新，此次大会在环境史、社会史、语言史、情感史等新领域也进行了有益的探索。梅雪芹教授的《由查尔斯·狄更斯的〈鲑鱼〉一文引发思考》一文，揭示了鲑鱼灭绝的原因及所带来的严重后果，论述了狄更斯的生态意识及其意义，展示了以小见大的学术理路。梅雪芹老师还分享了她对环境史发展和创新的理解，将环境史在历史研究领域的创新概括为：择自然为题，拜自然为师，量自然力量，以自然为镜，为自然代言。梅雪芹老师的研究既有现实意义，也有深深的人文关怀，使与会者受益良多。

杭州师范大学的张卫良教授通过回溯英美城市公园的兴起及其演变的历史，探讨了城市公园的社会价值，他认为城市公园不仅仅是一种简单的乡村自然形态的呈现及其诉求，而事实上承载着城市生活内容，是各种活动展开的理想场所，是城市居民生活空间的延伸，是城市生活的一部分。同时，城市公园没有门栏，具有不分性别、种族、等级，可以自由出入的属性，在内涵上也体现了社会公平、社会平等和尊严，是现代社会新的城市生活需求的结果，为现代城市带来了新形态和新气象。这是中国学者首次关注这个问题，其理解入木三分。

北京大学的黄春高教授以1469年玛杰里·帕斯顿的婚姻事件为切入点，深入剖析了《帕斯顿书信集》中的婚姻与爱情里所体现的"同意原则"，他指出在基督教婚姻生活中，同意原则确实存在并发挥着作用，但是同意原则的主体往往受家庭与社会等力量的左右，他们的同意更多是综合平衡各种要素的结果，并不完全是服从个人情感。黄春高老师的这种通过具体文献考察社会史的理路，为学界树立了标杆。

北京师范大学的郭家宏教授对18—19世纪英国"友谊会"医疗救助体系进行了详细探析，指出友谊会医疗救助体系为工人阶级及其家庭提供了健康方面的保障，为英国福利国家的建设提供了历史经验。同时，也需要重视这种体系的弊端，如兼职医疗官无法全身心投入对其成员的医疗服务，因此我们应该辩证对待友谊会医疗救助体系。目前国内尚无人关注维多利亚时代医疗救助体系，郭家宏老师的探索无疑填补了空白。

中国人民大学的赵秀荣教授梳理了近代早期英国教会及政府对自杀的谴责、惩罚的历史，并对其原因进行分析，揭示了近代早期英国社会仍旧是"躯体的社会"，在这个社会体系中，人的身体成为政治和文化活动集中的主要焦点。同时，对自杀的惩罚也表明，这一时期权力的目的不再是杀戮和暴力，而是控制身体和生命。

天津师范大学的赵文君副教授以黑死病为切入点，深入剖析黑死病发生的社会背景，从时间维度和跨学科的视角重新审视了黑死病的历史作用，探析了不同时段黑死病对社会制度和社会框架的影响：短期来看，黑死病带来的人口下降促进了西欧的社会转型；中期来看，对教会产生决定性影响；长期来看，其推动了欧洲现代科学和公共卫生制度的建设。河南科技大学毛利霞老师阐述了19世纪英国人对结核病的认知及应对措施，指出了19世纪英国人对结核病的认知从感性的浪漫走向理性的现实的转换过程。

大连大学的姜德福教授梳理了18世纪英国上流社会性道德的表现、成因、影响及整改措施。他指出，当时社会上层存在严重的性道德问题是社会转型时期道德价值体系混乱与缺失、上流社会婚姻制度缺陷、王室不良影响等因素造成的。扬州大学的许志强副教授介绍了英国维多利亚时期城市流浪儿现象产生的原因，进而阐述了由此衍生出的流浪儿教化体系，这一体系在1870年英国普及初等教育之前，对挽救流浪儿的命运和改善社会环境都有极为深远的社会影响。杭州师范大学的周真真副教授探讨了慈善活动和19世纪英国的城市空间变化之间相互影响、渗透的关系，指出19世纪英国工业城市的发展将中世纪以教堂为中心的空间分布转变为以工厂为中心，对当时慈善事业的发展提出了挑战，而慈善活动发展的同时也重新塑造了城市空间。湘潭大学的张佳生副教授阐述了近代英国养老观念的传统和变革，指明近代英国养老观念主要呈现出传统与变革交织的特征：既强调家庭养老，也鼓励社会养老。

同时，此次会议也出现了从语言的角度考察英国史的新视角。云南财经大学的苏前辉教授从语言学的角度阐述了英语作为目前的全球通用语的优势与危机，指出英语无以匹敌的影响力源自其先进的文化思想、领先的科学技术、强大的军事力量和广阔的殖民地，但语言母国所具有的帝国主义和霸权主义思维一度阻碍了全球通用语的构建和发展，是英语成为全球通用语发展的软肋，这一问题亟待解决。中国社会科学院世界历史研究所副研究员张瑾从近代英法科学家职业化及身份认同的角度再解读科学家这一职业团体，从而厘清了科技人才培养和未来科学发展方向。还有一些学者从教育的角度解读学校、师资培训对社会的影响。

对这些新领域的探索，无疑展示了中国学者勇于创新、大胆探索的精神，其成果值得肯定。

三 对殖民地的新观察

对英帝国和联邦史的研究也是此次会议的热点之一。中国社会科学院世界历史研究所金海研究员论证了18世纪末到19世纪上半期英美废奴运动在废奴思想、组织方式、信息交流和行动手段等方面相互影响和推动的关系，指出英美废奴运动的共同特征是大规模群众性社会运动与政府行动相结合，形成了大西洋世界中独特的"盎格鲁－美利坚模式"，但是这种合作关系又受到当时英美在国家利益上分歧的影响，最终导致19世纪40年代和50年代废奴运动的波动。中国人民大学的金永丽副教授回溯了英印茶叶种植园劳工制度的演变历史，从资方、政府和劳工三方关系探索了英印茶厂的劳工制度，并以此为基点深入剖析了西方近代资本主义的成长特点。浙江大学的傅政副教授梳理了学界对近代英国海外传教会的研究，在其基础之上，她以英国伦敦会为中心，介绍了英国近代海外传教会在制定传教政策、派遣传教士、开展教育、文化活动等方面的特点及其在中国的兴衰过程，并指出英国海外传教运动伴随着大英帝国的兴起和衰退持续了一个多世纪，其活动是英国思想输出的重要途径，是无形的对外扩张的方式。苏州大学的王宇博教授通过对1887年英女王50周年庆典与1888年澳洲百年庆典两个事件的剖析，阐述了19世纪后期澳洲社会中的"离心"与"向心"现象，指出这两场庆典反映出澳大利亚民族"在政治上所彰显的意义"，即澳大利亚民族在这一历史时期正在形成，逐渐与作为母体的英吉利民族剥离。

南京大学的闵凡祥副教授介绍了19世纪末20世纪初西方医疗在英属马来亚殖民地的服务对象扩展的问题，他认为这并非一个由殖民者绝对主导的单项过程，殖民因素和传统社会文化因素二者间的双向互动共同塑造了英国殖民当局的医疗卫生政策，扩大了西方医疗服务人群的覆盖范围，并主导了其在19世纪末20世纪初英属马来亚的扩展过程。岭南师范学院的谌焕义教授分别对英国撤离印度、缅甸和马来亚的政策进行评述，并指出了英国的"统而撤离"政策的影响：一方面可以最大限度地维护英国的利益，保持和新独立国家的良好关系，另一方面也可以防止共产主义势力的扩张。中国社会科学院世界历史研究所副研究员杭聪指出，应从战后英国国内政治三大变量——社会危机、利益集团和政府利益协调策略——来解析英国国内政治与英属撒哈拉以南非洲帝国解体的原因，他指出英国国内政治和帝国解体之间是相互影响、相互渗透的。西南大学的李昕老师介绍了1910—1961年英国与南非关于高级专员辖地争夺的历史进程，在此基础之上分析了南非在1961年被逐出英联邦的原因，以及在民族解放运动中大英帝国在非洲遇到的困境。西北大学的卢玲玲老师阐述了从1862年阿根廷独立到一战期间，英国的投资和贸易对阿根廷农牧经济发展的影响，并指出尽管英国的投资与贸易确实推动了阿根廷农牧业的开发，但也影响了阿根廷经济的长期发展，加之阿根廷自身经济体系存在的缺陷和管理失效，导致"拉美病"缠身。

此次会议凸显了对殖民地研究的领域扩宽。山西大学的张歌老师从1683年塞康第商栈公务信件的视角，介绍了17世纪末英国皇家非洲公司在西非沿海的活动及其影响。温州大学的张珉璐老师以黄金海岸为研究对象，从语言教育的角度，对黄金海岸地区前殖民时期到加纳共和国成立这段时间内英国殖民政府的几次语言政策转变做了研究，探讨了英属非洲的语言政策成型背景及影响。殖民地是英国文明史重要的篇章，虽然历史已经走过那个时代，但其影响仍旧值得学界探讨。

总之，这次学术会议上的讨论完整地涵盖了其所设定的"传统与变革""经验与反思""碰撞与交流"三大领域，比较完整地覆盖了英国历史上的器物文明、制度文明与精神文明，充分显示了我国学者勤奋专研、勇于开拓的学术风貌，从一个侧面展示了我国英国史研究广阔的发展前景。在大会闭幕式上，孟广林教授对本次大会进行学术总结。他指出本次会议涉及的研究领域广泛，地区、国别史研究在全球史和微观史勃兴的态势下仍旧能坚持自己的特色并且不断拓展是难能可贵的，此次学术的讨论正是在这方面所做的一次有益探索。孟广林老师的总结准确把握了当今我国世界史研究发展的大趋势，并对中国的英国史研究提出新的展望。此次会议是中国英国史研究会近40年来规模最大的一次学术盛会，也是我国世界史研究发展进程中的一件大事！

《新世界史》征稿启事

《新世界史》是由中国人民大学历史学院主办的世界史研究集刊，由社会科学文献出版社公开出版。我们期待，本集刊能够成为反映中国世界史专业新研究、新成果和新趋势的平台和窗口。诚邀海内外专家围绕主题内容不吝赐稿。

本集刊计划每年出版1—2辑，编辑委员会由中国人民大学历史学院世界史专业的全体在职教师组成。每辑分设执行主编，围绕一个主题展开讨论。常设栏目主要有"专题研究""文献和论著选译""学术动态"等。

来搞不拘文种，形式不限，学术论文、札记、译文、书评、学术综述皆可，字数在20000字以下为宜。正文注释统一采用页下脚注，每页重新编号，注释体例以中国社会科学院主办的《历史研究》为准。

来稿统一由本集刊编委会和执行主编审定。稿件一经采用，作者除获得稿酬外，还可获赠样刊2册。

通讯地址：北京市海淀区中关村大街59号 中国人民大学人文楼309室《新世界史》编辑部

邮政编码：100872

电子邮箱：newworldhistory@163.com

图书在版编目(CIP)数据

新世界史. 第三辑,新视野下的英国文明史研究 / 孟广林,赵秀荣执行主编. -- 北京：社会科学文献出版社,2019.8
 ISBN 978-7-5201-4970-9

Ⅰ.①新… Ⅱ.①孟… ②赵… Ⅲ.①世界史-研究②文化史-研究-英国 Ⅳ.①K107②K561.03

中国版本图书馆CIP数据核字(2019)第110660号

新世界史（第三辑）：新视野下的英国文明史研究

执行主编 / 孟广林　赵秀荣

出 版 人 / 谢寿光
责任编辑 / 叶　娟
文稿编辑 / 肖世伟

出　　版 / 社会科学文献出版社·国别区域分社 (010) 59367078
　　　　　　地址：北京市北三环中路甲29号院华龙大厦　邮编：100029
　　　　　　网址：www.ssap.com.cn
发　　行 / 市场营销中心 (010) 59367081　59367083
印　　装 / 三河市龙林印务有限公司

规　　格 / 开　本：787mm×1092mm　1/16
　　　　　　印　张：23.5　字　数：369千字
版　　次 / 2019年8月第1版　2019年8月第1次印刷
书　　号 / ISBN 978-7-5201-4970-9
定　　价 / 99.00元

本书如有印装质量问题，请与读者服务中心 (010-59367028) 联系

▲ 版权所有 翻印必究